古事記の秘める
数合わせの謎と
古代冠位制度史

牧尾一彦
MAKIO KAZUHIKO

幻冬舎MC

古事記の秘める数合わせの謎と古代冠位制度史

目次

序節　古事記の投げかける謎──古事記の秘める数合わせ

　古事記は倭の国、日本という国の成り立ちを語る史書として、現在目にし得るものの中で最も古く成立した長編の書き物である。日本という国の始りを知ろうというとき、あるいはまた日本人が自らのルーツを探ろうとするときにも、おそらく避けて通れない書物の一つである。

　古事記については本居宣長の『古事記伝』をはじめ、古来おびただしい注釈書・研究書・論考が積み重ねられてきた。現在も古事記に関する書籍は、最先端の研究成果を満載した注釈書から漫画本に至るまで、実に枚挙にいとまなき盛況を呈している。ところが、そうした活況にもかかわらず、それら数々の業績によって古事記の本質が解き明かされたのかといえば、必ずしもそうとはいえない。

　古事記は、一体何を語ろうとした書物であったのか、ということすら釈然としない、そのような書物であり続けていると言って言い過ぎではない。古事記は、いまだに深々とした謎を秘めた書物である。

　いまだ解答を与えられていない謎の、わかりやすい具体的な例を挙げてみる。

　古事記は序文と本文からなるが、序文は本文とは性格が異なる文章であり、以下で対象とするのは本文だけである。本文は地の文と、小文字で書かれた分注（2行に書かれることが多いのでこう呼ぶ）からなる（「地の文」という言葉は、通常は脚本などで台詞以外の文をいう言葉であるが、ここでは分注以外の本文をこう呼ぶことにする）。その本文は、神代から天孫降臨説話を経て神武天皇の誕生までを語る上巻に続き、初代天皇とされる神武天皇から第15代応神天皇までの中巻、そして第33代推古天皇の系譜に終わる下巻の計3巻からなる長い手書き書物である。その3巻を俯瞰してみると、次のような不思議な数合わせを発見することができる。

I 「10引く1は9」という数合わせ
I－1　池を作る記事が5人の天皇について記されており、のべ10池が作られるが、最初の池と最後の10番目の池が重複している。従って、最後の池に疑問符がつく形になっている。ここに「10引く1は9」という算術が成立する。

I－2　第12代景行天皇の系譜には7人の妻があり、それぞれに子女があるが、最

初の妻には5皇子があって、「五柱」であるという分注が付せられている。このような分注を<u>小計注</u>と呼ぶと、残りの6人の妻の子女には、そうした小計注が無い。その6人の妻の子女のうち、男子のみ抽出すると10皇子を数えるが、最後の皇子（大枝王・おほえノみこ）の母は、景行天皇の子である倭建命（やまとたけるノみこと）の曽孫であると書かれている。つまり景行天皇は自分の玄孫を妻にして最後の皇子を生んだというのである。現実にはありそうもないことが平然と語られている。故にこの最後の10番目の皇子には疑問符がつく。「10引く1は9」という算術がここでも成立する。

Ⅰ-3　古事記は音仮名で表す語句には多くの場合、「……は、音（こゑ）を以（もち）ゐよ《もしくは、以ゐる》」（引用文中の《　》内は抽注。以下も同じ）という分注を付して、その句が音仮名からなる語句であることを明示する。これを<u>音読注</u>と呼ぶと、音読注は四字句以上の長い句の場合は<u>最初</u>の文字を指定してそれより下の字数を数え、以下の幾字は音を以ゐよ、と記すのが通例である。ところが、そうした音読注の最初の例は、古事記冒頭にある有名な「くらげなすただよへる」という10字句に付せられた音読注であって、次のような奇妙な変則を呈している（以後のすべてに亙って、分注は〈　〉に括って1行文で示すこととする）。

　　　久羅下那洲多陁用弊琉之時〈流字以上十字、以 ╷音〉
　　　　くらげなすただよへる時〈流字より上の十字は、音を以ゐよ〉

　つまり、十字からなる句の<u>最後</u>の文字を指定して、そこから上に遡って字数を指定する変則を呈している。のみならず、最後の音仮名は地の文では「琉」であるのに、分注は「流」を指定している。最後の十字目の「琉」に誤字の疑念がかけられる形である（写本によっては、流に統一するもの、琉に統一するもの、琉と流で不一致を示すものがあるが、原型が不一致を示すものであったことについては下記参照）。故にここにも「10引く1は9」という算術が暗示されている。

Ⅰ-4　垂仁天皇の皇子の一人とされる大中津日子命（おほなかつひこノみこと）には10氏からなる子孫注が付せられている。そのうちの9氏は某の別（わけ）とされ、揃って別（わけ）カバネを持ち、1氏のみ飛鳥君（あすかノきみ）という君カバネである。従ってこれも一応「10引く1は9」という算術になっている。ただしこの例は、Ⅰ-1からⅠ-3までの例とは異質である。なぜなら、大中津日子命は『日本書紀』（以下、書紀と略す）によれば女性、大中姫命（おほなかつひ

めのみこと）であって、古事記は本来女性であった人物を性転換して男性とした上で子孫注を虚構した、という事実が知られる。つまり古事記が掲げる子孫氏の10氏全体が実は架空の子孫氏である。従ってこの例では、飛鳥君のみならず、10氏全体に疑問符がつく形である。しかも飛鳥君の列挙順は９番目であり、最後の10番目ではない。結局この例の「10引く１は９」という算術は、Ⅰ－１からⅠ－３までの例とは異質な数合わせになっている。

　Ⅰ－１からⅠ－３までの「10引く１は９」には、共通した意図の存在が窺われる。するとⅠ－４にも、意図して対照的な異質さを与えた疑いが生じるのであり、ここにも本質的には一貫した計算の働いていた疑いが濃厚となる。

Ⅱ（５・９）の数（かず）セット

Ⅱ－１　Ⅰ－２に見た景行天皇の皇子につき、最初の５柱と、残りの10皇子から疑問符のつく大枝王を除いた９皇子とが、（５・９）という数（かず）セットを形成している。

Ⅱ－２　湏佐之男命（すさのをノみこと）の子、大年神には３人の妻があり、それぞれの子が「五神」「二柱」「九神」の順に挙げられている。「神」によって数えられている子が「五神」と「九神」であり、ここにも（５・９）の数セットがある。

Ⅱ－３　水歯別命（みづはわけノみこと。第18代、反正天皇）の身長が「九尺二寸半」と記されている。「半」は五分（いつきだ）のことであるから、ここにも（５・９）の数セットがある。

Ⅱ－４「那藝（なぎ）」という音仮名二文字の句は地の文に９例、分注に５例を数えることができる。故にここにも（５・９）の数セットを見いだすことができる。

Ⅱ－５　真福寺本によれば、「筑紫」が９例、「竺紫」が３例、「竺紫」の誤字と思われる「笠紫」が２例あり、ここにも３＋２＝５と９、つまり（５・９）セットを見いだすことができる（竺の古写本の字形は竹冠にユもしくはエであり、立の草体に近い）。

Ⅱ－６「呉」は真福寺本・鈴鹿登本などでは異体字の「呉」と書かれるが、この呉は呉公（むかで）、呉服（くれはとり）、呉床（あぐら）、呉人（くれびと）、呉原（くれはら）という５種類の熟語のみに用いられる訓字である。それぞれの用例数は、呉公が４例、呉服が１例、呉床が５例、呉人が２例、呉原が２例である。

吴床の５例と、ほかの４＋１＋２＋２＝９例とで、ここにも（５・９）セットがある。

Ⅲ（２・５・９）の数セット

Ⅲ－１　Ⅱ－２に触れた通り、大年神の子は「五神」「二柱」「九神」であるので、ここに（２・５・９）という数セットがある。

Ⅲ－２　Ⅱ－３に触れた通り、反正天皇の身長、「九尺二寸半」も（２・５・９）という数セットからなる。

Ⅲ－３　「美」は古事記では甲類ミ音の唯一の主たる音仮名であり、歌謡・分注を合わせて326例ほどの用例がある。他方、訓字の「美」は16例を数えることができる。すべて「美麗」「麗美」「美人」という３種類の熟語のみに用いられる。「美麗」が２例、「麗美」が５例、「美人」が９例ある。従ってここにも（２・５・９）という数セットを見いだすことができる。

Ⅲ－４　昨字は上巻に９例、中巻に５例、下巻に２例を数える。よってここにも（２・５・９）という数セットを見いだすことができる。

Ⅲ－５　地の文に現れる君字は上巻に５例、中巻に２例、下巻に９例を数える。故にここにも（２・５・９）という数セットを見いだすことができる。

Ⅲ－６　甲類ト音の音仮名には斗、刀、土、兔の４文字があるが、土と兔は各１例のみである。主たる音仮名は斗であり全41例、次が刀で全17例。歌謡に用いられる甲類ト音の音仮名は専ら斗であり26例を数えるが、刀は１例のみである。従って、歌謡以外では、斗が15例、刀が16例であり、なんと歌謡以外では刀が斗より１例多く用いられていることになる。そこで歌謡以外における刀の分布を見ると、他の音仮名によって、９例、２例、５例の連続群に分割されて分布していることがわかる。するとここにも（２・５・９）という数セットを見いだすことができる。

Ⅳ　９の分割、２・１・２・１・３

Ⅳ－１　Ⅰ－１で触れた作池記事は５天皇朝に分散しており、重複する最後の10番目の池を除外して、垂仁天皇朝の３池分を最後に回すと、２池、１池、２池、１池、３池の順に作られている。故に「10引く１は９」の９は２・１・２・１・３に細分されている。

Ⅳ−2　Ⅰ−2で触れた景行天皇の皇子のうち、「10引く1は9」であった9皇子の同母兄弟数を数えると、列挙順を逆にして、2人、1人、2人、1人、3人の順である。故にここでも9が2・1・2・1・3に細分されていることがわかる。

Ⅳ−3　「国神」と「天神」という語句を数え上げてみると、古事記には「国神」が9例、「天神」が32例現れる。それぞれに①から⑨、1から32までの番号を付して登場順に並べると、

1〜5①②6〜11③12〜16④⑤17・18⑥19〜24⑦⑧⑨25〜32

となる。つまり9例の「国神」を32例の「天神」が5グループに割り分けており、分けられた「国神」は2・1・2・1・3というグループに分かれている。故にここにも9の細分、2・1・2・1・3が認められる。

Ⅳ−4　Ⅱ−6で述べたように、呉公4例、呉服1例、呉人2例、呉原2例、合わせて9例が、呉床の5例とセットになっていたが、真福寺本は、呉公の初例の呉を矣に似た字体、矣（呉の口をムに替えた字体）で記しており、これを原型と見れば、上記の9例は、矣公1例、呉公3例、呉服1例、呉人2例、呉原2例となり、ここに順不同ながら9の分割2・1・2・1・3が現れる。

Ⅴ（5・7）の数セット

Ⅴ−1　古事記冒頭の別天神5柱と次の神世7代に（5・7）セットが認められる。

Ⅴ−2　女陰を示すホト・ミホトの表記を調べると、訓字表記と音仮名表記とがあり、訓字表記の「陰上」が3例、「陰」が2例で、計5例。音仮名表記では、ミホトが2例（美蕃登・美冨登）、ホトが5例（番登1例、冨登4例）あり、計7例。故にここにも（5・7）セットが見いだせる。

Ⅴ−3　甲類ソ音の音仮名には蘓・宗・素の3文字がある。蘓が主たる音仮名であって全22例であるが、歌謡以外には7例あり、宗は3例、素は2例である（歌謡に用いられるのは蘓だけである）。故にここにも3＋2＝5例と7例とで（5・7）セットが潜む。

Ⅴ−4　真福寺本によれば、「命」の異体字である「今（令）」が上巻に5例、下巻に7例ある。真福寺本の字体が原型に近いとすると、ここにも（5・7）セットが潜む。

Ⅵ　5の3・2分割

Ⅵ─1　Ⅴ─1の別天神5柱が、初めに3柱、次に2柱の順に掲げられる。

Ⅵ─2　Ⅴ─2に示した通り、訓字表記のホトにつき、「陰上」が3例、「陰」が2例。

Ⅵ─3　Ⅴ─3に示した通り、甲類ソ音の音仮名につき、宗が3例、素が2例。

Ⅵ─4　皇子女のうち、性が逆転せしめられている皇子女が、中巻に3名、下巻に2名。

Ⅵ─5　Ⅱ─5に示した通り真福寺本によれば「竺紫」が3例、「笠紫」が2例。

Ⅵ─6　Ⅱ─6で見た呉床5例が、他の呉熟語（呉人と呉原）によって連続2例と連続3例に分割されており、連続2例は「呉床」、連続3例は「御呉床」である。ここにも5の3・2分割を認め得る。

Ⅶ　7の2・5分割、2・1・4分割

Ⅶ─1　Ⅴ─1で触れた神世7代は、獨り神2柱と対神5組からなるので、ここに7の2・5分割がある。

Ⅶ─2　Ⅴ─2で述べたように、ミホト・ホトの音仮名表記7例はミホト2例、ホト5例であるので、ここに7の2・5分割がある。またホトは番登1例、冨登4例であるので、7は更に2・1・4に分割されている。

Ⅶ─3　Ⅴ─3で見た歌謡以外における甲類ソ音の音仮名の蘇7例は他の音仮名によって、連続4例、2例、1例に分割されている。2例から順に数えれば、これも7の2・1・4分割である。

Ⅶ─4　一文字に対する音読注が全7例あり、うち2例は〈此の一字、音を以ゐよ〉と、字数を示すだけであるが、残りの5例は音読するべき文字□を繰り返して〈□字、音を以ゐよ〉と指示する。故にここにも7の2・5分割がある。

　以上ⅠからⅦまでの数合わせには、ある共通した意図が秘められている。これらの数合わせが意図的になされたとすると、そのことから古事記の成り立ちに関する、特別な事実を読み取ることができる。

　まずⅠからⅦまでを詳しく見てみたいが、古事記の引用に当たっては、本文とその索引として、高木市之助・富山民藏編『古事記總索引』（平凡社　1974年）を利用する。当書はコンパクトな全語彙・全漢字・全音仮名の索引を備えており、

座右に置いて全語句を索引するのに便利である。ただし、本文の校訂に不足があり、何か所かの脱漏もあるので、校訂の補充とこれに伴う索引の修正を加えながら用いる必要がある。以後この書を「平古」と略称する。

　以下、古事記引用文中の字句の位置を示すのに、この平古の本文篇の頁数・行数と、現存する最古の写本である真福寺本の行数とを並べた三連数字を用いる。たとえば200三380と書けば、平古の200頁・3行目であり真福寺本の中巻380行目であることを示す。分注の場合は、150⑦118のように平古の行数に○をつけて示す（分注の場合のみ平古の行数を算用数字とする）。真福寺本の行数については、上巻・中巻・下巻のいずれであるかを示さねばならないが、平古の頁数によって推測できるので略す。平古の9頁以降に上巻、127頁以降に中巻、267頁以降に下巻がある。分注は述べた通りすべて〈　〉に括って引用する。引用文中の拙注は、これも述べた通り《　》で括る。

　本文の校訂には真福寺本と鈴鹿登本（兼永筆本）をともに底本とするが、真福寺本と鈴鹿登本とで文字が異なる場合は「柝／折」のように／の前に真福寺本、後に鈴鹿登本の文字を記して差異を明示した。どちらかが空字である場合、たとえば真福寺本が空字、鈴鹿登本に「之」字があれば、「(／之)」のように示した。両本以外の候補文字がある場合には、例えば「殿／【波】」のように、両本以外の候補文字を【　】に括って示した。両本共に欠字でありこれを補う写本のある場合は「上件羽山【戸神】之子」のように示した。

　鈴鹿登本はいわゆる卜部系諸本のなかでは最も古い写本であり、古事記原本の文字の原形を求めようとするとき、最古の写本であり国宝とされている真福寺本とこの鈴鹿登本とは双璧をなす写本である。古事記の原文字を求めるためには、ほとんどの場合この両者を比較すれば十分である（両本以外の古写本については、『諸本集成　古事記』注1を参照した）。

　まずI「10引く1は9」という数合わせについて。

　I―1　作池記事の10例は5天皇段ごとに次のように配置されている（「　」内に原文を示した）。

　　　崇神天皇段　　2池　　依網（よさみノ）池
　　　　　　　　　　　　　　輕之酒折（かるのさかをりノ）池
　　　「又是之御世、作依網池、亦作輕之酒柝／折池也」（177四・五255・256）
　　　垂仁天皇段　　3池　　血沼（ちぬノ）池

狹山（さやまノ）池

日下之髙津（くさかのたかつノ）池

「次印色入日子命者、作血沼池、又作俠／狹山池、又作日下之髙津池」

(180五・六271)

景行天皇段　　1 池　　坂手（さかてノ）池

「又作坂手池、即竹植其堤也」(200三380)

応神天皇段　　2 池　　釼（つるぎノ）池

「此之御世、……亦作釼池」(250一634)

百済（くだらノ）池

「是以建内宿祢命引率、爲渡之堤池、而作百済池」(250三635)

仁徳天皇段　　2 池　　丸迩（わにノ）池

依網池　　　　「又作丸迩池・依網池」(269六15)

　述べた通り、最初の作池は崇神朝の依網池であり、最後の作池は仁徳朝の依網池で、最初と最後の池が重複している。この重複は、Ⅰの他例の数合わせと同調していることを考えれば意図的な重複であった疑いが濃厚である。

　各引用原文を仔細に見ると、作池記事は基本的に、一つ一つの池について、いちいち「作〇〇池」と「作」字を冠して記述されていることがわかる。然るに、最後の 2 池のみ、「又作丸迩池・依網池」とある。つまり最後の依網池のみ、例外的に「作」が省かれていて、この最後の依網池のみ、意図的に例外扱いとされていることが明白である。

　参考までに推古朝までの書紀における朝廷による作池・造池記事を見ると崇神朝に 3 池、垂仁朝に 4 池、景行朝に 1 池、応神朝に 5 池、仁徳朝に 1 池、履中朝に 1 池、推古朝に 9 池、計24池の作池・造池記事を数えることができる。そのうち、依網池は崇神朝と推古朝とで重複し、ほかにも和珥池が仁徳朝と推古朝で重複している。しかし書紀の場合、意図的な数合わせのような人為を窺うことはできない注2。

　書紀を見れば、作池・造池の伝承は古事記が掲げる以外にも多く存在したであろうことが知られる。古事記はそうした伝承から取捨選択してこれを10池に揃えた上で、意図的に最初と最後を重複させたのであろうと推断できる。

　各天皇朝の作池数は、崇神朝 2 池、垂仁朝 3 池、景行朝 1 池、応神朝 2 池、仁徳朝 2 池である。疑問符のつく最後の依網池を除き、垂仁朝の 3 池を最後に回す

と、IV─1に述べた通り、2・1・2・1・3池というグループ分けになっていることがわかる（垂仁朝を最後に回すのには理由がある。詳細は略すが、垂仁天皇に天智天皇＝中大兄皇子〔なかノおほえノみこ〕の長子、伊賀皇子こと大友皇子が寓意されており、崇神天皇と景行天皇には天智天皇が、応神天皇と仁徳天皇には天武天皇が寓意されていて、古事記は大友皇子を貶し排除しようとする意図に満ちている。下に述べる通り、「10引く1は9」の「引く1」も、実は大友皇子を排除する寓意である──大友皇子、天智天皇、天武天皇の系譜に関しては第2節冒頭の系図参照。周知の通り、天智天皇の崩御の翌年に起こった壬申乱は天智天皇の弟、大海人皇子〔おほあまノみこ〕＝天武天皇が、淡海朝首班大友皇子を倒して皇位に就いた戦乱である）。

　I─2　景行天皇の系譜の段を読み下し文で掲げる。景行天皇の7人の妻にiからviiまでの番号、最初の妻iの5皇子に1から5までの番号、続く6人の妻の全子女のうち男子のみに(1)から(10)までの番号をそれぞれ付した（妻iの伊字に付く小文字の「上」は声注である。声注にも特殊な寓意が潜む。当節の主題を外れるのでここでは詳細は省くが、「上」は「宇閇」で、大友皇子＝伊賀皇子を宇〜鵜の姿の縊死へと上げて閇じる寓意を秘めた記号である）。

　　此の天皇、i吉備臣等の祖、若建吉備津日子（わかたけきびつひこ）の女（むすめ）、名は針間之伊上那毗能大郎女（はりまのいなびのおほいらつめ）を娶りて、生める御子、1櫛角別王（くしつぬわけノみこ）。次に2大碓命（おほうすノみこと）。次に3小碓（をうすノ）命、亦の名は倭男具那（やまとをぐなノ）命〈具那の二字、音を以ゐよ〉。次に4倭根子（やまとねこノ）命。次に5神櫛（かむくしノ）王〈五柱〉。又ii八尺入日子（やさかノいりひこノ）命の女、八坂之入日賣（やさかのいりひめノ）命を娶りて、生める御子、(1)若帶日子（わかたらしひこノ）命。次に(2)五百木之入日子（いほきのいりひこノ）命。次に(3)押別（おしわけノ）命。次に五百木之入日賣（いほきのいりひめノ）命。又iii妾（みめ）の子、(4)豊戸別（とよとわけノ）王。次に沼代郎女（ぬしろノいらつめ）。又iv妾の子、沼名木郎女（ぬなきノいらつめ）。次に香余理比賣（かごよりひめノ）命。次に(5)若木之入日子（わかぎのいりひこノ）王。次に(6)吉備之兄日子（きびのえひこノ）王。次に高木比賣（たかぎひめノ）命。次に弟比賣（おとひめノ）命。又v日向の美波迦斯毗賣（ひむかのみはかしびめ）を娶りて、生める御子、(7)豊國別（とよくに

わけノ）王。又vi伊那毗能大郎女（いなびのおほいらつめ）の弟（いろど）、
伊那毗能若郎女（いなびのわかいらつめ）〈伊より下の四字、音を以ゐよ〉
を娶りて、生める御子、⑻真若（まわかノ）王。次に⑼日子人之大兄（ひこ
ひとのおほえノ）王。又vii倭建（やまとたけるノ）命の曽孫（ひひこ）、名
は須賣伊呂大中日子（すめいろおほなかツひこノ）王〈須より呂までの四字、
音を以ゐよ〉の女、訶具漏比賣（かぐろひめ）を娶りて、生める御子、⑽大
枝（おほえノ）王。凡そ此の大帶日子（おほたらしひこノ）天皇（すめらみ
こと）の御子等、録（しる）せるは廿一王、入れ記さざるは五十九王、并び
に八十王の中、若帶日子命と倭建命、亦（また）五百木之入日子命と、此の
三王は、太子（ひつぎのみこ）の名を負ひき。（195九356〜198三369）

《ⅰの子、3小碓命は、viiの倭建命に同じであるが、大海人皇子の寓意を負っ
て語られる古代の英雄である。この小碓命は兄の大碓命と双子で生まれたと
伝えられる。大碓命には実は中大兄皇子が寓意されており、中大兄皇子は古
事記ではナ音音仮名の「那」を寓意上の符丁とする。従って双子の弟、小碓
命は、双子の兄、大碓命〜中大兄皇子〜<u>那</u>を具（そな）えて生まれた<u>男</u>であ
る。故に、亦の名が「倭<u>男具那</u>命」なのである。中大兄皇子と那の関係につ
いては後に再論する。

　なお、大碓命が妻にすることになる二人の「嬢子」を、真福寺本は「獳子」
と書く（199三374）。卜部系諸本はこれを「狹子」としているので、もとも
とⅰ偏の文字で書かれていたことは疑いない。そこで、真福寺本の誤字「獳
子」が原型であったと思われる。女偏の「嬢」をⅰ＝犬偏の「獳」に書いた
のは、中大兄皇子がいぬ年（旧いぬ年・旧丙戌年・627年）生まれである故
の意図的誤字であったと思われる。大碓命が中大兄皇子を寓意することを暗
示する古事記流の仕掛けである。》

以上の系譜を見やすく並べると次の通りである。引用文に記していない子孫分
注も併せて記した。また書紀による系譜を対応させながら右欄に併記した。その
書紀系譜については、妻の記載順を1〜8の番号で示し、2の八坂入媛の子女に
は記載順に①から⑬の番号を付し、位置を入れ替えて古事記と対応させた。7の
襲武媛（そノたけひめ）の子女にもa・b・cの番号を付し、cの豊戸別皇子につい
ては位置を入れ替えて古事記と対応させた。

古事記系譜	書紀系譜

大帶日子淤斯呂和氣天皇　　　　　　　　大足彦忍代別天皇

i 吉備臣等之祖、若建吉備津日子之女
　　針間之伊𦾔那毗能大郎女　　　　　　1 播磨稻日大郎姫〈一云、稻日稚郎姫。郎姫、
　　　　　　　　　　　　　　　　　　　　此云異羅菟咩〉
　　1 櫛角別王〈茨田下連等之祖〉
　　2 大碓命〈守君、大田君、嶋田君之祖〉　　大碓皇子〔身毛津君・守君、凡二族
　　　　　　　　　　　　　　　　　　　　之始祖也〕

　　3 小碓命＝倭男具那命（太子）　　　　小碓尊＝日本童男〈童男、此云烏具奈〉
　　　　　　　　　　　　　　　　　　　　＝日本武尊

　　4 倭根子命　　　　　　　　　　　　〈一書云、第三、稚倭根子皇子〉④稚
　　　　　　　　　　　　　　　　　　　　倭根子皇子
　　　　　　　　　　　　　　　　　　4 五十河媛
　　5 神櫛王〈木國之酒部阿比古、宇陁酒　　神櫛皇子〔讚岐国造の始祖〕
　　　部之祖〉〈五柱〉　　　　　　　　　稻背入彦皇子〔播磨別の始祖〕

ii 八尺入日子命之女、八坂之入日賣命　　2 八坂入彦皇子之女、八坂入媛
　　(1)若帶日子命（太子）《後の成務天皇》　①稚足彦天皇《成務即位前紀に、景行天皇
　　　　　　　　　　　　　　　　　　　　の第四子とする》

　　(2)五百木之入日子命（太子）　　　　②五百城入彦皇子
　　(3)押別命　　　　　　　　　　　　③忍之別皇子
　　　　　　　　　　　　　　　　　　⑤大酢別皇子
　　　五百木之入日賣命　　　　　　　　⑧五百城入姫皇女
　　　　　　　　　　　　　　　　　　⑩五十狭城入彦皇子

iii 妾
　　(4)豊戸別王　　　　　　　　　　　c 豊戸別皇子〔火国別之始祖〕
　　　沼代郎女　　　　　　　　　　　⑥渟熨斗（ぬのし）皇女
iv 妾
　　沼名木郎女　　　　　　　　　　　⑦渟名城皇女
　　香余理比賣命　　　　　　　　　　⑨麛依姫皇女
　　(5)若木之入日子王　　　　　　　（⑩五十狭城入彦皇子？ 4 の稻背入彦皇
　　　　　　　　　　　　　　　　　　子と同人？）
　　(6)吉備之兄日子王　　　　　　　⑪吉備兄彦皇子
　　　髙木比賣命　　　　　　　　　　⑫髙城入姫皇女

弟比賣命　　　　　　　　　　　　⑬弟姫皇女

　　　　　　　　　　　　　　　　3 三尾氏磐城別之妹、水齒郎媛

　　　　　　　　　　　　　　　　　　五百野皇女《20年紀2月、遣五百野皇
　　　　　　　　　　　　　　　　　　女、令祭天照大神》

v 日向之美波迦斯毗賣　　　　　　　8（日向國の）御刀媛〈御刀、此云弥
　　　　　　　　　　　　　　　　　　波迦志〉

　(7)豊國別王〈日向國造之祖〉　　　　　豊國別皇子〔日向國造之始祖〕《景
　　　　　　　　　　　　　　　　　　行13年紀》

vi 伊那毗能大郎女之弟、伊那毗能若郎女
　(8)真若王
　(9)日子人之大兄王　　　　　　　　彦人大兄《仲哀2年紀正月》
vii 倭建命之曽孫、湏賣伊呂大中日子王之
　女、訶具漏比賣
　(10)大枝王

　　　　　　　　　　　　　　　　5 阿倍氏木事之女　高田媛
　　　　　　　　　　　　　　　　　　武国凝別皇子〔伊予国御村別之始祖〕
　　　　　　　　　　　　　　　　6 日向髪長大田根
　　　　　　　　　　　　　　　　　　日向襲津彦皇子〔阿牟君之始祖〕
　　　　　　　　　　　　　　　　7 襲武媛
　　　　　　　　　　　　　　　　　a 国乳別皇子〔水沼別之始祖〕
　　　　　　　　　　　　　　　　　b 国背別皇子〈一云、宮道別皇子〉
　　　　　　　　　　　　　　　　（c 豊戸別皇子〔火国別之始祖〕（前掲））

凡此大帶日子天皇之御子等、所レ録廿一　　　天皇之男女、前後并八十子
王、不レ入記レ五十九王、并八十王

　まず気がつくのは古事記の妻の列挙の仕方が奇妙である。最初の2人の妻i・
iiは出自・名前ともに明確に記述しながら、iii・ivは妾とのみ記して名を没却し
た妻を掲げ、しかしその子については明確な名を掲げている。そしてそのあとに
再び出自と名を備えた妻3人を掲げている。こうした妻の列挙の仕方がそもそも
変則であるのに加えて、最後の妻viiが、述べた通り、景行天皇の子である倭建命
の曽孫、従って景行天皇の玄孫、湏賣伊呂大中日子王の娘、訶具漏比賣とされて

いる（紛らわしい書き方がされているが、訶具漏比賣が倭建命の曽孫なのであり、倭建命の子、若建命の子とされる須賣伊呂大中日子王は倭建命の孫である）。このような婚姻は現実にはありえない話で、このような出自を平然と語るのは、明らかに意図的である。古事記は最後の大枝王に意図的に疑問符を付したのである。この大枝王は、倭建命と仲哀天皇の系譜の段にはいずれも大江王として再掲されており、香坂王・忍熊王の母、大中津比賣命の父とされる。書紀は、香坂王・忍熊王の母を「（仲哀天皇の）叔父、彦人大兄之女、大中姫」とする（仲哀２年紀正月条）。この彦人大兄は古事記の(9)日子人之大兄王に等しく、故に(10)大枝王＝大江王は実は(9)日子人之大兄王の別伝ないし紛伝であることが知られる。要するに(10)大枝王＝大江王の実体も出自も古事記が意図的に作り上げた虚構であり、(10)大枝王＝大江王に疑問符がつくように虚構したのである。

　皇子の数にも注目したい。ⅰの子が５柱であるのは小計注通りである。しかしⅱ～ⅶの子には小計注がない。天皇系譜における各妻の子女に関わる小計注については、川副武胤氏の調査があり、すべての妻の同母兄弟ごとに、〈幾柱〉という形で小計注を付すのが原則である注3。そうしたなかで、この景行天皇系譜においては最初の妻の子（すべて男子である）だけに小計注〈五柱〉を付していながら、あとの６人の妻の子女の小計注に全く無関心をよそおっている。これは例外中の例外である。何かに注意を向けさせる不自然さではないかと推測して、〈五柱〉に倣って男子の数だけを数えると、全10皇子であり、その数を見ると、ⅱの皇子は３人、ⅲの皇子は１人、ⅳの皇子は２人、ⅴの皇子は１人、ⅵの皇子は２人、そして、最後のⅶの皇子が、疑問符のつく１人である。最後の疑問符のつく皇子を除くと、３・１・２・１・２人となっている。下から逆に見れば、Ⅳ－２で述べた通り、２・１・２・１・３人の順である。Ⅳ－１で見た作池記事の２・１・２・１・３池というグループ分けと一致する。偶然であろうか。偶然ではなさそうであることは、書紀系譜と比べてみると明瞭であろう。そもそもⅲの妾とⅳの妾という名の無い奇妙な妻を配して数を合わせたらしいことが疑われる上に、その子女たるや、記紀比較してわかる通り、別妻の子女から拝借して数を揃えた気配が濃厚である。

　景行天皇の皇子を下から逆に数え上げると２・１・２・１・３人の順であるといったが、皇子の名を見ると、ⅵの伊那毗能若郎女の子は(8)真若王、次に(9)日子人之大兄王という順になっている。この順は逆向きのように思われる。つまり名

から判断すれば、(9)の日子人之大兄王が兄で、(8)の真若王が弟に相応しい名ではあるまいか。弟のような名の皇子が、長兄のような名の皇子の前に置かれている。逆向きに数え上げる暗示がここに仕組まれたと推測できそうではないか。書紀には真若王は見当たらない。

　Ⅳ−1とⅣ−2について見たので、ここでついでにⅣ−3についても確認しておく。

　古事記には「天神」（あまつかみ）と「國神」（くにつかみ）が登場する。古事記において「天神」と「國神」が対立する概念であることは明瞭である。たとえば地上に降臨した天孫の初代であるニニギの命の妻、木花之佐久夜毗賣（このはなのさくやびめ）は、夫との一夜の交わりで妊娠したため夫から、國神の子であろうと疑われ、「國神の子なら無事には生まれないでしょう、天神の御子なら無事に生まれるでしょう」と言って、戸の無い産屋を作りその中に入って出入り口を土で塗り塞ぎ火をつけて子を生むのである。子は無事に生まれ、ニニギの命の子であることが証明される。ニニギの命自身が「天神の御子」であり、その子である故に再び「天神の御子」となるのである。この段でいう「天神」とは天照大御神（あまてらすおほみかみ）を意味しており、神代記から神武段までにおいては天照大御神の子孫である神武天皇までがすべて「天神の御子」と呼ばれる（「天神の御子」は神武段までにしか現れない言葉である）。

　それはさておき、天神の御子か國神の子かについてこのように峻別しようとする物語を語りながら、古事記は実はどの神が「天神」でありどの神が「國神」であるかについて、少なくともその表面的な記述様式のもとでは明確な区別をしてはいない。意外かも知れないが実際にそうなのであり、このことがかつて「天神國神考」（『日本古典の研究』注4所収）を著した川副武胤氏に古事記の記述を「矛盾」として処理する他にない論考（同著p.131〜132）を強い、或いは真福寺本・鈴鹿登本ともに記す「荒振國神」（86七448。下の②）を「荒振神」であると無理に校訂せしめる（同著p.89・p.125）原因ともなったのである。

　古事記にとって重要であったのは、どの神が「天神」でありどの神が「國神」であるかということより、まずは「天神」と「國神」という<u>語句の分布</u>であった。古事記全体で前者は32例、後者は9例を数える。「天神」と「國神」という語句に注目しながら、その全例を順に列挙すると次の通りである。「國神」には〇付きの通し番号、「天神」には〇無しの通し番号を振った。

1	10一49	上件五柱神者、別天神。
2	11四55	於_レ_是、天神諸命以、詔_二_伊耶那岐命伊邪那美命二柱神_一_、修_二_-理-固-成是多陁用弊流之國_一_、……
3	14二68	於_レ_是、二柱神、議云、今吾所_レ_生之子不_レ_良。猶宜_レ_白_二_天神之御所_一_。
4	14二69	即共参上、請_二_天神之命_一_。
5	14三69	尓、天神之命以、布斗麻迩尓_上_〈此五字、以_レ_音〉卜相而詔之、因_二_女先言_一_而不_レ_良。
①	51九267	故其老夫答言、僕者國神、大山_上_津見神之子焉。僕名謂_二_足_上_名稚／推／【椎】_一_、……
②	86七448	故、以_下_爲於_二_此國_一_道速振荒振國神等之多在_上_。
6	88九459	故尓、鳴女、自_レ_天降到、居_二_天若日子之門湯津楓上_一_而、言委曲、如_二_天神之詔命_一_。
7	89三461	天若日子、持_二_天神所_レ_賜天之波士弓・天之加久矢_一_、射_二_-殺其雉_一_。
8	96一496	恐之。此國者、立_二_-奉天神之御子_一_。
9	97八504	此葦原中國者、随_二_天神御子（／之）命_一_、獻。
10	98一506	汝子等、事代主神・建御名方神、二神者、随_二_天神御子之命_一_、勿_レ_違白訖。
11	98四508	唯僕住所者、如_二_天神御子之天津日継所_レ_知之登陁流〈此三字以_レ_音。下效_レ_此〉天之御巣_一_而、……
③	103二531	僕者、國神。名、猿田毗（／古）神也。
12	103三532	所_二_-以出居_一_者、聞_二_天神御子天降坐_一_故、仕_二_-奉御前_一_而、参向之侍。
13	108二556	以問_二_-言「汝者、天神御子仕奉耶」_一_之時、諸魚皆「仕奉」白之中、海鼠、不_レ_白。
14	110三567	使_二_石長比賣_一_者、天神御子之命、雖_二_雪零風吹_一_、恒如_レ_石而、常堅不_レ_動坐。
15	110七570	獨留_二_木花之佐久夜毗賣_一_故、天神御子之御壽者、木花之阿摩比能微〈此五字、以_レ_音〉坐。
16	111二572	故後、木花之佐久夜毗賣、参出白「妾妊身。今臨_二_産時_一_。是天神之御子、私不_レ_可_レ_産。故請」。
④	111四573	尓詔「佐久夜毗賣、一宿哉妊。是非_二_-我子_一_、必國神之子」。
⑤	111五574	尓答白、吾妊之子、若國神之子者、産時不_レ_幸。
17	111六574	若天神之御子者、幸。即作_二_無_レ_戸八尋殿_一_、……

18	121四624	豊玉毗賣命、自参出白之、妾已妊身。今臨二産時一。此念、天神之御子、不レ可レ生二海原一。
⑥	128六9	乗二龜甲一爲レ釣乍、打羽擧来人、遇レ于二速吸門一。尓、喚歸、問之、「汝者誰也」。答曰、「僕者國神」。
19	131一21	此時、熊野之高倉下〈此者、人名〉賫二一横刀一、到レ於二天神御子之伏地一而、獻之時、
20	131二22	天神御子、即寤起、詔、「長寢乎」。《19と一連の文》
21	131五24	故、天神御子、問下獲二其横刀一之所由上、高倉下、答曰、……
22	132七30	故、阿佐米余玖〈自レ阿下五字、以レ音〉、汝、取持、獻二天神御子一。
23	133一31	於レ是、亦、【高】木大神之命以、覺白之、天神御子、自レ此於二奥方一莫レ使二入幸一。
24	133六34	尓、天神御子、問、「汝者、誰也」。
⑦	133六34	答曰、「僕者、國神。名、謂二贄持之子一〈此者、阿陁之鵜／鵜養之祖〉」。《24と一連の文》
⑧	133九36	答曰、「僕者、國神。名、謂二井氷鹿一〈此者、吉野首等祖也〉」。
⑨	134三37	答曰、「僕者、國神。名、謂二石押分之子一」。
25	134四38	今聞二天神御子幸行一。故参向耳〈此者、吉野國巣之祖〉。《⑨と一連の文》
26	134九40	故尓、於二宇陁一、有二兄宇迦斯〈自レ宇以下三字、以レ音。下效レ此也〉弟宇迦斯二人一。故先、遣二八咫烏一、問二二人一曰、今、天神御子、幸行。汝等、仕奉乎。
27	135六44	弟宇迦斯、先参向、拜曰、僕兄、〻宇迦斯、射二-返天神御子之使一、將レ爲二待攻一而、聚レ軍、……
28	138二57	故尓、天神御子之命以、饗二-賜八十建一。
29	141五72	故尓、迩藝速日命、参赴、白レ於二天神御子一、
30	141六72	聞二天神御子天降坐一。故、追参降来。《29と一連の文》
31	170六219	又仰二伊迦賀色許男命一、作二天之八十毗羅訶一〈此三字、以レ音也〉、定二-奉天神地祇之社一。
32	228一524	今寔思レ求二其國一者、於二天神地祇、亦山神及河海之諸神一、悉奉二幣帛一、……

②は、高御産巣日神・天照大御神の詔令によって大國主神の統治する葦原中國にある「道速振荒振國神等」を平定する使者を選ばせ、天菩比神が派遣されるこ

とになる段である。川副氏は、この下に、次の使者となった天若日子を問責するための使者たる雉に対する詔として「其國之荒振神等」（88六458）とあることを根拠に、伊勢本・伊勢一本が②を「道速振荒振神等」とするのに従うとした上で、

　　　確かに、その後頻に登場する“出雲系”の神々——大国主神、事代主神、建御名方神、大国主神の子孫の神々、大物主神や、1神武巻に登場する荒ぶる神、12景行巻に登場する荒ぶる神々に「国神」の名の冠せられるものは一例も無く、また逆に国神に“荒ぶる”の語の冠せられるものも一例もないところを見ると、“荒振”＝“国神”は矛盾概念であるから、前条は単に荒振神とあるのが正しい筈である。

と論説されている（前掲書p.89）。

　しかし、②は真福寺本と鈴鹿登本を含む卜部本系諸本のすべてが「道速振荒振國神等」とするのが原形であると考えるべきである。下の「其國之荒振神等」と対照させることで、「國神」の数合わせにつき注意を喚起しているとすら考えられる。

　いちいちの神について「國神」であるのか「天神」であるのかを古事記が明瞭に区別していないことにつき、川副氏は次のように論じて（前掲書p.131～132）、古事記の抱える「矛盾」として考察を止めるほかになかったようである（以下、①に山の神＝大山津見神が「國神」と明示されていることが前提である）。

　　……これに対し、山海二神が、一方で国神・海神として天神御子と対比しつつ、他方で岐美二神に系譜を引く（ただし、岐美二神は別に「天神」ではない）といふことのもつ矛盾（対立性の不明瞭さ）は、従来指摘されてゐるところであるが、前者即ち国神・海神としての天神御子に対する位置づけは、その構想からいつて必然的・絶対的なものであるし、後者も亦、岐美二神の神生みの神々の中で不可欠の重要な、中心的な神々である《「後者」とは、山海二神が岐美二神に系譜を引く位置づけであることを指すのだろうが、氏の構文に難がある》。

　　ところで宣長も指摘してゐるやうに、岐美二神は地上の神である。……だから山海二神を特に「国神」として位置づけるための前提として、岐美二神の地上における生殖——神生み——が用意されてゐるのだとも考へられないことはない。さうだとすれば、さらに一歩を進めて、神生みの段に生まれた神々はすべて国神に準じて考ふべきであらうか。……しかし、この神々の中

に天之水分神以下「天之」の語を冠せられる神が三十三神中六神にも上ることと、また、このほか鳥之石楠船神は亦名を天鳥船といふが、この神は天神の使者として天から地上に派遣される神である。……もしも古事記にこれらの神々を国神とする構想があるのであれば、必ずこの神生みの段の自然神を一括して（大山津見神をも含めて）、この段にこそ「国神」と表示するであらう。それが無いところをみると、古事記には、その意図・構想、従って或はその意識も無かったのではないか。だからやはりそのやうな考は成立たず、前述のやうに一つの矛盾として置くのがよいと思ふ。

　引用が長くなったが、要するに、古事記が「國神」と「天神」の間に、たとえば地上性v.s.天上性などの基準を設けて何らかの区別をしていたと考えても、所詮、矛盾しか導かれないのである。

「國神」と「天神」を登場順に並べた上の一覧表を見れば、國神①〜⑨が天神1〜32によって、2・1・2・1・3のグループに分けられている様子を見て取ることができる。なお「天神」最後の2例31・32は共に「天神地祇」である。「地祇」も「くにつかみ」であるが、「地祇」と表記されることで「國神」の数合わせに寄与している。

　作池の2・1・2・1・3池というグループ分けにせよ、景行天皇の皇子の列挙次第に潜む2・1・2・1・3人ずつの同母皇子分けにせよ、「國神」の2・1・2・1・3句ずつのグループ分けにせよ、明らかに意図的な数合わせが仕組まれていたと考えるべきである。まことに手の込んだ細工が古事記全体を俯瞰しつつ何者かの手で（何者かとは、いうまでもなく古事記作者である）なされたことは、もはや疑いのないところであろう。古事記全体の文字の分布を脳裏に収めながら説話を構成し文や語句を練るという信じ難い技巧を施した、ある種の非凡な才智の存在を窺うことができる。

　それにしても随分と念の入った細工をしたものである。一体全体これは何を示唆しようとした数合わせなのか。

　しかし先走らず、次にⅠ−3以下についても詳しく見てみよう。

　Ⅰ−3　久羅下那洲多陁用弊琉之時〈流字以上十字、以レ音〉　　　（9五45〜）
「くらげなすただよへる」という10字句の最後のル音の音仮名が、地の文と音読注で文字が異なるのは異常であり、当然、誤字・誤写の疑いが生じる。前掲『諸本集成　古事記』を見ると、果たして古写間に異同がある。まず真福寺本およ

びその系統の伊勢本系３本（道果本・伊勢本・伊勢一本）および卜部本系の一つ、前田本は、地の文・分注をどちらも流字で統一している。他方、これとは対照的に、近世の校訂本である延佳本・訂正古訓古事記・田中本などは、どちらも琉字で統一している。ところが卜部本系の祖本ともいうべき鈴鹿登本や、卜部本系の曼殊院本・猪熊本・寛永版本は、地の文を琉、分注を流と書いて、不統一である。流で統一する真福寺本系古写本、琉で統一する近世校訂本、地の文が琉、分注が流という不統一な卜部本系古写本という３系があることになる。どれが原型であったかという問題がまず存在するのであるが、ここは、不統一である最後の写本群が原型を保持していたと推測される。なぜなら、このような明らかな不統一には写本過程で考証が入り易く、流もしくは琉のどちらかに統一しようとする力学が働いたであろうと推測されるからである。

　原型がもともとこのように不統一であったと考えるべきであり、しかも、そこに、最後の琉字に対する疑問符を付そうとする隠れた意図を推定できるのであるから、鈴鹿登本などが主張する不統一な状態が原型であったと推断できる。

　ここでもやはり「10引く１は９」という算術が成立している。

　問題は、この算術に隠された意味の解明である。引く１とは何か。９とは何か。琉字の寓意が深く関与するのであるが、この問題は無論Ⅰの全例に関わる問題である。やはり先を急がず、最後のⅠ－４を見ておこう。

　Ⅰ－４「次に大中津日子命は、〈山邊之別、三枝之別、稲木之別、阿太之別、尾張國之三野別、吉備之石无別、許呂母之別、髙巣鹿之別、飛鳥君、牟礼之別等の祖也〉」
　　　　　　　　　　　　　　　　　　　　　　　（180八273〜181一274）

　垂仁天皇の子、大中津日子命は書紀によれば大中姫命である。古事記が本来女性であった人物につき、意図的に性を逆転して男性に変えたと推断するには根拠がある。崇神天皇系譜と垂仁天皇系譜において古事記が書紀に比べて性を逆転させている皇子女は次の３名のみである。

	古事記	書紀
崇神天皇の子	伊賀比賣命 (168三206)	五十日鶴彦（いかつるひこノ）命
垂仁天皇の子	大中津日子命 (178五261)	大中姫命
同上	伊賀帯日子命 (178八263)	胆香足姫（いかたらしひめノ）命

　大友皇子の幼名である伊賀皇子の「伊賀」を名に持つ者２名と中大兄皇子（＝

天智天皇）の「中」を名に持つ者１名の３名について、記紀で性が逆転している。この性の逆転において、中大兄皇子とその後を継いだ大友皇子こと伊賀皇子の名が意識されていたであろうこと、一目瞭然である。故に古事記の側が、この３名に意図的に性転換を施したのであろうと推断される。

　古事記全体で書紀と比べて明らかに性を逆転している皇子女はあと２名いる。反正天皇の子と宣化天皇の子である。

	古事記	書紀
反正天皇の子	多訶弁郎女（297 六 159）	髙部皇子
宣化天皇の子	倉之若江王（354 三 464）	倉稚綾姫皇女

　多訶弁郎女の多訶は髙であり、古事記において<u>「髙」は壬申乱時の悉軍事将軍、髙市皇子に因み、大海人皇子に皇位を齎すものを寓意する寓意文字である</u>（髙市皇子は大海人皇子＝天武天皇の長子──第２節冒頭の系図参照）。また、下に触れるが、<u>倉之若江王の江は淡海を意味し、更に、倉・若は大友皇子の寓意を秘める</u>文字である。

　結局、性の逆転がなされているのは５名（<u>中巻３人、下巻２人。５の３・２分割、Ⅵ－４がこれ</u>）であり、中大兄皇子・大友皇子・髙市皇子を示唆寓意する名の人物に限られていることが知られる。

　中大兄皇子、大友皇子、髙市皇子に共通する男女の性別に関わる共通項を考えてみると、大化改新で設けられて実施された頭別戸籍制度が思いつかれる。「頭別」と断ったのは、大化改新より前にも課役徴税のための戸籍は、全国的・統一的でなかったにしても何らかの形で存在していたであろうことは書紀その他に徴して明らかであり、それらと区別するための断り書きとして適当と考えるからである。これものちに論じる通り、大化以前の戸籍は、男子の人数、それも幼児や髙齢者を除いた、後の令制で正丁と呼ばれる男性の人数（正丁換算の男性数）を把握して戸の大小を定める、徴税のための粗雑な戸籍であったと推測される（第４節の補論２参照）。従って全国的にすべての男女の名をまさに「頭別」にすべて登録する造籍事業は大化改新以後のものである。それで頭別戸籍制度と仮に呼んだのであるが、この新たな戸籍制度の重要目的の一つは、班田収授の制度を運営することである。班田収授の制度は６年ごとに造った戸籍に基づいて、男女全員に６年ごとに水田を配り直す制度である（第４節の補注５参照）。

この頭別戸籍制度は、壬申乱後、班田収授制度とともに天武朝で一旦廃絶し、旧来の徴税のためだけの粗雑な戸籍制度に戻っていたと考えられるが（第４節の補論２）、天武天皇の崩後、髙市皇子が太政大臣になるのと前後して班田制度とともに復活する。髙市皇子は、従ってすでに天武朝の時代から陰に陽に戸籍（頭別戸籍）・班田収授制度の復活を主張していたものと推測される。

戸籍・班田収授の制に積極的にかかわり、かかわろうとした人物として、中大兄皇子・大友皇子・髙市皇子は共通性を持つ。

この頭別戸籍制度の特徴の一つを示すものが、制度を始めるに当って導入されたいわゆる「男女の法」である。

大化元年紀（乙巳年。従来説では645年であるが、この乙巳年は実は旧干支紀年法[注5]による干支年と見做すべきであり、これを旧乙巳年と呼ぶと、旧乙巳年は646年である。従って大化元年は実は646年である）の８月庚子【5】是日条に詔（みことのり）に曰（いは）くとして次のように述べられている（以下、日付干支のあとに付す【　】内の数字は干支を日数に換算した数値である。また引用文は岩波書紀[注6]の読み下し文に従うが、意味の明瞭な語句に対しては和語の振り仮名は略す）。

> 又男女の法は、良男・良女の共に生む所の子は其の父に配（つ）けよ。若（も）し良男、婢を娶（めと）りて生む所の子は其の母に配けよ。若し良女、奴に嫁（とつ）ぎて生む所の子は其の父に配けよ。若し両つの家の奴婢の生む所の子は其の母に配けよ。若し寺家の仕丁の子ならば、良人の法の如くせよ。若し別に奴婢に入れらば、奴婢の法の如くせよ。今剋（よ）く人に制（のり）の始め為（た）ることを見（しめ）さむ。

この「男女の法」は、子の戸籍上の所属を法的に決定するために出された詔である。「奴婢以外の階級である良民同士の婚姻でできた子は父につけ、良民と奴婢の間の子は奴婢につけ、奴婢同士の間の子は母につけよ」というのが詔令の趣旨である。このような詔令が出されたのは、当時の庶民層、つまり旧来の部民層においては、子は母の族（クラン）に属して母方の家で養育されるといういわゆる母系制的家族形体が主流であったため、中国の戸籍制度の移入に際して、奴婢階級を除き、大陸風の父系主義に一律に則るべきことが宣言されたものである。しかしこれは、父系相承によって氏姓（ウヂカバネ）制度を維持してきた特権諸氏を除けば、一般部民層においては子が母家に属して養育されてきたこれまでの習俗

に逆行する法制であった。これを逆転せしめるためにわざわざ「男女の法」が宣勅されたのである（クランとウヂは別物である。これを混同して古代日本は双系制であったなどと論じるとすれば早計である）。この「男女の法」の導入には、班田収授法の円滑な施行のためというほかに、一般部民層を当時の支配階級の父系主義へと引き上げようとした改新政府の意図が存在したと思われる（従って、男女差別観による父系主義とは一線を画している。実際、改新治政下での女帝斉明天皇の再祚がこのことを象徴的に示している）。とはいえ、この大陸流父系主義への急進的な転換政策は、やはり改新政治の限界の一つとなり、壬申乱後に造籍事業を廃絶させる口実の一つになったに違いない（改新政治の限界というなら、その最大の限界としては、これが天皇権力という専制君主治政下に行われた改革であったという点がまず挙げられねばならない。しかし、論題を余りに外れるため、この大化改新限界論にはここで深入りはしない）。

　ともあれ、新たな頭別戸籍制度にこの男女逆転の要素があったとすると、これを排した天武朝はその逆転を解除して旧来の家族形態に沿った施策に戻したと考えられたであろうし、逆に新たな頭別戸籍制度を創始しこれを維持した中大兄皇子と大友皇子に加え、その復活を期待し、後に主導した髙市皇子は、「男女の法」に見られる上記のような意味での一種の男女逆転思想の象徴と見做されたと思われる。このことがこの３人に因む皇子女の名に限って性を逆転した主因であったと考えられる（古事記が示すこの男女逆転系譜は、「男女の法」に対して、当時確かに批判的見解が存在したことの証拠でもある）。

　さて、そういうことであるなら、上記の５人は意図的に性が逆転されたと認められる、特に大中津日子命は本来は女性であったことが是認される。それなら大中津日子命に付された子孫氏10氏は、そのすべてに疑問符がつくと考えなければならない。10のうち１つだけに疑問符がついたこれまでの例とは異質である。10氏は山邊之別（やまべのわけ）から牟礼之別（むれのわけ）まで別（わけ）カバネを持つ９氏と、飛鳥君という君（きみ）カバネをもつ１氏からなり、飛鳥君だけに疑問符がつくわけではないので、この場合は10引く１は９というより、むしろ架空世界における、９足す１は10という数合わせである。

　壬申乱前後史から考えれば、飛鳥君に関しては、壬申乱後、即位して飛鳥の地に飛鳥浄御原宮（あすかノきよみはらノみや）を構えた大海人皇子＝天武天皇が想起される。架空世界において大海人皇子が９を率いた状況をこの大中津日子命

の子孫注が寓意していると考えられる。ではその9とは何か。この9はⅠ－1か
らⅠ－3までの9と相通じる9であり、本質的には同じものを示唆する9である。

　しかもその9は、Ⅳの3例について述べた通り、2・1・2・1・3の順にグ
ループ分けできる数であるらしい。

　9に関するこの区分を含めて、古事記が宿す「10引く1は9」の謎の解明の最
初の一歩は、10から引かれる1についてである。今後の見通しをつけるため、こ
のことに関して最初の謎解きを一部試みておこう。以下、古事記の寓意の構造論
を巾広く援用する必要があるが、その詳細は省かざるを得ないので、結論を天下
り的に用いる。

　異質なⅠ－4は除き、まずⅠ－3から見る。

　Ⅰ－3では「久羅下那洲多陁用弊琉」の最後の「琉」字に疑問符がついた。「琉」
字は、王偏と、流れる意味を持つ旁（つくり）とからなる文字である注7。故に琉
は流れる王と解字解読できる。「流」は「はふる」ともよみ、はふるとは殺す意
味を持つ。流れる王、殺される王とは、壬申乱で自縊して果てる大友皇子を寓意
する。

　この例では「琉」イコール「流」でなければならないことも指示されたと考え
得る。「琉」イコール「流」とは王イコール三水であり、古事記において「水」・
淡水は淡海朝の符丁である。大友皇子が淡海朝の王であることと符合している。

　Ⅰ－2における「10引く1は9」の1に当たるのは、景行天皇の最後の皇子、つ
まりその母の奇妙な出自によって疑問符のつく「大枝王」である。景行天皇段の終
末近くの倭建命の系譜中や仲哀天皇段では「大江王」とも記述される皇子である。

　大友皇子は壬申乱の最後に山前（やまさき）に逃げ隠れて自縊して果てるので
あるが、山中に隠れての自縊であるからおそらくは衣服の帯を木の枝に括りつけ、
舎人の膝に乗って首を吊り身を帯（たらし）たものと推測される。従って「大枝
王」、大いなる枝の王とは枝に首を吊った大友皇子を暗示することになる。加え
て、枝字は木偏と支字からなるが、木は根之堅州國（ねのかたすくに）〜黄泉國
（よみのくに）、死の國への通路であり、支は十と又からなり、十は十市皇女の符
丁（十市皇女は大海人皇子と額田王の間に生まれた子であり、大友皇子の嫡妻と
なった女性である――第2節冒頭の系図参照）、「又」は大海人東宮に重ねて「ま
た」太子となった大友皇子を寓意する寓意文字である（『懐風藻』の大友皇子伝に
23歳で皇太子となったと記されており、これが事実であったことについては、第

3節参照。更には拙著『日本書紀編年批判試論』あるいはその修正補足版である『6〜7世紀の日本書紀編年の修正——大化元年は646年、壬申乱は673年である——』参照注5）。そもそも<u>大友皇子</u>の<u>友字自体が又二つからなる文字である</u>（『説文解字』〔以下、説文と略す〕三下の友条に「同志を友と為す。<u>二又に従ふ</u>。相交友するなり」とある）。従って<u>枝とは、十市皇女とともにあって死への道につく大友皇子を寓意する呪文字である</u>。また、「大江王」の「江」は上巻（神代巻）に登場する天菩比（あめのほひノ）命の子、建比良鳥（たけひらとりノ）命の子孫注に「遠淡海」を「遠江」と表記するところがある（43⑤223）。これによって<u>江イコール淡海</u>であることが知られる。

　故に<u>大枝王＝大江王は、壬申乱で木の枝に首括って自縊した淡海朝の王、大友皇子を寓意する名である</u>。

　Ⅰ—1において疑問符のつくのは依網池であるが、池字は三水に也、つまり水也と解字できる文字である。上に述べた通り水・淡水には淡海朝の寓意がある。淡海朝の重複部分を除くということであれば、重ねて太子となった大友皇子を除く暗示となる。

　加えて依網池の依字は人と衣に解字できる。古事記において<u>「衣」は大友皇子の妃、十市皇女の符丁である</u>ので（十市＝登袁智の袁は裾の長い衣のことである）、これを傍らに置く人とは再び大友皇子である。

　また依網池の網字の糸偏は乙類キの主たる音仮名である紀の一部であるが、紀字は実は葛城皇子＝加（迦）豆良（羅）紀皇子の紀であり、古事記において<u>紀字は葛城皇子こと中大兄皇子の符丁である</u>。網字の旁の字体は真福寺本を見ると岡ではなく、冂の中にヌを書く字体である。この字体が原型であろうと思われる。ヌは又であり、又は述べた通り、大友皇子を寓意する文字であるので、網字にも中大兄皇子の一部を継ぐ大友皇子の寓意がある。<u>依網池には結局大友皇子の寓意が備わる</u>。

　以上の考察によって、ここでひとまず、「<u>10引く1は9</u>」の1とは、淡海朝の最後の首班、大友皇子を暗示し、従って「<u>引く1</u>」とは、<u>大友皇子を、重複した余計な者、疑問符のつく者、誤った者とする寓意を秘める仕かけであろうことが知られた</u>。

　除外したⅠ—4であるが、この場合は架空の「9足す1は10」という算術であり、その1が飛鳥君であり、大海人皇子を示唆すること述べた通りである。Ⅰ—1から

Ⅰ－3までの、大友皇子を寓意する1を引く算術とは異質である所以である。とはいえ9には共通の意味がある。この9は2・1・2・1・3という区分を内蔵する9である。9とは何か。

やはり再三先走らず、次にⅡとⅢを見ておこう。

ⅡとⅢは（5・9）セットの6例と（2・5・9）セットの6例である。

まずⅡ－1はⅠ－2で見た通り、最初の妃ⅰの5皇子のみに「五柱」という小計注があり、その後の皇子女には小計注が無く、疑問のある大枝王を除くと9皇子であるので、（5・9）という数セットになる。小計注の有無によって5が9とは別格であることもまた示唆されていると考え得る（分注を現在時制〔＝天武朝時制〕と考えると、分注なき9は現在時制において消去されているのである）。

Ⅱ－2とⅢ－1は湏佐之男命の子、大年神の系譜に見える数セットである。大年神系譜の読み下し文を掲げると次の通りである。3人の妻に1、2、3の番号をつけ、それぞれの子に○・□・●囲いの番号を付した。

　　故、其の大年神（おほとしノかみ）、1神活湏毗神（かむいくすびノかみ）の女（むすめ）、伊怒比賣（いのひめ）を娶して生める子、①大國御魂神（おほくにみたまノかみ）。次に②韓神（からノかみ）。次に③曽冨理神（そほりノかみ）。次に④白日神（しらひノかみ）。次に⑤聖神（ひじりノかみ）〈五神〉。

　　又、2香用比賣（かよひめ）〈此の神の名は、音を以ゐよ〉を娶して生める子、１大香山戸臣神（おほかぐやまとノおみノかみ）。次に２年御神（としノみかみ）〈二柱〉。

　　又、3天知迦流美豆比賣（あめちかるみづひめ）〈天を訓むこと天の如し。亦、知より下の六字、音を以ゐよ〉を娶して生める子、❶奥津日子神（おきつひこノかみ）。次に❷奥津比賣命（おきつひめノみこと）。亦の名、大戸比賣神（おほへひめノかみ）。此は諸人（もろひと）の以（も）ち拜（いつ）く竈神（かまノかみ）ぞ。次に❸大山〼咋神（おほやまくひノかみ）。亦の名、山末之大主神（やますゑのおほぬしノかみ）。此の神は、近淡海國（ちかつあふみノくに）の日枝山（ひえノやま）に坐す、亦、葛野（かづの）の松尾（まつ）に坐して鳴鏑（かぶら／なりかぶら）を用（も）つ神ぞ。次に❹庭津日神（にはつひノかみ）。次に❺阿湏波神（あすはノかみ）〈此の神の名は、音を以ゐよ〉。次に❻波比岐神（はひきノかみ）〈此の神の名は、音を以ゐよ〉。

次に❼香山戸臣神（かぐやまとノおみノかみ）。次に❽羽山戸神（はやまとノ
かみ）。次に❾庭髙津日神（にはたかつひノかみ）。次に❿大土神（おほつち
ノかみ）。亦の名、土之御祖神（つちのみおやノかみ）。九神。

　上の件（くだり）の大年神の子、大國御魂神より以下（しも）、大土神以前
（よりさき）は、并（あは）せて十六神。（82七426〜84四436）

「五神」と「二柱」は細注であり、最後の「九神」は地の文となっている。その
「九神」は個別には10神であるが、最初の❶奥津日子神と❷奥津比賣命のヒコヒメ
対神を一神と数えて「九神」となっている。この数え方にも意味があるが、ここ
では詳細は略す（第４節の補論２参照）。

　ともあれ、①大國御魂神から⑤聖神までの「五神」と❶奥津日子神から❿大土
神までの「九神」とで（５・９）という数字セットがあり、これに１大香山戸臣
神と２年御神の「二柱」を加えて（２・５・９）セットになる。
「二柱」のみ柱という単位で数えられていて、「二柱」が「五神」・「九神」とは別
格であること、つまり（２・５・９）セットにおいて、２が５・９とは別格の寓
意を持つことが示唆されている。

　また「五神」が分注、「九神」が地の文であるところにも、５と９の差異が暗示
されており、Ⅱ−１で見た、小計注の有無による５と９の差異に通じる（述べた
通り、分注の時制は現在時制、つまり天武朝時制であり、地の文は古き事、つま
り、寓意の上で、壬申乱前代の時制である）。

　この大年神の系譜は、本来ならば湏佐之男命の系譜の中にまとめて記述される
べきであるのに、湏佐之男命の六世の孫である大國主神の系譜よりさらにあとに
置かれており、系譜の記述の順序がまず奇妙である。意図的にこうした奇妙な位
置に置かれたのである。その意図が何であるかについては第４節の小節７に譲る
として、大年神には、年男として壬申乱に散った大友皇子が寓意されていること
のみ注意しておきたい。

　その大年神の三人の妻にはいずれにも大友皇子＝伊賀皇子の妻である十市皇女
の寓意があるが、特に３人目の妻、天知迦流美豆比賣に付された分注の奇妙さに
注意したい。「天を訓むこと天の如し」という特殊な訓注もさることながら、「亦、
知より下の六字、音を以ゐよ」が異常である。知より下の音仮名は知を含めて七文
字あるのに、これでは知迦流美豆比賣のうちの知迦流美豆比まで六字分の音読注
にしかなっていない。実はここにも古事記独特の寓意が秘められていて、十市皇

女が本来の天武6年に急逝した次第が暗示されている。書紀には十市皇女の急逝は天武7年紀に編年されているのであるが、書紀編年の誤りを正してみれば、天武7年紀は実は本来、天武6年でなければならないことが知られる（注5の拙著や第3節、あるいはあとがき参照）。大年神の系譜は、この意味で、書紀編年を正す力を秘める。

　ともあれ、古事記は大年神系譜を意図的に特殊な位置に置いた上で、（2・5・9）という数セットを仕組んだのである。要するに、この数セットは、偶然この数になったわけではない。

　Ⅱ－3とⅢ－2については、反正天皇段の冒頭に、

　　　弟、水歯別命、多治比（たぢひ）の柴垣宮（しばがきノみや）に坐して、天
　　　の下治（しら）しき。此の天皇、御身（みみ）の長（たけ）、九尺二寸半
　　　（ここノさかふたきいつきだ）……　　　　　　　　　　　　（297―156）

とある。古事記が「九尺二寸半」というときの1尺の長さは不明であるが、周尺なら1尺約23.5cmとされるので、九尺二寸半は約217cm、唐尺なら1尺約29.4cmであるので、275cmという異常な長身になる。いずれにしても、反正天皇にのみ身長の記録が残っていたということではなく、古事記が意図的に創作した架空の身長である。数セットの（5・9）あるいは（2・5・9）を示すための身長である。

　水歯別命の水字は既述の通り、淡海朝を示唆する寓意文字である。また水歯別命の歯字は、神代巻に道之長乳歯神（ちのながちはノかみ）として出た「乳歯」の後に初めて出る歯字であって、いわば成人の歯であり、成人の歯は抜ければ代わりの無い一代限りの歯である。従って水歯別命には、淡海朝の首班としてその代限りで終焉した大友皇子が寓意されている。

　大年神、水歯別命ともに、かくして大友皇子の寓意を負っており、その両者に揃って（2・5・9）という数字セットが当てがわれている。偶然の一致ではない。両者ともに意図的にこの数セットが当てられたのである。

　Ⅱ－4は「那藝（なぎ）」という二つの音仮名からなる文字綴りの個数における（5・9）セットである。地の文の「那藝」9例に1から9の番号を付し、分注の5例に①から⑤までの番号を付して登場順に並べてみると次の通りである。

1	沫那藝神	（18四90）
①	〈那藝二字、以音。下效此〉	（18④90）
2	頰那藝神	（18五91）

②　〈自沫那藝神、至國之久比奢母智神、并八神〉　　　　　　（18 ⑧ 93）

3　奥津那藝佐毗古神　　　　　　　　　　　　　　　　　　（31 三 159）

4　邊津那藝佐毗古神　　　　　　　　　　　　　　　　　　（31 六 161）

5　是者草那藝之大刀也　　　　　　　　　　　　　　　　　（54 八 282）

③　〈那藝二字、以音〉　　　　　　　　　　　　　　　　　（54 ⑨ 283）

6　八尺勾璁・鏡・及草那藝劒　　　　　　　　　　　　　　（103 八 534）

④　天津日髙日子波限建鵜葺草葺不合命〈訓波限、云那藝佐。訓葺草、云加夜〉

　　　　　　　　　　　　　　　　　　　　　　　　　　　（122 ⑧ 631）

7　曽泥米都那藝弖　宇知弖志夜麻牟　　　　　　　　　　　（139 八 65）

8　草那藝劒　　　　　　　　　　　　　　　　　　　　　　（206 七 416）

⑤　〈那藝二字、以音〉　　　　　　　　　　　　　　　　　（206 ⑦ 416）

9　其御刀之草那藝劒　　　　　　　　　　　　　　　　　　（213 三 448）

　これら「那藝」の分注５例、地の文９例は、偶然このような例数になったのであろうか。そうではないらしいことを示すのは、③と⑤の分注である。どちらも直前の５草那藝之大刀・８草那藝劒という同じものに対する音読注である。重複した音読注を記してまで、分注の「那藝」を５例に揃えようとした疑いが濃厚である。故にここにも意図的に（5・9）の数セットが仕組まれていたと認め得る。

　かつて倉野憲司氏は訓註に統一の無い例として、上の沫那藝神につけられた音読注①と、草那藝之大刀と草那藝劒の２例に重複するようにつけられた二つの音読注③・⑤の例などを掲げて、「古事記の訓註《倉野氏は音読注も訓注と呼ぶ》は、その体裁及び記載法に統一がなく、その間重複矛盾した箇所が多い。──この事は、古事記の訓註が唯一人の手によって施されたものでなく、二人以上の人々によって加へられたものであることを雄辯に物語ってゐると考へられる。即ち安萬侶が撰録の際に下したもの、及び古事記撰進後に於いて幾人かの人によって加へられたものが相雑つたものと見るべきであらう」と結論づけておられた注8。

　しかし、「那藝」に、分注５例・地の文９例という数合わせが秘められていたであろうことが推測される以上、音読注に見られる一見不統一と見える重複した分注には、却って意図的な数合わせを図った、唯一人の頭脳が関与していたことが推測される。

　「那藝」の例はそこで、「古事記の訓註が唯一人の手によって施されたものでなく、二人以上の人々によって加へられたものであることを雄辯に物語ってゐる」

例ではなく、逆に「古事記の訓註が唯一人の手によって施されたものであることを、雄弁に語る」例と見なければならない。

「那藝」の「那」は古事記がナ音の音仮名として用いる唯一の漢字である。全264例、うち歌謡に131例、分注に25例を数える。つまり分注も含めてナ音の音仮名が那で統一されている。この那は中大兄（那加能意冨延・なかのおほえ）皇子の那である。

真福寺本と鈴鹿登本によって那の字形を見ると、那の左偏を「冉」と書く異体字、「䣝」とともに、「冉」を「用」に近い字体にして、「䣢」と書く字体も少なくない。この「䣢」という字体を解字解読すれば、阝を用ゐると解読できる。阝は邑（さと）であるので、「さと」を用ゐる、と解字解読できる字体である。中大兄皇子を執政の長として始められた大化改新政治においては、五十戸単位を「さと」とする制度が新設された注9。「さとを用いる」と解字解読できる異体字のある那字は、「さと」を創設して用いた中大兄皇子の符丁として相応しいであろう。

ともあれ、古事記において、音仮名の那は中大兄皇子の符丁である。「那藝」とは那の藝（わざ）、中大兄皇子のわざである。故に「中大兄皇子のわざ」が（5・9）セットに密接な関係を持つことになる。

Ⅱ－5　真福寺本／鈴鹿登本によって「筑紫」「竺紫」「笠紫」の全14例を掲げれば次の通り。真福寺本によって、「筑紫」9例に①から⑨までの白丸番号、「竺紫」3例と「笠紫」2例に黒丸番号（❶〜❸と❹・❺）を付す。3＋2＝5であるので、ここに（5・9）セットが見いだせる。

なお、5を3と2に分割する例、Ⅵ－5が、この「竺紫」3例と「笠紫」2例である。これが意図的になされた分割であるとすれば、真福寺本の誤字「笠紫」が原型であって、意図的な誤字であったことになる。

鈴鹿登本は❹を筑紫、❺を竺紫としているので、鈴鹿登本に従えば、筑紫10例・竺紫4例となって、数合わせは雲散霧消する。誤字を含む真福寺本が原型に忠実なのであろう。

① 15 六 76　　　次生_筑紫嶋_。此嶋亦、身一而有_面四_。

② 15 八 77　　　毎╵面有╵名。故、筑紫國、謂_白日別_。

❶ 30 二 152　　到‐坐竺紫日向之橘小門之阿波岐〈此三字、以╵音〉原_而、禊秡也。

❷ 105 六 544　　天╦降‐坐于_竺紫日向之髙千穂之久士布流多氣_〈自╵久下六字、以╵音〉。

③ 127 五 4　　　即自_日向_發、幸_-行筑紫_。

❸ 127 八 5　　　自_其地_遷移而、於_竺紫之岡田宮_一年坐。

④ 149 ⑧ 113　　神八井耳命者〈意冨臣、小子部連、……阿蘇君、筑紫三家連……〉。

⑤ 224 三 503　　帶中日子天皇、坐_穴門之豊浦宮、及筑紫訶志比宮_、治_天下_也。

⑥ 225 四 509　　故、天皇、坐_筑紫之訶志比宮_、將_撃_熊曽國_之時、……

❹ 229 七 534　　即爲_鎮_御腹_取_石以纒_御裳之腰_而、渡_笠／筑紫國_、……

⑦ 230 一 535　　亦所_纒_其御裳_之石者、在_筑紫國之伊斗村_也。

⑧ 230 二 535　　亦到_-坐筑紫末羅縣之玉嶋里_而、御_-食其河邊_之時、……

⑨ 265 ④ 713　　故意冨ミ杼王者〈三國君、……筑紫之米多君、布勢君等之祖也〉。

❺ 353 一 456　　此之御世、笠／竺紫君石井、不_從_天皇之命_而、多无_礼。

　古事記が、同じ地名であるのに筑紫と書いたり竺紫と書いたりする背後には、数合わせの意図が存在したのであり、ふとした筆の遊びではない。

　II—6　呉（呉の異体字）の全例を登場順に掲げれば次の通り。呉床のみ黒丸番号にした。

①关／呉公　64 五 330

②呉公　64 六 330

　亦、来日夜者、入_关／呉公与_蜂室_。亦、授_呉公蜂之比礼_、教如_先。

③呉公　65 八 337

　故、尓見_其頭_者、呉公、多在。

④呉公　66 二 339

　其大神、以_下-爲咋_-破呉公_唾出_上而、於_心思_愛而寝。

⑤呉服　251 一 639

　又貢_-上手人韓鍜、名卓素、亦呉服西素二人_也。

❻呉床　252 九 649

　詐以_舍人_爲_王、露坐_呉床_、……

❼呉床　253 七 653

　望_其嚴餝之處_、以_二-爲弟王坐_其呉床_、都不_知_執_機而立_舩。

⑧呉人　317 八 264

⑨呉人　317 八 264

⑩呉原　317 八 265

⑪呉原　317 九 265

　此時、呉人参渡来。其呉人、安_-置於_呉原_。故、号_其地_、謂_呉原_也。

❷ 吳床　324 九 302
❸ 吳床　325 一 302
　　於_其處_立_大御吳床_而、坐_其御吳床_、弾_御琴_、令レ爲レ儛_其孃子_。
❹ 吳床　325 七 305
　　即幸_阿岐豆野_而、御鷦／獦之時、天皇坐_御吳床_。

　　鈴鹿登本は③と④で、「吳」の口の終画と天の初画を合体させたような字体に作るが、真福寺本の「吳」が本来の字体であろうと思われるので、併記を避けた。
　　一覧すると、吳床が連続2例と3例に分かれて、計5例であり、ここに5の分割、3・2を認め得る（Ⅵ－6である）。しかも連続2例は「吳床」、連続3例は「御吳床」であるという相違がある。この吳床以外の9例は、真福寺本による关公を吳公の異体字と見て別に数えれば、关公1例、吳公3例、吳服1例、吳人2例、吳原2例となる。よってここに計9例が順不同ではあるが2・1・2・1・3の分割を伴って存在することがわかる（Ⅳ－4である）。
　　説文十下の吳条に「姓なり。亦、郡なり」と固有名詞を第一義とするが、「一に日く、吳は大言なり」とあり、段注本ではこちらを本義とする。「大言」は偉大な言葉の意味もあるが、大げさな大ボラの意味で用いられることが多く、古事記の理解は、おそらくこのネガティブな意味を吳に充てている。吳に言字を添えれば誤となり、そこで吳は誤の省文とも見做し得る。吳とは誤てる大言である。
　　なお、真福寺本に従えば、①と②によって关公＝吳公であるので、ム＝口である。ムは音仮名「牟」の省文と目され、音仮名「牟」は実は无＝無の寓意を秘める音仮名であり、他方、口は実は大友皇子を寓意する文字であり文字素であるので、ム＝口とは、大友皇子を无き者とする寓意を秘める。
　　因みに、吳を含む文字に俣（また）字がある。古事記は俣字を25例に整えている。この25という数は古事記にとって特別な数である。大友皇子の享年が25歳であり（大友皇子は年男であった25歳の年に、壬申乱に遭って自縊して果てたのである）、この25歳に因む25である。古事記における25への数合わせの例はほかにも種々見いだすことができ、偶然25例になったわけではない。しかも俣字以外の例には、例外となる2例を伴う数合わせになっている場合が少なくない。たとえば次の例がある。
　　a　人数を小計する「一」は25例あり、うち2例は男女の内訳にある「女王一」「女王一柱」で特殊である。

　b　訓字の「世」は25例あり、うち 2 例は世代数字のあとに続く「世」であり「つぎ」と訓むのが適当である（これら以外は「よ」である）。

　c　漢数字の「七」は25例あり、うち 2 例は誤計算による「七」である。

　d　部民を定める記事、定部記事は25例あるが、うち 2 例は重複記事である。

　これらは、25例のうち 2 例を例外扱いとする点で同相であり、意図的な数合わせがなされたものと考えられる。大友皇子が帝位にあった最後の足かけ 2 年を例外とする寓意が潜む（大友皇子が天智天皇の崩後、直ちに即位したことは古事記の寓意の構造論が支持する。詳細は別稿に譲る）。

　俣字には例外扱いとなるべき 2 例が見当たらないが、呉＝呉は述べた如く誤の省文とも見做される文字であり、それ自体が既に大言・誤謬を意味する文字である。故に「俣」は誤謬を伴う人である。結句、俣（また）は、誤謬を伴う人であり、大海人東宮に重ねて「また」太子となった人であり、25歳で壬申乱に散った人であり、「又」二つから成る「友」字を持つ人、大友皇子を寓意する呪文字である。

　古事記は、かくして、呉字に多大な関心を持ちつつ、呉・俣にそれぞれ特徴的な数合わせを仕組んでいるのである。以上、25の数合わせなど、詳細はこれも別稿に譲る。

　Ⅲ－ 3 　美字の正体字はこの活字の通り、羊に大を添える字体である。白川静氏著『新訂　字統』（平凡社　2007年。以下『字統』）の美条に「羊の全形。下部の大は、羊が子を生むさまを牽（たつ）というときの大と同じで、羊の後脚をも含む下体の形である。〔説文〕四上に『甘きなり』と訓し、『羊に従ひ、大に従ふ。羊は六畜に在りて、主として膳に給するものなり。美と善と同意なり』とあり、羊肉の甘美なる意とする。羊と大に従うというも、大はその下体である」とある。

　美の正体字はこのように羊と大からなる文字であるが、真福寺本や鈴鹿登本では、その大を人とソを重ねたような字に書く字体「美」を基本形とする。しかも両写本とも、ときに大を火と書く字体も用いる。火は斬首される宿命の大友皇子を寓意する呪文字である。羊は古事記においては天智帝の崩年、旧ひつじ年（旧辛未年・672年）を寓意する文字である。この美字の異体字は、天智帝＝中大兄皇子が旧ひつじ年に崩御して、斬首の宿命を負う大友皇子が後継となる次第を寓意する字体であるが、美字そのものは、ひつじ年に崩御して大友皇子を後継とする中大兄皇子自身を寓意する文字として汎用されている。伊耶那美命に中大兄皇子の寓意のある所以である（火、羊、美字、伊耶那美命の寓意などについて、詳細

はこれも別稿に委ねるが、伊耶那美命の寓意については第4節の小節5参照）。

　その美の訓字は、述べた通り全16例で、すべて熟語の美麗・麗美・美人としての用法である。美麗2例、麗美5例、美人9例であり、ここに（2・5・9）の数セットが仕組まれている。登場順に掲げると次の通り。美人に1から9までの通し番号、麗美に①から⑤までの通し番号、美麗には番号❶・❷を付した（返り点略）。

　　1　於笠紗御前、遇麗美人　　　　　　　　　　　　　　　　　（108 九 560）
　　2　更求爲太后之美人時　　　　　　　　　　　　　　　　　　（142 六 77）
　　①　名勢夜陁多良比賣、容姿麗美　　　　　　　　　　　　　　（142 九 79）
　　3　其美人爲大便之時、化丹塗矢　　　　　　　　　　　　　　（143 一 80）
　　4　突其美人之富登　　　　　　　　　　　　　　　　　　　　（143 二 81）
　　5　其美人驚而、立走、伊須須岐伎　　　　　　　　　　　　　（143 三 81）
　　6　即娶其美人生子、名謂富登多多良伊須須岐比賣命　　　　　（143 五 82）
　　7　未經幾時、其美人姙身　　　　　　　　　　　　　　　　　（171 六 225）
　　②　答日、有麗美壯夫、不知其姓名、毎夕到来　　　　　　　　（171 八 226）
　　8　一宿婚肥長比賣。故竊伺其美人者、虵也　　　　　　　　　（192 三 335）
　　③　兄比賣・弟比賣二猨／狹／【孃】子、其容姿麗美而　　　　（199 三 374）
　　④　故、到坐木幡村之時、麗美孃子、遇其道衢　　　　　　　　（241 六 594）
　　⑤　髪長比賣、其顏容麗美　　　　　　　　　　　　　　　　　（244 九 612）
　　❶　將来其玉、置於床邊、即化美麗孃子　　　　　　　　　　　（259 一 679）
　　❷　吉野之川之濱、有童女。其形姿美麗　　　　　　　　　　　（324 七 300）
　　9　志毗臣、立于歌垣、取其袁祁命將婚之美人手　　　　　　　（339 八 384）

　このように中大兄皇子の符丁である美の訓字を含む語句を用いて（2・5・9）セットが仕組まれている状況は、同じく中大兄皇子の符丁である那を含む那藝に（5・9）セットが仕組まれている状況と類似であり、中大兄皇子は（5・9）セット、（2・5・9）セットに密接な関係を持つのである。なお、1の「麗美人」が「麗美なる人」ではなく「麗しき美人」であることは、この数合わせが保証する。「麗美」は男女に用い、「美人」は女性のみに用いる語句である。

　Ⅲ−4　昨字の全16例は上・中・下巻ごとに、9例、5例、2例の順に出る。次の通り。

上巻

① 30九157　次於_投棄御冠_所_成神名、飽昨／咋之宇斯能神〈自レ宇以下三字、以レ音〉。

② 64三329　湏勢理毗賣命、以_虵比礼_〈二字、以レ音〉、授_其夫_云、其虵將レ咋、以_此比礼_三擧打撥。

③ 65二334　尓、其鼠、咋_-（／持）其鳴鏑_出来而奉也。

④ 65九338　故、咋_-破其木實_、含_赤土_唾出者、……

⑤ 66一339　其大神、以下-爲咋_-破吴公_唾出上而、於レ心思レ愛而寝。《④と一連の文》

⑥ 83五430　次、大山上咋神。亦名、山末之大主神。

⑦ 84六436　羽山戸神、娶_大氣都比賣〈【自_氣】下四字、以レ音〉神_生子、若山咋神。次、若年神。……

参考 85二440　上件羽山【戸神】之子【自_若山咋神_】以下、【久ゝ紀】若室葛根【神】以前、并八神。

⑧ 99六514　櫛八玉神、化レ鵜、入_海底_、「吹上」／咋_-出底之波迩_〈此二字、以レ音〉、……

⑨ 100七519　獻_天之真魚咋_也。

中巻

⑩ 142八79　三嶋湟咋之女、名勢夜陁多良比賣、……

⑪ 181⑦277　次石衝別王者〈羽咋君、三尾君之祖〉。

⑫ 209九432　其坂神、化_白鹿_而来立。尓即、以_其咋遺之蒜片端_、待打者、……

⑬ 231四542　大怒猪出、堀_其歴木_、即咋_-食其香坂王_。

⑭ 238七579　又娶_咋俣長日子王之女、息長真若中比賣_、生御子、……

下巻

⑮ 325七305　尓蜾咋_御腕_、……

⑯ 325七306　即蜻蛉来、咋_其蜾_而飛〈訓_蜻蛉_、云_阿岐豆_也〉。

　参考に揚げた文の【　】内は、諸古写本が欠いているので、これを欠くのが原型である。仮に参考の咋字を加えると咋字の上巻総数が10例となり数合わせから逸脱する。また①で真福寺本が昨とするのは咋の誤写である。更にまた⑧で、真福寺本が咋を吹上とするのは、神道大系『古事記』（新道大系編纂会編　昭和52年）のp.214校異7が説く通り、咋の古体による誤字である。また、⑭の応神天皇段に見える咋俣長日子王は、倭建命の系譜の段には杙俣長日子王とあって（222一

491)、クヒが別字の杙で表記されている。もしこれをどちらかに統一すると数合わせが崩れるので、このように別字であるべきである。意図的に別字にしたのである。

昨字によるこの数合わせは、物語・系譜・分注の奥深くに変更の余地なく細密に仕組まれた数合わせであったのであり、古事記は原型からして上・中・下巻に分かれていたことを示す。

Ⅲ－5　君字は全63例あるが、分注に多く、地の文には16例のみ。この16例は上・中・下巻ごとに5例、2例、9例を数える。次の通り。

上巻

① 43二222　　此三柱神者、胸形君等之以伊都久三前大神者也。

② 91九475　　我君者不レ死坐祁理云、取＿-懸手足＿而、哭悲也。

③・④・⑤ 107一551・107三552・108六559

　　　　　　是以、猿女君等、負＿其猨田毗古之男神名＿而、女呼＿援／猨女君＿之事、是也。……是以、御世、嶋之速贄獻之時、給＿授／猨女君等＿也。

中巻

⑥ 142三76　　故、坐＿日向＿時、娶＿阿多之小椅君妹、名阿比良比賣＿〈自＿阿以下五字、以レ音〉生子、多藝志美美命、次岐須美美命、二柱坐也。

⑦ 244八612　　天皇、聞＿-看日向國諸縣君之女、名髮長比賣＿、將レ使而、喚上之時、……

下巻

⑧ 267七5　　又娶＿上云、日向之諸縣君牛諸之女、髮長比賣＿、生御子、……

⑨ 287一103　　夫之奴乎、所レ纒＿己君之御手＿玉釧、於＿膚熾＿剥持来、……

⑩ 294七142　　曽婆訶理、爲＿吾雖レ有＿大功＿、既殺＿己君＿、是不義。

⑪ 296六153　　亦此御世、於＿若櫻部臣等＿賜＿若櫻部名＿。又比賣陁君等、賜レ姓、謂＿比賣陁＿之名／【君】也。

⑫ 314九248　　自レ茲以後、淡海之佐ゝ紀山君之祖、名韓帒白、……。

⑬ 343三400　　意冨祁命、讓＿其弟袁祁命＿日、住レ於＿針間志自牟家＿時、汝命、不レ顯＿名者、更非下臨＿天下＿之君上。是既爲＿汝命之功＿。

⑭ 350七444　　天皇、取／娶＿三尾君等祖、名若比賣＿、生御子、……。

⑮ 352二451　　又、娶＿三尾君加多夫之妹、倭比賣＿、生御子、……。

⑯ 353一457　　此之御世、笠／竺紫君石井、不レ從＿天皇之命＿而、多无レ礼。

38

　君字によるこの数合わせもまた、咋字の場合と同様に、古事記が原型からして上・中・下巻に分かれていたことを示すものである。咋字と君字の共通点は「口」を文字素として含むことである。Ⅱ－6で触れた通り、口字は古事記においては大友皇子の符丁であり、更にいえば、滅ぶべき大友皇子を寓意する文字であり文字素である。また君字は大友皇子＝伊賀皇子の「伊」の旁（つくり）、「尹」を含み、これだけでも伊賀皇子を示唆している。

　なお、⑪の「謂_比賣陁_之名也」は諸古写本のすべてがこのようであるので、これが原型である。延佳本以下の近世校訂本が「謂_比賣陁之君_也」と修正するのは誤りである。数合わせの観点からも、ここの「名」を「君」に替えてはならない。若櫻部臣に若櫻部という名を賜与したのと同様に、比賣陁君に比賣陁という名を賜与したというのである。履中朝におけるこの「賜姓」説話は、実は壬申乱前代の「賜姓」を寓意する説話である。壬申乱前代の改新治政時代における「賜姓」記事は2例のみ書紀に見える。白雉5年紀7月是月条に、遣唐大使吉士長丹を褒賞して「姓を賜ひて呉氏とす」とあるのと、天智8年紀10月15日条、藤原内大臣（中臣鎌足）に「姓を賜ひて藤原氏とす」とある2例である。どちらもいわゆるカバネの無い、今の苗字に当たる「呉」「藤原」のみが与えられていることに注意したい。改新政治が一貫して古い氏姓（ウヂカバネ）制度からの脱却を図り、同制度が齎す古い貴賤格差の解消を図ろうとしていたことの表れである。この時代を寓意する記事が⑪の特異な「賜姓」記事である。

　この事実は、改新政治下で造られた最後の戸籍であった庚午年籍が、後世なぜ永久保存戸籍とされたか（大宝・養老戸令22）を知る鍵でもある。壬申乱前代という改新政治の時代は、カバネに拘泥せぬ時代精神が存在したが故にそれだけ正直な戸籍が造られた時代であった。この事実への洞察を欠いて庚午年籍の意義を云々するような過ちに陥ることは避けなければならない。

　この重要な観点についてはまた後にも触れたい。

　Ⅲ－6　歌謡以外に現れる甲類卜音の音仮名、刀・斗・土・兎を出現順に並べると次の通りである。1例だけの兎に〇印、土に●印を付し、刀に〇つき番号、斗に〇無し番号を付した。

　1　10六52　　次意富斗能地神。

　2　10六52　　次妹大斗乃弁神〈此二神名、亦以_音〉。

　3　13一64　　為_美斗能麻具波比_〈此七字、以_音〉。

4	14 三 69	尔天神之命以、布斗麻迩尔𛀁〈此五字、以ᵣ音〉卜相而詔之、……
●	15 五 75	土左國、謂ᵣ建依別ᵤ。
①	19 ⑨ 98	大戸或子神〈訓ᵣ或、云ᵣ麻刀比ᵤ。下效ᵣ此〉
②	46 八 240	布刀玉命
③	46 ⑧ 240	〈布刀二字、以ᵣ音。下效ᵣ此〉
④	47 七 245	布刀玉命
⑤	47 七 245	布刀御弊登取持而
⑥	47 八 245	布刀詔戸言禱白而
⑦	49 三 253	布刀玉命
⑧	49 六 255	布刀玉命
⑨	67 六 347	宮柱布刀斯理〈此四字、以ᵣ音〉
5	98 七 509	宮柱布斗斯理〈此四字、以ᵣ音〉
⑩	103 四 532	布刀玉命
⑪	104 八 540	布力／刀玉命
6	106 六 549	宮柱布斗斯理
7	151 二 120	河俣毗賣之兄、縣主殿／【波】延之女、阿久斗比賣
8	154 八 137	次大倭根子日子賦斗迩命。
9	154 九 138	故、大倭根子日子賦斗迩命者、治ᵣ天下ᵤ也。
10	155 三 139	大倭根子日子賦斗迩命、坐ᵣ黒田廬戸宮ᵤ、治ᵣ天下ᵤ也。
⑫	160 五 166	次久米能摩伊刀比賣。
⑬	167 三 201	木國造、名荒河刀弁之女
⑭	167 ③ 201	〈刀弁二字、以ᵣ音〉、……《⑬と一連の文》
⑮	179 六 267	山代大國之淵之女、苅羽田刀弁〈此二字、以ᵣ音〉
⑯	179 九 268	其大國之淵之女、弟苅羽田刀弁
11	189 七 321	布斗摩迩〻占拊／相而、
12	230 一 535	筑紫國之伊計／【斗】村
13	231 二 541	進ᵤ‐出於ᵣ斗賀野ᵤ、
14	237 ③ 571	尾張連之祖、建伊那陁宿祢之女、志理都紀斗賣
○	288 九 112	此之御世、兔寸河之西、有ᵣ一高樹ᵤ。
15	357 九 484	布汁／汁／【斗】比賣命

　見る通り、音仮名「刀」は、他の音仮名、主に「斗」によって、①〜⑨の９例、⑩・⑪の２例、⑫〜⑯の５例という各連続群に分割されている。よってここに

（２・５・９）セットを見いだすことができる。

　甲類ト音の音仮名に主として「斗」と「刀」が用いられているのは、刀の分布の構築が目的の一つであったと思われる。⑨の「宮柱布刀斯理」と５・６の「宮柱布斗斯理」に注目すればわかる通り、古事記はふとした筆の遊びで「刀」と「斗」を混用したわけではない。刀の連続数が順に９・２・５個のセットとなるように使い分けたのである。

　同じく注目されるのは、⑭の音読注〈刀弁二字、以レ音〉と、⑮の音読注〈此二字、以レ音〉の相違である。同じ「刀弁」に対する音読注として、一見重複しているのであるが、しかし前者は「刀弁」を繰り返して指定しており、後者は「此二字」という文字数の指定のみであって、形式を異にしている。もし両者の形式を同一にすると、「刀」の連続５例が崩れることになり、９・２・５というグループ分けが崩れることになる。それ故の形式の相違と見れば、両者の音読注形式の相違は、決していわれる如き不統一な音読注であったわけではなく、数合わせの要請に従って形式を異にしたものであったと考えられる。近接した同じ語句への音読注にかかる不統一さをもたらしたのは、編者の乱雑な頭脳なり、ましてや後世人の挿入などによるのではなく、却って、恐るべき透徹した一個の頭脳がなしたものであり、却って、読者の注意を喚起するために敢えて明らかな「不統一な重複」を策したものとすら考えられる。

　なお、甲類ト音の訓仮名に戸字がある。「戸」は一つ尸（しかばね）と解字でき、一つ柱となって壬申乱に散った大友皇子を寓意する文字である。甲類ト音音仮名として１例だけ用いられている「土」も、古事記では一つ柱となる大友皇子を寓意する文字である（真福寺本を見ると、土字は主に大の下に一を書く異体字で記される）。甲類ト音の音仮名「刀」にもこれら訓仮名・音仮名の寓意が重ねられている。

　Ⅳについては、すべて既に述べた通りである。

　次にⅤは（５・９）セットではなく、９が７に変わった（５・７）セットの例である。

　Ⅴ－１　古事記冒頭の別天神５柱と次の神世７代の（５・７）セット。

　古事記の冒頭に登場する神々の羅列である。改行しながら当段の全文を引く。原文、読み下し文の順に掲げる。活字に無い異体字（たとえば於・發・效・坐・那・多・獨・国などの異体字）は便宜上、通常の活字体を用いた（たとえば真福

寺本では「獨」はすべて「虫」を含まない字体であり、これが原型であったと思われる）。

原文

《天地初発──別天神五柱の段》

天地初發之時、於_髙天原_成神名、

　天之御中主神〈訓_髙下天_、云_阿麻_。下效レ此〉。次髙御座／産巣日神。次神産巣日神。

此三柱神者、並獨神成坐而、隱レ身也。

次國稚如_浮脂_而、久羅下那洲多陁用弊琉之時〈流字以上十字、以レ音〉、如_葦牙_因_萠騰之物_而成神名、

　宇摩志阿斯訶備比古遅神〈此神名、以レ音〉。次天之常立神〈訓レ常、云_登許_。訓レ立、云_多知_〉。

此二柱神、亦並獨神成坐而、隱レ身也。

上件_五柱神者、別天神。

《神世七代の段》

次成神名、

　国之常立神〈訓_常立_、亦如レ上〉。次豊雲ᷤ野神。

此二柱神、亦獨神成坐而、隱レ身也。

　次成神名、宇比地迩ᷤ神。次妹湏比智迩ᵏᵉ神〈此二神名、以レ音〉。

　次角杙神。次妹活杙神〈二柱〉。

　次意冨斗能地神。次妹大斗乃弁神〈此二神名、亦以レ音〉。

　次於／淤母陁流／琉神。次妹阿夜ᷤ訶志古泥神〈此二神名、皆以レ音〉。

　次伊（／耶）那岐神。次妹伊耶那美神〈此二神名、亦以レ音、如レ上〉。

　上件自_国之常立神_以下、伊邪那美神以前、并稱_神世七代_

　　〈上二柱獨神、各云_一代_。次雙十神、各合_二神_云_一代_也〉。

読み下し文

《天地初発──別天神五柱の段》

天地（あめつち）の初發（はじめ）の時、髙天原（たかあまノはら）に成れる神の名は、

　天之御中主神（あめのみなかぬしノかみ）〈髙の下の天を訓みて阿麻（アマ）と云ふ。下も此に效（なら）へ〉。次に髙御産巣日神（たかみむすひノかみ）。

次に神産巣日神（かみむすひのかみ）。

<u>此の三柱の神</u>は、並（みな）獨神（ひとりがみ）と成坐（なりまし）て、身を隠せり。

次に國稚（くにわか）く浮ける／浮きし脂（あぶら）の如くして、久羅下那洲多陁用弊琉（くらげなすただよへる）時〈流の字より以上（かみ）の十字は音を以（もち）ゐよ〉、葦牙（あしかび）の如く萌騰（もえあが）る物に因（よ）りて、成れる神の名は、

　宇摩志阿斯訶備比古遅（うましあしかびひこぢノ）神〈此の神の名は、音を以ゐよ〉。次に天之常立神（あめのとこたちノかみ）〈常を訓みて登許（トコ）と云ひ、立を訓みて多知（タチ）と云ふ〉。

<u>此の二柱の神</u>も、亦並（またみな）獨神と成坐て、身を隠せり。

上の件（くだり）の<u>五柱（いつはしら）の神</u>は、別天神（こと／わけ・あまつかみ）。

《神世七代の段》

次に成れる神の名は、

　国之常立神（くにのとこたちノかみ）〈常立を訓むこと、亦上の如し〉。

　次に豊雲^上野神（とよくものノかみ）。

<u>此の二柱の神</u>も、亦獨神と成坐て、身を隠せり。

次に成れる神の名は、

　宇比地迩^上神（うひぢにノかみ）。次に妹（いも）須比智迩^去神（すひぢにノかみ）〈此の二神の名は音を以ゐよ〉《小文字の「去」も声注》。

　次に角杙神（つのぐひノかみ）。次に妹（いも）活杙神（いくぐひノかみ）〈二柱〉。

　次に意冨斗能地神（おほとのぢノかみ）。次に妹大斗乃弁神（おほとのべノかみ）〈此の二神の名も、亦音を以ゐよ〉。

　次に於母陁琉神（おもだるノかみ）。次に妹阿夜^上訶志古泥神（あやかしこねノかみ）〈此の二神の名は皆、音を以ゐよ〉。

　次に伊耶那岐神（いざなぎノかみ）。次に妹伊耶那美神（いざなみノかみ）〈此の二神の名も、亦音を以ゐること上の如し〉。

上の件の国之常立神より以下（しも）、伊邪那美神より以前（さき）、并（あは）せて<u>神世七代</u>（かみよななよ）と稱（い）ふ

〈上の二柱の獨神は、各一代と云ふ。次に雙（たぐ）へる十神は、各二神を合せて一代と云ふ〉。（9一43〜11三55）

　別天神五柱と神世七代が（5・7）セットを形成することはいうまでもないが、別天神五柱の列挙の仕方を見ると、三柱と二柱に分けて掲げられている。5の3・2分割が示される最初のわかり易い例（VI－1）である。II－5とII－6で（5・9）セットの5に対してその3・2分割を指摘したが（VI－5とVI－6）、（5・9）セットの5と（5・7）セットの5は、実は同じものを寓意している。

　なお、神世七代の7が、独り神2神と、5対神からなるので、<u>7が2と5に分かれている</u>点にも注意したい。VII－1にいう7の2・5分割である。

　V－2　女陰を示すホト・ミホトは訓字で書かれた「陰上」3例（下の❷・❸・❺）、「陰」2例（❶・❹）の計3＋2＝5例と、音仮名で書かれたミホト二例（下の①・⑦）・番登一例（③）・冨登四例（②・④・⑤・⑥）の2＋1＋4＝7例あり、ここにも（5・7）セットが見いだされる。登場順に引用すると次の通り。

① 美蕃登　20 六 101
　　因レ生二此子一、<u>美蕃登</u>〈此三字、以レ音〉見レ炙而、病臥在。

❶ 陰　26 五 132
　　宇士多加礼許呂ゝ岐弖〈此十字、以レ音〉於二頭者大雷居、……於レ陰者柝雷居、……

❷ 陰上　45 四 233

❸ 陰上　45 ④ 233
　　天服織女、見驚而、於レ梭衝二<u>陰上</u>一而死〈訓二<u>陰上</u>一、云二冨登一〉。

② 冨登　45 ④ 233
　　天服織女、見驚而、於レ梭衝二陰上一而死〈訓二陰上一、云二<u>冨登</u>一〉。

③ 番登　48 五 249
　　為二神懸一而、掛二-出胸乳一、裳緒忍二-垂於二<u>番登</u>一也。

❹ 陰　51 一 263
　　乃殺二其大宜津比賣神一。故所レ殺神於二身生物一者、於レ頭、生レ蚕。……於レ陰、生レ麦。……

④ 冨登　143 二 81
　　其美人為二大便一之時、化二丹塗矢一、自下其為二大便一之溝上流下、突二其美人之

44

　　　冨登 〈此二字以 ⌒音。下效 ⌒此〉。

⑤冨登　143 五 83

　　　即娶 ⌒其美人 ⌒生子、名謂 ⌒冨登多多良伊須須岐比賣命 ⌒。亦名、謂 ⌒比賣多多
　　　良伊須氣余理比賣 ⌒。

⑥冨登　143 ⑦ 84

　　　〈是者、惡 ⌒其冨登云事 ⌒、後没／【改】 ⌒名者也〉。

⑦美冨登　152 三 126

　　　御陵、在 ⌒畝火山之美冨登 ⌒也。

❺陰上　257 九 673

　　　一賤女、晝寢。於 ⌒是、日耀 ⌒如 ⌒虹、指 ⌒其陰上 ⌒。

　訓字の陰上と陰とで、5が3と2に分けられている。5の3・2分割（Ⅵ－2）
である。また音仮名の7例はミホト2例とホト5例であるので、ここに7の2・
5分割があり、更にホト5例が番登1例と冨登4例に分割されているので、ここ
に7の2・1・4分割がある。Ⅶ－2である。

　ここの数合わせには❸の分注による繰り返しが参加していることに注意するべき
である。❶の陰に訓読注無く、❷の陰上に訓読注❸があるのは、陰の訓みは自明、
陰上は自明ではないとしてのものであろうか。しかしそれならわざわざ陰上など
と面倒な表記をせず、訓注無しの陰で十分であったはずである。わざわざ陰上と
して訓注に陰上を繰り返したのは、まずは5の3・2分割を仕組むためであった
と思われる。とすればこれも分注が数合わせに重要な役割を担っている例である。

　なお、古事記に「陰」字はあと1か所、火之迦具土神（ひのかぐつちノかみ）
の陰がある（24三120）。しかし火之迦具土神は三つある名の初出の名、火之夜藝
速男神（ひのやぎはやをノかみ）によれば男神であるので、この陰はホトではな
くハゼであって上の数合わせには参加していない。この火之迦具土神は大友皇子
を寓意する神であり、故に大海人皇子を寓意する伊耶那岐命によって頸を斬られ
るのである。

　なおまた、⑦の畝火山は女性であろう。故に萬葉集の有名な「中大兄の三山の歌」

　　　香具山は　畝火ををしと　耳梨と　相あらそひき……　　（13番歌）

の「畝火ををしと（雄男志等）」は、「畝火雄々しと」ではなく、「畝火を愛（を）
しと」と読んで、女性の畝火山を男性の香具山と耳梨山とが争ったことを歌った
と解するのがよいと思われる。

参考までに、書紀にはホトと訓む陰は４か所にしか現れない。神代第５段の第９「一書」に、「在陰上日裂雷」（これは黄泉國のイザナミ尊の体に在る８雷の１である）、同第11「一書」に、殺された保食神の体に牛馬蚕穀物がなる場面に「陰生麥及大豆小豆」、安寧天皇陵として「畝傍山南御陰井上陵」、そして崇神天皇10年紀９月条のいわゆる箸墓伝説に見える「則箸撞陰而薨」の計４か所である。「一書」を除いた本文のみに限れば２か所しかない。その４倍の８場面延べ12か所に亘って頻りにホトに言及する古事記はかなり特異な様相を呈していると言える。その理由の一つが、上で述べた数合わせを仕組むという動機であったと思われる。ホトに対する言及の多さを、たとえば古事記の素朴な説話性に因ると解するのは誤解に近い。

　古事記はホトの数合わせのため、および寓意を明示するために、意図的に無理・矛盾を犯している点にも注意が必要である。

　たとえば、上の引用の番号をそのまま用いるが、①の美蕃登は、伊耶那美命が火の神（火之迦具土神）を生んだために焼かれる美蕃登である。伊耶那美命はこれによってホトを焼失したはずであるのに、❶では黄泉國の伊耶那美命の陰（ホト）に拆雷（さくいかつち）が居るとしてホトが復活している。黄泉国では五体が復活するとでもいう信仰が存在したのであろうか。むしろ古事記は疑問が生じる「陰」を敢えて登場させたと考えられる。陰・陰上の数合わせに注意を喚起せしめる構成となっている（なお、美蕃登の蕃はここだけに用いられた音仮名である。伊耶那美命が葛城皇子＝中大兄皇子を寓意する故である。葛の草冠を持つ音仮名として蕃が特に用いられたのである。このことに関しては第４節に再度触れる）。

　たとえばまた、④の冨登は、美和の大物主神が丹塗矢となって美人（勢夜陁多良比賣）の冨登を突く場面であるが、この直後にはその丹塗矢は壮夫（をとこ）の姿となってその美人を娶って子を生んだと語られる。これでは、丹塗矢が冨登を突く必要など無いに等しい筋立てであり、この二重婚姻については古来さまざまな議論があって、説話の結合の不手際と見做される向きすらあった。しかし、古事記は無論、不手際な説話の合成をしたわけではない。意図的に二重婚姻の形を仕組んで、冨登の数合わせに資するとともに、丹塗矢の寓意についても強く注意を喚起しているのである。

　美人が大便をするとき、大物主神が丹塗矢に化して、その美人の冨登を突く、と

いう話の中に、便・丹塗矢・冨登の寓意を潜めて、その寓意につき、密かなる注意喚起を促している。便とは、人、更に、と解字解読できる文字であり、大海人東宮に重ねて太子となった大友皇子が暗示されている。而して矢に突かれる冨登には、壬申乱で羽田公矢国に裏切られ背後を突かれる大友（意冨登母）皇子の冨登が示唆されている。羽田公矢国は大海人皇子軍に入って赤色を衣につけたので、丹塗矢なのである。

　古事記は山城国風土記などに見える古来の丹塗矢伝説をその寓意構築のため巧みに利用したものと思われる。ただし山城国風土記の丹塗矢説話では丹塗矢は床の邊に置かれただけで玉依日賣を孕ませるのであり、ホトを突く話などは無く、こちらが原型に近い話である。古事記は冨登が大友皇子に因む冨登であることを示唆するため、および冨登の数合わせに資するために、丹塗矢伝説を最大限に利用したのである。

　⑥に冨登と云ふ事を悪（にく）みて、名を没した、などと分注されるのも、冨登が大友皇子に因む冨登である故である。ホトを悪むとする一方で、そのような注記に反する如く頻りにホトに言及する古事記である。このやや奇妙な分注も、その独特の寓意に資するとともに、冨登の数合わせに参加せしめられている。

　Ⅴ－３　甲類ソ音の音仮名には蘓・宗・素の３文字があり、歌謡に用いられるのは蘓のみである。歌謡以外の蘓は７例（下の①〜⑦）、宗は３例（下の❶〜❸）、素は２例（下の１・２）である。故にここにも３＋２＝５例と７例とで（5・7）セットが潜み、5が3と2に分かれるのも、上で見たⅥ－1・Ⅵ－2・Ⅵ－4〜Ⅵ－6と共通の、5の3・2分割である（Ⅵ－3）。

　歌謡以外の甲類ソ音の全例をそれぞれ通し番号を付して登場順に掲げれば次の通り。

　①105 五 543　於_天浮橋_宇岐士摩理蘓理多ミ斯弓〈自_宇以下十一字、以_音〉、……

　②149 ⑧ 113　神八井耳命者〈意冨臣、……阿蘓君、筑紫三家連……等之祖也〉。

　③160 一 164　次蘓賀石河宿祢者〈蘓我臣、川邊臣、……櫻井臣、岸田臣等之祖也〉。

　④160 ② 164　次蘓賀石河宿祢者〈蘓我臣、川邊臣、……櫻井臣、岸田臣等之祖也〉。

　❶166 ④ 197　次息長日子王〈三柱。此王者、吉備品遲君、針間阿宗君之祖〉。

　⑤172 二 228　以_閇蘓〈此二字、以_音〉紡麻_貫_針、刺_其衣襴_。

　⑥226 四 515　我天皇、猶阿_-蘓-婆-勢其大御琴_〈自_阿至_勢、以_音〉。

　１250 九 639　手人韓鍛、名卓素

② 251 一 639　亦呉服西素二人《①と一連の文》

⑦ 285 九 97　故自_其地_逃亡、到_宇陁之蘓迩_時、御軍追到而殺也。

❷ 355 五 470　又、婆_春日之日爪臣之女、糠子郎女_生御子、……次宗賀之倉王〈三柱〉。

❸ 355 六 471　又、婆_宗賀之稲目宿祢大臣之女、岐多斯比賣_、生御子、……

　②の阿蘓君と❶の針間阿宗君、③の蘓賀・④の蘓我と❷・❸の宗賀において、それぞれ蘓と宗が混用されているのは、ふとした筆の遊びによるのではない。ここにも例によって数合わせの意図が潜むのである。また、蘓の①から⑦までは、❶と①・②によって、その連続が、４例と２例と１例に分割されている。２例から数えれば２例、１例、４例の順になっている。Ⅶ－３に掲げた７の２・１・４分割である。

　Ｖ－４「命」について、説文二上の命条に「使ふなり。口に従ひ、令に従ふ」とあり、「命」は「口」と「令」からなる文字であるが、『字統』の命条に説かれる如く、「令」は「命」の初文であり、「命」と「令」はもと一字であって「命」は「令」から分化した文字である。また「令」は「今」の終画を下に長く伸ばした字体（人の下にテを書く字形に近い）によっても書かれる文字である。故に「今＝令」は「命」の異体字として用いられる文字でもある。この、「命」の異体字としての「今＝令」は真福寺本を含む伊勢本系諸本にのみ残る字体であり、鈴鹿登本をはじめとする卜部本系諸本はすべて「命」に改めている。

　真福寺本によれば、「命」の異体字としての「今＝令」は上巻に５例、下巻に７例認められる（前掲神道大系『古事記』の22～24頁の校異49に詳論がある）。するとここにも（５・７）セットが潜むことになる。全例は次の通り（神道大系『古事記』は序文の一例を含めて上巻６例とするが、数合わせ論において序文は除外する）。

上巻

①61 二 313　雖_負_佲、汝今／命獲之。

②111 九 576　火照仐／命〈此者、隼人阿多君之祖〉。

③114 三 588　尓、塩椎神云、我、爲_汝今／命_、作_善議_。

④124 一 636　日子穂〻手見今／命者、坐_髙千穂宮_、伍佰捌拾歳。

⑤124 七 640　次若御毛沼命、亦名、豊御毛沼命、亦名、神倭伊波礼毗古今／命〈四柱〉。

下巻

⑥283 四 85　吾爲_汝今／命之妻_。

⑦ 293 四 134　弟、水歯別今／命、参赴、令¬謁。

⑧ 296 九 155　弟、水歯別今／命、坐_多治比之柴垣宮_、治_天下_也。

⑨ 328 六 321　即答曰之状、亦如_天皇之今／命_。

⑩ 337 二 368　御子、白髪大倭根子今／命、坐_伊波礼之甕栗宮_、治_天下_也。

⑪ 342 六 395　意祁今／命、袁（／祁）命二柱議云、……

⑫ 350 三 441　品太天皇五世之孫、袁本杼今／命、自_近淡海國_、令¬上坐¬而、
……

　Ⅵの各項は、すべて既に述べた通りである（Ⅵ-1〜Ⅵ-3はⅤ-1〜Ⅴ-3
で、Ⅵ-4はⅠ-4で、Ⅵ-5・Ⅵ-6はⅡ-5・Ⅱ-6で述べた）。

　Ⅶについては、Ⅶ-1〜3はそれぞれⅤ-1〜3の各項で述べた通りである。最
後のⅦ-4であるが、一文字音読注全7例は次の通りである。

① 熊曽國、謂_建日別_〈曽字、以¬音〉　　　　　　　　　　　　16①78

② 次為¬直_其禍_而、所¬成神名、神直毗神〈毗字、以¬音。下效¬此〉。
　　次大直毗神……　　　　　　　　　　　　　　　　　　　　32⑦167

③ 離_天照大御神之營田之阿_〈此阿字、以¬音〉……　　　　　44③227

④ 地矣阿多良斯登許曽〈自¬阿以下七字、以¬音〉、我那勢之命、為¬
　　如_此登〈此一字／「字一」、以¬音〉、詔雖¬直……　　　　44⑨230

⑤ 其持所¬切大刀名、謂_犬／大量_、亦名、謂_神度劒_〈度字、以¬
　　音〉。　　　　　　　　　　　　　　　　　　　　　　　92⑦479

⑥ 次日子坐王、娶_山代之荏名津比賣、亦名、苅幡戸弁〈此一字、
　　以¬音〉、生子、大俣王。次小俣王。次志夫美宿祢王〈三柱〉　162⑦177

　参考　此天皇、娶_木國造、名荒河刀弁之女〈刀弁二字、以¬音〉、遠
　　津年魚目ミ微比賣_……　　　　　　　　　　　　　　　167③201

⑦ 於¬是、化_八尋白智鳥_、翔天而、向¬濱飛行〈智字、以¬音〉。218④473

　これら7例のうち、④と⑥の2例は「此一字、以¬音」と、字数を指定してい
て、文字を繰り返さない型式であるが、ほかの5例は、①の「曽字、以¬音」の
ように、同じ文字を繰り返して指定している。ここに7の2・5分割がある。

　一字指定のみで文字を繰り返さない2例と、同じ文字を繰り返している5例は、
丁度、Ⅶ-1（Ⅴ-1）で見た神世7代が獨り神2柱と対神5組からなる状況に
似ている。

　なお、参考例の「刀弁」は⑥の「戸弁」と比較するためである。「戸弁」と「刀

弁」は同じ意味、同じ読みの句であるが、「刀弁」が通常の音仮名表記であるのに比して「戸弁」は湯桶読みである。これを「刀弁」に変更すると一文字音読注の数合わせが崩れる。意図的にこの湯桶読みで書かれたのであろうと思われる。「刀弁」と比べて数合わせに気づけとでも言わんばかりの不自然さである。なお「刀弁」は「刀」の数合わせに参加しているので（Ⅲ－6）、「戸弁」を「刀弁」に変更すると、「刀」の数合わせも崩れる。

　以上、ⅠからⅦまでの数合わせにつき確認した。古事記が秘めるこの数合わせが、決して偶然の産物でないことは明らかになったと思うが、そうとするならば、ここに古事記の成り立ちに関する重要な事実が浮かび上がる。

　第一点は、Ⅲ－4、Ⅲ－5やⅤ－4、Ⅵ－4が示唆する通り、古事記の上・中・下巻という三巻構成は、そもそもの初めから古事記に備わっていたのであり、太安萬侶が適当に三巻に分割したものではないということである。

　第二点目は、これらの数合わせに、分注が必須の要素として組み込まれているという事実である。

　Ⅰ－2、Ⅱ－1では小計注の有無が数合わせに関連していた。「五柱」という小計注が<u>ある</u>最初の五皇子に対して、小計注の<u>無い</u>10皇子の比較考証へと導かれ、その結果、10皇子について「10引く1は9」という数合わせと9の細分2・1・2・1・3が発見されたのであった。小計注が「無い」ところに深甚なる意味のある例である。

　Ⅰ－3では「流字以上十字、以音」という音読注こそ「10引く1は9」という数合わせを実現するために必須の要素であった。この音読注は、音仮名10文字の最後の文字を指定して10字を遡って数えるという音読注であり、全音読注の中では唯一の例外をなしている。しかもこれが古事記の全音読注の初例であるだけに、古事記の音読注がいかに無視しがたい、容易ならぬ要素であるかを暗示しているというべきである。

　Ⅰ－4は子孫注である。子孫注もまた、このように数合わせの要素として参加している。

　Ⅱ－2、Ⅲ－1では大年神の子の小計注が重要であった。

　Ⅱ－4は分注の「那藝」5例が無ければ、数合わせの意味が半減したであろう。地の文の「那藝」9例のみでは、偶然の一致と見做される可能性があったかも知れない。数合わせに分注が必須であった好例である。

　Ⅱ－5でも分注の「筑紫」二例は数合わせに必須である。

　Ⅲ－4、Ⅲ－6でも分注に含まれる文字が数合わせの要員になっていた。

　Ⅴ－2、Ⅴ－3、Ⅵ－2、Ⅵ－3においても分注が数合わせに必須であることは同様である。

　Ⅶ－4に至ってはすべて分注によって数合わせが仕組まれている。

　これら数々の分注が、独特の数合わせに必須の要素として古事記の中に組み込まれているという事実が何を語るかといえば、古事記の分注は古事記が書かれたそもそもの初めから古事記の中に存在したという事実である。これらの分注は、決して太安萬侶が四か月余りで思いつきのように書き込んだものではあり得ない。

　ここで取り上げた分注のみならず、古事記のすべての分注について、これまでの安易な観点、つまり、その多くを太安萬侶が適宜挿入したのであろうとする安易な観点をひとまず清算してから、古事記研究に取りかからねばならない。安萬侶が分注に関して序文に記したところは、安萬侶自身が十分には理解し難かったであろう或る鬼才の手になる古事記文のありよう・分注の在りように関して、その鬼才（実は、稗田阿礼その人であろう）の誘導と教諭に従いつつ言い訳したものにすぎない。

　かつて岩橋小彌太氏は古事記神代巻の「次角材ママ神、次妹活材ママ神〈二柱〉」（上のⅤ－1に引いた神世七代の対神）の小計注〈二柱〉を例に挙げて「此の種の註は殆ど意味が判らない。角材神と活材神とが二柱であって、一柱でもなく三柱でもないといふ事は、読みさへすれば誰にでも直ぐ知られる事で、註を加へるには及ばない事である」と述べておられた。この指摘、この疑念はまことに尤もなところであろう。ところが、小計注に関するそうした疑念を提示しつつも、岩橋氏は音読注と合体した小計注などを引いて「これも安万侶の加へたもので、結局其の老婆心であらう」と、せっかくの疑念を、あいまいなまま「老婆心」と見做して拭っておられる。ついには他の種々の註を揚げて「かく古事記にはいろいろの種類の註があるが、結局は安万侶が加へたものと考へられる」といい、「古事記の古註も多少の議論の余地があつても、先づ大体に於いて、安万侶が其の序文に『辞理見叵きは註を以ちて明にす』といつたやうに、安万侶其の人の手になつたものと、素撲に受容れて差支ないのではなからうか」と結論づけておられる[注10]。

　注のいくつかには正当な疑念を観取しつつも、安萬侶の序文によって固定された「素撲」な先入観の打破が如何に困難であったかという例である。古事記の無

意味と見える注にも、実のところ深々とした寓意と暗示の仕組みが張り巡らされている。

　因みに、上の小計注〈二柱〉に関連して、「二柱」どころか「一柱」という小計注も多いことに注意したい。小計注の「一柱」「一」は、「二柱」以上に「読みさへすれば誰にでも直ぐ知られる事」であろう。然るに、小計注の「一柱（ひとつはしら）」「一」は、Ⅱ－7で呉を含む俣字に関して触れた通り総数25例ある（この数には若干微妙な校訂学が必要であるが、略す）。述べた通り、25とは、壬申乱で大友皇子がヒトツ柱となって自縊したときの年齢、25歳に等しく、ここにも周到な寓意と数合わせが潜む。古事記は別に「老婆心」から、小計注「一柱」・「一」を添えたわけではないのである。

　古事記の「一」は、実は大友皇子が壬申乱に遭ってヒトツ柱となる宿命であったことを寓意する呪数であり文字である。同様に「二」もまた、実は独特の寓意を秘める呪数であり文字である。Ⅲの（2・5・9）セットの2であると同時に、大友皇子の首班時代が足かけ2年で終焉することを寓意する呪数である。

　古事記が抱える「一柱」や「二柱」などといった一見余計で無用と見える小計・小計注は、それぞれが独特の寓意を秘めるものであると同時に、更には「数を数えよ」という無言のしかし強烈な示唆でもある。

　我々の次の課題は、以上で観察した数合わせが一体何を語ろうとする数合わせであったのかを解明するところにあるが、その前に、今述べた呪数のほかに、これまで天下り的に述べた古事記の寓意文字に関わる事柄を整理しておこう。

　Ⅰ－1、Ⅳ－1に関わるところでは、崇神天皇・景行天皇には天智天皇、垂仁天皇には大友皇子、応神天皇・仁徳天皇には天武天皇がそれぞれ寓意されていることに言及し、また、「水」・淡水が淡海朝を示唆寓意する文字であり物象であること、「衣」が十市皇女の符丁であること、乙類キ音の主たる音仮名である「紀」が中大兄皇子、幼名葛城皇子の符丁であることなどを指摘した。

　Ⅰ－2、Ⅳ－2に関わるところでは、声注〈上〉が、大友皇子を鵜の姿の縊死へと上げて閉じる寓意を秘める記号であることに触れ、また、「枝」の偏、「木」が死の国への道を寓意する表象であること、「枝」の旁、「支」は「十」と「又」からなり、「十」は十市皇女に因み、「又」は大海人東宮に重ねて「また」太子となった大友皇子を示唆する文字であること、「枝」自体は大友皇子の縊死に関わる枝であること、「江」が淡海の代替であることなどを指摘した。

　Ⅰ－3では「琉」「流」、三水〜「水」の寓意が俎上に上った。

　Ⅰ－4では「伊賀」「中」「髙」や「江」「倉」「若」の寓意に触れた。

　Ⅱ－2、Ⅲ－1では大年神に大友皇子の寓意があること、その3人の妻に、いずれも十市皇女の寓意があることを指摘した。

　Ⅱ－3、Ⅲ－2では「水」と「歯」の寓意によって水歯別命にも大友皇子の寓意があることを指摘した。

　Ⅱ－4ではナ音の音仮名、「那」が中大兄皇子の符丁であることを指摘した。

　Ⅱ－6、Ⅳ－4では「牟」とその省文としての「ム」が无＝無の寓意を秘めること、「口」字に大友皇子の寓意、滅ぶべき宿命を負った大友皇子の寓意があることを指摘し、「吴」字を含む「俁」字の寓意とその数合わせ（25という数合わせ）にも言及した。

　Ⅲ－3では「火」に斬首される宿命を負う大友皇子の寓意があり、「美」が中大兄皇子の符丁であること、「羊」が中大兄皇子＝天智帝の崩年である旧辛未年を寓意する文字素であること、伊耶那美命は中大兄皇子を寓意する神であることなどを指摘した。

　Ⅲ－4・5・6では口・咋・君・音仮名の刀・訓仮名の戸・土に、いずれも（滅ぶべき）大友皇子の寓意が潜むことを指摘した。

　Ⅴ－2では蕃・便・冨登・丹塗矢などの寓意文字・寓意句に触れつつ古事記の寓意の構造の一端について論じた。

　これらの寓意文字・寓意句は古事記の宿す寓意文字・寓意句のほんの一部である。古事記は、これらを含む多種多様な寓意文字・寓意句を駆使しながら特殊な寓意の構造を深々と構築している。調査してみると、たとえば古事記の分注はそのほとんどが、この特殊な構造の一翼を担う要素となっていることが知られる。

　この特殊な構造の裡に秘められているのは、壬申乱前後史のなまなましい事実である。古事記の秘める寓意の構造は、それによって壬申乱を肯定し、その結末を呪定し、その前代を呪詛する。そのような特殊な寓意の構造を秘めた書物であるという意味で、古事記は古代の一大奇書であると言って過言ではない。

　古事記の寓意の構造の解明には、上に指摘した寓意文字を含む種々の寓意文字を発掘し、それらをできる限り統一的に調査研究する仕事が必要である。古事記の宿す数合わせも、この寓意の構造の一角として構築されている。

これら寓意文字・寓意句の調査と、それに伴う寓意の構造の解明は、何度も述べて恐縮であるが、別の機会に詳論したく、すべて別稿に委ねさせて頂く。

　拙稿では、以上で指摘した数合わせが何を意味するのかのみ解明する。Ⅰ－1からⅠ－3において検出された「10引く1は9」という算術（あるいはⅠ－4における「9足す1は10」という算術）は何か、9とは何か、9に潜む2・1・2・1・3という区分の正体は何か、更にはその9を含む数セット（5・9）、（2・5・9）とは何か、また、その（5・9）、（2・5・9）セットの5を同質のものとして共有する（5・7）セットとは何か、5の3・2分割、7の2・5分割、2・1・4分割とは何か、これらの解明が拙稿のターゲットである。

　そのためには、まずは書紀の編年を本来の正しい編年に修正し、書紀が歪曲し、また、伏せて削り取った史実を掘り起しておく必要がある。節を改めて論じる。

注1　小野田光雄編『諸本集成　古事記』（勉誠社　昭和56年）
注2　推古朝までの書紀に見える作池・造池は次の通り。
　　　崇神朝　造依網池（崇神62年10月条）
　　　　　　　作苅坂（かりさかノ）池・反折（さかをりノ）池（崇神62年紀11月条）
　　　　　　　　　細注に「天皇、桑間宮に居て是の三池を造る」とある。
　　　垂仁朝　作高石（たかしノ）池・茅渟（ちぬノ）池（垂仁35年紀9月条）
　　　　　　　作倭狭城（やまとノさきノ）池・迹見（とみノ）池（垂仁35年紀10月条）
　　　景行朝　造坂手池（景行57年紀9月条）
　　　応神朝　作韓人（からひとノ）池（応神7年紀9月条）
　　　　　　　作剣池・輕池・鹿垣（かのかきノ）池・厩坂（うまやさかノ）池（応神11年紀10月条）
　　　仁徳朝　造和珥（わにノ）池（仁徳13年紀10月条）
　　　履中朝　作磐余（いはれノ）池（履中2年紀11月条）
　　　推古朝　作高市（たけちノ）池・藤原池・肩岡池・菅原池（推古15年紀是歳冬条）
　　　　　　　作戸苅（とかりノ）池・依網池（同条）
　　　　　　　作掖上（わきがみノ）池・畝傍（うねびノ）池・和珥池（推古21年紀11月条）
　　　この他に、仲哀8年紀正月条に岡縣主が「鳥池」を作った記事、武烈8年紀3月条に「穿池」、推古34年5月条に稲目が家の庭に「小池」を開（ほ）った記事があるが、朝廷による作池事業の範疇ではないと見て省いた。

注3　川副武胤『古事記の研究』（至文堂　昭和56年）p.140〜146。特にp.145の第十二表参照。
　　　この表の「子数分注」が拙稿の小計注に当たる。ただし同表の敏達欄の「子数分注」は〇
　　　ではなく（〇は小計注が完備する意）、「一記脱」に改めなければならない。古写本のすべ
　　　てにおいて、敏達天皇の四妃中、三番目の妃の子女の小計注が落とされている故である。
　　　近世の校訂本がこれを補っているのは校訂のし過ぎである。

注4　川副武胤『日本古典の研究』（吉川弘文館　昭和58年）

注5　旧干支紀年法は中国の秦時代に実施されたいわゆる顓頊暦（せんぎょくれき）に伴ってい
　　　た干支紀年法である。顓頊暦は紀元前366年を甲寅年とする暦法であるが、現行干支紀年
　　　法によれば紀元前367年が甲寅年であり、紀元前366年は既に乙卯年である。混乱を避けて、
　　　旧干支紀年法による干支年に旧を冠し、現行干支紀年法による干支に新を冠することにす
　　　ると、同じ甲寅年でも紀元前367年が新甲寅年であり、これより1年下った紀元前366年が
　　　旧甲寅年であるので、旧干支紀年法は「一年引き下げられた干支紀年法」と呼ばれる（友
　　　田吉之助『日本書紀成立の研究』風間書房　昭和44年）。
　　　大和朝廷が持統天皇4年紀以前は、旧干支紀年法を公用としていたことについては、拙著
　　　『日本書紀編年批判試論』（東京図書出版　2011年）、あるいはこの修正補足版である『6
　　　〜7世紀の日本書紀編年の修正──大化元年は646年、壬申乱は673年である──』（幻冬
　　　舎　2022年）を参照されたい。

注6　日本古典文学大系『日本書紀　上・下』（岩波書店　1965・1967年）を以後このように略
　　　称する。

注7　藤堂明保編『学研　漢和大字典』（学習研究社　1978年）によれば、琉・流の旁（つくり）
　　　は、赤子が羊水と共に流れ出る様子を表す文字で、するりと流れ出る謂いであるという。
　　　白川静著『新訂　字統』（平凡社　2007年）も、流の旁の本字「厽」につき、説文は「順
　　　ならずして忽ち出づるなり」（説文十四下）とするが、これは子が生まれ出る象で、流の
　　　旁はその頭髪の形を加えたものである、と説く。

注8　倉野憲司『古事記論攷』（京都印刷館刊行　立命館出版部　昭和19年）p.149

注9　市大樹『飛鳥の木簡──古代史の新たな解明』（中公新書　2012年）p.58〜77。同『飛鳥
　　　藤原木簡の研究』（塙書房　2010年）p.43

注10　岩橋小彌太『増補　上代史籍の研究　上巻』（吉川弘文館　昭和48年）p.65〜70

第1節 顓頊暦と旧干支紀年法について

　古事記は壬申乱前後史を踏まえて、その独特の「寓意の構造」を構築している。しかもその壬申乱前後史は、書紀が歪曲し削り取った史実を復元したのちの前後史、つまり、本来の壬申乱前後史である。本来の壬申乱前後史とは、古事記を書いた人物が見聞きした史実である。前節に述べた数合わせの謎も、この本来の壬申乱前後史によってのみ解明できる。

　日本は持統天皇の即位の年、つまり持統称制4年から初めて元嘉暦注1を、次に儀鳳暦注1を用いることになるのであるが（書紀の持統4年紀11月11日条に、「勅を奉りて始めて元嘉暦と儀鳳暦とを行ふ」とあり、日本三代実録貞観3年6月16日条に、「《持統》四年十二月《十一月の誤り》、勅有りて始めて元嘉暦を用ゐ、次に儀鳳暦を用ゐる」とある）、この時点から、両暦に伴う干支紀年法、つまり現行干支紀年法に移行したのであり、<u>それ以前は、拙論にいう「旧干支紀年法」を公用としていた</u>注2・注3。

　<u>旧干支紀年法</u>とは、前節の注5で述べた、<u>現行干支紀年法より1年引き下げられた、古いタイプの干支紀年法である。</u>

　<u>この旧干支紀年法</u>は中国で紀元前221年から紀元前104年まで、つまり秦王朝の初めから前漢の前半まで用いられたと考えられる暦法、いわゆる<u>顓頊暦（せんぎょくれき）</u>補論1に付随していた干支紀年法である。

　顓頊暦は太陰太陽暦に属する暦術で最も古い四分暦補論1と呼ばれる古代暦術の一つであり、<u>紀元前366年を暦元の甲寅年とする。</u>しかし現行干支紀年法によれば、紀元前367年が甲寅年である。そこで混乱を避けて、旧干支紀年法による干支年に<u>旧</u>を冠し、現行干支紀年法による干支に<u>新</u>を冠することにすると、紀元前367年が<u>新</u>甲寅年であり、これより1年下った紀元前366年が<u>旧</u>甲寅年である。故に顓頊暦の旧干支紀年法は「一年引き下げられた干支紀年法」と呼ばれるのである。この旧干支紀年法が我が国の古代史料に存在することを初めて指摘して論じたのは友田吉之助博士である注4。

　顓頊暦が、本来の計算上の干支指数に半日（0.5）を加えるという修正を施して実際に用いられていたことは、1972年4月に中国の山東省南部の臨沂（りんき）の漢墓から出土した竹簡暦書によって確認されている注5。

　この暦書に書かれた暦は漢武帝の元光元年・紀元前134年の暦と推定されたものであり、前年10月1日から翌年の後9月1日までの朔日干支が記されている。実際に計算してみると、顕頊暦によって計算した結果を丁度半日分だけ引き下げた暦日干支となっていることが知られる（詳細は注3拙著参照）。

　事実として、<u>古代大和朝廷では持統天皇4年紀まで、旧干支紀年法が公用されていた</u>。秦王朝時代の古い干支紀年法が、おそらくは顕頊暦もしくは同系統の何らかの四分暦とともに日本の古代朝廷に脈々として受け継がれていたと考えられる。これは極めて重要な事実である。

　書紀は5世紀半ばの安康天皇代以降、持統天皇の末年までの暦法に一貫して元嘉暦を用いているため、古代暦研究者の多くは、5世紀半ば以降の古代朝廷が元嘉暦を実際に採用していたものと見做しているが疑問である。書紀が編年用に（安康紀から持統紀までの編年用に）机上で採用した暦法が元嘉暦であったというだけであり、この時代に古代朝廷が公用としていた暦法が元嘉暦であったわけではない。

　述べた通り、持統4年紀11月甲申条には「勅を奉りて元嘉暦と儀鳳暦とを行う」とある。この文を素直に読めば、元嘉暦と儀鳳暦がこの年から公用暦になったことが知られる。元嘉暦が従来利用されていたという先入観から、この短文を、「従来の元嘉暦に加えて、新たに儀鳳暦も併せ用いることとする」という意味に理解しようとする向きが一般であるが、そのような意味の文章ではない。元嘉暦も儀鳳暦も、この時から公に採用されたことを示す文であって、それ以外ではあり得ない。上に注記した通り、日本三代実録の貞観3年6月条にも、「持統4年に勅あり、初めて元嘉暦を用い、次に儀鳳暦を用いた」とする記事があるのだから、両暦とも持統4年紀以降に初めて公用されたことは疑いが無い。卑見によれば、初め元嘉暦を用い、次いで持統6年紀11月までには儀鳳暦が公用とされるに至ったのである（注3拙著の第5節「持統朝における元嘉暦と儀鳳暦の併用問題」参照）。

　ではそれ以前はどのような暦術が公用とされていたのかという点が大きな問題となる。<u>卑見では6世紀の半ばごろからは後漢四分暦の修正版を用いていたと考えている</u>。この「修正後漢四分暦」は、後漢四分暦の24節気を5.5日分引き上げ、朔を2日分引き上げた暦である_{補論2}。詳細は注3拙著の第4節「太朝臣安萬侶墓誌の暦日・石神遺蹟出土具注暦断簡の示す暦日」を参照されたい。

　さて、古代大和朝廷が秦王朝時代に公用されていた顕頊暦に由来する暦術を所

有して、この暦術に伴う旧干支紀年法を長く墨守していたという事実は、古代大和朝廷の起源の問題に関わる。

　古代天皇家の祖族は、3世紀前半ごろには古代三韓（馬韓・辰韓・弁韓）の大部分を支配していたと伝えられる辰王朝の末裔であろうと推測される[注6]。この辰王朝は秦国の遺民を受け入れたことが伝えられる王朝である（魏志辰韓伝に辰韓の耆老の伝えとして、秦の役を避けて韓にやってきた亡命者に馬韓がその東界の地を割いて与え、これを秦韓といったとある。辰王朝の辰は辰＝秦韓の秦でもある）。そして当時魏が侵冠接収してその韓半島への出先機関としていた楽浪郡・帯方郡2郡は、3世紀の半ばに韓を一旦滅ぼしたとされる（魏志韓伝）。このとき親族・臣下ともども海を渡った辰王朝の末裔が天皇祖族であろうと推測できる（渡海初代は、崇神天皇の曽祖父に当たるフトニ＝孝霊天皇である）。そうであれば、その天皇祖族が秦王朝伝来の暦術を所有していたとして不思議ではない。そして日本という島国において、その暦術に伴う旧干支紀年法もまた連綿として保持されてきたとして不思議ではない。

　古事記には崇神天皇以下15人の天皇について崩御干支年月日が伝えられている（p.62〜63に記紀比較した一覧表を掲げた）。崇神天皇には「戊寅年十二月崩」とある。十二月という月の指定があるのは、当時暦術が存在していた証拠である。「戊寅年」が崩年干支であるが、これを初めとして15天皇について<u>古事記が伝える崩年干支は旧干支紀年法による干支年である</u>ことが記紀を比較することで推断できる。詳細は注6拙著の本論第三節に委ねるが、分かり易い例は用明天皇の崩御干支年月日である。

　その解説の前に、ここで遅ればせながら干支と干支番号・干支指数について述べる。

　干支は子・丑・寅・卯・辰・巳・午・未・申・酉・戌・亥（シ・チュウ・イン・ボウ・シン・シ・ゴ・ビ・シン・ユウ・ジュツ・ガイ。あるいは、ね・うし・とら・う・たつ・み・うま・ひつじ・さる・とり・いぬ・ゐ）という12支に、甲・乙・丙・丁・戊・己・庚・辛・壬・癸（コウ・イツ・ヘイ・テイ・ボ・キ・コウ・シン・ジン・キ。あるいは、木の兄・木の弟・火の兄・火の弟・土の兄・土の弟・金の兄・金の弟・水の兄・水の弟）という十干を組み合わせてできる60通りの文字番号であり、日と年を数えるために用いられる。この干支を取り扱いやすくするため、甲子から癸亥に至る60組に0から順に59までの数字番号を与えて

これを干支番号と呼ぶ。干支番号と干支の対応表を当節末（p.71）に掲げた。

　以下わかり易くするため、必要に応じて干支に干支番号を頭に添えて表すことにする。甲子なら0甲子、癸亥なら59癸亥というごとくである。

　この60箇の干支番号は60を法とする剰余数（60になるごとに0に戻る整数）に拡張して用いることができる。たとえば干支番号125は干支番号5（己巳）に等しい。

　干支番号は整数から更に実数へ拡張できる（ただし古代人に無理数の概念はなかったので、取り扱うのは分数、つまり有理数の範囲に限られる）。これを干支指数といい、一日のうちの時刻も表す数値になる。たとえば干支指数13.5といえば、干支番号13の日（丁丑）のゼロ時から0.5日過ぎた時刻。ゼロ時を午前0時に置けば丁丑日の正午を示し、顕頊暦のようにゼロ時を寅の初刻＝午前3時に置けば丁丑日の午後3時を示すことになる。

　さて、用明天皇の崩御干支年月日であるが、古事記はそれを「丁未年四月十五日崩」と伝え、書紀は丁未年（新丁未年・587年）四月癸丑（九日）崩とする。同じ4月でありながら15日と9日とでは6日相違する。

　元嘉暦による587年4月の朔日は41乙巳であるから、49癸丑は9日であるほかないのであるが、古事記は15日だという。古事記にこの日の干支は無いが、古事記のいう4月15日が、旧編年で書紀と同じ4月癸丑であったと考えると、これが15日であるためには、4月の朔日は35己亥でなければならない。ところが、587年の翌年、588年の4月の朔日は、修正後漢四分暦では（元嘉暦も同じであるが）まさに己亥である注7。

　つまり、次のような次第であったと思われる。用明天皇の崩御干支年月日についての根本史料は、古事記のいう通り「丁未年四月十五日」であったが、古い編年紀（旧日本紀）では旧干支紀年法によって「（旧）丁未年四月（35己亥朔）49癸丑【15】」とされており、これが、書紀では、新干支紀年法によって、そのまま、つまり正しい換算をさぼって「（新）丁未年四月（41乙巳朔）49癸丑【9】」とされた、ということになる。つまり、「丁未年四月癸丑」が、かたや、（旧）丁未年4月15日であったのに、書紀では（新）丁未年4月9日に化けたことになる。

　本来の用明天皇の崩御干支年月日は従って古事記崩御干支年月日の記す通りであり、ただし、丁未年は、旧丁未年・西暦588年であったということになる。

　上で「旧編年」とか「古い編年紀（旧日本紀）」と書いた（アンダーライン部）。旧干支紀年法によって編年した古い編年国史が存在したことを主張している。こ

の存在を仮定して初めて、上記の推論が成り立つ。従って、旧干支紀年法による編年国史が存在したことは疑いがない。

「丁未年四月癸丑」という実記録があって、書紀はその換算をさぼっただけで、旧干支紀年法による編年国史が存在したわけではないとする反論がなされるかも知れないが、暦日に大陸の暦日と同じ日づけ干支が当てられるようになったのは推古朝以後であろうと思われる（古事記の崩御干支年月日において、日づけに干支が付されるのは、15天皇中、推古天皇のみである）。従って、実記録は「丁未年四月十五日」であって、これを「丁未年四月癸丑」とするのは、後の編年国史によるのでなければならない。それが旧日本紀であり、この旧日本紀を改竄して書紀が成立したのである。

天武10年紀（681年）3月丙戌（17日）条に「天皇、大極殿に御（おはしま）して、川嶋皇子・忍壁（おさかべノ）皇子・広瀬王・竹田王・桑田王・三野王・大錦下上毛野君三千・小錦中忌部連首（おびと）・小錦下阿曇連稲敷・難波連大形・大山上中臣連大嶋・大山下平群臣子首（こびと）に詔（みことのり）して、帝紀及び上古諸事を記し定め令（し）む。大嶋・子首、親（みずか）ら筆を執りて録す」とある。古事記成立のあとを受けて立ち上げられた、より大規模な国史編纂事業であり、古事記を基本に据えて編年史を編もうとする試みがここに始まったと考えられる。この事業によって編纂されようとしていた国史を天武10年紀国史と名づけると、この天武10年紀国史は、当時公用の暦法、つまり、旧干支紀年法および、旧干支紀年法を伴う古い伝統的な暦法（古い四分暦系の暦術である。6世紀半ば以降に用いられたと考えられるものが、上に述べた「修正後漢四分暦」もしくはこれに類似の四分暦であろう）によって編年されたに違いない国史である。

天武10年紀国史の編纂が古事記を基本に据えて行われたとなぜ断定できるかといえば、天照大御神から孝安天皇までの系譜は、古事記が初めて虚構した系譜である故であり、この虚構系譜を踏襲してその後の天孫・天皇系譜が語られる伝統が形成されたと判断できるゆえである。この虚構系譜は、天照大御神から神武天皇まで6代の系譜（神話6代と名づける）と、続く綏靖天皇から孝安天皇まで5代の系譜（虚構5代と名づける）とを、後の天皇系譜の骨格を繰り返し二通りの方法で模倣して作り上げた虚構系譜である。すなわち、神話6代は崇神天皇から倭建命を経由して応神天皇に至る6代の系譜（原型6代と名づける）の骨格を、虚

構 5 代は崇神天皇から 5 代に亘る天皇の系譜（原型 5 代と名づける）の骨格を真似て作られている。

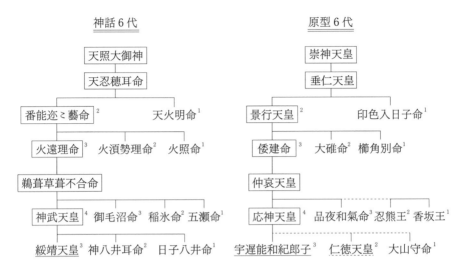

神話 6 代 / 原型 6 代

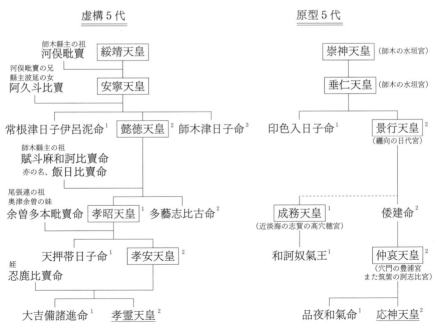

虚構 5 代 / 原型 5 代

見る通り、二つの虚構系譜はそれぞれの原形となった系譜と幾何学的相似性を保つ形で形成されたことが知られるのであり、この虚構系譜が書紀にも、やや形を崩しながらもほぼそのまま受け継がれているので、天武10年紀国史がそもそも、古事記が初めて作り上げた上代系譜を踏襲していたと推断されるのである（詳細は注6拙著参照）。

　古事記の崩年干支は全33代の天皇中、崇神天皇以降、計15人の天皇について採録されている。記紀比較して掲げると次の通り。古事記の崩年干支に関しては干支年を旧干支年であるとして西暦年に換算した数値を修正西暦年の欄に記した。書紀の欄には新干支紀年法による西暦年を（　）内に記した。書紀の場合、古事記と同じ干支年であっても、西暦年は1年食い違うことになる。書紀欄の【　】内は日づけの干支を日数に換算した値である。

崩御年月日記紀比較表

漢諡号	古事記崩御年月日	分注／地の文	修正西暦年／日本書紀崩御年月日
第10代　崇神	戊寅年十二月崩	分注	319年 辛卯年(紀元前30年)十二月壬子【5】
第13代　成務	乙卯年三月(三日／)十五日崩也	分注	356年 庚午年(190年)六月己卯【11】
第14代　仲哀	壬戌年六月十一日崩也	分注	363年 庚辰年(200年)二月戊申【6】
第15代　応神	甲午年九月九日崩	分注	395年 庚午年(310年)二月戊申【15】
第16代　仁徳	丁卯年八月十五日崩也	地の文	428年 己亥年(399年)正月癸卯【16】
第17代　履中	壬申年正月三日崩	地の文	433年 乙巳年(405年)三月丙申【15】
第18代　反正	丁丑年七月崩	地の文	438年 庚戌年(410年)正月丙午【23】
第19代　允恭	甲午年正月十五日崩	地の文	455年 癸巳年(453年)正月戊子【14】

第21代	雄略	己巳年八月九日崩也	分注	490年
				己未年(479年)八月丙子【7】
第26代	継体	丁未年四月九日崩(也／)	地の文	528年
				辛亥年(531年)二月丁未【7】
第27代	安閑	乙卯年三月十三／二日崩	地の文	536年
				乙卯年(535年)十二月己丑【17】
第30代	敏達	甲辰年四月六日崩	地の文	585年
				乙巳年(585年)八月己亥【15】
第31代	用明	丁未年四月十五日崩	地の文	588年
				丁未年(587年)四月癸丑【9】
第32代	崇峻	壬子年十一月十三日崩(也／)	地の文	593年
				壬子年(592年)十一月乙巳【3】
第33代	推古	戊子年三月十五日癸丑(日／)崩	地の文	629年
				戊子年(628年)三月癸丑【7】

　古事記はこれら崩御年月日を或るときは分注とし或るときは地の文としている。真福寺本はすべてを分注に統一しているが、ここはおそらく分注・地の文を不統一にする鈴鹿登本を初めとする卜部本系の記載方法が原型に近いと思われる。なぜなら、分注が4代続いたのち、初めて地の文扱いとなる干支年が仁徳天皇の崩年「丁卯年」であり次に履中天皇の崩年「壬申年」である故である。後述する通り「丁卯」は大友皇子が太政大臣に初めて任じられた旧丁卯年に一致する干支であり、「壬申」はいうまでもなく壬申乱の旧壬申年に同じである。古事記は大海人皇子の立場を困難にした最初の人事である大友皇子の太政大臣就任の年、旧丁卯年に重大な関心を持って、これに等しい仁徳天皇の崩年干支を特筆大書したものと思われる。詳細は省くが、仁徳天皇には大海人皇子の寓意がかけられているので、このこととも深く関連するところであろう。続く履中天皇の崩年干支、「壬申」は古事記がその寓意を構築するに当って最も関心を払う壬申乱の「壬申」である。これも詳細は省くが、履中天皇＝伊耶本和氣（いざほわけノ）命には大友皇子＝伊賀皇子の寓意がかけられており、このことと深く相関する。

　つまり、原古事記が意図的に分注と地の文の差をつけた疑いが濃厚であるために、分注と地の文の別を不統一にしている卜部本系の記載方法が原形に近いと考えるのである。

崩御年月日については、古事記の日付に「十五日」が不自然に多い点など、な
お論じるべきことは少なくないが、注6拙著『邪馬臺国と神武天皇』を参照され
たい（計算してみると、十二日を十五日に「誤記」した疑いの生じる場合などが
考えられる。意図的誤記であった疑いがある。古事記において月は日〜太陽〜天
照大御神と対立する物象であり、古事記の月は夜〜闇の世界、死の世界の盟主で
ある。陰暦における十五日満月の日は特にその力の漲る日である）。

　神話6代系譜と虚構5代系譜を初めて作ったのは古事記であり、これを孝霊天
皇の上に乗せて皇祖を天照大御神に結びつけ、孝霊天皇から崇神天皇に至る4代
（孝霊―孝元―開化―崇神の4代。原型4代と称する）による邪馬臺国連合侵略史
を天孫4代（ニニギ―ホヲリ―ウガヤフキアヘズ―神武天皇）の説話として吸収
して天孫神話を構成したのもまた古事記である。その天孫4代の最後である神武
天皇は、オホタタネコ、亦の名トヨミケヌを素材として作られた虚構の天皇であ
る。下図の推定在位年は崇神天皇の崩年、旧戊寅年・319年から、当時の推定平均
在位年18.8年によって推算したものである（当時の推定平均在位年が18.8年であ
ることを含めて、以上のことについては、やはり注6拙著を参照されたい）。

天孫4代	原型4代	推定在位年
ニニギの命	孝霊天皇	234 〜 262 年
｜	｜	｜
ホヲリの命	孝元天皇	262 〜 281 年
｜	｜	｜
ウガヤフキアヘズの命	開化天皇	281 〜 300 年
｜	｜	｜
トヨミケヌの命（神武天皇）	崇神天皇	300 〜 319 年

　古事記の構想と創造になるこれらの系譜と神話の骨格を、書紀はそのまま引き
継いでいる。ということは書紀の源泉となったに違いない天武十年紀国史が、そ
もそも古事記を基本的に継承しながら編年された国史であったと推測される。そ
れは取りも直さず、古事記がまず作成され、その後に、天武十年紀国史の編纂事
業が立ち上げられたということである。

　その天武十年紀国史は、古事記の崩年干支と同じく、旧干支紀年法を伴う古い

暦術によって編年されたであろうことも疑いがない。

　この事業は完成を見ないうちに天武天皇の崩御によって停滞したと思われる。

　元明天皇の時代になって、天武朝の国史編纂事業の完結が図られた。天武朝の事業が古事記の編纂とこれに基づく編年体国史の編纂という二本立ての国史編纂事業であったという記憶はなお鮮明であったはずで、元明天皇も同様の二本立て事業として国史編纂を命じ、和銅 5 年（712年）正月28日、まず古事記が献上され（古事記序文）、次いで紀朝臣清人と三宅臣藤麻呂に詔して国史が撰定せしめられた（続日本紀、和銅 7 年・714年 2 月戊戌【10】条）。後者は天武十年紀国史の完結作業であろう。このとき完結の図られた日本紀が、いわゆる和銅日本紀であり、これが拙稿にいう旧日本紀である。旧日本紀は旧干支紀年法による編年部分を温存していたに違いない（旧日本紀の逸文の探索はかつて友田吉之助博士が精力的に取り組まれたが[注8]、友田氏の論には失考少なからず、更に坂本太郎博士による痛烈な批判[注9]などもあって、その後はほとんど進展がない。残念なことである）。

　これに対して、書紀は旧干支紀年法を廃し、初めから新干支紀年法であったかのような編年に作り変えた。しかも、安康紀より前は儀鳳暦を平朔法で用い、安康紀以降は同じ平朔法の暦であるが、儀鳳暦よりは旧い暦である元嘉暦を用いて編年したことが知られている[注10]。のみならず、書紀は編纂当時の朝廷内の派閥対立（藤原不比等を中心に、不比等と対立する派閥と不比等と親和する派閥の間の対立である[注11]）を色濃く反映して、書紀編纂者らとは対立する派閥（書紀は親不比等派によって編纂されたので、その対立派閥は反不比等派である。旧日本紀の編者、紀朝臣清人と三宅臣藤麻呂は反不比等派であった）に属する氏族の祖先伝承につき筆を曲げている箇所が目立つ。たとえば阿曇氏の祖先伝承などは氏にとって不名誉な記事が多く採られている。これに対して高橋氏、即ち旧姓膳氏の祖先については名誉を傷つけぬ記事で満ちている。前者は反藤原不比等派閥に属し、後者は親不比等派閥に属した。書紀にはほかにも数々の露骨な曲筆があり、この国史から何事か史実を読み取ろうとする場合、奈良朝初期の派閥対立の実態を把握しながらなされるべきである。

　旧干支紀年法を新干支紀年法に振り替える過程でも、書紀は多くの矛盾を抱え込んでいる。古事記の謎を解くためにも、書紀の抱える編年上の虚偽を正して、本来の編年に矯正する作業がまずなされねばならない。

補論1　太陰太陽暦・四分暦・顓頊暦

　顓頊暦は**四分暦**と呼ばれる最も古い**太陰太陽暦**の一つで、本論に述べた通り、中国の秦王朝（紀元前221年～紀元前202年）と前漢王朝（紀元前202年～紀元後8年）の前半まで、即ち武王の時の紀元前104年に太初暦に変更されるまでの間、朔指数に0.5（つまり半日）を加える修正を施しつつ実用に供されていたことが確認されている暦法である。

　太陰太陽暦は、地球が太陽の周りを公転する周期～太陽年と、月が地球の周りを公転する周期～朔望月という本来無関係の周期を統合して作られている。太陽年は季節の把握に必要で農業には必須の周期であり、朔望月は潮の干潮の把握に必要で漁業・海運等に必須の周期である。

　地球は太陽の周りを楕円軌道を描いて公転している。公転の向きは地球の北極側から見下ろして反時計回りである。地球はまた地軸の周りを北極側から見てやはり反時計回りに自転している。公転面に垂直で地軸を含む面が太陽の中心を通る場合は公転中に2回ある。冬至と夏至である。地軸が公転面の垂直線より23.4°ほど傾いているので、冬至の瞬間に太陽が真南に来る地点に立っている北半球の人が観測すると、太陽は1年で最も低いところにあり、垂直に立てた棒の影は1年でもっとも長くなる。現在の冬至点は公転楕円軌道の近日点に近いところにあり、夏至は遠日点に近いところにある。

　冬至から冬至までの時間を**1太陽年**という。これは地球が1回公転して元の場所に戻る時間である1恒星年より若干短い。地球が歳差運動という首振り運動をしているためである。地球はこまの首振り運動と同じように約26000年かけて1回転首を振る。その回転の向きは地球の北極から眺めたとき時計回りである。そのため約6500年後にはもとの秋分点が冬至点になり、約13000年後にはもとの夏至点が冬至点になる。つまり歳差運動のために冬至点は公転方向と反対向きに（つまり地球の北極から眺めて時計回りに）少しずつ位置を変えていく。そのため、冬至点から冬至点までの時間、1太陽年は、1恒星年よりやや短くなる。

　今日の測定では1太陽年は約365.24219日とされる（2024年理科年表p.77。対して1恒星年は約365.25636日）。

　またひと月は月が地球をほぼ一回りする時間であるが、**平均朔望月**、つまり朔（新月）から望（満月）を経て再び朔にもどるまでの平均日数は、約29.530589日

である（同理科年表 p.82）。

　この朔望月によって月を数えると、12か月は約354.37日ほどになる。1太陽年には11日ほど不足する。そこで、12か月を1年とすると3年も経てば1か月ほど足りなくなるので、月数と季節とのずれを調節するために、33〜34か月ごとに1度の頻度で閏月を挿入する工夫がなされる。古くより19年に7か月の閏月を足せば、ほぼ収支のつくことが発見されており、四分暦法における**19年7閏月法**（19太陽年＝（12×19＋7）平均朔望月とする法）が定まった。

　古代暦である**四分暦**は<u>1年を365日1/4日＝365.25日</u>と定めて計算する暦法である。365.24219日と比較するとかなりよい近似である。

　また平均朔望月は、19年7閏月法によって19年＝（19×12＋7）月＝235平均朔望月という関係があるので、

　<u>1平均朔望月＝29日＋499/940日≒29.530851日</u>となる。29.530589日と比較するとやはりかなりよい近似になっている。

　四分暦の一種、**顓頊暦**は、唐書暦志に僧一行のいうところから、暦元を<u>紀元前366年（旧）甲寅年正月甲寅晨初が丁度朔でかつ立春である</u>として計算を始める暦とされていたことが知られている（新城新蔵氏『東洋天文学史研究』p.534）。

　紀元前366年は西暦−365年である。西暦1年の前年が紀元前1年といわれるが、これが西暦0年であり、紀元前2年が西暦−1年、以下同じである。計算にはこの西暦年数（天文学的紀年法と称される）を用いる。紀元前数値をそのまま用いると1年相違してしまうので注意が必要である。

　暦元年の干支年、50甲寅年が旧干支紀年法に基づく干支年、旧甲寅年であることは述べた通りである。正月甲寅とある50甲寅は日付を示す干支である。

　晨初は寅の初刻・午前3時。この時刻が丁度朔時刻で、干支指数が50であり、かつ立春に一致するとして計算を始めるとされるのが顓頊暦である（顓頊暦では午前3時が一日の始まりである）。

　立春という言葉も暦学上の言葉である。

　1太陽年を24等分して、これに季節に相応しい名を付したものを24節気と呼ぶ。

　24節気は順に正月節・正月中・2月節・2月中……12月節・12月中と呼ぶのが最も簡単であるので以下の計算では専らこの呼び方を用いるが、それぞれに季節を表す言葉がつけられている。立春はそのうちの正月節の名である。ほかの名は次の通り（ただし下に述べる儀鳳暦では正月中が啓蟄、2月節が雨水とされて、逆

になっている）。

節気	名称	節気	名称
正月節	立春	7月節	立秋
正月中	雨水	7月中	処暑
2月節	啓蟄	8月節	白露
2月中	春分	8月中	秋分
3月節	清明	9月節	寒露
3月中	穀雨	9月中	霜降
4月節	立夏	10月節	立冬
4月中	小満	10月中	小雪
5月節	芒種	11月節	大雪
5月中	夏至	11月中	冬至
6月節	小暑	12月節	小寒
6月中	大暑	12月中	大寒

　この24節気は四分暦を初めとする太陰太陽暦では、月名を決め、また閏月を挿入する年を決める指標にもなる。

　通常は、N月中を含む月がN月と称される。このN月を暦月といい、24節気にいうN月節・N月中のN月を節月という。暦月と節月とは長さも位置も異なる。

　1朔望月は中気から中気までの長さ（＝12分の1太陽年）より短いので、暦月の位置によってはその暦月に中気（N月中）が含まれない暦月が生じる。このような月が生じた場合、その年は閏年とする。**顓頊暦の場合**は、前年の10月から次の年の9月までが通常の1年とされるが、閏年となった場合は最後の9月の次に**後9月**を入れて13か月とする（いわゆる**歳終置閏法**である）。これに対して後漢四分暦や元嘉暦のような後世の太陰太陽暦の場合は、中気を含まない暦月が生じると、この月の名を前の月の月数Nに閏を添えた閏N月と名づけて1年を13か月とする。

補論2　後漢四分暦と修正後漢四分暦

　顓頊暦は前漢の武帝のときの太初元年（紀元前104年）まで用いられた後、太初暦に改暦される。太初暦は前漢の末に前漢の劉歆によって増補され三統暦と名を変え王莽の新王朝にも継承され、後漢に入ってからも用いられ続けたが、天象と暦日のずれが顕著となり、科学的要請もあって、章帝元和2年（西暦85年）、従来より讖緯説家に信奉されていた四分暦が復活する。これがいわゆる**後漢四分暦**である。後漢四分暦は後漢を通じて行われ、三国時代の蜀にも継承されて、蜀が滅ぶ263年まで178年間用いられ続けた。

　後漢四分暦は、紀元前162年（西暦−161年）の11月中（冬至）が朔で0甲子の0時0分であったとして計算を始める暦法であり（『全譯後漢書』3　2004年　汲古書院刊「律暦志　下」p.167・168）、四分暦に共通の算法で算出できる。

　即ち1太陽年経るごとに11月中0時0分の干支指数は5.25だけ進み（365.25＝360＋5.25）、同じ時刻の月齢も、1太陽年経つごとに

$$365＋1/4−12×（29＋499/940）＝10＋827/940日＝10.8797872340……$$

だけ進む。

　従って西暦a年の暦日を求めると、まず前年の11月中0時0分の干支指数$T(a)$は、60を法として

$$T(a)＝0＋5.25×（a−1＋161）＝5.25×a＝（5＋4/16）×a$$

　その月齢$G(a)$は

$$G(a)＝（10＋827/940）×（a−1＋161）±（29＋499/940）×r$$

　　（整数rは平均朔望月を加減して全体を平均朔望月より小さい正数に収めるための数でありさまざまな数値を取る。以下同じである。）

$$＝（10＋827/940）×a＋27＋918/940±（29＋499/940）×r$$

　よって西暦a年の前年11月朔の干支指数$XI(a)$は

$$XI(a)＝T(a)−G(a)$$

こうして求めた11月中 $T(a)$ に、$(365＋1/4)÷12＝30＋7/16$を次々に加えることで西暦a年の24節気の中気が算出でき、$XI(a)$に$29＋499/940$を次々に加えることで西暦a年の月朔を算出できる。月朔と月朔の間に中気が含まれない月が自動的に閏月となる（この計算方法を見れば、日付干支など無くても暦をつくることはできると知られよう。月の大小、閏月の位置がわかれば十分だからである）。

　修正後漢四分暦は、この後漢四分暦の24節気を5.5日分引き上げ、月朔を2日分

引き上げて算出される暦である。この修正は丁度6世紀半ば頃に、天象と一致させる上で必要になる修正であり、百済から暦博士が交番で来日することになった時期に重なる。この時代に伝授された修正方法であったと思われる。

　この修正後漢四分暦の689年3月と4月の暦日は、石神遺跡から出土した具注暦の暦日に一致する。従ってこの四分暦が、元嘉暦と儀鳳暦が公用とされる前に用いられた暦術の有力な候補となり得る。当節末（p.72〜88）に、この修正後漢四分暦と元嘉暦の月朔の比較表を掲げたので参照されたい。なお、当表の西暦年は現行太陽暦（グレゴリ暦）の年数と、年末において食い違うことがあるが、慣例に従った。例えば天智4年紀（665年）12月朔は現行太陽暦では666年1月14日であるところ、表では665年12月朔としている。ほかも同様である。

注1　元嘉暦は中国南朝の宋の元嘉20年（443年）、何承天が造り、445年から施行され、のちに建元暦と改名されて、梁の天監9年（510年）、大明暦に改暦されるまで用いられた暦である（百済にも伝えられ、百済では7世紀に入っても用いられ続けて、日本へも6世紀半ばには百済経由で伝えられたようであるが、当初日本では公用とされるに至っていない）。儀鳳暦は唐の麟徳2年（665年）に李淳風が造り、開元16年（728年）まで行われた麟徳暦の日本版である。これが儀鳳暦と呼ばれるのは、儀鳳年間（676〜679年。天武5年紀〜同8年紀に当たる）に新羅に伝わり、ついで日本に伝えられたためという。

　　元嘉暦は、四分暦と同じく、いわゆる平朔法による暦術である。平朔法とはひと月（一朔望月）の長さを、その平均値を用いて、すべて等しいとして各月の朔日を算出する計算法であり、こうして求めた朔日を平朔と呼ぶ。

　　他方、儀鳳暦は定朔法と呼ばれる計算法を採る。定朔法は平朔法で求めた平朔に、太陽の運行による補正を施し、次に月の運行による補正を施す計算法であり、補正のための数値表を用いて算出される。その手計算はかなり面倒である（手計算については注3拙著参照）。元嘉暦と儀鳳暦は、かなり近似した数値を与える暦法であり、元嘉暦の計算の単純さを考えれば、計算が面倒な儀鳳暦の必要性について逡巡されることがあったとしても当然だったかも知れない。たとえば試みに元嘉暦が暦元とするゼロ点つまり紀元前1613年正月朔（元嘉暦はこれが正月中〔雨水〕で午前ゼロ時に一致し、その干支指数が丁度0〔甲子〕であったとして計算を始める暦である）を儀鳳暦で計算してみると、0甲子の日の午前1時24分ごろとなる。つまり元嘉暦の暦元の朔時刻と儀鳳暦による同日の朔時刻は、計算上は1時間24分ほどしか違わない。両暦で似通った数値が出る理由の一つである。

注2　拙著『日本書紀編年批判試論』（東京図書出版　2011年）

注3　拙著『6～7世紀の日本書紀編年の修正──大化元年は646年、壬申乱は673年である──』（幻冬舎　2022年）……注2拙著の修正補足版である。

注4　友田吉之助『日本書紀成立の研究　増補版』（風間書房　昭和44年）

注5　薮内清『科学史からみた中国文明』（NHKブックス　昭和57年　p.202～210）。同氏『増補改訂　中国の天文暦法』（平凡社　1990年）「補遺」p.359。

注6　拙著『邪馬臺国と神武天皇』（幻冬舎　2022年）

注7　内田正男『日本暦日原典』（雄山閣　昭和50年）のp.60や『新訂補正　三正綜覧』（藝林舎　昭和48年）p.165などで、元嘉暦による朔日干支が確認できるが、当時実用されていたのは元嘉暦ではなく、注3拙著や上の補論2にいう「修正後漢四分暦」もしくはこれに類似の何らかの四分暦であったと考えられる。この「修正後漢四分暦」によれば（次頁以下に掲げた一覧表参照）、588年の4月の朔日は、元嘉暦に同じ35己亥である。

注8　注4の『日本書紀成立の研究　増補版』。なお、友田博士はこの中で顕頂暦干支紀年法の存在のほかに、「二年引き上げられた干支紀年法」の存在を盛んに論じておられるが、こちらは誤って2年繰り上げた誤干支紀年にすぎず、その存在を認めて実年代を修正しようとされた友田氏の考証は明らかに失考である。

注9　坂本太郎「いわゆる『和銅日本紀』について」『坂本太郎著作集第二巻』（吉川弘文館　昭和63年）所収p.192～217

注10　小川清彦著作集『古天文・暦日の研究』（皓星社　1997年）所収「日本書紀の暦日について」

注11　拙著『国の初めの愁いの形──藤原・奈良朝派閥抗争史』（風濤社　1998年）

干支番号と干支の対応表　　　十干　五行

						十干	五行
0 甲子	10 甲戌	20 甲申	30 甲午	40 甲辰	50 甲寅	甲	木の兄（え）
1 乙丑	11 乙亥	21 乙酉	31 乙未	41 乙巳	51 乙卯	乙	木の弟（と）
2 丙寅	12 丙子	22 丙戌	32 丙申	42 丙午	52 丙辰	丙	火の兄
3 丁卯	13 丁丑	23 丁亥	33 丁酉	43 丁未	53 丁巳	丁	火の弟
4 戊辰	14 戊寅	24 戊子	34 戊戌	44 戊申	54 戊午	戊	土の兄
5 己巳	15 己卯	25 己丑	35 己亥	45 己酉	55 己未	己	土の弟
6 庚午	16 庚辰	26 庚寅	36 庚子	46 庚戌	56 庚申	庚	金の兄（かのえ）
7 辛未	17 辛巳	27 辛卯	37 辛丑	47 辛亥	57 辛酉	辛	金の弟（かのと）
8 壬申	18 壬午	28 壬辰	38 壬寅	48 壬子	58 壬戌	壬	水の兄
9 癸酉	19 癸未	29 癸巳	39 癸卯	49 癸丑	59 癸亥	癸	水の弟

元嘉暦と修正後漢四分暦の月朔比較表

（元嘉暦と異なる修正後漢四分暦の月朔は太字）

西暦年		月朔干支番号												
544	元 嘉 暦	月	1	2	3	4	5	6	7	8	9	10	11	12
		朔干支番号	22	52	21	51	20	50	19	49	18	48	17	47
	修正後漢	月	1	2	3	4	5	6	7	8	9	10	11	12
	四分暦	朔干支番号	22	**51**	21	**50**	20	**49**	19	**48**	18	**47**	17	47
545	元 嘉 暦	月	1	2	3	4	5	6	7	8	9	10	閏10	11	12
		朔干支番号	16	46	16	45	15	44	14	43	13	42	12	41	11
	修正後漢	月	1	2	3	4	5	6	7	8	9	10	閏10	11	12
	四分暦	朔干支番号	16	46	**15**	45	**14**	44	**13**	43	**12**	42	**11**	41	**10**
546	元 嘉 暦	月	1	2	3	4	5	6	7	8	9	10	11	12
		朔干支番号	40	10	39	9	38	8	38	7	37	6	36	5
	修正後漢	月	1	2	3	4	5	6	7	8	9	10	11	12
	四分暦	朔干支番号	40	**9**	39	9	38	8	**37**	7	**36**	6	**35**	5
547	元 嘉 暦	月	1	2	3	4	5	6	7	8	9	10	11	12
		朔干支番号	35	4	34	3	33	2	32	1	31	0	30	0
	修正後漢	月	1	2	3	4	5	6	7	8	9	10	11	12
	四分暦	朔干支番号	**34**	4	**33**	3	**32**	2	32	1	31	0	30	**59**
548	元 嘉 暦	月	1	2	3	4	5	6	7	閏7	8	9	10	11	12
		朔干支番号	29	59	28	58	27	57	26	56	25	55	24	54	23
	修正後漢	月	1	2	3	4	5	6	閏6	7	8	9	10	11	12
	四分暦	朔干支番号	29	**58**	28	**57**	27	**56**	26	**55**	25	**54**	24	54	23
549	元 嘉 暦	月	1	2	3	4	5	6	7	8	9	10	11	12
		朔干支番号	53	23	52	22	51	21	50	20	49	19	48	18
	修正後漢	月	1	2	3	4	5	6	7	8	9	10	11	12
	四分暦	朔干支番号	53	**22**	52	**21**	51	**20**	50	**19**	49	**18**	48	**17**
550	元 嘉 暦	月	1	2	3	4	5	6	7	8	9	10	11	12
		朔干支番号	47	17	46	16	45	15	45	14	44	13	43	12
	修正後漢	月	1	2	3	4	5	6	7	8	9	10	11	12
	四分暦	朔干支番号	47	**16**	46	16	45	15	**44**	14	**43**	13	**42**	12
551	元 嘉 暦	月	1	2	3	4	閏4	5	6	7	8	9	10	11	12
		朔干支番号	42	11	41	10	40	9	39	8	38	7	37	7	36
	修正後漢	月	1	2	3	閏3	4	5	6	7	8	9	10	11	12
	四分暦	朔干支番号	**41**	11	**40**	10	**39**	9	39	8	38	7	37	**6**	36

年	暦	項目	1	2	3	4	5	6	7	8	9	10	11	12	13	14
552	元 嘉 暦	月		1	2	3	4	5	6	7	8	9	10	11	12	
		朔干支番号		6	35	5	34	4	33	3	32	2	31	1	30	
	修正後漢	月		1	2	3	4	5	6	7	8	9	10	11	12	
	四分暦	朔干支番号		5	35	4	34	3	33	2	32	1	31	1	30	
553	元 嘉 暦	月		1	2	3	4	5	6	7	8	9	10	11	12	閏12
		朔干支番号		0	30	59	29	58	28	57	27	56	26	55	25	54
	修正後漢	月		1	2	3	4	5	6	7	8	9	10	11	12	1
	四分暦	朔干支番号		0	29	59	28	58	27	57	26	56	25	55	24	54
554	元 嘉 暦	月		1	2	3	4	5	6	7	8	9	10	11	12	
		朔干支番号		24	53	23	52	22	52	21	51	20	50	19	49	
	修正後漢	月	1	閏1	2	3	4	5	6	7	8	9	10	11	12	
	四分暦	朔干支番号	54	24	53	23	52	22	51	21	50	20	49	19	48	
555	元 嘉 暦	月		1	2	3	4	5	6	7	8	9	10	11	12	
		朔干支番号		18	48	17	47	16	46	15	45	14	44	14	43	
	修正後漢	月		1	2	3	4	5	6	7	8	9	10	11	12	
	四分暦	朔干支番号		18	47	17	46	16	46	15	45	14	44	13	43	
556	元 嘉 暦	月		1	2	3	4	5	6	7	8	閏8	9	10	11	12
		朔干支番号		13	42	12	41	11	40	10	39	9	38	8	37	7
	修正後漢	月		1	2	3	4	5	6	7	8	9	閏9	10	11	12
	四分暦	朔干支番号		12	42	11	41	10	40	9	39	8	38	8	37	7
557	元 嘉 暦	月		1	2	3	4	5	6	7	8	9	10	11	12	
		朔干支番号		37	6	36	5	35	4	34	3	33	2	32	1	
	修正後漢	月		1	2	3	4	5	6	7	8	9	10	11	12	
	四分暦	朔干支番号		36	6	35	5	34	4	33	3	32	2	31	1	
558	元 嘉 暦	月		1	2	3	4	5	6	7	8	9	10	11	12	
		朔干支番号		31	0	30	59	29	59	28	58	27	57	26	56	
	修正後漢	月		1	2	3	4	5	6	7	8	9	10	11	12	
	四分暦	朔干支番号		31	0	30	59	29	58	28	57	27	56	26	55	
559	元 嘉 暦	月		1	2	3	4	5	閏5	6	7	8	9	10	11	12
		朔干支番号		25	55	24	54	23	53	22	52	21	51	21	50	20
	修正後漢	月		1	2	3	4	5	閏5	6	7	8	9	10	11	12
	四分暦	朔干支番号		25	54	24	53	23	53	22	52	21	51	20	50	19
560	元 嘉 暦	月		1	2	3	4	5	6	7	8	9	10	11	12	
		朔干支番号		49	19	48	18	47	17	46	16	45	15	44	14	
	修正後漢	月		1	2	3	4	5	6	7	8	9	10	11	12	
	四分暦	朔干支番号		49	18	48	17	47	16	46	16	45	15	44	14	

561	元嘉暦	月	1	2	3	4	5	6	7	8	9	10	11	12	
		朔干支番号	44	13	43	12	42	11	41	10	40	9	39	8	
	修正後漢	月	1	2	3	4	5	6	7	8	9	10	11	12	
	四分暦	朔干支番号	**43**	13	**42**	12	**41**	11	**40**	10	**39**	9	**38**	8	
562	元嘉暦	月	1	2	閏2	3	4	5	6	7	8	9	10	11	12
		朔干支番号	38	7	37	6	36	6	35	5	34	4	33	3	32
	修正後漢	月	1	2	3	閏3	4	5	6	7	8	9	10	11	12
	四分暦	朔干支番号	38	7	37	6	36	**5**	35	**4**	34	**3**	33	**2**	32
563	元嘉暦	月	1	2	3	4	5	6	7	8	9	10	11	12	
		朔干支番号	2	31	1	30	0	29	59	28	58	28	57	27	
	修正後漢	月	1	2	3	4	5	6	7	8	9	10	11	12	
	四分暦	朔干支番号	**1**	31	**0**	30	0	29	59	28	58	**27**	57	**26**	
564	元嘉暦	月	1	2	3	4	5	6	7	8	9	10	閏10	11	12
		朔干支番号	56	26	55	25	54	24	53	23	52	22	51	21	51
	修正後漢	月	1	2	3	4	5	6	7	8	9	10	11	12	閏12
	四分暦	朔干支番号	56	**25**	55	**24**	54	**23**	53	23	52	22	51	21	**50**
565	元嘉暦	月	1	2	3	4	5	6	7	8	9	10	11	12	
		朔干支番号	20	50	19	49	18	48	17	47	16	46	15	45	
	修正後漢	月	1	2	3	4	5	6	7	8	9	10	11	12	
	四分暦	朔干支番号	20	**49**	19	**48**	18	**47**	17	**46**	16	**45**	15	45	
566	元嘉暦	月	1	2	3	4	5	6	7	8	9	10	11	12	
		朔干支番号	14	44	13	43	13	42	12	41	11	40	10	39	
	修正後漢	月	1	2	3	4	5	6	7	8	9	10	11	12	
	四分暦	朔干支番号	14	44	13	43	**12**	42	**11**	41	**10**	40	**9**	39	
567	元嘉暦	月	1	2	3	4	5	6	閏6	7	8	9	10	11	12
		朔干支番号	9	38	8	37	7	36	6	35	5	35	4	34	3
	修正後漢	月	1	2	3	4	5	6	7	閏7	8	9	10	11	12
	四分暦	朔干支番号	**8**	38	8	37	7	36	6	35	5	**34**	4	**33**	3
568	元嘉暦	月	1	2	3	4	5	6	7	8	9	10	11	12	
		朔干支番号	33	2	32	1	31	0	30	59	29	58	28	58	
	修正後漢	月	1	2	3	4	5	6	7	8	9	10	11	12	
	四分暦	朔干支番号	**32**	2	**31**	1	**30**	0	30	59	29	58	28	**57**	
569	元嘉暦	月	1	2	3	4	5	6	7	8	9	10	11	12	
		朔干支番号	27	57	26	56	25	55	24	54	23	53	22	52	
	修正後漢	月	1	2	3	4	5	6	7	8	9	10	11	12	
	四分暦	朔干支番号	27	**56**	26	**55**	25	**54**	24	**53**	23	**52**	22	52	

570	元 嘉 暦	月	1	2	3	4	閏4	5	6	7	8	9	10	11	12
		朔干支番号	21	51	20	50	20	49	19	48	18	47	17	46	16
	修正後漢	月	1	2	3	閏3	4	5	6	7	8	9	10	11	12
	四分暦	朔干支番号	21	51	20	50	**19**	49	**18**	48	**17**	47	**16**	46	**15**
571	元 嘉 暦	月	1	2	3	4	5	6	7	8	9	10	11	12	
		朔干支番号	45	15	44	14	43	13	42	12	42	11	41	10	
	修正後漢	月	1	2	3	4	5	6	7	8	9	10	11	12	
	四分暦	朔干支番号	45	15	44	14	43	13	42	12	**41**	11	**40**	10	
572	元 嘉 暦	月	1	2	3	4	5	6	7	8	9	10	11	12	閏12
		朔干支番号	40	9	39	8	38	7	37	6	36	5	35	5	34
	修正後漢	月	1	2	3	4	5	6	7	8	9	10	11	12	閏12
	四分暦	朔干支番号	**39**	9	**38**	8	**37**	7	37	6	36	5	35	**4**	34
573	元 嘉 暦	月	1	2	3	4	5	6	7	8	9	10	11	12	
		朔干支番号	4	33	3	32	2	31	1	30	0	29	59	28	
	修正後漢	月	1	2	3	4	5	6	7	8	9	10	11	12	
	四分暦	朔干支番号	**3**	33	**2**	32	**1**	31	**0**	30	0	29	59	28	
574	元 嘉 暦	月	1	2	3	4	5	6	7	8	9	10	11	12	
		朔干支番号	58	27	57	27	56	26	55	25	54	24	53	23	
	修正後漢	月	1	2	3	4	5	6	7	8	9	10	11	12	
	四分暦	朔干支番号	58	27	57	**26**	56	**25**	55	**24**	54	**23**	53	**22**	
575	元 嘉 暦	月	1	2	3	4	5	6	7	8	閏8	9	10	11	12
		朔干支番号	52	22	51	21	50	20	49	19	49	18	48	17	47
	修正後漢	月	1	2	3	4	5	6	7	8	9	閏9	10	11	12
	四分暦	朔干支番号	52	22	51	21	50	20	49	19	**48**	18	**47**	17	**46**
576	元 嘉 暦	月	1	2	3	4	5	6	7	8	9	10	11	12	
		朔干支番号	16	46	15	45	14	44	13	43	12	42	12	41	
	修正後漢	月	1	2	3	4	5	6	7	8	9	10	11	12	
	四分暦	朔干支番号	16	**45**	15	**44**	14	44	13	43	12	42	**11**	41	
577	元 嘉 暦	月	1	2	3	4	5	6	7	8	9	10	11	12	
		朔干支番号	11	40	10	39	9	38	8	37	7	36	6	35	
	修正後漢	月	1	2	3	4	5	6	7	8	9	10	11	12	
	四分暦	朔干支番号	**10**	40	**9**	39	**8**	38	**7**	37	7	36	6	35	
578	元 嘉 暦	月	1	2	3	4	5	閏5	6	7	8	9	10	11	12
		朔干支番号	5	34	4	34	3	33	2	32	1	31	0	30	59
	修正後漢	月	1	2	3	4	5	閏5	6	7	8	9	10	11	12
	四分暦	朔干支番号	5	34	4	**33**	3	**32**	2	**31**	1	**30**	0	**29**	59

579	元 嘉 暦	月	1	2	3	4	5	6	7	8	9	10	11	12	
		朔干支番号	29	58	28	57	27	56	26	56	25	55	24	54	
	修正後漢	月	1	2	3	4	5	6	7	8	9	10	11	12	
	四分暦	朔干支番号	29	58	28	57	27	56	26	**55**	25	**54**	24	**53**	
580	元 嘉 暦	月	1	2	3	4	5	6	7	8	9	10	11	12	
		朔干支番号	23	53	22	52	21	51	20	50	19	49	18	48	
	修正後漢	月	1	2	3	4	5	6	7	8	9	10	11	12	
	四分暦	朔干支番号	23	**52**	22	52	21	51	20	50	19	49	18	48	
581	元 嘉 暦	月	1	2	閏2	3	4	5	6	7	8	9	10	11	12
		朔干支番号	18	47	17	46	16	45	15	44	14	43	13	42	12
	修正後漢	月	1	閏1	2	3	4	5	6	7	8	9	10	11	12
	四分暦	朔干支番号	**17**	47	**16**	46	**15**	45	**14**	44	14	43	13	42	12
582	元 嘉 暦	月	1	2	3	4	5	6	7	8	9	10	11	12	
		朔干支番号	41	11	41	10	40	9	39	8	38	7	37	6	
	修正後漢	月	1	2	3	4	5	6	7	8	9	10	11	12	
	四分暦	朔干支番号	41	11	**40**	10	**39**	9	**38**	8	**37**	7	**36**	6	
583	元 嘉 暦	月	1	2	3	4	5	6	7	8	9	10	11	閏11	12
		朔干支番号	36	5	35	4	34	3	33	3	32	2	31	1	30
	修正後漢	月	1	2	3	4	5	6	7	8	9	10	閏10	11	12
	四分暦	朔干支番号	36	5	35	4	34	3	33	**2**	32	**1**	31	**0**	30
584	元 嘉 暦	月	1	2	3	4	5	6	7	8	9	10	11	12	
		朔干支番号	0	29	59	28	58	27	57	26	56	25	55	25	
	修正後漢	月	1	2	3	4	5	6	7	8	9	10	11	12	
	四分暦	朔干支番号	**59**	29	59	28	58	27	57	26	56	25	55	**24**	
585	元 嘉 暦	月	1	2	3	4	5	6	7	8	9	10	11	12	
		朔干支番号	54	24	53	23	52	22	51	21	50	20	49	19	
	修正後漢	月	1	2	3	4	5	6	7	8	9	10	11	12	
	四分暦	朔干支番号	54	**23**	53	**22**	52	**21**	51	21	50	20	49	19	
586	元 嘉 暦	月	1	2	3	4	5	6	7	閏7	8	9	10	11	12
		朔干支番号	48	18	48	17	47	16	46	15	45	14	44	13	43
	修正後漢	月	1	2	3	4	5	6	7	閏7	8	9	10	11	12
	四分暦	朔干支番号	48	18	**47**	17	**46**	16	**45**	15	**44**	14	44	13	43
587	元 嘉 暦	月	1	2	3	4	5	6	7	8	9	10	11	12	
		朔干支番号	12	42	11	41	10	40	10	39	9	38	8	37	
	修正後漢	月	1	2	3	4	5	6	7	8	9	10	11	12	
	四分暦	朔干支番号	12	42	11	41	10	40	**9**	39	**8**	38	**7**	37	

			1	2	3	4	5	6	7	8	9	10	11	12	
588	元　嘉　暦	月	1	2	3	4	5	6	7	8	9	10	11	12	
		朔干支番号	7	36	6	35	5	34	4	33	3	32	2	32	
	修正後漢	月	1	2	3	4	5	6	7	8	9	10	11	12	
	四分暦	朔干支番号	**6**	36	6	35	5	34	4	33	3	32	2	**31**	
589	元　嘉　暦	月	1	2	3	閏3	4	5	6	7	8	9	10	11	12
		朔干支番号	1	31	0	30	59	29	58	28	57	27	56	26	55
	修正後漢	月	1	2	3	4	閏4	5	6	7	8	9	10	11	12
	四分暦	朔干支番号	1	**30**	0	**29**	59	**28**	58	28	57	27	56	26	55
590	元　嘉　暦	月	1	2	3	4	5	6	7	8	9	10	11	12	
		朔干支番号	25	55	24	54	23	53	22	52	21	51	20	50	
	修正後漢	月	1	2	3	4	5	6	7	8	9	10	11	12	
	四分暦	朔干支番号	25	**54**	24	**53**	23	**52**	22	**51**	21	51	20	50	
591	元　嘉　暦	月	1	2	3	4	5	6	7	8	9	10	11	12	閏12
		朔干支番号	19	49	18	48	17	47	17	46	16	45	15	44	14
	修正後漢	月	1	2	3	4	5	6	7	8	9	10	11	12	閏12
	四分暦	朔干支番号	19	49	18	48	17	47	**16**	46	**15**	45	**14**	44	**13**
592	元　嘉　暦	月	1	2	3	4	5	6	7	8	9	10	11	12	
		朔干支番号	43	13	42	12	41	11	40	10	39	9	39	8	
	修正後漢	月	1	2	3	4	5	6	7	8	9	10	11	12	
	四分暦	朔干支番号	43	13	42	12	41	11	40	10	39	9	**38**	8	
593	元　嘉　暦	月	1	2	3	4	5	6	7	8	9	10	11	12	
		朔干支番号	38	7	37	6	36	5	35	4	34	3	33	2	
	修正後漢	月	1	2	3	4	5	6	7	8	9	10	11	12	
	四分暦	朔干支番号	**37**	7	**36**	6	36	5	35	4	34	3	33	2	
594	元　嘉　暦	月	1	2	3	4	5	6	7	8	9	閏9	10	11	12
		朔干支番号	32	2	31	1	30	0	29	59	28	58	27	57	26
	修正後漢	月	1	2	3	4	5	6	7	8	9	閏9	10	11	12
	四分暦	朔干支番号	32	**1**	31	**0**	30	**59**	29	**58**	28	58	27	57	26
595	元　嘉　暦	月	1	2	3	4	5	6	7	8	9	10	11	12	
		朔干支番号	56	25	55	24	54	24	53	23	52	22	51	21	
	修正後漢	月	1	2	3	4	5	6	7	8	9	10	11	12	
	四分暦	朔干支番号	56	25	55	24	54	**23**	53	**22**	52	**21**	51	**20**	
596	元　嘉　暦	月	1	2	3	4	5	6	7	8	9	10	11	12	
		朔干支番号	50	20	49	19	48	18	47	17	46	16	46	15	
	修正後漢	月	1	2	3	4	5	6	7	8	9	10	11	12	
	四分暦	朔干支番号	50	20	49	19	48	18	47	17	46	16	**45**	15	

			1	2	3	4	5	閏5	6	7	8	9	10	11	12
597	元嘉暦	月	1	2	3	4	5	閏5	6	7	8	9	10	11	12
		朔干支番号	45	14	44	13	43	12	42	11	41	10	40	9	39
	修正後漢	月	1	2	3	4	5	6	閏6	7	8	9	10	11	12
	四分暦	朔干支番号	**44**	14	**43**	13	43	12	42	11	41	10	40	9	39
598	元嘉暦	月	1	2	3	4	5	6	7	8	9	10	11	12	
		朔干支番号	9	38	8	37	7	36	6	35	5	34	4	33	
	修正後漢	月	1	2	3	4	5	6	7	8	9	10	11	12	
	四分暦	朔干支番号	**8**	38	**7**	37	**6**	36	**5**	35	5	34	4	33	
599	元嘉暦	月	1	2	3	4	5	6	7	8	9	10	11	12	
		朔干支番号	3	32	2	31	1	31	0	30	59	29	58	28	
	修正後漢	月	1	2	3	4	5	6	7	8	9	10	11	12	
	四分暦	朔干支番号	3	32	2	31	1	**30**	0	**29**	59	**28**	58	28	
600	元嘉暦	月	1	閏1	2	3	4	5	6	7	8	9	10	11	12
		朔干支番号	57	27	56	26	55	25	54	24	53	23	53	22	52
	修正後漢	月	1	2	閏2	3	4	5	6	7	8	9	10	11	12
	四分暦	朔干支番号	57	27	56	26	55	25	54	24	53	23	**52**	22	**51**
601	元嘉暦	月	1	2	3	4	5	6	7	8	9	10	11	12	
		朔干支番号	21	51	20	50	19	49	18	48	17	47	16	46	
	修正後漢	月	1	2	3	4	5	6	7	8	9	10	11	12	
	四分暦	朔干支番号	21	**50**	20	50	19	49	18	48	17	47	16	46	
602	元嘉暦	月	1	2	3	4	5	6	7	8	9	10	閏10	11	12
		朔干支番号	16	45	15	44	14	43	13	42	12	41	11	40	10
	修正後漢	月	1	2	3	4	5	6	7	8	9	10	閏10	11	12
	四分暦	朔干支番号	**15**	45	**14**	44	**13**	43	**12**	42	12	41	11	40	10
603	元嘉暦	月	1	2	3	4	5	6	7	8	9	10	11	12	
		朔干支番号	39	9	38	8	38	7	37	6	36	5	35	4	
	修正後漢	月	1	2	3	4	5	6	7	8	9	10	11	12	
	四分暦	朔干支番号	39	9	38	8	**37**	7	**36**	6	**35**	5	35	4	
604	元嘉暦	月	1	2	3	4	5	6	7	8	9	10	11	12	
		朔干支番号	34	3	33	2	32	1	31	0	30	0	29	59	
	修正後漢	月	1	2	3	4	5	6	7	8	9	10	11	12	
	四分暦	朔干支番号	34	3	33	2	32	1	31	0	30	**59**	29	**58**	
605	元嘉暦	月	1	2	3	4	5	6	7	閏7	8	9	10	11	12
		朔干支番号	28	58	27	57	26	56	25	55	24	54	23	53	23
	修正後漢	月	1	2	3	4	5	6	7	閏7	8	9	10	11	12
	四分暦	朔干支番号	28	**57**	27	57	26	56	25	55	24	54	23	53	**22**

606	元 嘉 暦	月	1	2	3	4	5	6	7	8	9	10	11	12
		朔干支番号	52	22	51	21	50	20	49	19	48	18	47	17
	修正後漢	月	1	2	3	4	5	6	7	8	9	10	11	12
	四分暦	朔干支番号	52	**21**	51	**20**	50	**19**	49	19	48	18	47	17
607	元 嘉 暦	月	1	2	3	4	5	6	7	8	9	10	11	12
		朔干支番号	46	16	45	15	45	14	44	13	43	12	42	11
	修正後漢	月	1	2	3	4	5	6	7	8	9	10	11	12
	四分暦	朔干支番号	46	16	45	15	**44**	14	**43**	13	**42**	12	42	11
608	元 嘉 暦	月	1	2	3	閏3	4	5	6	7	8	9	10	11	12
		朔干支番号	41	10	40	9	39	8	38	7	37	7	36	6	35
	修正後漢	月	1	2	3	4	閏4	5	6	7	8	9	10	11	12
	四分暦	朔干支番号	41	10	40	9	39	8	38	7	37	**6**	36	**5**	35
609	元 嘉 暦	月	1	2	3	4	5	6	7	8	9	10	11	12
		朔干支番号	5	34	4	33	3	32	2	31	1	30	0	30
	修正後漢	月	1	2	3	4	5	6	7	8	9	10	11	12
	四分暦	朔干支番号	**4**	34	4	33	3	32	2	31	1	30	0	**29**
610	元 嘉 暦	月	1	2	3	4	5	6	7	8	9	10	11	閏11	12
		朔干支番号	59	29	58	28	57	27	56	26	55	25	54	24	53
	修正後漢	月	1	2	3	4	5	6	7	8	9	10	11	12	閏12
	四分暦	朔干支番号	59	**28**	58	**27**	57	27	56	26	55	25	54	24	53
611	元 嘉 暦	月	1	2	3	4	5	6	7	8	9	10	11	12
		朔干支番号	23	52	22	52	21	51	20	50	19	49	18	48
	修正後漢	月	1	2	3	4	5	6	7	8	9	10	11	12
	四分暦	朔干支番号	23	52	22	**51**	21	**50**	20	**49**	19	49	18	48
612	元 嘉 暦	月	1	2	3	4	5	6	7	8	9	10	11	12
		朔干支番号	17	47	16	46	15	45	14	44	14	43	13	42
	修正後漢	月	1	2	3	4	5	6	7	8	9	10	11	12
	四分暦	朔干支番号	17	47	16	46	15	45	14	44	**13**	43	**12**	42
613	元 嘉 暦	月	1	2	3	4	5	6	7	8	閏8	9	10	11	12
		朔干支番号	12	41	11	40	10	39	9	38	8	37	7	37	6
	修正後漢	月	1	2	3	4	5	6	7	8	閏8	9	10	11	12
	四分暦	朔干支番号	**11**	41	11	40	10	39	9	38	8	37	7	**36**	6
614	元 嘉 暦	月	1	2	3	4	5	6	7	8	9	10	11	12
		朔干支番号	36	5	35	4	34	3	33	2	32	1	31	0
	修正後漢	月	1	2	3	4	5	6	7	8	9	10	11	12
	四分暦	朔干支番号	**35**	5	**34**	4	34	3	33	2	32	1	31	0

615	元 嘉 暦	月	1	2	3	4	5	6	7	8	9	10	11	12
		朔干支番号	30	59	29	59	28	58	27	57	26	56	25	55
	修正後漢	月	1	2	3	4	5	6	7	8	9	10	11	12
	四分暦	朔干支番号	30	59	29	**58**	28	**57**	27	**56**	26	56	25	55
616	元 嘉 暦	月	1	2	3	4	5	閏5	6	7	8	9	10	11	12
		朔干支番号	24	54	23	53	22	52	21	51	21	50	20	49	19
	修正後漢	月	1	2	3	4	5	閏5	6	7	8	9	10	11	12
	四分暦	朔干支番号	24	54	23	53	22	52	21	51	**20**	50	**19**	49	19
617	元 嘉 暦	月	1	2	3	4	5	6	7	8	9	10	11	12
		朔干支番号	48	18	47	17	46	16	45	15	44	14	44	13
	修正後漢	月	1	2	3	4	5	6	7	8	9	10	11	12
	四分暦	朔干支番号	48	18	47	17	46	16	45	15	44	14	**43**	13
618	元 嘉 暦	月	1	2	3	4	5	6	7	8	9	10	11	12
		朔干支番号	43	12	42	11	41	10	40	9	39	8	38	7
	修正後漢	月	1	2	3	4	5	6	7	8	9	10	11	12
	四分暦	朔干支番号	**42**	12	**41**	11	41	10	40	9	39	8	38	7
619	元 嘉 暦	月	1	2	閏2	3	4	5	6	7	8	9	10	11	12
		朔干支番号	37	6	36	6	35	5	34	4	33	3	32	2	31
	修正後漢	月	1	2	閏2	3	4	5	6	7	8	9	10	11	12
	四分暦	朔干支番号	37	6	36	**5**	35	**4**	34	**3**	33	3	32	2	31
620	元 嘉 暦	月	1	2	3	4	5	6	7	8	9	10	11	12
		朔干支番号	1	30	0	29	59	28	58	28	57	27	56	26
	修正後漢	月	1	2	3	4	5	6	7	8	9	10	11	12
	四分暦	朔干支番号	1	30	0	29	59	28	58	**27**	57	**26**	56	26
621	元 嘉 暦	月	1	2	3	4	5	6	7	8	9	10	閏10	11	12
		朔干支番号	55	25	54	24	53	23	52	22	51	21	51	20	50
	修正後漢	月	1	2	3	4	5	6	7	8	9	10	閏10	11	12
	四分暦	朔干支番号	55	25	54	24	53	23	52	22	51	21	**50**	20	**49**
622	元 嘉 暦	月	1	2	3	4	5	6	7	8	9	10	11	12
		朔干支番号	19	49	18	48	17	47	16	46	15	45	14	44
	修正後漢	月	1	2	3	4	5	6	7	8	9	10	11	12
	四分暦	朔干支番号	19	**48**	18	48	17	47	16	46	15	45	14	44
623	元 嘉 暦	月	1	2	3	4	5	6	7	8	9	10	11	12
		朔干支番号	13	43	13	42	12	41	11	40	10	39	9	38
	修正後漢	月	1	2	3	4	5	6	7	8	9	10	11	12
	四分暦	朔干支番号	13	43	**12**	42	**11**	41	11	40	10	39	9	38

624	元嘉暦	月		1	2	3	4	5	6	7	閏7	8	9	10	11	12
		朔干支番号		8	37	7	36	6	35	5	35	4	34	3	33	2
	修正後漢	月		1	2	3	4	5	6	閏6	7	8	9	10	11	12
	四分暦	朔干支番号		8	37	7	36	6	35	5	**34**	4	**33**	3	33	2
625	元嘉暦	月		1	2	3	4	5	6	7	8	9	10	11	12	
		朔干支番号		32	1	31	0	30	59	29	58	28	58	27	57	
	修正後漢	月		1	2	3	4	5	6	7	8	9	10	11	12	
	四分暦	朔干支番号		32	1	31	0	30	59	29	58	28	**57**	27	**56**	
626	元嘉暦	月		1	2	3	4	5	6	7	8	9	10	11	12	
		朔干支番号		26	56	25	55	24	54	23	53	22	52	21	51	
	修正後漢	月		1	2	3	4	5	6	7	8	9	10	11	12	
	四分暦	朔干支番号		26	**55**	25	55	24	54	23	53	22	52	21	51	
627	元嘉暦	月		1	2	3	4	閏4	5	6	7	8	9	10	11	12
		朔干支番号		20	50	20	49	19	48	18	47	17	46	16	45	15
	修正後漢	月		1	2	3	閏3	4	5	6	7	8	9	10	11	12
	四分暦	朔干支番号		20	50	**19**	49	**18**	48	18	47	17	46	16	45	15
628	元嘉暦	月		1	2	3	4	5	6	7	8	9	10	11	12	
		朔干支番号		44	14	43	13	42	12	42	11	41	10	40	9	
	修正後漢	月		1	2	3	4	5	6	7	8	9	10	11	12	
	四分暦	朔干支番号		44	14	43	13	42	12	**41**	11	**40**	10	40	9	
629	元嘉暦	月		1	2	3	4	5	6	7	8	9	10	11	12	閏12
		朔干支番号		39	8	38	7	37	6	36	5	35	5	34	4	33
	修正後漢	月		1	2	3	4	5	6	7	8	9	10	11	12	1
	四分暦	朔干支番号		39	8	38	7	37	6	36	5	35	**4**	34	**3**	33
630	元嘉暦	月		1	2	3	4	5	6	7	8	9	10	11	12	
		朔干支番号		3	32	2	31	1	30	0	29	59	28	58	27	
	修正後漢	月	1	閏1	2	3	4	5	6	7	8	9	10	11	12	
	四分暦	朔干支番号	33	3	32	2	31	1	30	0	29	59	28	58	27	
631	元嘉暦	月		1	2	3	4	5	6	7	8	9	10	11	12	
		朔干支番号		57	27	56	26	55	25	54	24	53	23	52	22	
	修正後漢	月		1	2	3	4	5	6	7	8	9	10	11	12	
	四分暦	朔干支番号		57	**26**	56	**25**	55	25	54	24	53	23	52	22	
632	元嘉暦	月		1	2	3	4	5	6	7	8	閏8	9	10	11	12
		朔干支番号		51	21	50	20	49	19	49	18	48	17	47	16	46
	修正後漢	月		1	2	3	4	5	6	7	8	9	閏9	10	11	12
	四分暦	朔干支番号		51	21	50	20	49	19	**48**	18	**47**	17	47	16	46

633	元嘉暦	月	1	2	3	4	5	6	7	8	9	10	11	12	
		朔干支番号	15	45	14	44	13	43	12	42	12	41	11	40	
	修正後漢	月	1	2	3	4	5	6	7	8	9	10	11	12	
	四分暦	朔干支番号	15	45	14	44	13	43	12	42	**11**	41	**10**	40	
634	元嘉暦	月	1	2	3	4	5	6	7	8	9	10	11	12	
		朔干支番号	10	39	9	38	8	37	7	36	6	35	5	34	
	修正後漢	月	1	2	3	4	5	6	7	8	9	10	11	12	
	四分暦	朔干支番号	10	39	9	38	8	37	7	36	6	35	5	34	
635	元嘉暦	月	1	2	3	4	5	閏5	6	7	8	9	10	11	12
		朔干支番号	4	34	3	33	2	32	1	31	0	30	59	29	58
	修正後漢	月	1	2	3	4	5	閏5	6	7	8	9	10	11	12
	四分暦	朔干支番号	4	**33**	3	**32**	2	32	1	31	0	30	59	29	58
636	元嘉暦	月	1	2	3	4	5	6	7	8	9	10	11	12	
		朔干支番号	28	57	27	56	26	56	25	55	24	54	23	53	
	修正後漢	月	1	2	3	4	5	6	7	8	9	10	11	12	
	四分暦	朔干支番号	28	57	27	56	26	**55**	25	55	24	54	23	53	
637	元嘉暦	月	1	2	3	4	5	6	7	8	9	10	11	12	
		朔干支番号	22	52	21	51	20	50	19	49	19	48	18	47	
	修正後漢	月	1	2	3	4	5	6	7	8	9	10	11	12	
	四分暦	朔干支番号	22	52	21	51	20	50	19	49	**18**	48	**17**	47	
638	元嘉暦	月	1	2	閏2	3	4	5	6	7	8	9	10	11	12
		朔干支番号	17	46	16	45	15	44	14	43	13	42	12	41	11
	修正後漢	月	1	2	3	閏3	4	5	6	7	8	9	10	11	12
	四分暦	朔干支番号	17	46	16	45	15	44	14	43	13	42	12	41	11
639	元嘉暦	月	1	2	3	4	5	6	7	8	9	10	11	12	
		朔干支番号	41	10	40	9	39	8	38	7	37	6	36	5	
	修正後漢	月	1	2	3	4	5	6	7	8	9	10	11	12	
	四分暦	朔干支番号	**40**	10	**39**	9	39	8	38	7	37	6	36	5	
640	元嘉暦	月	1	2	3	4	5	6	7	8	9	10	11	閏11	12
		朔干支番号	35	4	34	3	33	3	32	2	31	1	30	0	29
	修正後漢	月	1	2	3	4	5	6	7	8	9	10	11	12	閏12
	四分暦	朔干支番号	35	4	34	3	33	**2**	32	2	31	1	30	0	29
641	元嘉暦	月	1	2	3	4	5	6	7	8	9	10	11	12	
		朔干支番号	59	28	58	27	57	26	56	25	55	25	54	24	
	修正後漢	月	1	2	3	4	5	6	7	8	9	10	11	12	
	四分暦	朔干支番号	59	28	58	27	57	26	56	25	55	**24**	54	24	

642	元嘉暦	月	1	2	3	4	5	6	7	8	9	10	11	12	
		朔干支番号	53	23	52	22	51	21	50	20	49	19	48	18	
	修正後漢四分暦	月	1	2	3	4	5	6	7	8	9	10	11	12	
		朔干支番号	53	23	52	22	51	21	50	20	49	19	48	18	
643	元嘉暦	月	1	2	3	4	5	6	7	閏7	8	9	10	11	12
		朔干支番号	48	17	47	16	46	15	45	14	44	13	43	12	42
	修正後漢四分暦	月	1	2	3	4	5	6	7	閏7	8	9	10	11	12
		朔干支番号	**47**	17	47	16	46	15	45	14	44	13	43	12	42
644	元嘉暦	月	1	2	3	4	5	6	7	8	9	10	11	12	
		朔干支番号	11	41	10	40	10	39	9	38	8	37	7	36	
	修正後漢四分暦	月	1	2	3	4	5	6	7	8	9	10	11	12	
		朔干支番号	11	41	10	40	**9**	39	9	38	8	37	7	36	
645	元嘉暦	月	1	2	3	4	5	6	7	8	9	10	11	12	
		朔干支番号	6	35	5	34	4	33	3	32	2	32	1	31	
	修正後漢四分暦	月	1	2	3	4	5	6	7	8	9	10	11	12	
		朔干支番号	6	35	5	34	4	33	3	32	2	**31**	1	31	
646	元嘉暦	月	1	2	3	閏3	4	5	6	7	8	9	10	11	12
		朔干支番号	0	30	59	29	58	28	57	27	56	26	55	25	55
	修正後漢四分暦	月	1	2	3	閏3	4	5	6	7	8	9	10	11	12
		朔干支番号	0	30	59	29	58	28	57	27	56	26	55	25	**54**
647	元嘉暦	月	1	2	3	4	5	6	7	8	9	10	11	12	
		朔干支番号	24	54	23	53	22	52	21	51	20	50	19	49	
	修正後漢四分暦	月	1	2	3	4	5	6	7	8	9	10	11	12	
		朔干支番号	24	54	23	53	22	52	21	51	20	50	19	49	
648	元嘉暦	月	1	2	3	4	5	6	7	8	9	10	11	12	閏12
		朔干支番号	18	48	17	47	17	46	16	45	15	44	14	43	13
	修正後漢四分暦	月	1	2	3	4	5	6	7	8	9	10	11	12	閏12
		朔干支番号	18	48	17	47	**16**	46	16	45	15	44	14	43	13
649	元嘉暦	月	1	2	3	4	5	6	7	8	9	10	11	12	
		朔干支番号	42	12	41	11	40	10	39	9	39	8	38	7	
	修正後漢四分暦	月	1	2	3	4	5	6	7	8	9	10	11	12	
		朔干支番号	42	12	41	11	40	10	39	9	39	8	38	7	
650	元嘉暦	月	1	2	3	4	5	6	7	8	9	10	11	12	
		朔干支番号	37	6	36	5	35	4	34	3	33	2	32	2	
	修正後漢四分暦	月	1	2	3	4	5	6	7	8	9	10	11	12	
		朔干支番号	37	6	36	5	35	4	34	3	33	2	32	**1**	

651

元嘉暦	月	1	2	3	4	5	6	7	8	9	閏9	10	11	12
	朔干支番号	31	1	30	0	29	59	28	58	27	57	26	56	25
修正後漢	月	1	2	3	4	5	6	7	8	9	閏9	10	11	12
四分暦	朔干支番号	31	1	30	0	29	59	28	58	27	57	26	56	25

652

元嘉暦	月	1	2	3	4	5	6	7	8	9	10	11	12
	朔干支番号	55	24	54	24	53	23	52	22	51	21	50	20
修正後漢	月	1	2	3	4	5	6	7	8	9	10	11	12
四分暦	朔干支番号	55	24	54	**23**	53	23	52	22	51	21	50	20

653

元嘉暦	月	1	2	3	4	5	6	7	8	9	10	11	12
	朔干支番号	49	19	48	18	47	17	46	16	46	15	45	14
修正後漢	月	1	2	3	4	5	6	7	8	9	10	11	12
四分暦	朔干支番号	49	19	48	18	47	17	46	16	46	15	45	14

654

元嘉暦	月	1	2	3	4	5	閏5	6	7	8	9	10	11	12
	朔干支番号	44	13	43	12	42	11	41	10	40	9	39	9	38
修正後漢	月	1	2	3	4	5	閏5	6	7	8	9	10	11	12
四分暦	朔干支番号	44	13	43	12	42	11	41	10	40	9	39	**8**	38

655

元嘉暦	月	1	2	3	4	5	6	7	8	9	10	11	12
	朔干支番号	8	37	7	36	6	35	5	34	4	33	3	32
修正後漢	月	1	2	3	4	5	6	7	8	9	10	11	12
四分暦	朔干支番号	8	37	7	36	6	35	5	34	4	33	3	32

656

元嘉暦	月	1	2	3	4	5	6	7	8	9	10	11	12
	朔干支番号	2	31	1	31	0	30	59	29	58	28	57	27
修正後漢	月	1	2	3	4	5	6	7	8	9	10	11	12
四分暦	朔干支番号	2	31	1	31	0	30	59	29	58	28	57	27

657

元嘉暦	月	1	閏1	2	3	4	5	6	7	8	9	10	11	12
	朔干支番号	56	26	55	25	54	24	53	23	53	22	52	21	51
修正後漢	月	1	閏1	2	3	4	5	6	7	8	9	10	11	12
四分暦	朔干支番号	56	26	55	25	54	24	53	23	53	22	52	21	51

658

元嘉暦	月	1	2	3	4	5	6	7	8	9	10	11	12
	朔干支番号	20	50	19	49	18	48	17	47	16	46	16	45
修正後漢	月	1	2	3	4	5	6	7	8	9	10	11	12
四分暦	朔干支番号	20	50	19	49	18	48	17	47	16	46	**15**	45

659

元嘉暦	月	1	2	3	4	5	6	7	8	9	10	閏10	11	12
	朔干支番号	15	44	14	43	13	42	12	41	11	40	10	39	9
修正後漢	月	1	2	3	4	5	6	7	8	9	10	閏10	11	12
四分暦	朔干支番号	15	44	14	43	13	42	12	41	11	40	10	39	9

660	元 嘉 暦	月		1	2	3	4	5	6	7	8	9	10	11	12	
		朔干支番号		38	8	38	7	37	6	36	5	35	4	34	3	
	修正後漢	月		1	2	3	4	5	6	7	8	9	10	11	12	
	四分暦	朔干支番号		38	8	38	7	37	6	36	5	35	4	34	3	
661	元 嘉 暦	月		1	2	3	4	5	6	7	8	9	10	11	12	
		朔干支番号		33	2	32	1	31	0	30	0	29	59	28	58	
	修正後漢	月		1	2	3	4	5	6	7	8	9	10	11	12	
	四分暦	朔干支番号		33	2	32	1	31	0	30	0	29	59	28	58	
662	元 嘉 暦	月		1	2	3	4	5	6	7	閏7	8	9	10	11	12
		朔干支番号		27	57	26	56	25	55	24	54	23	53	23	52	22
	修正後漢	月		1	2	3	4	5	6	7	閏7	8	9	10	11	12
	四分暦	朔干支番号		27	57	26	56	25	55	24	54	23	53	23	52	22
663	元 嘉 暦	月		1	2	3	4	5	6	7	8	9	10	11	12	
		朔干支番号		51	21	50	20	49	19	48	18	47	17	46	16	
	修正後漢	月		1	2	3	4	5	6	7	8	9	10	11	12	
	四分暦	朔干支番号		51	21	50	20	49	19	48	18	47	17	46	16	
664	元 嘉 暦	月		1	2	3	4	5	6	7	8	9	10	11	12	
		朔干支番号		45	15	45	14	44	13	43	12	42	11	41	10	
	修正後漢	月		1	2	3	4	5	6	7	8	9	10	11	12	
	四分暦	朔干支番号		45	15	45	14	44	13	43	12	42	11	41	10	
665	元 嘉 暦	月		1	2	3	閏3	4	5	6	7	8	9	10	11	12
		朔干支番号		40	9	39	8	38	7	37	7	36	6	35	5	34
	修正後漢	月		1	2	3	4	閏4	5	6	7	8	9	10	11	12
	四分暦	朔干支番号		40	9	39	8	38	7	37	7	36	6	35	5	34
666	元 嘉 暦	月		1	2	3	4	5	6	7	8	9	10	11	12	
		朔干支番号		4	33	3	32	2	31	1	30	0	30	59	29	
	修正後漢	月		1	2	3	4	5	6	7	8	9	10	11	12	
	四分暦	朔干支番号		4	33	3	32	2	31	1	30	0	30	59	29	
667	元 嘉 暦	月		1	2	3	4	5	6	7	8	9	10	11	閏11	12
		朔干支番号		58	28	57	27	56	26	55	25	54	24	53	23	52
	修正後漢	月		1	2	3	4	5	6	7	8	9	10	11	12	閏12
	四分暦	朔干支番号		58	28	57	27	56	26	55	25	54	24	53	23	52
668	元 嘉 暦	月		1	2	3	4	5	6	7	8	9	10	11	12	
		朔干支番号		22	52	21	51	20	50	19	49	18	48	17	47	
	修正後漢	月		1	2	3	4	5	6	7	8	9	10	11	12	
	四分暦	朔干支番号		22	52	21	51	20	50	19	49	18	48	17	47	

669	元 嘉 暦	月	1	2	3	4	5	6	7	8	9	10	11	12	
		朔干支番号	16	46	15	45	14	44	14	43	13	42	12	41	
	修正後漢	月	1	2	3	4	5	6	7	8	9	10	11	12	
	四分暦	朔干支番号	16	46	15	45	**15**	44	14	43	13	42	12	41	
670	元 嘉 暦	月	1	2	3	4	5	6	7	8	9	閏9	10	11	12
		朔干支番号	11	40	10	39	9	38	8	37	7	37	6	36	5
	修正後漢	月	1	2	3	4	5	6	7	8	9	閏9	10	11	12
	四分暦	朔干支番号	11	40	10	39	9	38	8	37	7	37	6	36	5
671	元 嘉 暦	月	1	2	3	4	5	6	7	8	9	10	11	12	
		朔干支番号	35	4	34	3	33	2	32	1	31	0	30	59	
	修正後漢	月	1	2	3	4	5	6	7	8	9	10	11	12	
	四分暦	朔干支番号	35	4	34	3	33	2	32	1	31	0	30	59	
672	元 嘉 暦	月	1	2	3	4	5	6	7	8	9	10	11	12	
		朔干支番号	29	59	28	58	27	57	26	56	25	55	24	54	
	修正後漢	月	1	2	3	4	5	6	7	8	9	10	11	12	
	四分暦	朔干支番号	29	59	28	58	27	57	26	56	25	55	24	54	
673	元 嘉 暦	月	1	2	3	4	5	6	閏6	7	8	9	10	11	12
		朔干支番号	23	53	22	52	21	51	21	50	20	49	19	48	18
	修正後漢	月	1	2	3	4	5	6	閏6	7	8	9	10	11	12
	四分暦	朔干支番号	23	53	22	52	**22**	51	21	50	20	49	19	48	18
674	元 嘉 暦	月	1	2	3	4	5	6	7	8	9	10	11	12	
		朔干支番号	47	17	46	16	45	15	44	14	44	13	43	12	
	修正後漢	月	1	2	3	4	5	6	7	8	9	10	11	12	
	四分暦	朔干支番号	47	17	46	16	45	15	44	14	44	13	43	12	
675	元 嘉 暦	月	1	2	3	4	5	6	7	8	9	10	11	12	
		朔干支番号	42	11	41	10	40	9	39	8	38	7	37	6	
	修正後漢	月	1	2	3	4	5	6	7	8	9	10	11	12	
	四分暦	朔干支番号	42	11	41	10	40	9	39	8	38	7	37	**7**	
676	元 嘉 暦	月	1	2	閏2	3	4	5	6	7	8	9	10	11	12
		朔干支番号	36	6	35	5	34	4	33	3	32	2	31	1	30
	修正後漢	月	1	2	閏2	3	4	5	6	7	8	9	10	11	12
	四分暦	朔干支番号	36	6	35	5	34	4	33	3	32	2	31	1	30
677	元 嘉 暦	月	1	2	3	4	5	6	7	8	9	10	11	12	
		朔干支番号	0	29	59	28	58	28	57	27	56	26	55	25	
	修正後漢	月	1	2	3	4	5	6	7	8	9	10	11	12	
	四分暦	朔干支番号	0	29	59	**29**	58	28	57	27	56	26	55	25	

678	元 嘉 暦	月	1	2	3	4	5	6	7	8	9	10	閏10	11	12
		朔干支番号	54	24	53	23	52	22	51	21	51	20	50	19	49
	修正後漢	月	1	2	3	4	5	6	7	8	9	10	閏10	11	12
	四分暦	朔干支番号	54	24	53	23	52	22	51	21	51	20	50	19	49
679	元 嘉 暦	月	1	2	3	4	5	6	7	8	9	10	11	12	
		朔干支番号	18	48	17	47	16	46	15	45	14	44	13	43	
	修正後漢	月	1	2	3	4	5	6	7	8	9	10	11	12	
	四分暦	朔干支番号	18	48	17	47	16	46	15	45	14	44	**14**	43	
680	元 嘉 暦	月	1	2	3	4	5	6	7	8	9	10	11	12	
		朔干支番号	13	42	12	41	11	40	10	39	9	38	8	37	
	修正後漢	月	1	2	3	4	5	6	7	8	9	10	11	12	
	四分暦	朔干支番号	13	42	12	41	11	40	10	39	9	38	8	37	
681	元 嘉 暦	月	1	2	3	4	5	6	7	閏7	8	9	10	11	12
		朔干支番号	7	36	6	35	5	35	4	34	3	33	2	32	1
	修正後漢	月	1	2	3	4	5	6	7	閏7	8	9	10	11	12
	四分暦	朔干支番号	7	36	6	**36**	5	35	4	34	3	33	2	32	1
682	元 嘉 暦	月	1	2	3	4	5	6	7	8	9	10	11	12	
		朔干支番号	31	0	30	59	29	58	28	58	27	57	26	56	
	修正後漢	月	1	2	3	4	5	6	7	8	9	10	11	12	
	四分暦	朔干支番号	31	0	30	59	29	58	28	58	27	57	26	56	
683	元 嘉 暦	月	1	2	3	4	5	6	7	8	9	10	11	12	
		朔干支番号	25	55	24	54	23	53	22	52	21	51	20	50	
	修正後漢	月	1	2	3	4	5	6	7	8	9	10	11	12	
	四分暦	朔干支番号	25	55	24	54	23	53	22	52	21	51	**21**	50	
684	元 嘉 暦	月	1	2	3	4	閏4	5	6	7	8	9	10	11	12
		朔干支番号	20	49	19	48	18	47	17	46	16	45	15	44	14
	修正後漢	月	1	2	3	4	閏4	5	6	7	8	9	10	11	12
	四分暦	朔干支番号	20	49	19	48	18	47	17	46	16	45	15	44	14
685	元 嘉 暦	月	1	2	3	4	5	6	7	8	9	10	11	12	
		朔干支番号	43	13	42	12	42	11	41	10	40	9	39	8	
	修正後漢	月	1	2	3	4	5	6	7	8	9	10	11	12	
	四分暦	朔干支番号	43	13	**43**	12	42	11	41	10	40	9	39	8	
686	元 嘉 暦	月	1	2	3	4	5	6	7	8	9	10	11	12	閏12
		朔干支番号	38	7	37	6	36	5	35	5	34	4	33	3	32
	修正後漢	月	1	2	3	4	5	6	7	8	9	10	11	12	閏12
	四分暦	朔干支番号	38	7	37	6	36	**6**	35	5	34	4	33	3	32

687	元 嘉 暦	月	1	2	3	4	5	6	7	8	9	10	11	12
		朔干支番号	2	31	1	30	0	29	59	28	58	27	57	27
	修正後漢	月	1	2	3	4	5	6	7	8	9	10	11	12
	四分暦	朔干支番号	2	31	1	30	0	29	59	28	58	**28**	57	27
688	元 嘉 暦	月	1	2	3	4	5	6	7	8	9	10	11	12
		朔干支番号	56	26	55	25	54	24	53	23	52	22	51	21
	修正後漢	月	1	2	3	4	5	6	7	8	9	10	11	12
	四分暦	朔干支番号	56	26	55	25	54	24	53	23	52	22	51	21
689	元 嘉 暦	月	1	2	3	4	5	6	7	8	閏8	9	10	11	12
		朔干支番号	50	20	49	19	49	18	48	17	47	16	46	15	45
	修正後漢	月	1	2	3	4	5	6	7	8	閏8	9	10	11	12
	四分暦	朔干支番号	50	20	**50**	19	49	18	48	17	47	16	46	15	45
690 持統4 年紀	元 嘉 暦	月	1	2	3	4	5	6	7	8	9	10	11	12
		朔干支番号	14	44	13	43	12	42	12	41	11	40	10	39
	修正後漢	月	1	2	3	4	5	6	7	8	9	10	11	12
	四分暦	朔干支番号	14	44	13	43	**13**	42	12	41	11	40	10	39

第2節　皇極紀の編年の修正

　当節では舒明紀の末年から皇極紀、および大化元年紀の冒頭部分に至る書紀記事の編年を修正する。旧拙著『日本書紀編年批判試論』（東京図書出版、2011年）の第二章、あるいはその修正補足版『6～7世紀の日本書紀編年の修正――大化元年は646年、壬申乱は673年である――』（幻冬舎、2022年）の第7節の抄録である（以下で引用する書紀の読み下し文は、前著同様、岩波書紀を参照する）。

　以下の全節に対する参考として、舒明天皇・皇極天皇・孝徳天皇・天智天皇・大友皇子・天武天皇関連の系譜を次頁に掲げておく。

　さて、舒明紀末年すなわち舒明13年紀は、10月丁酉【9】条の舒明天皇の崩御の記事と、同丙午【18】条の殯（もがり）の記事のみである（これまで同様、日付干支のあとの【　】内の数字は干支を日数に換算した数値である）。

　翌年の皇極元年紀には2月丁未【21】条に、高麗（こま。高句麗）からの使者が、前年のクーデターを告げる記事がある。即ち「去年九月」に、時の大臣、イリカスミ＝泉蓋蘇文が王を殺して、王の弟の子を王に擁立したという。

　このクーデター事件は『三国史記』によれば、西暦642年10月条に記される事件である。書紀は9月というので月が食い違うが、9月から10月にかけて生起した事件であったと考えられる。

　『三国史記』には、同じ642年の7月に、百済（くだら）の義慈王が、新羅（しらぎ）によって占拠されていた任那（みまな）の40余城を攻め取り、8月には新羅の大耶城（陜川・多羅。ここも任那故地の一角）を攻め落としたという、これまた大事件に違いない事件が記されている。百済はこのとき、新羅の西部、任那故地の相当広範囲を奪取したのである。

　皇極元年紀の2月戊申【22】条には、高麗・百済の客を難波館にもてなしたという記事とともに、高麗・百済・新羅・任那の4か国に同時に使者を派遣する記事がある。この4か国同時遣使という大きな外交事業は、高麗の政変と百済による任那占拠という大事件に対応する外交施策であったと考えるのが合理的である。

　さて、皇極元年紀がこのように「去年」泉蓋蘇文のクーデターがあったという「去年」とは、当然、舒明天皇の崩御年とされる舒明13年紀のことでなければならないが、この年は、書紀編年によれば新辛丑年・西暦641年である（新辛丑年の

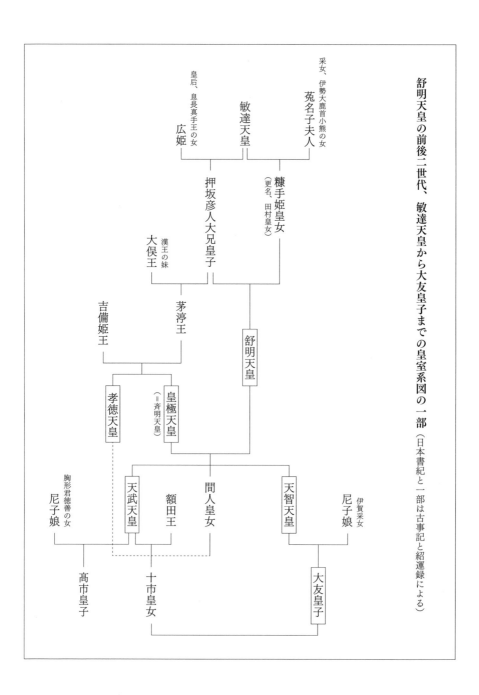

舒明天皇の前後二世代、敏達天皇から大友皇子までの皇室系図の一部（日本書紀と一部は古事記と紹運録による）

采女、伊勢大鹿首小熊の女
菟名子夫人

敏達天皇

皇后、息長真手王の女
広姫

糠手姫皇女
（更名、田村皇女）

押坂彦人大兄皇子

漢王の妹
大俣王

茅渟王

舒明天皇

吉備姫王

孝徳天皇

皇極天皇
（＝斉明天皇）

天武天皇

額田王

間人皇女

天智天皇

伊賀采女
尼子娘

胸形君徳善の女
尼子娘

高市皇子

十市皇女

大友皇子

「新」は、序節の注 5 に述べた通り、現行干支年のことである）。従って『三国史記』の伝える642年と食い違うことになる。

　従来は舒明天皇の崩御年を書紀の編年通り西暦641年であると信じて疑わなかったため、高麗による政変の報告記事を含む外交記事全体を、次の皇極 2 年紀に 1 年繰り下げなければならないという指摘がなされてきた[注1・注2]。ところが近年は、これを不自然として、高麗使に係わる数か条のみ 1 年繰り下げるだけでよいとする説が出される状況になっている[注3]。

　前者の説では、百済は舒明天皇の崩御に対する弔問使を崩御から 1 年以上経た時期に派遣したこととなり、疑問である。

　後者の説では、皇極元年紀の 2 月壬辰【6】条の「高麗の使人、難波津に泊（とま）れり」（下の③）と、上に述べた 2 月丁未【21】条の「諸大夫を難波郡（なにはノこほり）《「郡」は迎賓施設》に遣して、高麗国の貢る所の金銀等、并びに其の献物を検（かむが）へしむ。使人、貢献（たてまつ）ること既に訖（をは）りて、諮（まう）して云（まう）さく、去年の六月、弟王子、薨（みう）せぬ。秋九月、大臣（おほきおみ）伊梨柯須弥（いりかすみ）、大王を殺し、云々」とあって伊梨柯須弥＝泉蓋蘇文によるクーデターが報告される条目（下の④）、更にやはり上に述べた 4 か国同時遣使が詔令される皇極元年紀の 2 月戊申【22】条（下の⑤）、および同月辛亥【25】条「高麗・百済の客に饗（あへ）たまふ」（下の⑦）、同月癸丑【27】条「高麗使人・百済使人、並びに罷（まか）り帰る」（下の⑧）という高麗関連の計 5 か条（③・④・⑤・⑦・⑧）を 1 年繰り下げるのみでよく、移す先は皇極 2 年紀 7 月条以後が妥当であるとする。理由は、皇極 2 年紀 6 月辛卯【13】条に、筑紫大宰が早馬で高麗使の来朝を告げ、このとき群卿が、高麗は己亥年《新己亥年なら639年。しかし実は旧己亥年・640年》以来、初めての使いであると言った、などという、前後の記事の流れからすれば、明らかに矛盾した記事（下の㉗）がある故である。この記事に合わせるための移動案である。しかしこの 5 か条は皇極元年紀 2 月から 1 年繰り下げる必要はなく、このままの位置で差し支えない、というより、このままの位置の方がよい。そもそもこの 5 か条を皇極 2 年紀 7 月条のあとに移すと、皇極 2 年紀 7 月辛亥【3】条の「数大夫を難波郡に遣して、百済国の調（みつき）と献物（たてまつりもの）とを検（かむが）へしむ。云々」という文（下の㉙）と、1 年繰り下げられた皇極元年紀 2 月丁未【21】条の「諸大夫を難波郡に遣して、高麗国の貢る所の金銀等、并びに其の

献物を検（かむが）へしむ。云々」という文の冒頭部分が近接して重複することになる。これでは何の断りもなく繰り返し難波郡に数大夫＝諸大夫を派遣する記事構成となってしまって不自然である。しかもこのような移動案では、下に述べる通り、⑭・⑮・⑲〜㉒・㉘・㉙をも１年繰り下げなければならないことになってしまう。

　実は移動させなければならないのは、後述するように、前後の記事と整合しない皇極２年紀６月辛卯【13】条（㉗）の方である。

　ここで、西暦年への換算のことは度外視して、書紀の記述を素朴に眺めてみれば、書紀は舒明天皇の崩御の年と、高麗における政変とが同じ年の出来事であったことを主張している。これはまた、百済による任那故地の奪還といういま一つの大事件も舒明天皇の崩御と同一年の出来事であったという記憶を、その背後に抱えている記述である。

「歴史」とは最も素朴な意味では、事実を生起した順に記録したもの、であるが、記憶される歴史というものに注目するなら、こちらの歴史は、ある大きな事件を基準にして、その事件の前年か、同年か、後年かという形の記憶である場合が多い。

　干支年号の記憶についても、よほどの大事件、たとえば公的な記憶としては天皇の崩御や朝廷による大規模な事業・政令など国家的大事件、あるいは個人的な記憶としては身近な誰かの生誕年・没年・大きな勲功の年などが記憶され、これが歴史の記憶の基礎・基準になり得る。今日でもわれわれは、昭和天皇が亡くなった年に云々、東京オリンピックの年に云々などという言い方で「歴史」を語ることが少なくない。

　文字文明が十分な広がりを持たなかった古代人においては、取り分けまずはそうした公的にせよ個人的にせよ、それぞれの意味で大きな事件であった年を基準にして、それとの前後関係を把握するという形の記憶が、歴史の記憶の基礎ないし根幹を形成していたはずである。

　書紀は続日本紀の養老４年・720年の５月癸酉【21】条に「是より先、一品舎人親王、勅を奉りて、日本紀を修す。是に至り功成りて奏り上ぐ。紀卅巻、系図一巻」とあり、舒明天皇の崩御から僅か80年ほど後に成立した史書である。編者筆頭は舒明天皇の孫、天武天皇の子、舎人親王である。

　舎人親王とその周辺において、親王の祖父の崩御と同じ年に、韓半島でどのような大事件が生じていたかということについて、その伝えや記憶が全く消滅して

いたとは考え難い。

　百済による任那の奪還事件も、それから間もなく生じた高句麗の政変も、因果論的にいえば、これらの戦乱・政変の結果として、百済は滅ぼされ高句麗もまた滅亡することになったのであるから、その大事件が舒明天皇の崩御の年と同年に生じた事件であったと主張する書紀の記事には、素朴な意味での歴史の記憶の裏打ちがあったと推測する方が自然である。

　この自然な推測は、舒明天皇の崩御の年が641年ではなく実は642年の事件であったことを推測せしめる。

　舒明天皇の崩御の年は「辛丑年」として記憶されていたことは事実であろうが、この辛丑年は、古事記の崩年干支がすべて旧干支紀年法による干支年であったのと同様に、新辛丑年・641年ではなく、旧辛丑年・642年であったと考えなければならない。

　舒明天皇の崩年、辛丑年を１年繰り下げるとは、舒明13年紀を、そっくりすべて１年繰り下げて旧辛丑年・642年の事件であったとして書紀編年を修正するということであり、記事の連接を考慮するとき、続く皇極紀もそっくりそのまま順に１年ずつ繰り下げなければならないということである。

　前掲拙著に述べた通り、旧干支紀年法を伴う暦術を用いて編年されていたはずの旧日本紀では、踰年称元法ではなく、崩年称元法を用いていたことが判明している。踰年称元法とは、前天皇の崩御の翌年を次天皇の元年と称する称元法であり、書紀や中国史書が採用する称元法である。他方、崩年称元法とは、前天皇の崩御の年を次天皇の元年と称する称元法であり、三韓（高句麗・百済・新羅）諸国が採用していた称元法であって、『三国史記』は崩年称元法である。踰年称元法と崩年称元法のどちらが合理的かといえば、後者の崩年称元法である。仮に即位の年の内に崩御する天皇があった場合、踰年称元法ではその天皇の元年が消滅してしまう。

　ここで斉明天皇（皇極天皇の再祚後の漢諡号）の崩御に関する記事を見ると、書紀はこれを斉明７年紀・新辛酉年・661年７月条から11月条にかけて編年しているが、これも翌年の旧辛酉年・662年である天智元年紀に繰り下げなければならない。天智元年紀を見ると、果たして、その７月条から11月条までの間が空白になっており、斉明天皇の崩御関連記事が抜き去られたあとであることがわかる。しかも抜き取った記事を１年繰り上げて本来あるべきでない箇所に編年したために、前

後の記事とちぐはぐになっていることもわかる（これらのことは次節で再論するが、前掲拙著も参照されたい）。

舒明天皇の崩御記事の扱いと斉明天皇の崩御記事の扱いとの違いは、前者が周辺記事とともに一斉に１年繰り上げられているのに対して後者はその部分だけが抜き取られて１年繰り上げられている点である。事件の前後関係を保存するためなら前者の方法が無難であるが、崩御前後の外交記事が、見た通り外国史書と１年の齟齬を生じることになる。斉明天皇の場合は、百済の滅亡や旧百済軍事にかかわる関連記事を中国側史料などと整合させる必要から正しい年次に編年しなければならなかった一方で、斉明天皇が救百済軍事の最中の、しかも辛酉年（実は旧辛酉年である）という年に崩御したという干支年についての堅固な記憶を曲がりなりにも保存するために、崩御記事だけを抜き出して新辛酉年へ繰り上げるという無理を通したのである。更にはより淫靡な思惑もこの史料操作には秘められていたようであるが、その点についてはのちに述べる。

ともあれ、斉明天皇の崩御記事の場合は、これをそっくり抜き出して、書紀が誤編年した新辛酉年から、元の正しい崩御年、旧辛酉年である天智元年紀（新壬戌年・旧辛酉年・662年）の中に戻さねばならない。するとつまりは、斉明天皇の崩御の年が天智元年である。これは崩年称元法である。書紀は旧日本紀の崩年称元法の痕跡を、こうしたところに残している。

さて、舒明天皇の崩御の年は、崩年称元法の旧日本紀では皇極元年に等しい。以後、旧日本紀での編年になる年紀に「本来の」という冠詞を付して呼ぶことにすると、舒明13年紀は、本来の舒明14年（舒明末年が本来の舒明14年であることを含めて舒明紀全般の編年修正については、前掲拙著『６〜７世紀の日本書紀編年の修正……』参照）であると同時に、本来の皇極元年である。また皇極元年紀は、本来の皇極２年である。皇極２年紀は、本来の皇極３年である。以下同様である（下の101頁の図を参照）。

つまり皇極Ｘ年紀は本来の皇極Ｘ＋１年である。逆に本来の皇極Ｘ年は皇極Ｘ－１年紀である（皇極０年紀は舒明13年紀）。のみならず本来の皇極Ｘ年の正しい年代である旧○×年（○×は干支）は、新○×年の皇極Ｘ－１年紀へと１年繰り上げられてしまっており（たとえば、舒明天皇の崩年である本来の皇極元年・旧辛丑年・642年が舒明13年紀・新辛丑年・641年へと１年繰り上げられてしまっている）、このために海外史料と比較しようとすると、書紀の外交史はいずれも１年

繰り上がった年になっていて彼我整合しないのである。

　加えて書紀は時に皇極Ｘ－１年紀＝本来の<u>皇極Ｘ年</u>に置くべき記事Ａを<u>皇極Ｘ年紀</u>（本来の皇極Ｘ＋１年）に（１年引き下げて）誤編年している場合がある。皇極Ｘ－１年紀全体を１年引き上げながら、その記事Ａだけ１年引き下げた位置に置くことになっているために、海外記事と比較すると一見その記事Ａだけ正しい年代であるかのように見えるが、これを周辺記事と比べると、当然不整合な調子外れの記事になっている。以下でこれらを摘出してその編年を修正してみよう。既述の<u>皇極２年紀</u>６月辛卯【13】条（筑紫大宰が早馬で高麗使の来朝を告げたという条目である。下の㉗）などは、まさにその（本来の<u>皇極２年</u>＝皇極元年紀に戻されるべき）不整合な調子外れな記事の一例である。

　舒明末年紀と皇極紀の外交記事の要約を日付順に番号を付して掲げる。<u>全体を１年繰り下げた上で、編年の修正を行うべき５条目に●印を付し正しい移動先を示した。</u>《　》内は例によって拙注である。

　なお、皇極元年紀では百済義慈王の子、翹岐（ギョウキ・ケウキ）なる者の来日事情が主題の一つになっている。卑見によれば、この王子、翹岐は、百済の王族における内訌の結果、義慈王によって崑崙（コンロン。ベトナム中部の林邑国の南の地）へ流刑に処せられんとしたところを、百済使人阿曇連比羅夫（あづみノむらじひらぶ）の働きで日本に亡命、その後ほどなく、質身分として身分が保全され日本に長期逗留することになった人物である。この翹岐は、豊璋と同一人物であろうことが西本昌弘氏によって論証されている[注4]。豊璋は、660年に百済が滅亡した後、母国再建のため日本から百済の地に渡り、663年、唐・新羅軍のために敗れて高麗へ逃走するという宿命を負った人物である。

　以下、引用文は略文であり、原文通りではない。

舒明12年紀《新庚子年・640年。実は本来の舒明12年・旧己亥年・640年と本来の舒明13年・旧庚子年・641年を１年に縮約したもの》

　10月11日　大唐学問僧清安《南淵請安（みなみぶちノしょうあん）》・学生高向漢人玄理（たかむくノあやひとげんり）、新羅より帰朝。百済・新羅の朝貢使、共に来る。各爵一級を賜与。

舒明13年紀《新辛丑年・641年。実は<u>本来の皇極元年</u>・舒明14年・旧辛丑年・<u>642年</u>》

　10月９日　天皇《舒明天皇》、百済宮に崩。

同月18日　宮の北に殯（もがり）。百済の大殯と謂（い）ふ。是の時、東宮（まうけのきみ・ひつぎのみこ）開別皇子（ひらかすわけノみこ）《葛城（かづらきノ）皇子＝中大兄皇子、後の天智天皇》、年十六にして誄（しのびごと）す《中大兄皇子は627年・旧丙戌年生まれ。つまり旧いぬ年の生まれである》。

《この本来の皇極元年に、<u>皇極元年紀</u>の次の各記事が入るべきである。》

- ●㉓ 皇極元年紀八月己亥【16】条「高麗の使人罷（まか）り帰る」《八月己亥は十月己亥【17】の誤りであろう》。

- ●㉔ 同八月己酉【26】条「百済・新羅の使人、罷り帰る」《八月己酉は十月己酉【27】の誤りであろう》。

- ●㉕ 同十月丁酉【15】是日条「新羅の弔使（とぶらひ）の船と賀騰極使（ひつぎよろこぶるつかひ）の船、壱岐嶋に泊（とま）れり」《十月丁酉は十二月丁酉【16】の誤りであろう。以後、この新羅の弔使を含め三韓から次々に弔使を兼ねた使人が来る。上の㉓・㉔で天皇崩後に帰国した各国の使人が、本国に舒明天皇の訃報をもたらした結果の「弔使」と考えれば、これら「弔使」の来朝を疑問視する必要はないし、むしろ当然「弔使」であるべきである》。

皇極元年紀《新壬寅年・642年。しかし実は<u>本来の</u>皇極2年・旧壬寅年・<u>643年</u>》
①1月29日　「百済使人大仁（だいにん）《冠位十二階の第三位》阿曇連比羅夫」が百済の弔使とともに帰国し、筑紫国から早馬で入朝。「葬儀に奉仕するため弔使より先に独り来た」こと、および、「百済は今大いに乱れている」ことを告げる。

《この本来の皇極2年正月条に、次の<u>皇極2年紀</u>の筑紫大宰府関連の2条が入るべきである。》

- ●㉗ 皇極二年紀六月《正月の誤り》辛卯【13】条「<u>筑紫大宰</u>、馳驛（はいま）《早馬》して奏す、『高麗、使を遣して来朝（まゐけ）り』と。群卿、聞きて、相謂（あひかた）りて曰く、『高麗、己亥年より朝（まゐ）らずして今年朝（まゐ）けり』と」《「己亥年」は本来の舒明12年・旧己亥年・640年のこと》。

- ●㉖ 同四月《やはり正月の誤り》庚子【21】条「<u>筑紫大宰</u>、馳驛して奏して曰く、『百済国の主の児翹岐・弟王子、調使と共に来り』と」《この百済の調使（弔使でもある）らは、船で阿曇連比羅夫よりやや遅れて難波へ向かい、②に見る通り2月2日（以降）には比羅夫と再会している》。

②2月2日　比羅夫ら3人を百済弔使のもとに遣し、百済の状況を問わせた《比羅夫ら3人は、比羅夫より遅れて筑紫を出帆していた弔使のもとに遣わされたのである。弔使らは、筑紫に留まっていたわけではない》。

　このときの弔使の報告と、弔使の傔人（ともびと）等の話は次のように記されている。

　弔使の報告：「百済国主、臣に謂りて言く『塞上（さいじょう）、恒に悪を作（な）す。還使《百済から日本へ還る使い》に付けむことを請へど、天朝《大和朝廷》許したまはじ』と」《塞上は、下に出る翹岐こと糺解＝扶余豊＝豊璋の弟。白雉元年紀2月25日条に、「百済君豊璋・其弟塞城・忠勝」とあるうちの塞城に同じ。扶余勇＝余善光は禅広王と同一人。この文に見える百済王の言葉は曖昧であるが、塞上は常に悪事をなすので「還使」阿曇連比羅夫に付けることを請うても朝廷は入朝を許さないであろうから、兄翹岐らとともに追放する、という意味であろう。兄翹岐らの追放＝流刑処分のことは下に見える》。

　弔使の傔人等の話：「去年十一月、大佐平《百済の官位16階の第1》智積（ちしゃく）卒（みう）せぬ《大佐平智積は下の皇極元年紀5月16日条に見える百済調使として来朝し7月22日条に名が見えるので、卒したというのは誤報である。この智積は翹岐等を弁護していた大佐平であったと思われ、そうした智積の立場が、翹岐等が追放された後のこうした誤報につながったと考えられている》。

　又百済使人《百済使人阿曇連比羅夫》、崑崘の使《翹岐らの流刑を請け負っていた使者であろう》を海裏（うみ）に擲（なげいれ）たり。

　今年正月、国主《義慈王》の母薨せぬ。又弟王子《義慈王の弟、忠勝》・児翹岐《＝豊璋》、及び其母妹女子四人・内佐平《百済の奥所の内官》岐味（きみ）、高き名有る人冊余、嶋に放たれぬ」《皇極2年紀4月21日条（下の㉖）に「百済国主の児翹岐・弟王子」とある「児翹岐・弟王子」は、ここの「弟王子・児翹岐」と列挙順が異なるだけで同じである。「弟王子」は義慈王の弟、扶余忠勝のこと。斉明6年紀10月条の分注に百済復興のため「王子豊璋、及び妻子と、其の叔父忠勝等とを送る」とある「叔父忠勝」である。百済における義慈王の親族内部の何らかの抗争の結果[注5]、義慈王の弟忠勝と子の翹岐＝豊璋を含む40余名が流刑に処せられたのである。40余名の中には、述べた通り、翹岐の弟、塞上も含まれており、塞上はなお幼年であった子の昌成を伴っている（補論2）。一行はどうやら崑崙へ流される予定であったらしい。ところが、下の⑥や⑪〜⑬に見る通り、翹岐・塞

97

上らは入朝し、翹岐は阿曇連比羅夫の家に安置されている。「百済使人」比羅夫が崑崙使人を海に放擲したことにより、流刑処分者らの日本への亡命が実現したのである。この顛末は阿曇連比羅夫らの功績となるはずの事柄であるが、筆が省かれていて曖昧な記述になっている》。

③２月６日　高麗使人、難波津に停泊《上の●㉗で筑紫大宰が報告した高麗からの使人である》。

④２月21日　諸大夫を難波の郡（こほり）《既述の通り、ここの「郡」は地方組織の郡県（＝評縣）の郡ではなく迎賓施設のこと》に遣し、高麗国の献納物を点検させた。高麗の使人は「去年、六月」に栄留王の弟太陽王が薨去し、「去年の九月」にイリカスミ＝泉蓋蘇文が栄留王を殺し、太陽王の子、宝蔵を王に立てたという、高麗国の「大臣」蓋蘇文によるクーデターについて告げた（既述の通り、このクーデターのことは三国史記には642年10月の事件として記されている）。

⑤２月22日　高麗・百済の客を難波の郡に饗応。天皇は大臣《蘇我蝦夷》に詔し、高麗・百済・新羅・任那の４国に使者を派遣《述べた通り、高麗の政変と百済による任那占拠という大事件に対応する外交施策である》。高麗に津守連大海（つもりノむらじ　おほあま）、百済に国勝吉士水鶏（くにかつノきし　くひな）、新羅に草壁吉士真跡（くさかベノきし　まと）、任那に坂本吉士長兄（さかもとノきし　ながえ）。

　　　　　⑥２月24日　翹岐を比羅夫の家に安置。

⑦２月25日　高麗・百済の客を饗応。

⑧２月27日　高麗使人・百済使人、並びに帰国。

⑨３月６日　新羅、賀騰極使（ひつぎよろこぶるつかひ）と弔喪使（とぶらひのつかひ）を遣す《上の●㉕にいう通り、昨年の末に壱岐嶋に着いていた新羅使である》。

⑩３月15日　新羅使人、帰国《この新羅の使人は今回、任那の使者を同行しておらず、そのためかどうやら参朝も果たせぬまま蒼惶として帰国したらしい。前年の百済による任那占拠事件が関連するのである》。

　　　　⑪４月８日　大使翹岐、従者を率い拝朝《亡命者を「大使」と称するのは異例である。参朝に際して、朝廷側の計らいで大使の扱いとしたものであろう。翹岐を「弔使」の筆頭の大使であったと見て、翹岐は弔使であったとする見解があるが[注1・注6]、流罪に処された人物が百済の公的な使

節に任じられることは考え難く、ましてや弔使の大使が復命を他に委ね長期に亘って日本に居残っているというのも解し難い。翹岐を大使扱いにしたのは、ひとえに我が朝廷側の配慮によると考えるのが穏やかである》。

⑫ 4 月 10 日　蘇我大臣《蘇我蝦夷》、家に翹岐らを呼び談話し、良馬・鐵を賜与。塞上のみ呼ばず。

⑬ 5 月 5 日　翹岐らに射獵を観（み）せる。

⑭ 5 月 16 日　百済国の調（みつき）の使の船と吉士《⑤の国勝吉士水鶏》の船と共に難波津に着く。

⑮ 5 月 18 日　百済使人、調を進上。吉士、復命する《この翌年である皇極 2 年紀の 7 月 3 日条（下の㉙）に「進（たてまつ）れる国の調、前の例より欠少（すくな）し。大臣《蘇我蝦夷》に送れる物、去年還せる色を改めず」とあるので、この皇極元年紀の百済の調は、少なくとも大臣分は返却されたのである。しかしおそらくは全調が一旦返却されたのであろう。任那を占拠したあとの調にしては少なかったというところか。大臣ないし朝廷は任那占拠に見合った調を改めて要求したのであろう。このことによっても、この百済使は642年ではなく、643年に来た使いであったことは明らかである。するともし従来説のままなら、③・④・⑤・⑦・⑧の 5 か条どころかこれら⑭・⑮・⑲〜㉒・㉘・㉙も 1 年繰り下げなければならないことになってしまうが、皇極紀全体を 1 年繰り下げているので、そんな必要はさらに無い。さて、この度の百済の使節に智積が充てられているのは（下の⑲）、かつて翹岐等を弁護した立場の高官として、翹岐に会い日本におけるその処遇を確認する使命をも帯びていたのであろう。翹岐の追放身分は、翌年、質身分へと改善される（補論 1 ）》。

⑯ 5 月 21 日　翹岐の従者一人死去。

⑰ 5 月 22 日　翹岐の兒、死去。

⑱ 5 月 24 日　翹岐、妻子とともに転居し、兒を葬る。

⑲ 7 月 22 日　百済使人大佐平智積等を饗応。健児（ちからひと）に命じて、翹岐の前で相撲させる。智積等、宴終わり退出して、翹岐の門を拝礼。

⑳ 8 月 6 日　百済使・参官等の帰国に際し船を賜与。夜半、雷・風雨のため参官等の乗る船舶、岸に触れて破損。

㉑ 8 月 13 日　百済の質、達率《百済の官位16階の第 2 》長福に小徳を授位。中客以下に、位一級を授位。

㉒ 8月15日　船を百済の参官等に与えて発遣。

●㉓ 八月己亥【16】高麗の使人、帰国《対応する来朝記事が見当たらない。上に記した通り、本来の皇極元年＝舒明13年紀十月条にあるべき記事である》。

●㉔ 八月己酉【26】百済・新羅使人、帰国《これも対応する来朝記事が見当たらない。上記の通り、本来の皇極元年＝舒明13年紀十月条にあるべき記事である》。

●㉕ 十月丁酉【15】是の日、新羅の弔使の船と賀騰極使の船と、壱岐嶋に停泊《これより後にこの使人の顛末すら見えない。⑨と比べれば、位置の逆転した調子外れの記事である。既述の通り、これも本来の皇極元年＝舒明13年紀十二月条にあるべき記事である》。

皇極2年紀《新癸卯年・643年。実は本来の皇極三年・旧癸卯年・644年》

●㉖ 四月庚子【21】筑紫大宰、早馬で百済国主の児翹岐・弟王子が、調使と共に来朝したことを奏上《明らかにここにあるべき記事ではなく、上記の通り、本来の皇極2年＝皇極元年紀にあるべき記事である。「四月」は「正月」の誤記か錯誤》。

●㉗ 六月辛卯【13】筑紫大宰、早馬で高麗使の来朝を奏上。群卿はこれを聞き「高麗は己亥年以来、来ず、今年来朝した」と言った《これも弔使と思われる高麗使人が昨年2月には難波に来ているので明らかにおかしい。やはり上記の通り、本来の皇極2年＝皇極元年紀にあるべき記事である。「六月」はこれも「正月」の誤り》。

㉘ 6月23日　百済の調を進（たてまつ）る船、難波の津に到着。

㉙ 7月3日　数大夫（まへつきみたち）を難波郡に遣し、百済国の調と献物を点検。大夫、調使に「進れる国の調、前の例より欠少（た）らず、大臣に送れる物、去年還せる色を改めず。群卿に送る物も、亦全（もは）ら将（も）ち来らず。皆前の例に違へり。其の状（かたち）、何（いか）にぞ」と問う。大使達率自斯（じし）・副使恩率《百済の官位16階の第3》軍善（ぐんぜん）、倶に「即今（すみやけ）く備ふ可し」と答ふ。自斯は、質の達率武子（むし）が子なり《この度の調が、去年同様に返却されたかどうかは不明。質の子の善処を期待して、一旦は受け取られたのではなかったか。その後の顛末は書紀に明記がない。補論1に記した通り、このとき翹岐の質身分の確認がなされたはずであるが、このことも含めて多くの事項が記述から省かれたように思われる》。

　以上の一連の外交関連記事は、舒明天皇の崩御記事を含めて皇極紀全体を1年

下に繰り下げることで、海外史料との整合性を復活することができる。結論を先取りしつつ書紀皇極紀の編年の捏造次第を図示しておくと次の通りである（舒明紀については述べた通り前掲拙著参照）。

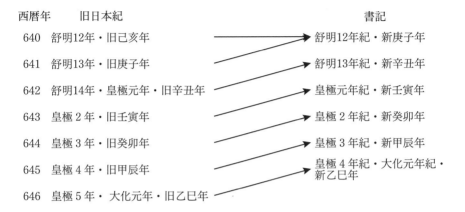

西暦年	旧日本紀	書記
640	舒明12年・旧己亥年	舒明12年紀・新庚子年
641	舒明13年・旧庚子年	舒明13年紀・新辛丑年
642	舒明14年・皇極元年・旧辛丑年	皇極元年紀・新壬寅年
643	皇極2年・旧壬寅年	皇極2年紀・新癸卯年
644	皇極3年・旧癸卯年	皇極3年紀・新甲辰年
645	皇極4年・旧甲辰年	皇極4年紀・大化元年紀・新乙巳年
646	皇極5年・大化元年・旧乙巳年	

　書紀記事を1年繰り下げて本来の年次に戻した上で外交記事を見ると、前後の記事と整合しない調子外れの記事が見出される。●をつけた㉓・㉔・㉕・㉖・㉗の5か条である。これらについて編年の修正の必要が生じる。

　最初から見てみよう。まず、繰り返しになるが舒明天皇は新辛丑年・641年ならぬ旧辛丑年・642年10月に崩御。

　百済では前年641年に即位したばかりの義慈王が、この年642年の7月から8月にかけて新羅を攻め、任那の地の大部分を占拠攻略するという一大事件が生じている。

　それから間もない同年642年の9月（三国史記によれば10月）、高句麗では大臣の泉蓋蘇文が諸大臣ら180余人を殺し、次いで王（栄留王）を殺し、王の弟で6月に薨去していた太陽王の子、宝蔵を王に擁立するという大事件が生じた（④の高麗使人の報告内容である）。

　これより先、641年10月に大唐学問僧の清安（しょうあん）と大唐学生高向漢人玄理（たかむくの　あやひと　げんり）が新羅を伝って帰朝している（舒明12年紀10月条。舒明12年紀は本来の舒明12年・640年と本来の舒明13年・641年を合体させて1年に縮約した年紀であったと考えられる。その中で清安・玄理の帰朝は本来の舒明13年10月のことであろう）。清安は南淵漢人請安（みなみぶちのあやひと

しょうあん）のことで、後に中大兄皇子や中臣鎌足に周孔の教えを授けたことが見える人物である（皇極3年紀正月条）。高向玄理は大化改新以後、僧旻とともに国博士に任じられた人物である。清安とともに推古16年紀・608年（推古紀の編年の修正についても前掲拙著参照）隋に留学し、隋が唐に変わってからも滞在を続け、足かけ34年後の帰国である。玄理はこの後、その学識と語学力によって、重要な外交交渉の第一線に立って活躍することになる。

　請安と玄理は百済・新羅の朝貢の使に伴われて帰朝を果たした。この百済・新羅の朝貢使は、爵一級を賜与された。

　その百済・新羅の使人らの帰国したのが、翌年642年、つまり舒明13年紀、<u>本来の皇極元年</u>であるのだが、この帰国記事がなんと皇極元年紀八月己酉【26】条に誤編年されている（㉔）。この記事は位置がおかしく、このままでは来日記事を欠いて調子外れである。<u>本来の皇極元年</u>（本来の舒明14年＝舒明13年紀）の記事が<u>皇極元年紀</u>に誤編年されたものである。八月というのもおかしい。八月では百済が新羅を攻略している最中である。おそらく舒明天皇の崩御後の帰国に違いなく、<u>八月は十月の誤り</u>であろう。八月己酉という日付の干支である己酉を642年の8月近辺で探すと、元嘉暦なら10月己酉【27】が見つかるので、本来は10月己酉に編年されていたものと思われる（前節の補論2で述べた修正後漢四分暦——当時の実用暦候補——でも、この年の暦日は元嘉暦と全く同じである。前節末の付表参照）。

　さて、本来の皇極元年・642年10月己酉に百済・新羅本国に帰国したこの還使らは、舒明天皇崩御の報をそれぞれの本国にもたらす使いにもなったと思われる。

　同じ皇極元年紀の八月条には、その己酉【26】条の直前に、己亥【16】日のこととして「高麗の使人、罷（まか）り帰る」という一文がある（㉓）。この記事も明らかに位置がおかしい記事であり、やはりこれでは来朝記事を欠いて調子外れである。これも<u>本来の皇極元年＝本来の舒明14年＝舒明13年紀</u>に置かれていた記事が皇極元年紀に誤編年されたと考えるべきである。<u>この高麗使人</u>は、旧己亥年・640年に<u>来朝していたはずの高麗の使人</u>である。

　なんとなれば、㉗皇極2年紀六月辛卯【13】条に、筑紫大宰が、早馬で高麗使の来朝を奏上した折、群卿は相語って「高麗、<u>己亥年より朝（まゐ）らずして今年朝（まゐけ）り</u>」と言ったとある。

　この㉗の記事も明らかに位置がおかしいのであって、皇極元年紀に高麗使人の

来朝と帰国のことが既に記されているのに（③・④・⑤・⑦・⑧）、皇極 2 年紀の記事において高麗が己亥年（実は旧己亥年・640年）から来朝せず今年来朝した、というのでは矛盾している。この記事もまた実は<u>本来の皇極 2 年</u>（＝皇極元年紀）にあった記事が皇極 2 年紀に誤編年されたものである。皇極元年紀には③二月壬辰【6】条に高麗使人が難波津に着いたとあるので、㉗の筑紫大宰が早馬でその到着を奏したというのはこれより前であるから、実は正月のことであろう。㉗の六月は正月の誤りであり、正月の草体と六月の草体の紛れであろう。

　六月辛卯という辛卯は不審である。元嘉暦の643年正月朔は48壬子であるので、27辛卯は正月には無い。原史料が正月13日であったのを皇極 2 年紀の 6 月13日辛卯に当てたものか。

　ともあれ、㉗皇極 2 年紀六月辛卯【13】条を本来の皇極 2 年＝皇極元年紀の正月に移してみれば、「高麗、己亥年より朝らずして今年朝り」という意味が通じる。

　旧己亥年・640年に来朝していたはずの高麗使人は、当時の国際状況（640年に唐が高昌国を亡ぼし、次は高麗か……との緊張が朝鮮半島を覆っていた）および本国での政変が続いたため、帰国することもなく後続の使節の来朝もなく、結局 2 年間日本に滞在した後、本来の皇極元年・舒明14年・642年に至って帰国したのである。その帰国記事が、皇極元年紀に誤編年された同八月己亥【16】条（㉓）の「高麗の使人、罷（まか）り帰る」である。これは本来の皇極元年（本来の舒明14年＝舒明13年紀）の記事であり、<u>この八月も十月の誤り</u>と思われる。<u>本来の皇極元年10月己亥の記事が皇極元年紀 8 月己亥に誤編年されたものであろう。</u>

　高麗使人が旧己亥年・640年に来朝したことは㉗によって確実なのであるが、旧己亥年・640年に当たる舒明12年紀には来朝記事を欠く。上に記した通りこの<u>舒明12年紀は本来の舒明12年と本来の舒明13年を合体縮約した年紀である</u>。この合体縮約操作の過程で来朝記事も削除されたのであろう。そもそも（旧）己亥年に来たとされる高麗使の来朝記事が舒明12年紀・新庚子年の記事にあっては不都合である。削られるべくして削られたのである。

　㉕<u>皇極元年紀十月丁酉【15】是日条</u>に「新羅の弔使の船と賀騰極使の船、壱岐嶋に泊れり」とある。この条も明らかに矛盾している。新羅の弔使の船と賀騰極使の船は、すでに同年紀 3 月条に⑨「辛酉【6】新羅、賀騰極使と弔喪使を遣す」、⑩「庚午【15】新羅使人、罷り帰る」とあるのだから、これよりは前に壱岐嶋に停泊していなければならない。従ってこの㉕条もまた、<u>本来の皇極元年＝舒明13</u>

年紀に移さなければならない。舒明天皇の弔喪に訪れた使人なのであるから、舒明13年紀の10月より数か月はのちのことでなければならない。おそらくは本来の皇極元年・舒明13年紀の十二月に壱岐嶋に停泊した記事が、誤って皇極元年紀十月丁酉【15】是日条に編年されたと考えられる。本来の皇極元年12月丁酉の記事が皇極元年紀10月丁酉に誤編年されたものと思われる。

　結局皇極元年紀の㉓・㉔・㉕はいずれも本来、前年にあったものを、月も揃って２か月繰り上げて誤編年された記事であったことになる。２か月の繰り上げは皇極元年紀に誤編年する都合上、意図的に行ったのである。

　㉖皇極２年紀四月庚子【21】条に、

　　筑紫大宰（つくしのみこともちのつかさ）、馳驛（はいま）して奏（まを）して曰（まを）さく、「百済国主の児翹岐・弟王子、調使と共に来（まゐけ）り」と。

とある。この記事も明らかに位置がおかしい。

　②皇極元年紀２月戊子【２】条に百済の弔使の儻人等の言として、今年（皇極元年紀の年。従って実は643年）正月、国主の母が薨去し、弟王子と児翹岐らを含む、高き名有る人、40餘人が、嶋流しに処せられた旨の報告があり、その翹岐は、⑥同月庚戌【24】条に「翹岐を召して、安曇山背連（あづみノやましろノむらじ）の家に安置（はべ）らしむ」とある通り、皇極元年紀＝本来の皇極２年には既に日本に亡命して阿曇連の家に匿われているのであるから、皇極二年紀になってから筑紫大宰がその来朝を告げるとは、遅きに失するのである。つまり、この皇極２年紀四月庚子【21】条もまた、本来の皇極２年＝皇極元年紀に移さねばならない。四月というのも遅く、これも正月の誤りでなければならない。四月庚子とある庚子が何に由来するか、これまた不審である。上に述べた通り元嘉暦の643年正月朔は48壬子であるので、36庚子は暦日に無い。これも本来は正月21日が原史料で、これを皇極２年紀四月21日庚子に当てたものか。

　以上、皇極元年紀・２年紀の全体を１年繰り下げた上で、調子外れの５か条（㉓・㉔・㉕・㉖・㉗）につき編年の乱れを修正してみれば、外交記事全体に自然な一貫性が生じ、海外史料ともほぼ整合する結果になることがわかる。

　ところで、㉖・㉗はいずれも筑紫大宰の馳驛による奏上の記事であるが、書紀編年のままでは余りに遅延した報告になっている。この編年間違いはおそらく意図的なものであり、ここに書紀編者らの陰湿な思惑を窺うことができる。この点

については補論 3 を参照されたい。

　また、冒頭に述べたことであるが、廣瀬憲雄氏は、①の皇極元年紀 1 月 29 日条および②の同 2 月 2 日条に見える百済弔使と、⑤・⑦・⑧に高麗使と共に見える百済使とは別の使者であるとして、③・④・⑤・⑦・⑧という高麗使関連記事 5 条目を皇極元年紀から切り離して 1 年繰り下げ、皇極 2 年紀 7 月条以降に移動させるべきであると主張されたのであるが[注3]、①・②の百済使と⑤・⑦・⑧の百済使が別であるという主たる理由が、2 月 2 日から 2 月 22 日の間に阿曇連比羅夫が難波と筑紫の間を往復できないからという理由であった。しかし、阿曇連比羅夫が筑紫に戻った事実も、難波と筑紫の間を往復した事実もないのであるから（2 月 2 日条によれば、比羅夫らは、比羅夫より遅れて到着した百済使のもとへ派遣されただけであって、筑紫に派遣されたわけではない）、氏の論拠自体が意味をなしていない。①・②の百済使と⑤・⑦・⑧の百済使は従来説通り同じ使者である。

　さて、ここでの編年修正の要諦は、舒明13年紀から皇極 2 年紀までにつき、従って当然皇極紀全体が、1 年繰り上げられている一方で、本来の皇極X年に置かれていなければならない少数の条目が、皇極X年紀（＝本来の皇極X＋1 年）へと 1 年繰り下げて誤編年されたものであることを見抜く点にあった。

　外交記事以外にも、皇極紀には同様の誤編年の例が見いだせるので、ついでながら次に数例を挙げておこう。

　まず皇極元年紀12月条の舒明天皇の喪を発する条目として、

⑴ 皇極元年紀《本来の皇極 2 年・旧壬寅年・643年》12月甲午【13】条に、
　　初めて息長足日広額天皇（おきながたらしひひろぬかノすめらみこと）《舒明天皇》の喪を発（おこ）す。是の日、小徳巨勢臣徳太（こせノおみとこだ）、大派皇子（おほまたノみこ）に代りて誄（しのびごと）す。次に小徳粟田臣細目（あはたノおみほそめ）、軽皇子に代りて誄す。次に小徳大伴連馬飼（おほともノむらじうまかひ）、大臣に代りて誄す。

⑵ 同年紀12月乙未【14】条に、
　　息長山田公（おきながノやまだノきみ）、日嗣（ひつぎ）を誄（しの）び奉る。

⑶ 同年紀12月壬寅【21】条に、
　　息長足日広額天皇を滑谷岡（なめはさまノをか）に葬りまつる。是の日、天皇、小墾田宮（をはりだノみや）に遷移りたまふ〈或本に云く、東宮の南の庭の権宮（かりみや）に遷りたまふ、といふ〉。

と一連の記事がある。しかしこれでは舒明天皇が前年の10月に崩御したのち、1年以上経て初めて喪を発したことになって異常である。故に(1)と(2)については、本来の皇極元年＝舒明13年紀の10月に移すべきである。舒明13年紀の10月条はすると、10月9日の天皇崩条、(1)の初めて喪を発す条（10月甲午【12】）、(2)の日嗣の誄の条（10月乙未【13】）、そして同月18日の東宮開別皇子＝中大兄皇子による誄の条という記載順になろう。

　他方、①によれば翌年正月に阿曇連比羅夫が帰朝したとき、なお葬儀は継続中であったので、(3)については御陵造作後の埋葬として、崩御から1年後となるこのままの位置でよい。

　因みにこの12月条を、上に引いた条目については日にちと番号のみ挙げて順に示すと、朔条「天の暖かなること春の気の如し」から始まり、3日「雷、五たび昼鳴り、二たび夜鳴る」、13日(1)、14日(2)、20日「雷三たび東北の角に鳴る」、9日「雷二たび東に鳴りて風ふき雨ふる」、21日(3)、23日「雷、一たび夜鳴る。其の聲、裂くるが如し」、30日「天の暖なること春の気の如し」の都合9か条からなり、この順に並んでいる。つまり9日条が13日・14日・20日条の後にあるという異常を呈している。誤編年操作に伴う配列の乱れではなかったかと疑われる。

　同様の暦日順の乱れは皇極2年紀4月条にも存在し、25日条が28日条の後に配置されている。この4月条も述べた通り誤編年記事が存在する部分であり（21日条の㉖「筑紫大宰、馳驛して奏して曰く、百済国主の児、翹岐・弟皇子、調使と共に来り」である）、ここの日にち順の乱れにも誤編年操作が何らかの形で関連したのではないか。

　なお、舒明天皇の喪を発する皇極元年紀12月条は、述べた通りこのままでは崩御から余りに遅れた時点で誄（しのびごと）をする記事になってしまっているが、誄をしたとされる巨勢臣氏、粟田臣氏、大伴連氏らは、書紀編纂当時の朝廷内派閥抗争時代において書紀編纂者らの派閥とは対立する派閥に属した氏族（反藤原不比等派閥）である。すると、この条目の誤編年の背後にも、㉖・㉗の誤編年に潜む意図と同質の、陰湿な派閥力学を観取することができる（補論3参照）。

　次の例として、皇極2年紀の2月是月条と皇極3年紀6月是月条に同事重出記事があり、本来の皇極3年＝皇極2年紀の方が本来の記事であり、これが皇極3年紀に誤編年されたと考えられる。両条を見ると、

皇極2年紀《本来の皇極3年》の二月是月条に、

A　国の内の巫覡（かむなき）等、枝葉を折り取り、木綿（ゆふ）を懸掛（しでか）け、大臣《蘇我蝦夷》の橋を渡る時を伺候（うかが）ひて、争（きそ）ひて神語（かむこと）の入微（たへ）なる説（ことば）を陳（の）ぶ。其の巫（かむなき）甚多（にへさ）にして、悉く聴く可（べ）からず。

とあり、

他方皇極 3 年紀《新甲辰年・644年。実は本来の皇極 4 年・旧甲辰年・645年》の六月是月条には、

a　国の内の巫覡等、枝葉を折り取り、木綿を懸掛け、大臣の橋を渡る時を伺ひて、争ひて神語の入微なる説を陳ぶ。其の巫、甚多にして、具（つぶさ）に聴く可からず。

b　老人等の曰はく、「移風（ときかは）らむとする兆（きざし）なり」と。時に謡歌（わざうた）三首有り。

其の一に曰はく、

遥々（はろはろ）に　言（こと）そ聞（きこ）ゆる　島（しま）の薮原（やぶはら）

其の二に曰はく、……

とある。

　両記事のAとaは酷似しており、同事重出と考えられるが、aにはbが付属しており、そこに三首の謡歌がしるされている。而してこれらの歌については、乙巳の変で蘇我入鹿と蝦夷が滅ぼされたあとに、ここに至る経緯を予兆する歌であったことが解き明かされるという筋立てになっている。

　歌の解き明かしは皇極 4 年紀《新乙巳年・645年。実は本来の皇極 5 年・旧乙巳年・646年・大化元年》の 6 月己酉【13】是日条に、

是（ここ）に或人、第一の謡歌（わざうた）を説きて曰はく、「其の歌に『遥々に言そ聞ゆる島の薮原』と所謂（い）ふは、此れ即ち、宮殿（みや）を嶋の大臣《蘇我馬子》が家に接（まぜ）て起（た）てて、中大兄と中臣鎌子連と、密（しのび）に大義（おほきなることはり）を図りて、入鹿を戮（ころ）さむと謀（はか）れる兆（きざはし）なり」といふ。第二の謡歌を説きて曰はく、……

とある。

　つまり、この第一の歌は入鹿誅殺の謀議の兆しであるというのであるが、山尾

氏が夙に指摘されているごとく注7、この謀議のことは皇極3年紀正月条に記されていて、その謀議の兆しの歌が、皇極3年紀の六月是月条に掲げられるのは順序がおかしいわけである。故に皇極3年紀六月是月条は、元来は、本来の皇極3年＝皇極2年紀二月条にあった記事でなければならない。これを皇極3年紀に誤編年したため、兆し歌が兆し歌ではなくなる筋立てになってしまったのである。六月は二月の誤記・誤写による紛れであろう。

　ともあれ、以上、舒明13年紀・皇極紀については記事の連接を尊重しつつ一斉に1年繰り下げ、その上で少数の調子外れの条目だけ1年繰り上げることで、書紀の外交史については、よほど見通しが改善されることがわかった。

　これをもし逆に、それら少数の条目の方が正しい年代であると考えて他の外交記事をこれに合わせるように1年繰り下げようとすると、却って多大な混乱を招き、外交史に曖昧な認識を齎（もたら）すことになる。

　舒明13年紀と皇極紀がこのように実際より1年引き上げて編年されているとすると、続く孝徳紀、つまり大化年紀と白雉年紀もいずれも同じく実際より1年引き上げて編年されていることになる。逆にいえば、真の年次を求めるには、これらをいずれも1年引き下げて読まなければ真実の年次にならないということになる。調査してみると、この1年繰り上げ操作は斉明3年紀まで続いている。そしてその斉明3年紀は、実は本来、斉明4年紀と同一年次の記事であり、書紀は本来は1年次の記事を2分して斉明3年紀と斉明4年紀に分配し1年分のダミー年次を作ったらしいことが知られる。そこでこの操作のため、斉明4年紀からしばらくは（天智8年紀までは）、数か条を除いて、正しい西暦年に編年される形になっている（「数か条を除いて」という除くべき数か条の中には、既述の斉明天皇の崩御記事がある。本来は天智元年紀・新壬戌年・旧辛酉年・662年・本来の天智元年における崩御であったのに、この崩御に関する一連の記事が斉明7年紀・新辛酉年・661年に繰り上げて編年され、前後の記事と遊離した形になっている。別の著名な例として、かの有名な甲子の制がある。この甲子の制は天智3年紀・新甲子年・664年2月条に編年されているが、実は天智4年紀・新乙丑年・旧甲子年・665年の2月に移されなければならない）。

　ところが天智9年紀は本来の天智9年と本来の天智10年を1年に縮約した年紀である。続く天智10年紀と壬申乱紀および天武2年紀は1年繰り上げられた年紀であり、天武3年紀は天武4年紀の記事から作った閑散たるダミー年次であり、天

武 4 年紀から持統末年紀までは数か条を除いて正しい年次に編年されている。これらについて詳しくは前掲拙著を参照されたいが、次節でその要約を記して古事記の数合わせの謎を解く基礎とする。

補論 1　豊璋の質身分について

舒明 3 年紀 3 月庚申朔【1】条に

　　百済王義慈、王子（せしむ）豊璋を入（たてまつ）りて質（むかはり）と為す。

とある。舒明 3 年紀は従来説では新辛卯年・631 年であるが、実は旧辛卯年・632 年であろうと考えられる（前掲拙著参照）。いずれにせよ、義慈王が即位するのは 641 年であるから、ここに「百済王義慈」とあるのは矛盾している。のみならず豊璋＝翹岐は皇極元年紀＝本来の皇極 2 年・643 年正月に初めて日本に亡命するのであるから、この条は明らかに編年を誤った条目である。

　流刑に処せられた豊璋が質身分を得たのがいつであったかが問題となる。思うに、この舒明 3 年紀 3 月 1 日条は、本来の皇極 3 年・644 年の記事が誤編年されたものではなかろうか。あるいは（旧）癸卯年（本来の皇極 3 年）と辛卯年（舒明 3 年紀・実は旧辛卯年）の紛れであったのかも知れないが、いずれにせよ、本来の皇極 3 年＝皇極 2 年紀における百済からの使節が、豊璋の質身分を確定する知らせを齎したのであろうと考えられ、そのことが、「百済王義慈、王子豊璋を入りて質と為す」と記され、これが舒明 3 年紀に誤編年されたと推測される。

　皇極 2 年紀を見ると、7 月辛亥【3】条に百済使節と朝廷側との交渉が記されているので、このときに翹岐＝豊璋の質身分の確認がなされたものと推測される。月日が異なった機序については未詳であるが、敢えて考えれば、七月と三月の紛れによって、本来の皇極三年七月庚辰【9】条が、舒明三年紀三月庚申【1】条に誤編年されたというようなことが考えられないではない。

　これより先、本来の皇極 3 年＝皇極 2 年紀・644 年の正月に、唐の太宗は百済と新羅に諭告し、義慈王はこれに対して陳謝の書を上げたと百済本紀に伝えられている。また同じ正月、太宗は高句麗に対して、再び百済とともに新羅を攻めれば唐は高句麗を討つと宣言する璽書を与えている（高句麗本紀・旧唐書高麗伝。蓋蘇文はこれを拒否し、同年後葉から翌年にかけての唐による第一次高句麗征討が始まる）。こうした状況下で、百済は豊璋の質身分を認めて日本の援助に幾許かの

期待をかけたのではないかと思われる。

　仮に書紀編年の通りであると、翹岐＝豊璋は当初より質身分として追放されたかのように考えられてしまうが、そもそも追放される身分の者が同時に質であること自体、常識では考え難い。質の意味が無くなるからである。追放身分が解除されて質身分へという順序でなければならない。このことからしても、舒明3年紀3月条が編年違いであることは疑いない。

　皇極2年紀是歳条に、

　　百済の太子餘豊《＝豊璋＝糺解＝翹岐》、密蜂の房（す）四枚を以て、三輪山
　　に放ち養ふ。而して終に蕃息（うまは）らず。

とある。ここで「太子餘豊」とある「太子」が問題である。この年、翹岐＝豊璋の追放身分が解除されて質身分となったことは前記の通り舒明3年紀3月条の誤編年を正すことで推測したが、同時に太子身分へと昇格したのであろうか。しかし、百済本紀によればこの年644年の正月、扶余隆が太子に立てられている。従ってここに餘豊＝豊璋を「太子」とするのは、従来説かれる如く斉明朝の事実からの書紀編者による追記注8、あるいはまた、朝廷による勝手な太子号などと考えるほかないであろう。

　なお、書紀は豊璋（＝餘豊＝糺解）と翹岐を別人のように扱っているが、よほど阿曇連比羅夫の功績を認めたくなかったのである。

補論2　百済王敬福伝

　続日本紀の天平神護2年（766年）6月壬子【28】条に百済王敬福伝あり。そこに、

　　刑部卿従三位百済王敬福薨りぬ。その先は百済王義慈王より出づ。高市岡本
　　宮に馭宇（あめのしたしろしめ）しし天皇《舒明天皇》の御世に、義慈王、そ
　　の子豊璋王と禅広王とを遣して入りて侍らしむ。後岡本朝庭《斉明朝》に泊
　　（およ）びて、義慈王の兵敗れて唐に降る。……豊璋、船に駕（の）りて高麗
　　に遁（のが）る《天智2年紀8月28日条》。禅広は因りて国に帰らず。藤原
　　朝庭《持統朝》、号を賜ひて百済王と曰ひ、卒して正広参を贈る《持統7年紀
　　正月15日条》。子、百済王昌成、幼年に父に随ひて朝に帰す。父に先（さき
　　だ）ちて卒しぬ。……子、郎虞は奈良朝庭の従四位下摂津亮なり。敬福は即
　　ちその第三子なり。

とある。舒明朝に義慈王が豊璋と弟の禅広王、つまり塞上を遣したとあるのは、補論 1 に述べた舒明 3 年紀の誤編年記事に従う記述であろうとされる[注2]。取りあえずこの説に従いたいが、しかし、舒明紀には豊璋のことのみが記されていることでもあり、そう推断するにはなお慎重でありたい。あるいは、舒明天皇の存命中の642年末ごろには既に流罪が内定しており、翌年の正月に義慈王の母が亡くなって刑が実行に移された、という経緯であったため、舒明朝に入侍せしめられたという伝になったのかも知れない。

　なお、上の文によって、塞上＝禅広王も兄の翹岐＝豊璋に従って日本に亡命したが、そのときなお幼年であった子の昌成を伴っていたことが知られる。西本氏はこのことによっても、舒明 3 年紀 3 月条の記事が編年違いであることを論証しておられる[注2]。洛陽から出土した扶余隆墓誌によって隆の生年は615年、その（異母）弟（旧唐書劉仁軌伝による）である余勇＝塞上は631年には17歳未満でなければならず（632年でも18歳未満）、幼児を伴う年であったとは考え難い故とされる。その通りと思われる。

補論 3　筑紫大宰の馳驛奏記事について

　皇極 2 年紀の 4 月21日条の「筑紫大宰、馳驛して奏して曰く、百済国主の児翹岐・弟王子、調使と共に来り」と同年紀 6 月13日条の「筑紫大宰、馳驛して奏して曰く、高麗、使を遣して来朝り。云々」が本来の皇極 2 年＝皇極元年紀の正月条にあるべき記事の誤編年記事であろうことは本論に述べた通りであるが、この両記事はどちらも「筑紫大宰、馳驛して奏して曰く」に始まっている。書紀編年のままであると、筑紫大宰の馳驛奏は著しく遅延してもたらされたことになる。

　かつて拙著『国の初めの愁いの形――藤原・奈良朝派閥抗争史』[注9]で論じた通り、奈良時代初めの二大派閥対立時代にあって、石上氏や大伴氏など大宰府系氏族とも云うべき西方系の諸氏は反藤原不比等派閥の筆頭であった。一方書紀は専ら親不比等派の諸氏によって編集された国史である。このことを考えるなら、これら二条の誤編年は書紀編纂者らによる、或る種の悪意ある意図的誤編年であった可能性がある。

　旧日本紀に当たる和銅日本紀を編んだ紀朝臣清人・三宅臣藤麻呂は反不比等派である。従って書紀は旧日本紀を撲滅する使命を帯びて誕生した国史でもあった。

　因みに奈良時代の阿曇氏と高橋氏（＝膳氏）の対立は古来有名であるが、両者

の対立図式も反不比等派と親不比等派の対立図式に重ねて理解できる。書紀における阿曇氏関連の記述に曖昧さや不名誉記事が特に多い事情も、こうした背景のもとに理解されるべきである。

　皇極元年紀12月条に見る舒明天皇の発喪・誄の条の誤編年においても、誄をした巨勢臣氏、粟田臣氏らは、大伴連氏とともに、反藤原不比等派に属した諸氏である。余りに遅延した誄のように誤編年された背後には、ここにも悪意ある意図を秘めた陰湿な派閥力学を観取することができる。

注1　山尾幸久「六四〇年代の東アジアとヤマト国家」『青丘学術論集　第2集』（韓国文化研究振興財団　1992年）所収。

注2　西本昌弘「豊璋と翹岐──大化改新前夜の倭国と百済」『ヒストリア』107、1985年。

注3　廣瀬憲雄氏「皇極紀百済関係記事の再検討」『日本歴史』786号、2013年。

注4　注2論文p.12下段〜p.13。そのp.13に「豊璋の別名を糺解というが（斉明7年紀4月条・天智2年紀5月癸丑朔条）、この糺解と翹岐とは同音をあらわしているのではないか」として、『釈日本紀』秘訓の翹岐・ケウキと糺解・キウケの訓みを挙げ、百済上古音の比較によって、「糺解すなわち豊璋と翹岐とは同一人物である可能性が大きい」とある。

注5　注1掲載の山尾幸久氏の論考に親族内部の抗争に関する論がある。恩古を母とする長子隆・次子泰らと、その異母兄弟である豊璋・塞上らとの王族内部における地位をめぐる争いが推測されている。恩古については、斉明6年紀7月乙卯【16】条の分注に引く『日本世記』に百済滅亡の原因を評する或曰として「君の大夫人の妖女、無道にして擅（ほしきまま）に国柄を奪ひて、賢良を誅殺すによりての故に、斯の禍を召（まね）けり」とある「妖女にして無道なる」大夫人が恩古のことと目され、この恩古の意向が翹岐＝豊璋・塞上らの追放を齎したと推測されている。

注6　鈴木英夫「大化改新直前の倭国と百済──百済王子翹岐と大佐平智積の来倭をめぐって──」『続日本紀研究』第272号　1990年

注7　山尾幸久「大化改新直前の政治過程について（上）」『日本史論叢』第1輯1972・3年

注8　渡辺康一「百済王子豊璋の来朝目的」『国史学研究』19、1993年

注9　拙著『国の初めの愁いの形──藤原・奈良朝派閥抗争史』（風濤社　1998年）

第3節　大化紀以降の編年の修正について

　以下は、これも前節同様、旧拙著『日本書紀編年批判試論』の第二〜七章、或いはその修正補足版『6〜7世紀の日本書紀編年の修正……』の第11〜16節の抄論である。

　前節に、「『歴史』とは最も素朴な意味では、事実を生起した順に記録したもの、である」と述べた。その「生起した順」に記録された「歴史的」事実を調査考証することで歴史学が成立する。従って、当然のことながら「生起した順」に記されていない記録によっては、正しい歴史学は成立しない。生起の順の乱れのみではなく、重要な事実が欠落していることもあり得る。この場合も歴史学には致命的な障害になる。

　史料によっては正しい順に置かれていない場合や、重要史料が欠落している場合がある。そうした要素を可能な限り正すことは、歴史学の最も基礎的な任務の一つになる。

　取り分け時代を遡るほど、記録の乱れや欠落は多くなる道理であり、従ってそれだけそうした基礎作業は困難になる。しかし、歴史学が科学であろうとするのであれば、この基礎作業はできる限り綿密になされなければならない。古い時代の史料であれば、偶発的な記録順の乱れや欠落などの不備が多くなるのはやむを得ないと思われる。しかし、もしその記録順の乱れや欠落に、意図的な人為的な要素が混入していたとすると、これはやむを得ない不備という範疇を外れる。こうした形の人為的な不備を齎す行為は、歴史学の基礎を人為的に乱す行為であり、正しい歴史学を妨害する行為になる。

　書紀について考えると、従来、少なくとも推古朝以降の編年については、書紀の編年を、幾つかの例外的な編年間違いを除いて、基本的には素朴に信じることで日本古代史学が構築されてきた研究史がある。しかしもしこの基本的な信用が崩れるとしたら、ことは重大である。もし人為的な編年操作がなされて、史実の生起順序そのものが狂わせられていたとしたら、書紀編者らは、歴史学に対する重大な過ち、一種の犯罪を犯していたことになる。

　そうして、実はその重大な過ちが実際に犯されていたという一端を、前節で明らかにした。舒明天皇の崩御と続く皇極紀が1年を繰り上げて編年され、例外的

に正しい年次に置かれた条目があるが、実はそれらは前後の記事からは遊離した記事であり、それらこそ逆に間違った編年を施された記事なのであり、全体を1年引き下げた上で、1年繰り上げてもとの正しい位置に戻さねばならない記事であった。

のみならず、その遊離した記事を調子はずれの位置に編年した者らの意図の裡には、書紀編纂当時の朝廷内の派閥対立に根差した陰湿老獪な意図が混入していたことが推測された。

当時の朝廷内派閥対立を模式的に単純化して述べれば、親藤原不比等派 v.s. 反不比等派という図式に当てはめることができるが、書紀は親不比等派によって編集された国史であり、さまざまな手段によって反不比等派の氏族伝承を当該氏族にとって望ましからぬ形に変更していることが知られる（前節補論3参照）。

書紀編年の操作総体も、基本的には同じ派閥力学に左右されつつなされたものであり、その「犯罪」性は隠微な悪意に満ちたものになっている。

I　孝徳紀（大化紀・白雉紀）の編年の修正

さて、前節では皇極紀の干支年が名目上保存されて、旧○×年が新○×年へと1年繰り上げて編年されていることを見た。

皇極紀末年である大化元年紀も1年繰り上げて編年されている。

いわゆる乙巳の変、中大兄皇子が蘇我入鹿を斬った事件は、従来説のごとき新乙巳年・645年の事件ではなく、旧乙巳年・646年の事件である。そのように理解して初めて海外史料との整合性が生まれることに注意したい。

実際、中大兄皇子らが蘇我入鹿を斬ったというこの乙巳の変は、高麗・百済・新羅という三韓がともに天皇に上表することを口実に入鹿をおびき出してこれを斬ったとされている。ところが、三韓が我が朝廷に踵を接して相まみえるというような状況は、西暦645年の6月にはあり得ず、翌年の646年でなければならない。

百済本紀によれば、百済義慈王は642年7月以降の攻勢で旧任那の相当部分を占領した後、翌643年の11月には高句麗と和合して新羅から唐への道を塞ぎ新羅を攻めたが、新羅王は唐に救援を求めたため百済は兵を引いたとある。

644年正月、唐は高句麗と百済に璽書を送り、新羅から手を引くように命じるが、高句麗の蓋蘇文は逆に、新羅の方こそ奪った高句麗の故地を返すべきであると応酬している。

　唐の太宗は高句麗征討を決断し、同年年末には、海を渡って平壌を討つ水軍を莱州から発し、陸路遼東を討つ本隊、陸軍 6 万および胡軍を、高句麗との国境に近い幽州に集結させた。

　この間に、韓半島では新羅の将軍金庾信が、百済の 7 城を奪っている。644年 9 月のことである。7 城の地名は明らかでないが、先に義慈王が占拠した任那の一部を奪回したのであろうと目されている。

　645年 4 月、唐の征高句麗軍本隊は遼河を渡り高句麗領に侵入、建安城を破り数千名を殺し、蓋牟城を攻め落として 1 万名を捕え糧穀10万石を鹵獲、その地を蓋州と命名している。5 月には水軍が卑沙城を落とし、このとき高句麗の側は男女 8 千人が死んだという。唐本隊は更に遼東城を攻め、ついにこれを降伏させて遼州と改名、ここでも高句麗側の被害は甚大で、戦死者 1 万余名、捕虜 1 万余名、さらに男女 4 万名糧穀50万石を失ったとされる。唐軍は更に白岩城の降伏を得てそこを岩州と改め、太宗は更に安市城の攻略に向かう。ところがここで高句麗はよく抵抗し、なんと結局唐軍は寒波に見舞われ糧食尽き、退却を余儀なくされることとなる。退路、唐軍は十月の暴風雪に多くの兵馬を失ったという。

　この間、新羅は唐に協力していたが、5 月には、百済が新羅のその隙を突いて新羅の 7 城を奪い取っている。前年に失った 7 城を奪還したものと考えられている。

　さて、皇極 4 年紀を645年とする従来説によれば、中大兄皇子・中臣鎌足らが蘇我入鹿を斬った乙巳の変は、まさに唐の大遠征軍が遼東にあって高句麗軍と死闘を繰り広げていた最中に起こったこととされてきた。唐の大軍が高句麗を攻め滅ぼす勢いで遼東を侵攻し、その隙を突いて百済が新羅を侵攻していた時期、そうして唐軍が同年10月にかけて這々の体で退却するに至るそのさなかの 6 月に、三韓上表を口実とする乙巳の変が計画遂行された、と考えられてきた。朝鮮半島全体を巻き込んだこの動乱の規模の大きさからすれば、およそ考えがたい次第ではあるまいか。皇極 4 年紀＝大化元年紀＝孝徳即位前紀の 7 月10日条には三韓の進調記事があり、高麗使と百済使への詔勅が述べられているが、その内容は平時の詔勅そのものであり、かかる動乱の最中に即応した詔勅のごとき様相は微塵もない。

　皇極 4 年紀は、実は西暦646年であり、従って実際には、この乙巳年のクーデターは、唐の高句麗遠征が取りあえず失敗に終わって唐軍が高句麗から引き上げ、新羅と百済の関係も一時的な休戦状態に入り、三韓ともに従来以上に日本との関

係を重視していたであろう646年になって、その三韓の来日・上表を好機として行われたクーデターである。事件の経緯としては、従来説によるより、皇極4年紀を新乙巳年・645年から旧乙巳年・646年へと1年繰り下げて見直す方が、国際情勢の経緯と乙巳の変との関連を、より整合的に説明できる。645年では、三韓の上表を口実に蘇我入鹿を騙すことなど、およそ不可能であったと思われる。

　乙巳の変は新乙巳年・645年6月の事件ではなく旧乙巳年・646年6月の事件である。大化改新も従って646年に始まるのであり、大化元年紀も646年なのであって645年ではない。645年は皇極3年紀であって、この年紀に外交記事が皆無であるのは偶然ではない。

　大化2年紀（これも新丙午年・646年ではなく実は旧丙午年・647年）の9月条に、国博士、高向博士黒麻呂（玄理）を新羅に遣わして人質を貢らせ、遂に新羅の負っていた任那の調を取りやめたと記されている。朝鮮状況の変化に即応した処置であり、同時に、改新政治の平和外交路線の一環でもあったと見做し得る。

　ここで、旧唐書倭国伝を見ると、倭国は貞観22年（648年）新羅に附して表を奉り、以て唐に起居を通じたと記されている。新羅本紀によれば、この年の正月、新羅は唐に遣使朝貢しているので、日本が新羅につけて奉った上表文はこのときの唐への使いに託されたものと思われる。

　大化3年紀（これも実は旧丁未年・648年である）正月15日条には、この日、高麗・新羅が朝廷に使いを遣わして調賦を貢献したとあるので、この年の正月に新羅は唐と日本の双方に遣使していたことになる。

　さて、旧唐書倭国伝にいう、新羅に附して表を奉る仕事の実務を果たしたのは、前年（647年）9月以来新羅にあった高向玄理一行であったのではなかったか。

　30余年の長きに亘って中国に学んだ経歴を持つ国博士高向玄理が直々に遣わされての外交である。これはまさしく新羅との交渉とともに、新羅から唐に通じて表を奉じ、日本の起居消息を知らせるのみでなく、唐の消息を探り、中断していた対唐外交の再開の可能性を見積もる使命をも帯びていたものではなかったか。

　大化3年紀是歳条には、新羅が、上臣大阿飡金春秋を遣して博士高向黒麻呂（玄理）らを送り、孔雀一隻・鸚鵡一隻を献り、仍って金春秋を質としたとある（大阿飡は、新羅17階官位の第5階であるが、新羅本紀には642年条・648年条のいずれにも、金春秋は伊飡とある。伊飡は、第2階である。新羅の「上臣」は日本の大臣に当たるとされるので、大阿飡は伊飡の誤りであろう）。

　金春秋は新羅の王族であり、642年、新羅が百済義慈王のために侵寇を受けたとき、その娘を殺され百済打倒を決意したとされる人物であり、このとき、援軍を請うて高句麗に入り拘留されるという危機をくぐり抜けた体験を持つ。

　この「上臣」金春秋が送使兼人質となって、648年中に高向玄理とともに日本に来た。

　すると次のような次第になる。つまり、玄理ら一行は、従来説の646年ではなく647年の9月に新羅に遣わされ、このとき、唐との外交交渉をも任務の一部として負っており、648年正月には、その首脳部もしくはその一部が新羅の遣唐使とともに唐に入朝、起居を通じ、次いで金春秋らに送られて日本に戻ったという段取りになる。

　金春秋は、従来説の647年ではなく、648年に玄理らを送る送使を兼ねて来朝し、一旦人質にもなった。この新羅の上臣の人質期間は長くはなかったようである。新羅本紀や旧唐書によれば、金春秋は太宗の貞観22年つまり648年の閏12月、子の文王とともに唐に入朝している。ということは、金春秋は、おそくとも日本に来た年の閏12月の前までには帰国し、唐に入っていたことになり、結局、金春秋の在日は西暦648年という年における1年に満たない（おそらくは半年ほどの）短期間であったことになる。

　この人質期間に金春秋が見た日本の現実は、難波長柄豊碕宮への遷都とともに、前年（647年）に改新の詔を発し、更にその前年（大化元年である）以来着々と準備されていた戸籍計帳・班田収授の制を実現するため、武器の収公・土地売買の禁止・土地の収公・鐘匱の制・男女の法の制定、そして冠位制度・官僚体制の定立など、中国の制度に範を採った聖君中央集権体制ともいうべき治政が怒濤のごとき勢いで整備され実施されようとしていたさ中である。儒仏思想に裏打ちされた衆生救済の理念のもと、中国の制度を半ば直輸入する形での体制整備が、僧旻・玄理ら国博士や中大兄皇太子・内臣中臣鎌足らを中心に、唐からの帰国僧・帰国学者らを頭脳集団として、熱烈に追及されていた時代である。

　金春秋の帰国を契機とするかのように新羅が日本以上に唐への傾倒を示すことになる原因の一つに、金春秋がこの間の日本の内政の動向に大きな刺激を受けたことが挙げられてよいのではないか。新羅本紀によれば、648年唐に入った金春秋は唐の礼服の制に従うことを請うて許され、自分の子を太宗の警護に就かせ、649年の正月には新羅は初めて中国の位冠を用いるようになったと記されている。翌

年には中国の永徽年号さえ用いて中国の属国の態をなすに至っている。新羅のこうした唐への迎合的ともいえる接近は、百済・高句麗へ対抗するための安全保障策でもあった。

　こうした新羅の動きに対応するかのように、日本は大規模な遣唐使を計画し実行する。しかも、白雉4年紀と同5年紀（従来説では653年と654年であるが、実は654年と655年である）の2度に亘り、遣唐使が矢継ぎ早に派遣されるという（従来説に依る限りその理由が判然としないという意味で）一見異常な連年の派遣次第が出現する。

　この遣唐使事業について見る前に、この前後の唐・朝鮮半島状況を概観しておくと、まず既述の通り唐は644年から645年にかけて第1次の征高句麗遠征を行って失敗していたが、647年には第2次遠征を果たす。今回は高句麗の謝罪があり、同年12月、太宗がこれを許す形で一旦は決着する。648年にも唐は第3次の高句麗遠征軍を派遣、高句麗を大いに討つも、翌649年5月太宗が崩御したため、遼東の役は頓挫した。

　新羅では647年、女王善徳王に対して、女王では政事を能く治め得ないとして毗曇らが謀反するも、金庾信らが平定。同年初め毗曇の乱のさ中に薨去した善徳王に代わり、その父の母方従姉妹に当たる真徳王が即位。その後、新羅と百済は同年10月、翌648年3〜4月、649年8月と3度の争いを繰り返したが、最後の戦闘をひと区切りとして、朝鮮半島では654年の末ごろまで5年余り、まずまず平穏な時期が続くことになる。唐太宗が崩御したあとの、比較的長い平穏期であった。

　654年3月、新羅では真徳王が薨じ、金春秋が即位した。太宗武烈王である。

　日本が23年ぶりに第2次の遣唐使を派遣したのは丁度この年、つまり白雉4年紀（実は旧癸丑年・654年）の5月12日条である（第1次遣唐使は、舒明2年紀・本来の舒明3年・旧庚寅年・631年の発遣）。648年に新羅使に付して唐に起居が通ぜられた6年の後である。大使・副使のペアを2組用意し、船も2艘、1艘には121人、別の1艘には120人が乗り込んだ。それぞれに学問僧・学生が乗船し、初めの船には中臣鎌足の長子定恵が学問僧の一人として名を連ねている。改新の治政が着々と整う過程で、満を持して発遣された外交使節である。同乗した学問僧・学生らには、第二・第三の僧旻・高向玄理となって帰国する期待が込められていたに違いない。唐の文物を広く深く学ばせんがため、改新政府、中大兄皇子や中臣鎌足ら朝廷首脳陣らの切なる期待と大なる希望を乗せた、大規模な船団であった。

　ところが、この遣唐船2艘のうち、定恵らの乗った船は無事に渡海を果たすものの、もう1艘は不運にも沈没し、僅かに5人が竹島に流れ着き、竹で筏を作って5人の生還に寄与した門部金（かどべのかね）なる者が進位給禄された（同年紀7月条）。

　こうした不運な悲劇も併せて、この度の遣唐使は、癸丑年の遣唐使として人々の記憶に残り、長く語り伝えられてもいたはずである。ただしその癸丑年とは旧癸丑年、つまり新癸丑年・653年ではなく、654年であったはずである。

　この遣唐使に関する中国側の記録と思われるものが、旧唐書、高宗の永徽5年（654年）12月癸丑【12】条に見える。即ち、

　　倭国、琥珀（こはく）・碼碯（めのう）を献る。琥珀の大きさ斗の如く、碼碯
　　の大きさ五斗器の如し。

とある。隋唐時代の一斗は約6リットル、5斗なら約30リットルである。話が大げさであるとしても、巨大なコハクとメノウが献上されたことは疑いない。

　この記事が、第2次遣唐使に関する記事であろうと思われる理由の一つが、この巨大な珍宝が唐に献上されたという事実にある。多くの学問僧・学生を受け入れてもらうに当たっての謝礼のための献納物の一角であったと見做せるからである。

　翌年の白雉5年紀7月是月条に、無事任務を果たして帰朝した第1船の大使らへの褒賞記事がある。遣唐大使らが唐の天子に会って多くの文書・宝物を得たことが誉められ昇叙・賜封されている。遣唐大使らが唐から多くの文書・宝物を贈られたということは、遣唐使がまず唐に対して交誼のための宝物を多量に献上していたであろうことを推測させ、上の巨大な琥珀・碼碯の献上記事と応じ合う。

　ところが、この琥珀・碼碯が唐に献上された翌月、つまり655年正月、高句麗は百済・靺鞨（まっかつ）と連合して新羅北辺を攻め33城を取る。649年8月の百済と新羅の戦闘を最後に、654年末まで続いていた朝鮮半島の平和は、かくして655年早々に終わることとなる。33城を奪われた新羅は唐に救援を求め、唐の高宗は、高句麗本紀によれば2月、新羅本紀や旧唐書によれば3月、征高句麗軍を派兵、5月には唐軍は遼水を渡って遼東を討ち、千余名を殺獲することとなる（百済本紀はこれらを8月にかける）。

　新唐書の日本伝には、旧唐書と同じ日本の遣唐使によるコハク・メノウの献上記事に続いて、唐の高宗が日本に璽書を下し高麗と百済によって暴害を受けている新羅を救援する兵を出せと命じたことが記されている。即ち、

永徽の初め、其の王、孝徳、位に即く。元を改め白雉と曰ふ。献れる虎魄の大きさ斗の如く碼碯は五升器の若し。時に新羅、高麗・百済の為に暴（をか）さる。高宗、璽書を賜ひて兵を出して新羅を援け令（し）む。

とある（メノウの大きさを旧唐書が五斗器とするところを新唐書は五升器とする。五斗器の10分の1になる。どちらが正しいかは不明）。

　この璽書のことは、コハク・メノウの献上記事に続けて書かれているので、654年の遣唐使に対して与えられた璽書であったと思われる。『善隣国宝記』所引の「唐録」にも、

高宗の永徽5年、倭国使、琥珀・馬瑙を献る。高宗、之を慰撫す。仍ち云く、王の国、新羅・高麗・百済と接近（ちか）し。若し危急有れば、使を遣し之を救ふべし、といふ。

と、新唐書と類似の記事があり、こちらは高宗が倭国使に対して語ったように書かれている。唐は日本からの多数の学問僧・学生を受け入れる代償として、救新羅軍の派兵を日本に要求したのである。現代でいえば、さしずめ「集団的自衛権」を理由に、某国が日本に参戦を促す状況に似ている。<u>日本の遣唐学問僧・学生らは、唐の対朝鮮戦略における人質に等しい存在となった</u>。

　白雉5年紀2月（或本説では、夏5月。おそらくこちらが正しい）、国博士高向玄理を押使とする第3次遣唐使が派遣される。同年紀に、

二月、大唐に遣す押使（すべつかひ）《大使の上位に置かれた使者である》、大錦上《のちの甲子の制による冠位であり、追記》高向史玄理〈或本に云く、夏五月、大唐に遣す押使、大華下《大化5年紀制定の冠位であり、こちらが正しい》高向玄理〉大使小錦下《これも追記》河辺臣麻呂、副使大山下薬師恵日、判官大乙上書直麻呂・宮首阿弥陀〈或本に云く、判官小山下《「大乙上」より1階上》書直麻呂〉・小乙上岡君宜・置始連大伯・小乙下中臣間人連老〈老、此を於喩（おゆ）と云ふ〉・田辺史鳥等、二船に分れ乗る。

留連（つたよ）ふこと数月、新羅道を取り莱州に泊れり。遂に京に到り天子に覲（み）え奉る。是（ここ）に、東宮監門、郭丈挙、悉に日本国の地里及び国の初の神の名を問ふ。皆問に随ひて答へつ。

<u>押使高向玄理、大唐に卒（みう）せぬ。</u>

〈伊吉博得言く、学問僧恵妙、唐に死せぬ。知聡、海に死せぬ。智国海に死せぬ。智宗、庚寅年を以て新羅の船に付きて帰る《持統4年紀・新庚寅年・

690年9月23日条に帰国記事あり》。覚勝唐に死せぬ。義通海に死せぬ。定恵、乙丑年《新乙丑年・665年・天智4年紀。書紀が引く伊吉博得の書や言にある干支年はすべて新干支年である》を以て劉徳高等の船に付きて帰る。妙位・法勝・学生氷連老人・高黄金、并十二人、別倭種韓智興・趙元宝、今年《新壬申年・672年である。書紀の天智10年紀が実はこの新壬申年・672年である。「壬申年」と記すことができなかったため、「今年」などという曖昧な言辞でごまかしたのである。このごまかしは書紀編年捏造の一証拠である。当節末葉参照》、使人と共に帰る〉

とある。

　白雉5年紀を従来説によって654年の記事と見る限りでは、前年に続いて発遣されたこの第3次遣唐使の目的が不明にならざるを得ない。そのため、坂本太郎博士などはこの遣唐使の押使高向玄理に対して、見当違いな考察に陥っておられる。曰く「高向玄理が再び唐に赴いたことには、必ずや何等かの事情が存してゐたとせざるを得ず、或は改新の意気世を去ったが故にその才幹の用ゐられざるに楽しまず、死所を唐に求めんとする絶望的な心持が彼にあったのではあるまいか」と。一代の碩学、坂本博士にこれほど的外れな失考を強いた原因に書紀の意図的な編年操作があったとすると、書紀の犯した罪の大きさが知られようというものである。「死所を唐に求めんとする絶望的な心持」によって、2船に分乗するほどの規模の使節団を組んで渡唐したなど、およそ考え難いことである。高向玄理は、確かに身命をかけて唐に渡ったに違いない。ただしその年次は655年であり、その目的は、唐からの軍事協力の要請に対して、日本側の不戦の理念を伝えるためであったと考えられる。事実、この後少なくともしばらくは、唐が日本に対して無益な派兵要請を繰り返した様子は正史による限りでは見当たらない。日本はこのあと、百済滅亡の危機を真近に見た661年になってようやく救百済軍事を発動するまでは、在唐学生・学問僧らの無事を祈りつつ、どうにかして平和外交に徹しようと努力したのである。

　第2次遣唐使と第3次遣唐使の経過を海外史と対照させて考えるとき、その年次を従来説通り653年と654年のことと見るか、1年繰り下げて654年と655年のことと見るかで、それぞれの遣唐使の歴史的意義が全く異なったものとなるのは以上の考察によって明らかであろう。取り分け、従来説では第3次遣唐使の負った厳しい平和外交への努力を見逃し、かてて加えて高向玄理に対してあらぬ嫌疑す

ら付与するはめに陥る。これは、書紀編年が歴史に対してどのような「犯罪」を犯すことになっているのかを考える好個の一例である。

念のため、史的経過を日本史と海外史を対照させて表示すると、従来説では次の通り。

書紀編年	海 外 史
白雉4年紀・653年5月　第2次遣唐使	
白雉5年紀・654年2月（5月）第3次遣唐使	
	654年12月　倭国使、コハク・メノウを献上
	655年　正月　高句麗・百済・靺鞨連合軍、新羅を攻撃
	新羅は唐に救援を要請
	唐は倭に救新羅軍の派兵を要請

然るに書紀編年を正せば、次の通りである。

修正書紀編年（＝旧日本紀編年）	海 外 史
白雉4年紀・654年5月　第2次遣唐使	
	654年12月　倭国使、コハク・メノウを献上
	655年　正月　高句麗・百済・靺鞨連合軍、新羅を攻撃
	新羅は唐に救援を要請
	唐は倭に救新羅軍の派兵を要請
白雉5年紀・655年2月（5月）第3次遣唐使	

このように書紀編年を1年繰り下げて対照させてみれば、第3次遣唐使が、海外事情に正しく即応してなされた派遣であったことが如実である。書紀編年が1年を繰り上げて編年されていることは疑いがない。高向玄理の名誉も、この観点から回復されなければならない。

白雉5年紀10月朔条、孝徳天皇が難波宮で病臥したとの知らせで、中大兄皇太子は、皇祖母尊（元の皇極天皇）・間人皇后（孝徳天皇の皇后）を奉じ、弟の大海

人皇子や公卿らを率いて難波宮に赴いた。同月壬子【10】条、天皇は正殿に崩じた。旧甲寅年・655年・本来の斉明元年のことである。これを新甲寅年・654年の崩御とする従来説は間違いである。

　なお、皇太子・皇祖母尊・間人皇后・公卿大夫・百官人等は、前年白雉 4 年紀のうちに、孝徳天皇を独り難波に残し、大挙して難波宮から倭京へ移遷していたが、この大移遷の理由については第 1 節の注 2・注 3 拙著において、当時の大陸の不穏な動きに触発された結果であった可能性は否定できないとしても、遣唐第 2 船の遭難、旻法師の終命など、打ち続いた凶事を、節度を越えた宮の造営にあったと考えたためでもあろうと推測した。別説に、孝徳天皇と間人皇后の婚姻が同母系婚姻であったため（間人皇后の母は皇極天皇であり、皇極天皇と孝徳天皇の母は吉備姫王である）、これが忌避されたためとされるが、両者の婚姻は当時の開明的風潮の中で許されていたものと考えられるので、この理由は採らない。そもそも政権中枢の大移遷となれば、間人皇后だけ引き離せばよいような些末な理由ではない、より大きな国家的理由が存在したのでなければなるまい。

　さて、大化年間と白雉年間について、大化年紀・白雉年紀と年干支の対応は、旧日本紀も書紀も、名目上は同じである。大化元年は旧日本紀も書紀もともに乙巳年であり、白雉元年は旧日本紀も書紀もともに庚戌年である。大化年間・白雉年間を書紀がどちらも並行に 1 年繰り上げている故である。たとえば、白雉 3 年紀の 4 月是月条に「是月、戸籍を造る」とあるのは、この白雉 3 年紀が、大化 2 年紀・旧丙午年・647年の改新の詔によって初めて戸籍計帳が造られて以来 6 年目の旧壬子年・653年に当たっていることを証している。戸籍は以後 6 年目ごとの旧子（ね）年と旧午（うま）年に造り続けられる。そうしてこの造籍と造籍の間に、戸籍に登録された全員に班田が与えられ続けるのである。この班田収授の法の制定と実施こそが改新政治の中核的施策であった。

　以上、孝徳紀の編年につき、書紀は大化 5 年間と白雉 5 年間を、一様に 1 年繰り上げて編年していたと考えねばならず、この考えを妨げる理由は無い。

　旧日本紀編年と書紀編年の関係を図示すれば次頁の図の通りである。

西暦年	旧日本紀	日本書記
645		皇極 4 年紀・大化元年紀・新乙巳年
646	皇極 5 年・大化元年・旧乙巳年	大化 2 年紀・新丙午年
647	大化 2 年・旧丙午年	大化 3 年紀・新丁未年
648	大化 3 年・旧丁未年	大化 4 年紀・新戊申年
649	大化 4 年・旧戊申年	大化 5 年紀・新己酉年
650	大化 5 年・旧己酉年	白雉元年紀・新庚戌年
651	白雉元年・旧庚戌年	白雉 2 年紀・新辛亥年
652	白雉 2 年・旧辛亥年	白雉 3 年紀・新壬子年
653	白雉 3 年・旧壬子年	白雉 4 年紀・新癸丑年
654	白雉 4 年・旧癸丑年	白雉 5 年紀・新甲寅年
655	斉明元年・白雉 5 年・旧甲寅年	

II 斉明紀の編年の修正

次に白雉 5 年紀に続く斉明紀の編年の修正。

斉明紀もこれまで通り一斉に 1 年繰り上げられているのであろうか。そうでないことは、百済の滅亡（660年・斉明 6 年紀）とその後の救百済役（661年～663年。斉明 7 年紀～天智 2 年紀）、その結末である白村江の惨敗史（663年・天智 2 年紀）が、海外史料と同じ年次に編年されていること、つまり、正しい年次に編年されていることによって知られる。

一方、1 年繰り上げられている白雉 5 年紀の次の年紀が斉明元年紀（従来説で新乙卯年・655年）であり、これも 1 年繰り上げて編年されていることは疑いない。斉明元年紀の正月条には斉明天皇が飛鳥板蓋宮で即位したことがあり、8 月条には前年の第 3 次遣唐大使であった河辺臣麻呂らの帰朝の記事がある。即ち斉明元年紀は、実は本来の斉明 2 年・旧乙卯年・656年である。

すると1 年繰り上げられている斉明元年紀と、正しい年次に編年されている斉明 6 年紀までの間に 1 年の空白の年次が含まれることになる。ところが書紀に空白の年次は無い。故に書紀はこの間に 1 年分のダミー年次を加えていることになる。

　斉明5年紀（従来説で新己未年・659年）を見ると、7月戊寅【3】条に第4次遣唐使の派遣の記事があり、細注に、この遣唐船で渡唐した伊吉連博徳の書が引用され、この遣唐使が「己未年」の7月3日、難波の三津浦から出帆したことが記されている。伊吉連博徳の書の干支年は新干支年であることがわかっているので、この遣唐使が新己未年・659年の発遣であったことは間違いない。

　同年紀の正月辛巳【3】条に「天皇、紀温湯より至る」とあり、これは斉明4年紀（従来説で新戊午年・658年）10月甲子【15】条の「紀温湯に幸（いでます）す」の続きである。この連絡を重視すると、斉明4年紀も、少なくともこの条については旧丁巳年・新戊午年・658年を正しく換算して編年されていたであろうと考えられる。

　斉明3年紀はどうか。当紀は4条からなる。正月条無く、<u>7月3日条</u>から始まり、<u>7月15日条</u>、<u>9月条</u>、そして<u>是歳条</u>である。<u>7月3日条</u>はトカラ国（今のタイ国か）の男女6名が筑紫に漂着した記事、<u>7月15日条</u>は須弥山の像を造ってそのトカラ人を饗応した記事である。いずれにも年次の決め手は無い。

　ところが<u>9月条</u>は、有間皇子が狂人のふりをして紀国の牟婁の温湯で病が癒えたと言って温湯を誉めたため、斉明天皇も行ってみたいと思ったという記事である。

　そうして翌年紀に当たる斉明4年紀の10月15日条になって上述の通り紀温湯への行幸があり、天皇が留守の間の同年紀11月条に有間皇子の謀反が発覚、皇子は絞首刑に処せられる。

　有間皇子の温湯誉めから1年以上も経過したあと、思い出したように斉明天皇は紀温湯に行幸し、この隙を衝いて有間皇子が謀反を謀ったという経緯であろうか。むしろ有間皇子の話の1か月後の行幸と、その留守の間の謀略であったとする方が話の続き方としては現実的であろう。つまり、斉明3年紀の9月条は実は斉明4年紀10月条の紀温湯行幸記事の直前に置かれていた記事ではなかったか。

　斉明3年紀<u>是歳条</u>を見ると、次の(1)～(3)の3項目からなる。

(1) 使いを新羅に遣し、新羅使につけて沙門智達らを唐に送りたいと依頼したところ、新羅は拒否。沙門らは帰還した。

(2) 西海使小花下阿曇連頬垂（つらたり）らが百済から還り、ラクダ・ロバを献上した。

(3) 石見国が白狐の出現を報告。

　ところが、この(1)も元来は斉明4年紀・658年に置くべき事件であろう。なぜ

なら斉明4年紀7月是月条には、沙門智通・智達らが勅を受けて新羅の船に乗り、無性衆生義を玄奘法師のもとに受けたとある。

657年から1年を隔てた再交渉によって新羅の同意を取りつけ所期の念願を果たしたと考えられなくはないが、むしろ、658年に新羅に一旦渡唐を拒否されたものの、直ちに再交渉して同意を取りつけたと考える方がよい。というのも、<u>この方が、新羅の初度の拒否の理由が判然とするからである。</u>

前述の通り、日本が23年ぶりに大規模な遣唐使を派遣した翌年の655年正月、高句麗・百済・靺鞨連合が新羅北辺の33城を攻め取ったことをきっかけに、遼東・朝鮮半島の5年ほどに及んだ平和は一挙に暗転した。

新羅の救援要請を受けてなされた唐高宗による征高句麗役は、655年の2月（あるいは3月）に始まり、唐軍は大勝して帰国、翌656年の12月には唐は皇太子の冊封を賀す高句麗の使者を受け入れており、この<u>656年と翌657年の2年間は、朝鮮半島に仮の平和が訪れたかに見える。ところが唐は658年の6月、再び高句麗を攻める。しかし今回は勝てず</u>、659年11月にまた攻めて、この度は高句麗軍を横山で破ったというが、高句麗を平定するまでの成果は挙げていない。その後、唐は百済の攻略を優先する戦略に変更することになる。

以上のような唐・朝鮮半島状況を鑑みるとき、日本が沙門を唐に送りたいとする要請を新羅が拒否するとすれば、<u>657年では理由が見当たらない。対照的に658年であれば、唐による同年6月の征高句麗役が控えている最中であり、新羅には唐の軍事機密を守る大義があったこととなって、新羅が日本の申し出を断る理由は明瞭である。</u>然るにこの度の唐の軍事行動は短期間で失敗した。そこで7月になって新羅は先の拒否を翻し、一転して沙門智達らの渡唐が実現することになったと考えられる。

このような理解が可能であるので、(1)は実は斉明4年紀・658年の事件であったと考える方がよい。この方が海外史とよりよく整合する。

<u>次の(2)は、斉明4年紀是歳条に見える「西海使小花下阿曇連頰垂、百済より還りて言さく……」なる記事の明らかな重出記事である。故にこれも斉明4年紀に編年されるべき記事</u>が斉明3年紀に編年されて重出記事となったのである。

最後の(3)の年次は確定できないが、(1)・(2)と共に斉明4年紀に含まれるべき記事と見做して不都合はない。

以上、結局斉明3年紀は斉明4年紀を分けて作り出された年紀であったと考え

られる。

　この前年の斉明2年紀（従来説で新丙辰年・656年。実は旧丙辰年・657年）も記事の量は貧困でありやはり正月条は無いが、8月8日条の高麗からの進調記事と9月条の高麗への遣使記事があり、是歳条に高麗・百済・新羅からの遣使調貢記事があって、これは前年紀である斉明元年紀是歳条の同様の記事と呼応する。656年・657年と続いた朝鮮半島のかりそめの平穏時であったが故に、三韓から日本への遣使調貢も連年に亘ったのであろうと考え得る。また斉明元年紀冬条の飛鳥板蓋宮の火災事件のあとを受けてなされたと考えられる後飛鳥岡本宮造営のことが、この斉明2年紀是歳条の冒頭記事であって相互に連絡しており、このことからも斉明2年紀は、斉明元年紀（本来の斉明2年・旧乙卯年・656年）に続く、本来の斉明3年・旧丙辰年・657年の記事であったと考えて齟齬はない。

　ともあれ、かくして斉明3年紀は斉明4年紀と一体であるべきダミー年紀であり、これが挿入されたために、斉明4年紀以降は、大部分の記事は正しい年次に置かれることになる。結論をいえば、これ以後天智8年紀までの書紀の各年紀は、少数の例外を除いて従来説通りの西暦年のままで正しいことがわかる。

　斉明紀と天智8年紀までについて、例によって書紀編年が旧編年をどのように1年繰り上げたり正しい年次のままに留めたりしたかを図示すると次の通りである。

西暦年	旧日本紀	日本書記
654		白雉5年紀・新甲寅年
655	白雉5年・斉明元年・旧甲寅年	斉明元年紀・新乙卯年
656	斉明2年・旧乙卯年	斉明2年紀・新丙辰年
657	斉明3年・旧丙辰年	斉明3年紀・新丁巳年
658	斉明4年・旧丁巳年	斉明4年紀・新戊午年
659	斉明5年・旧戊午年	斉明5年紀・新己未年
660	斉明6年・旧己未年	斉明6年紀・新庚申年
661	斉明7年・旧庚申年	斉明7年紀・新辛酉年
662	天智元年・斉明8年・旧辛酉年	天智元年紀・新壬戌年

663	天智2年・旧壬戌年	⟶	天智2年紀・新癸亥年
664	天智3年・旧癸亥年	⟶	天智3年紀・新甲子年
665	天智4年・旧甲子年	⟶	天智4年紀・新乙丑年
666	天智5年・旧乙丑年	⟶	天智5年紀・新丙寅年
667	天智6年・旧丙寅年	⟶	天智6年紀・新丁卯年
668	天智7年・旧丁卯年	⟶	天智7年紀・新戊辰年
669	天智8年・旧戊辰年	⟶	天智8年紀・新己巳年

　書紀の斉明4年紀以降、このように各年次は正しい位置に置かれている。ところが本来の（旧）干支年は、名目上、1年下がった（新）干支年に編年されることになる。例えば斉明4年紀・新戊午年・658年は正しい年次に編年されてはいるが、旧丁巳年の記事でできている。つまり丁巳年のことが、名目上は1年下がった戊午年のこととして編年されている。たとえばまた斉明7年紀・新辛酉年・661年も正しい年次ではあるが、本来は庚申年（旧庚申年）の記事からできている。逆に本来の辛酉年つまり旧辛酉年の記事は、正しく編年される限りで、名目上は1年下った干支年である天智元年紀・新壬戌年・662年に編年されることになる。

　すると斉明4年紀以降の事件で、（旧）干支年によって強く記憶されてきた事件については、その干支年を名目上で保存しようとすれば、本来より1年繰り上げた年紀に編年するという無理を犯さねばならない理屈となる。たとえば旧辛酉年・662年の事件として強く記憶されてきた斉明天皇の崩御に係わる記事が、「辛酉」年という名目を保存するために、本来の天智元年紀に正しく編年されず、1年繰り上げた斉明7年紀（新辛酉年・661年）の中に編年されるという類である。

　斉明4年紀以降、重出記事が続出するのも、一旦正しい年次に編年した記事に対して、本来の干支年を名目上で担保するため、1年繰り上げた年紀に同じ記事を置くという、辻褄合わせ的な、姑息な手段を取ったがために生じた現象である。従ってそのほとんどが、意図的に置かれた重出記事である。歴史学に対する「犯罪」の「犯罪」たる所以である。

　重出記事の顕著な例が、斉明4年紀4月条と同5年紀3月是月条に掲げられた阿倍臣（＝阿陪臣）による蝦夷討伐記事である。関連条目を並べてみると次の通り。

① 斉明4年紀（新戊午年・旧丁巳年・658年）4月条　阿陪臣による伐蝦夷。

　　阿陪臣〈闕名〉、船師一百八十艘を率て、蝦夷を伐つ。齶田（あぎた）・淳代
　　（ぬしろ）二郡の蝦夷、望（おせ）り怖ぢて降（したが）はむと乞ふ。……遂
　　に有間浜に渡嶋の蝦夷等を召し聚（つど）へて大きに饗（あへ）たまひて帰す。

② 同年紀7月甲申【4】条　蝦夷の朝献、蝦夷への饗賜瞻給、および蝦夷の戸口
　調査。

　　蝦夷二百餘、闕に詣でて朝献す。饗賜（あへたま）ひて瞻給（にぎはへたま）
　　ふ。……淳代郡の大領、沙尼具那（さにぐな）に小乙下を授く。……又、淳
　　代郡の大領沙尼具那に詔して、蝦夷の戸口と虜の戸口を検覈（かむがへあな
　　ぐら）らしむ。

③ 斉明5年紀（新己未年・旧戊午年・659年）3月是月条　阿倍臣による討蝦夷。

　　阿倍臣〈闕名〉を遣し、船師一百八十艘を率て、蝦夷を討つ。阿倍臣、飽田
　　（あぎた）・淳代二郡の蝦夷二百四十一人、其の虜三十一人……を一所に簡（え
　　ら）び集めて、大きに饗たまひ禄賜ふ。

　①の阿陪臣による伐蝦夷記事が③の阿倍臣による討蝦夷記事の重出記事である
ことは明白である。旧戊午年の事件であったので、戊午年伝承であることを担保す
るべく、新戊午年という間違った年紀に重出を承知で繰り入れたのである。従っ
て①は③の中に重ね移さなければならない。①が4月、③が3月であるのは、誤
編年の都合上、①の方が月をひと月ずらしたのであろう。

　①と一連の記事である②も、すると③のあとに移さなければならない。①の4
月が③の3月に移るので、②の7月はおそらく6月に移すべきである。

　注目するべきは、②が戸口調査の記事である点である。大化改新の政策の最も
重要な政策は戸籍計帳・班田収授法の実現とその継続的実施であった。そのため
に大陸流の官僚システムの構築が急がれもしたのである。

　造籍とそれに基づく班田は改新政府による最も重要かつ中心的な施策として、6
年毎に確実に行われ、各回を経るごとに充実され拡大されていたものである。

　既述の通り6年毎の造籍の最初は大化2年紀（実は旧丙午年・647年）に行わ
れた。即ち大化元年紀8月5日条に早くも東国等国司らに向けて造籍と田畝の校
検が詔令されており、翌年の大化2年正月の改新の詔において、戸籍計帳・班田
収授法が全国に向けて正式に発布されている。しかも改新の詔の段階での初期の
「田の調・戸の調」は、同年の8月の詔で「男身の調」に変更されているので、頭

別戸籍は大化2年のうちに急速に整えられたものと考えられる。

　大化2年紀（実は旧丙午年）の次の造籍は白雉3年紀（実は旧壬子年・653年）である。実際、同年紀4月条に「是の月、戸籍を造る。凡そ、五十戸を里（さと）とす。里毎に長一人。……」とある。

　この次の造籍年が659年・旧戊午年である斉明5年紀の年である。蝦夷の戸口が調査されたというのも、この年の造籍に合わせた調査であったと考えられる。故に②はこの観点からも斉明5年紀に移されるのが正しい。

　6年毎の造籍が旧午年に始まったので、以後の造籍は旧子年と旧午年毎に実施されることとなる。書紀では新午年と新子年毎の造籍であるかのように編年操作がなされているが、書紀編年を修正することで、壬申乱前には、確かに造籍が6年毎、旧子年・旧午年毎に着実に粛々と実施されていた事実を確認することができる。

　後世、壬申乱前の戸籍として庚午年籍（これも新庚午年・670年ではなく、実は旧庚午年・671年の戸籍である）のみが有名であるが、壬申乱前の最終的な頭別戸籍が庚午年籍であったというだけのことである。しかも、壬申乱前の政治はいわゆる氏姓（ウヂカバネ）制度からの脱却が目指されていて、氏姓に関わらぬ人材の登用が進められていた時代であった。そこで戸籍にも氏姓を重視しない風潮が反映されて氏姓の詐称などの生じる動機を欠いており、それだけ正直な戸籍になっていたはずである。

　壬申乱後、大海人皇子＝天武天皇の貴族的性向の然らしめるところ、治政は氏素性を重視する政策に急転する。そのため、この正直な戸籍の持つ力は皮肉な強力（ごうりき）を振るうこととなった。この皮肉な強力故に、それだけ一層庚午年籍は重視されることとなる。壬申乱後、いわば正直者がバカを見る時代に移った。そして、ほとんどの人々が正直者であったのである。

　閑話休題、③の斉明5年紀3月条には分注があり、「或本に云く」として、阿倍引田臣比羅夫（あへノひけたノおみひらぶ）による粛慎（みしはせ）の征伐記事がある。即ち、

　　或本に云はく、阿倍引田臣比羅夫、粛慎と戦ひて帰り、虜（とりこ）四十九
　　人を献る、と。

とある。そしてこの記事の重出記事が斉明6年紀（新庚申年・旧己未年・660年）3月条に載る「阿倍臣〈闕名〉」による粛慎国討伐記事である。こちらの記事の方

が詳細である。斉明5年紀の分注の記事は、これまた己未年の事件であることを担保するため新己未年に意図的に重出させたものであって、斉明6年紀の方に移すべきである。

「阿倍臣〈闕名〉」＝阿倍引田臣比羅夫による粛慎討伐譚は斉明4年紀是歳条にも簡略な記事が見えており、そこに、

　　是の歳、越国守阿倍引田臣比羅夫、粛慎を討ち、生羆（しくま）二つ、羆皮
　　（しくまのかは）七十枚を献る。

とある。そしてこの「羆皮七十枚」は斉明5年紀是歳条に「官の羆皮七十枚」と見え、実際に朝廷に献じられ官の管理下に置かれていたことがわかる。

　この「羆皮七十枚」を介して一連の記事であることが知られる2条目（斉明4年紀是歳条と斉明5年紀是歳条）を書紀の編年通りとすると、阿倍引田臣比羅夫による粛慎の討伐は斉明4年紀と同6年紀の二度に亘って行われた軍事であったことが知られる。斉明4年紀に蝦夷と対立していた粛慎を討ったことで斉明5年紀の蝦夷平定は特段の戦闘なく進行し、斉明6年紀に至って比羅夫は蝦夷の協力のもと、粛慎を再度討ったという経緯が判明する（詳細は第1節注2拙著第三章・同注3拙著第12節参照）。

　斉明5年紀が当時は「戊午」の年（旧戊午年）として認識されていたであろうことを示す証拠として、万葉7番歌（額田王による代詠歌）「秋の野の　み草刈り葺き　宿れりし　宇治の宮処（みやこ）の　仮廬（かりいほ）し　思ほゆ」の左注、「右、山上憶良大夫の類従歌林を検（かむが）ふるに日く、一書に、戊申年、比良宮（ひらノみや）に幸（いでま）ししときの大御歌なりといふ」を挙げることができる。

「戊申年、比良宮に幸しししとき」とある比良宮は、斉明5年紀3月庚辰【3】条に「天皇、近江の平浦（ひらノうら）に幸す」とある平浦の宮であるが、斉明天皇あるいは皇極天皇の時代に戊申年は存在せず、敢えて探せば孝徳天皇時代の大化4年（従来説で新戊申年・648年、実は旧戊申年・649年）しかなく、そこで皇極天皇が太上天皇であったときの歌かとする説なども出されてきたが疑問である。結局この戊申年は不審とされるほかになかったものである。しかし、戊申年が（旧）戊午年の誤記誤伝であったと考えれば、書紀の記載に合う。このことは斉明5年紀が当時確かに「戊午」の年（旧戊午年）として認識されていたことを証する。しかもこの年、額田王は23歳前後と推定され注1、7番歌の

みずみずしい抒情性にも合致する。

　次に、斉明7年紀・新辛酉年・11月戊戌【7】条の分注に、百済残党を指揮して日本に救援を請うた鬼室福信が、救援軍派遣の見返りとして唐人の捕虜を朝廷に献じたことが記されているが、その時期について当年説（新辛酉年説）と名目上はその1年前に当たる庚申年説の二つの説があるとしている。すなわち、「日本世記は此の年《新辛酉年・661年》の11月に捕虜が筑紫に来たと云うのに、或本は、辛酉年には捕虜は近江国の墾田に居り、前年の庚申年には既に献じられていたと云う。どちらが正しいか、決めよ」と注記するのである。或本が旧干支年で記録していた故の混乱であることは明らかであろう。唐人の捕虜は、斉明7年紀・新辛酉年＝旧庚申年・661年の11月に筑紫に来て、旧辛酉年には近江国に居住せしめられていたのであり、日本世記と或本は同じことを語っているのである。分注を編述した書紀編者が、こうした史料間での新干支年と旧干支年の相違について無知であったとは考えられない。いかにも二つの説があった如くに記して、旧干支年抹消の所行を糊塗したのであろうと推察される。

　次に斉明天皇の崩御記事。斉明7年紀・新辛酉年・661年の7月から11月にかけて記されている。これが本来は旧辛酉年・662年の事件であり、旧辛酉年・新壬戌年である天智元年紀に編年されなければならない記事であることは再三指摘した通りである。天智元年紀は6月までの記事と12月および簡略な是歳条しかなく、7月から11月までがすっぽりと空白になっていて、ここに斉明7年紀の天皇崩御関連記事がそのまま移されなければならない。

　天智即位前紀（天智天皇の正式な即位は天智7年紀であるので、「称制元年前紀」とでも呼ぶべきであるが、慣例に従って「即位前紀」とする）を見ると、こちらにも斉明7年紀の7月から12月までの記事がある。斉明7年紀と同年の事項であるのだから、斉明7年紀の方にまとめるか、あるいはむしろ天智即位前紀にまとめるか、どちらかに統合すればよさそうに思われるが、そうしていない。統合してしまうと斉明天皇の崩御関連記事と天智即位前紀の記事とがちぐはぐになって、整合性の取れないことが露わになる故であろう。実際、両記事をそのまま統合してみると、次のような具合になっている。〇印番号の記事（①〜⑤）が斉明7年紀の崩御関連記事、●印番号の記事（❶〜❺）が天智「即位前紀」の記事である。①の中の●は天智即位前紀の記事であるが①と一体の記事であるのでこれに含めて番号からは除外した。また、これらの記事のあとに、これに続く天智天

皇称制元年紀の記事、(1)～(8)を付した。

斉明 7 年紀＆天智即位前紀《新辛酉年・旧庚申年・661 年》

① 7 月丁巳【24】天皇、朝倉宮に崩（かむあが）りぬ。● 7 月丁巳【24】崩。皇太子、素服して称制す。

❶ 7 月是月　蘇将軍《唐の将軍》と突厥の王子、契苾加力（けいひつかりき）等と水陸の二路より高麗の城下に至る。皇太子、長津宮《＝磐瀬宮》に遷り居す。稍（やうやく）に水表の軍政《海外軍事のまつりごと》を聴（きこ）しめす。

② 8 月甲子朔　皇太子、天皇の喪を奉徙（ゐまつ）りて、磐瀬宮《＝長津宮》に還り至ります。是の夕に、朝倉山の上に鬼有り、大笠を著けて喪の儀を臨み視る。衆皆、嗟怪（あや）しぶ。

❷ 8 月　前将軍大華下阿曇比邏夫連（あづみノひらぶノむらじ）・小華下河辺百枝臣（かはべノももえノおみ）等、後将軍大華下阿倍引田比邏夫臣・大山上物部連熊（もののべノむらじくま）・大山上守君大石（もりノきみおほいは）等を遣して百済を救はしむ。仍（よ）りて兵杖・五穀を送る〈或本に、此の末に続（つ）ぎて云はく、別に大山下狭井連檳榔（さゐノむらじあぢまさ）・小山下秦造田来津（はだノみやつこたくつ）を使（つか）して、百済を守護（まも）らしむ、と〉。

❸ 9 月　皇太子、長津宮に御（おはしま）して、織冠を以て百済の王子豊璋に授く。復た多臣蒋敷（おほノおみこもしき）の妹を以て妻（めあは）す。乃ち大山下狭井連檳榔・小山下秦造田来津を遣して、軍五千余を率て、本郷に衛（まも）り送らしむ。是（ここ）に豊璋が国に入る時、福信迎へ来、稽首（をが）みて国の朝政（まつりごと）を奉（あげ）て、皆悉（ことごと）に委ねたてまつる。

③ 10 月己巳【7】　天皇の喪、帰りて海に就く《筑紫から大和への海路に就いたのである》。是に皇太子、一所（あるところ）に泊（は）てて、天皇を哀慕（しの）ひたまひて乃ち口號（くつうた）して曰はく、

　　　君が目の　恋（こほ）しきからに　泊（は）てて居て　かくや恋（こ）
　　　ひむも　君が目を欲（ほ）り

④ 10 月乙酉【23】　天皇の喪、還りて難波に泊（とま）れり。

⑤ 11 月戊戌【7】　天皇の喪を以て、飛鳥の川原に殯（もがり）す。此より発哀

（みねたてまつ）ること九日に至る。

❹ 12月、高麗（こま）の言さく「惟（こ）の十二月、高麗国にして寒きこと極りて泪（え）凍れり。故、唐軍、雲車（たかくるま）《雲のように高い車。敵軍の様子を観察する車》・衝輣（つきくるま）《城門などを突き破る車》ありて鼓鉦（つづみ・かね）吼然（な）る。高麗の士率（いくさびと）胆勇雄壮（たけくいさみををし）。故、更に唐の二つの塁（そこ）を取る。……《唐軍は、厳寒の中、高麗を攻撃するも、寒さのため、翌年退却することになる》。

❺ 是歳、播磨国司岸田臣麻呂等、宝の剣を献りて言さく「狭夜郡（さよノこほり）の人、禾田（あはふ）の穴の内に獲（え）たり」と。又、日本の高麗を救ふ軍将等、百済の加巴利浜（かはりノはま）に泊りて火を燃（た）く。灰変りて孔に為り、細き響（おと）有り。鳴鏑（なりかぶら）の如し。或（あるひと）の曰はく「高麗・百済、終に亡びむ徴（しるし）か」と。

天智称制元年紀《新壬戌年・旧辛酉年・662年》

(1) 元年春正月丁巳【27】百済佐平鬼室福信に矢十萬隻・糸五百斤・綿一千斤・布一千端・韋（をしかは。なめしがわ）一千張・稲種三千斛を賜ふ。

(2) 三月癸巳【4】百済の王《豊璋》に布三百端を賜ふ。

(3) 是月、唐人・新羅人、高麗を伐ちき。高麗、救を国家（みかど）に乞へり。仍（よ）りて軍将を遣して疏留城（そるさし）に據（よ）らしむ。是に由りて唐人、其の南の堺を略（かす）むること得ず。新羅、其の西の塁を輸（おと）すこと獲ず。

(4) 夏四月、鼠、馬の尾に産（こ）む。釈道顕、占ひて曰はく「北国の人、南の国に附かむとす。蓋し高麗破れて日本に属（つ）かむか」と。

(5) 夏五月、大将軍大錦中阿曇比邏夫連等、船師（ふないくさ）一百七十艘を率て豊璋等を百済国に送り、宣勅（みことのり）して、豊璋等を以ちて其の位を継がしむ。又、金策を福信に予（たま）ひて其の背を撫で褒めて爵禄を賜ふ。時に豊璋等と福信と、稽首（をが）みて勅を受け、衆（みな）為（ため）に涕を流す。

(6) 六月丙戌【28】百済、達率万智等を遣して、調を進り物を献る。

《この(6)と次の(7)の間が空白。ここに、上の①～⑤が収まる。但し、この662年には閏7月があるので（修正後漢四分暦による。元嘉暦も同じ）、661年に置かれた①の7月・②の8月は、本来は、閏7月をまたいだ①7月・②8月であったか、

或いは連月であったのなら、①7月・②閏7月か、①閏7月・②8月のいずれか
であったと考えられる。つまり連月であったとすれば1年の繰り上げに伴って閏
月を外す操作をせざるを得なかったに違いない。壬申乱紀でも本来の閏月を外す
類似の操作が行われていたことについては、当節末の補論参照。》

(7) 冬十二月朔、百済王豊璋と其の臣佐平福信等、狭井連〈闕名〉・朴市田来津（え
　　ちノたくつ）と議りて曰はく「此の州柔（つぬ）は遠く田畝に隔りて、土地
　　磽埆（やせ）たり。……今、避城（へさし）に遷るべし。……」と。是に朴
　　市田来津、独り進みて諫（あさ）めて曰はく「避城と敵の所在（を）る間と、
　　一夜に行（あり）くべし。相近きこと茲（これ）甚し。……」と。遂に諫を
　　聴かずして避城に都す。

(8) 是歳、百済を救はむが為、兵甲を修繕（をさ）め、船舶を備具（そな）へ、軍
　　の糧を儲設（ま）く。是年、太歳壬戌《新壬戌年＝旧辛酉年・662年》。

　まず、①～⑤と❶～❺につき、このように記事を合体させてみると、事件の流
れの奇妙さは歴然としている。天皇の崩御とそれに続くべき喪葬事をなおざりに
するかのように、8月、阿曇比邏夫連らは旧百済軍事を展開している（❷）。この
軍事は当然❶の皇太子による「水表の軍政」の指揮のもとで行われているのであ
るから、皇太子もまた母天皇の喪事の傍らで軍事にいそしむ形になっている。あ
り得ない次第ではないか。
　阿曇比邏夫連といえば、舒明天皇の崩御に際して葬儀に奉仕するために筑紫か
ら早馬で駆けつけたほどの人物である（皇極元年紀正月29日条。前節参照）。とこ
ろが斉明天皇の崩御の場合は、これを放置して軍事に余念無き有様である。おか
しなことである。
　そもそも❶と②のつながり方に（少なくとも構文上の）不自然さが認めらる。こ
のままだと❶では7月是月に「皇太子、長津宮《＝磐瀬宮》に遷り居す」とある
のに、直後の②8月甲子朔条にまた「皇太子、天皇の喪を奉徒りて、磐瀬宮に還
り至ります」なる記事がきてしまう。
　こうした事件のつながり方の不可解さや不自然は、本来は天智元年紀・662年
の出来事であった①から⑤を1年繰り上げて、❶～❺の中へ割り込ませる形にし
てしまったために生じたものである。旧辛酉年・662年の事件であった斉明天皇
の崩御という事件を、書紀は新辛酉年・661年の事件へと改変して、事実と異な

る経緯を虚構し、阿曇連比羅夫らにとっても居心地の悪い虚史を捏造したのである（前節の補論３に述べた通り、阿曇連＝阿曇宿禰氏は、奈良朝の派閥対立において、反藤原不比等派に属した氏族である注2）。①〜⑤には日にちが明記されているのに対して❶〜❹はいずれも月だけが記されている。こうしたところにも記事の連接の不具合をごまかす意図が看取される。

　因みに❷で前将軍阿曇比邏夫連と並んで後将軍となった阿倍引田比邏夫臣は、先に見た通り、粛慎を討伐し蝦夷を平定した功績を有する人物であるが、肝腎のその蝦夷平定譚では、名が不明であったわけではないにも拘わらず、一貫して闕名の阿陪臣＝阿倍臣として扱われている。

　阿倍臣には主としてこの阿倍引田臣系と阿倍布勢臣系の２系統があった。そうして書紀編年当時の朝廷内派閥対立の構図において、前者は反藤原不比等系、後者は親不比等系である注2。反不比等系であった阿曇連氏の扱い方と同様に、同じく反不比等派であった阿倍引田臣の祖としての阿倍引田臣比邏夫に対する書紀の扱い方にも、その功績を抑制する陰険な筆法が込められたのである。

　ともあれ、斉明天皇の崩御記事に対する編年操作を見るだけで、斉明７年紀と天智元年紀が全体としては正しい年次に編年されていたこと、当時の公用の干支紀年法が旧干支年によっており、斉明天皇の崩御も旧辛酉年として記憶されていたことが知られる。それゆえになされた書紀の姑息な編年操作が逆にそのことを証拠立てているのである。

Ⅲ　天智紀と壬申乱紀の編年の修正

　次に天智紀の編年の修正であるが、まず、天智天皇元年紀（新壬戌年・旧辛酉年・662年）は、上に引用した。見た通り７月から11月までが空白で、ここに斉明天皇の崩御関連記事がそっくり収まる。

　また、❸と(5)を見ると、共に豊璋を百済に送る記事で、同事重出である。新辛酉年である❸を旧辛酉年である(5)に移すべきである。❸が先にあることによって、阿曇比邏夫連等による護送が余計な仕業と化している。阿曇比邏夫連の軍功を抑制する算段がここにも看取される。

　さて、百済の滅亡から旧百済軍事の最終となる白村江の大敗まで、つまり天智２年紀・663年まで、若干の例外項を除いて書紀がほぼ正しい年次に編年されていることは疑いが無い。天智３年紀・旧癸亥年・新甲子年・664年も、その次の年で

あるので、基本的には正しい位置に編年されているはずである。

　天智 5 年紀の是冬条に、百済滅亡後日本に亡命したと思われる百済人二千余人に「癸亥」年から「三歳」、僧俗を擇（えら）ばず官の食を支給してきたことが記されている。天智 5 年紀までの「三歳」であるから天智 3 年紀からの三年間となり、天智 3 年紀が「癸亥」年であったことになる。しかし天智 3 年紀は書紀編年による限り新甲子年であるので、一見、書紀編者の計算違いのように思えるが、天智 3 年紀は実は旧癸亥年であるので、天智 5 年紀の是冬条のこの記事は旧干支年を換算せずに旧「癸亥」年のまま記載したものと考えられる。このことから天智 3 年紀も天智 5 年紀・旧乙丑年・新丙寅年・666年も基本的には正しい年次に編年されていたと考えてよいことになる。すると間の天智 4 年紀も基本的には旧甲子年・新乙丑年・665年に正しく編年されていたと考えられる。実際、天智 4 年紀の 9 月壬辰【23】条には唐使劉徳髙・郭務悰らが入朝したことがあり、白雉 5 年紀 2 月条の分注に伊吉連博徳の言として（新）乙丑年に定恵が劉徳髙らの船で帰国した旨の証言がある。

　天智 6 年紀10月条に、泉蓋蘇文の長男、泉男生（せん　なんしょう）が二人の弟に排斥され、唐に入って自国高句麗を滅ぼそうと謀ったことが記されている。他方、1922年に出土した男生の墓誌銘によると男生が唐に入ったのは乾封 2 年・667年とされているので、天智 6 年紀も正しい年次、新丁卯年・旧丙寅年・667年に編年されていると考えてよいであろう。

　同年紀 3 月辛酉朔己卯【19】条に近江遷都のことが記されている。他方、万葉17・18番歌の左注に「日本書紀に曰く、六年丙寅春三月辛酉朔己卯、都を近江に遷す」とある。従来この「丙寅」は左注の誤りと理解されてきたが、新丙寅ではなく、旧丙寅年の丙寅であったと考えれば667年を正しく指定した干支であったことになる。「日本書紀に曰く」などと記しているので紛らわしいが、実際に参照したものが年紀については書紀ではなく旧日本紀系の史料もしくは伝承に基づいて「六年丙寅」とし、日づけについては書紀も参照してか「三月辛酉朔己卯」とあるので一見左注の誤りのように見えるのである。しかし（旧）丙寅の年として「丙寅」と記したということであれば、左注の誤りとはいえない。つまり近江遷都の年は天智称制「六年」の「丙寅（ひのえとら）」年であったという記憶・伝承は、こうした一見誤謬と思われる記録を残すほどには強固であったと思われる。

　天智 7 年紀・新戊辰年・旧丁卯年の冒頭は中大兄皇太子の即位の記事である。

「七年春正月丙戌朔戊子【3】皇太子、即天皇位」とありその分註に「或本に云はく、六年、歳次丁卯三月、即位」とある。この分注の或本説は、天智7年紀より1年前の天智6年・新丁卯年・667年に即位したという異説を主張していると見るのが一般であった。しかし、これもおそらく中大兄皇子の即位は（新）戊辰年ではなく、（旧）丁卯年であったという強固な記憶・伝承があったがために、ここに言い訳のように丁卯年説を添え、これを天智6年であるとして辻褄を合わせたものと思われる。正月と三月の差異が生じたのは、正月と三月の誤記・誤伝ではなかったか。正の草体は三に似る。

　万葉20・21番歌は天智天皇が蒲生野に遊獵したときに額田王と大海人皇子の間で交わされた有名なかけ合いの雑歌であるが、問題はやはりその左注である。「紀に曰く、天智七年丁卯、夏五月五日、蒲生野に縦獵したまふ。時に、大皇弟・諸王・内臣と群臣、悉皆（ことごとに）従へりと」とある。この「丁卯」も従来説は左注の誤りとして片づけているが、旧丁卯年・668年を正しく指しているのである。これも当時の公用の干支紀年法が旧干支年によっていたことの証拠である。「紀に曰く」という「紀」が旧日本紀であって書紀でないことはいうまでもない。

　天智7年紀の10月条には唐が高麗を滅ぼしたことが記されている。旧唐書や三国史記によれば高句麗の滅亡は668年9月であり、書紀の記すところは1か月の相違を除いて正しい。天智7年紀は全体として新戊辰年・旧丁卯年・668年に正しく編年されている。

　次の天智8年紀は中臣鎌足＝藤原鎌足の薨去に関する数条が含まれ、これが当年紀の主たる条目である。その10月辛酉【16】条に

　　藤原内大臣、薨（みう）せぬ〈日本世記に曰く、「内大臣、春秋五十にして私第に薨せぬ。遷して山南に殯（もがり）す。天、何ぞ淑（よ）からずして慸（なまじひ）に耆（おきな）を遺（のこ）さざる。鳴呼（ああ）哀しきかな。碑に曰く、春秋五十有六にして薨せぬ、と」と〉。

とある。分注は日本世記の新干支年に基づいてここに置かれたと思われ、天智8年紀が新己巳年・669年であることに疑いはない。

　同年紀是歳条には第6次遣唐使派遣の記事がある。新唐書日本伝には咸亨元年・670年、日本の使者が高麗平定の祝賀に列席したことが見える。これは同年3月の式典であり、従来説通り、前年・669年派遣の第6次遣唐使がこの年まで唐に留まって式典に参加したのである。

　以上、斉明 4 年紀から天智 8 年紀までは、蝦夷討伐記事のような重出記事や斉明天皇の崩御記事の 1 年繰り上げ操作等による若干の記事を除いて、ほぼ従来説通りの年次に、つまり 1 年を繰り上げることなく編年されていたことを認めてよいと思われる。

　先に論じた斉明 3 年紀と斉明 4 年紀の西海使阿曇連頬垂に関する記事も、旧丁巳年の事件を新丁巳年へと繰り上げて重出させた記事と見做し得るが、こちらの場合は、斉明 3 年紀というダミー年次を捏造するためになされた重出操作であったと見る方がよいので、阿倍臣による蝦夷討伐記事や粛慎征討記事の重出とは意味合いが異なろう。前者の場合は、斉明 3 年紀と斉明 4 年紀をまるごと合体させる必要が生じる一証としての重出記事であるが、後者の場合はそういう意義を有するものではない。斉明 4 年紀と斉明 5 年紀に蝦夷討伐記事が重出するからといって、両年紀をまるごと合体させることはできない。書紀編者らは、事件の経過順をできるだけ乱さない形で編年操作を行ってはいるのである。

　斉明 4 年紀から天智 8 年紀までの記事のうち、正しい年次ではない若干の記事の別の重要な例としてここで言及しなければならないのは、いわゆる甲子の宣である。

　甲子の宣は、天智 3 年紀 2 月丁亥【9】条に掲げられた宣勅である。天智天皇の命を受けて、大皇弟、大海人皇子が宣勅し、新しい冠位制度と、氏上（このかみ）と、民部（かきべ）および家部（やかべ）などのことを定めたという。

　　　天皇、大皇弟に命（みことのり）して、冠位階名を増し換ふること、及び氏上・民部・家部等の事を宣（のたま）ふ。
　　　其の冠に廿六階有り。大織・小織・大縫・小縫・大紫・小紫・大錦上・大錦中・大錦下……。
　　　前の花を改めて錦と曰ふ。錦より乙に至るまでに十階《六階もしくは中階の誤記》を加（ま）す。
　　　又前の初位一階を加し換へて、大建・小建、二階にす。此を以て異（け）なりとす。餘は並に前の依（まま）なり《繡を縫に変えたことが抜けている》。
　　　其の大氏の氏上には大刀を賜ふ。小氏の氏上には小刀を賜ふ。其の伴造等の氏上には干楯・弓矢を賜ふ。
　　　亦其の民部・家部を定む。

とある。

　この甲子年の定めは、天武４年紀２月己丑【15】条の詔に「甲子の年に、諸氏に給へりし部曲は、今より以後、皆除（や）めよ。……」とあり、『続日本紀』大宝２年９月25日条の詔にも「甲子の年に、氏上を定めし時、……」と見え、後世、甲子の年の宣勅として伝えられていたものである。

　この甲子の宣は、しからば天智３年紀に置かれてよいはずがない。天智３年紀は旧干支を正しく換算して正しい年次を以って編年されていた部分であり、現行干支紀年法では新甲子年であるけれど、本来は旧癸亥年・664年であって、当時は癸亥年として認識されていた年である。

　甲子の宣は正しくは天智４年紀・旧甲子年・665年に置かれていたものでなければならない。

　そこで天智４年紀を見ると、その２月是月条に、百済国の亡命者等に与える官位の階級を検討して、百済役における百済側の高臣、故鬼室福信の功績を以て鬼室集斯に小錦下を授けたことが記されている。すなわち、

　　四年春二月……是の月、百済国の官位の階級を勘校（かんが）ふ。仍りて佐
　　平福信の功を以ちて、鬼室集斯に小錦下を授く〈其の本の位は達率《百済の
　　官位16階の第２位》なり〉。

とある。

　百済からの亡命者らへの授位は甲子の宣によって新冠位が定められたことを寿ぐ祝賀の授位でもあったはずであるが、書紀の編年に従えば百済国人への授位は、改定冠位制定から１年を隔ててようやく検討実施されたことになってしまう。

　そもそも、書紀のいう通りであるとすると、朝廷は白村江の大敗の僅か半年後早々に、冠位制度を改定し、氏上・民部・家部のことを定め、氏姓体制の一部復活とも目される制度改革を行っていることになるが、いささか早過ぎる。この時期は、新たな冠位制度の制定などより先になさねばならぬ戦後処理が山積みであった年である。唐との外交交渉も長期に亘ったようであり、唐の百済鎮将劉仁願の派遣した郭務悰らが天智３年紀５月から12月まで日本に滞在する間、朝廷は神経質な外交交渉を余儀なくされたのである。

　甲子の宣は、白村江での大敗から１年半の後の旧甲子年すなわち天智４年紀の２月になされ、このとき同時に百済国人にも新冠位が授与されたと考えるべきである。その方が条目の続き具合からしても自然である。

　のみならず、この甲子の宣とそれに直ちに続いたはずの鬼室集斯への授位のことは、とんでもないところに重出して、こちらの方に、その本来の姿を晒している。本来の姿、つまり、両者が同一時期に行われたという、本来の姿である。

　天智10年紀正月甲辰【6】条とこの正月条の中の是月条に、次のように見える。

　　十年春正月己亥朔……甲辰【6】、東宮太皇弟《大海人皇子》、奉宣（みことのり）して〈或本に云く、大友皇子、宣命（みことのり）すと〉冠位・法度の事を施行（しきおこな）ひたまふ。天下に大赦す〈法度・冠位の名は、具（つぶさ）に新しき律令に載せたり〉。……

　　是の月、大錦下を以て、佐平余自信・沙宅紹明〈法官大輔〉に授く。

　　<u>小錦下を以て、鬼室集斯〈学職頭〉に授く。</u>

　　大山下を以て、達率谷那晋首〈兵法に閑（なら）へり〉・木素貴子〈兵法に閑へり〉……鬼室集信〈薬を解（し）る〉に授く。……

　この天智10年紀正月条に見える授位の儀で鬼室集斯に小錦下が与えられたというのは、天智4年紀2月是月条と同一事項である。更にこのとき百済国人らに与えられている冠位は、大・小錦位以下、甲子の宣に具体的に掲げられている新冠位そのものである。

　すると、大海人皇子の奉宣によって行われたと書紀が記す<u>天智10年紀正月条の冠位・法度のことというのは、実は、天智3年紀2月の「甲子の宣」にほかならず、天智10年紀正月是月条に行われたという百済国人への授位の儀は、天智4年紀2月の授位の儀にほかならない</u>ということになる。

　これによって見れば、<u>天智3年紀2月のいわゆる甲子の宣は、天智3年紀ではなく、やはり、百済国人への新冠位の授与と同時期、旧甲子年、すなわち天智4年紀になされたものであって、書紀は甲子の宣であるが故に、天智4年紀・新乙丑年に置くわけに行かず、天智3年紀・新甲子年に1年繰り上げ、結果、同時に行われたはずの百済国人への授位の儀と切り離してしまった</u>ということになる。

　<u>この不自然な切り離しが行われなければならなかったということがまた逆に、天智3年紀、天智4年紀が、旧干支年を正しく換算して正しい年次に置かれた年紀であったという事実、並びに、当時公用の干支紀年法が旧干支紀年法であったという事実をこもごも証明している。</u>

　なお、<u>天智10年紀条に記されるべきであった新冠位・法度は、甲子の宣で制定された冠位制度とは全く異なるものである。これこそまさに近江令冠位制度を伴</u>

う新制度であった。

　天智10年紀に掲げられるべき近江令制による新冠位体系は具体的にどのようなものであったのか。書紀は冠位の改更に際しては必ず具体的な内容を掲げるのに、この近江令制の冠位制、つまり天智10年紀正月甲辰【6】条の冠位に限っては、その内容を記していない。意図的に隠したのである。

　この新冠位体系については、既に押部佳周氏が復元を試みておられる[注3]。それによれば、諸王位については一位から五位、諸臣位については大・小一位から大・小九位、および諸臣位に外位を備えた、漢数字によって揃えられた整然とした体系であっただろうことが指摘されている（ただし、押部氏は大宝令に倣って外位を諸臣五位以下とするが、天武紀に内・外の紫位・錦位が見えるので、近江令制の外位は三位以下のすべてにあったと推測される）。

　漢数字によるこの冠位体系は、甲子の宣の冠位体系とは全く異質なものである。異なっているのは冠位の名称のみならず、そこに込められた思想そのものが、甲子の宣とは対極のものであり、甲子の宣によって後退しかけようとした改新政治の路線とその魂を、いま一度取り戻そうとする意志に満ちた冠位制度であったと言って言い過ぎではない。

　大海人皇子によって宣命された甲子の宣の冠位制度が、大化5年紀に制定された冠位体系を部分改定し、諸臣を都合26階へと増階して上下格差の拡大を進めるものであったのに対し、この近江令制冠位制度は、諸臣は18階、そのうちの下位14階には更に外位を並列させるという重厚さを備えており、ここには、上下格差の是正、「上を損して下を益す」という改新政治初期の思想（大化元年紀9月19日条）が、明瞭な形で再生されている。

　天智10年紀正月の新冠位・法度を奉宣、宣命したのは、同条の分注にある或本説のいう通り、大友皇子であって、大海人皇子ではなかった。

　なお、甲子の宣では、諸氏の氏上と、その民部および家部などのことを定めたというのであるが、旧甲子年は造籍年に当たっている。民部・家部の定籍が、この造籍に合わせて行われたものと考えるべきであるとすれば、このこともまた、甲子年が旧甲子年でなければならないことと整合する。しかしむしろ話は逆で、この甲子の宣が民部および家部のことを定めたという事実が、この年、新甲子年ならぬ旧甲子年・天智4年紀・665年が、確かに造籍年でもあったことを傍証する事実であったといえる。

　何度もいうが、大化以降、壬申乱までは、旧子年・旧午年毎に、つまり6年毎に戸籍は確実に粛々と作られており、その戸籍をもとに6年毎の班田収授もまた着実に粛々と実施され続けていたに違いないのである。

　戸籍に登録された者すべてに班田されたので、生めよ増やせよの時代が到来していたと思われる。中央より、開墾できる土地の潤沢であっただろう地方各地ほど活気に満ちた時代であったに違いない。近年の、言葉だけが踊って中身の無い「地方再生・創生」策などではない、真の地方活性化策が深く静かに展開されていた時代である。他方で、土地・部民を取り上げられた豪族・貴族たちの不満もまた深く静かに潜行しつつ、しかし時の政権によって強力に掣肘（せいちゅう）されていた時代である。

　最後に天智9年紀以降の編年の修正。

　天智10年紀は天智天皇の崩御の記事を含む年紀である。書紀はこれを新辛未年・671年に編年しているが、斉明天皇以前のすべての天皇の崩年が旧干支年によって記憶され伝承されてきており、天智天皇の崩年、辛未年についても、この原則を変えるべき要件は見いだせない。故に、斉明天皇の崩年が新辛酉年ではなく旧辛酉年であったのと同様、天智天皇の崩年は新辛未年ではなく旧辛未年・672年である。しかも天智10年紀の場合は、天智天皇の崩御前後の記事は崩御記事と整合的であり、斉明天皇の崩御記事のように、次の年紀（天武元年紀、つまり壬申乱紀）に移すべき記事ではないし、そもそも移すことは不可能である。天智10年紀は全体として1年繰り上げて編年されている年紀である。

　続く天武元年紀つまり壬申乱紀が詳細に語る壬申乱は、甲子の宣が（旧）甲子年の宣として有名であったように、後世「壬申」の年の役として有名な戦乱であった。故にこれが新壬申年・672年ではなく、旧壬申年・673年の戦乱であったことはもはや疑いが無い。

　壬申乱紀＝天武元年紀も全体が1年繰り上げて編年されているのである。

　天智10年紀（実は旧辛未年・672年）と、続く天武元年紀（実は旧壬申年・673年）が共に1年繰り上げて編年されており、天智8年紀・669年までは正しい年次に編年されていたとすれば、間の天智9年紀は、間の670年と671年の2年次を1年に圧縮して作られた年紀であったことになる。

　天武2年紀は天武元年紀の継続としてやはり1年繰り上げられていたはずであるので、天智8年紀からその天武2年紀までの旧編年と書紀編年の対応表を例に

よって図示してみれば下図の通りである。

西暦年	旧日本紀	日本書記

669　　　天智８年・旧戊辰年 ────────→ 天智８年紀・新己巳年

670　　　天智９年・旧己巳年 ────────→ 天智９年紀・新庚午年

671　　　天智10年・旧庚午年 ────────→ 天智10年紀・新辛未年

672　天智11年・大友元年・旧辛未年 ──→ 天武元年紀・新壬申年

673　大友２年・天武元年・旧壬申年 ──→ 天武２年紀・新癸酉年

674　　　天武２年・旧癸酉年 ───────

　この図から直ちにわかるのは、天智天皇の治政は11年に亘り、書紀のいう10年より実は１年長かったということ、および、大友皇子を天智天皇崩後の天皇とすると（大友皇子が即位したことは古事記の寓意の構造の研究によって証明できる）、天智天皇末年が大友天皇（大友皇子は明治３年に弘文天皇と謚されているが、当時の謚号ではないので、ここでは取りあえず大友天皇と呼ぶ）の元年であり、大友天皇末年が天武元年であるので、壬申乱紀が天武元年紀であるのは崩年称元法そのものになっていることの２点である。

　後者、旧日本紀の崩年称元法については、斉明天皇の崩年がすなわち天智天皇元年であったことがその痕跡であることを既に指摘した。

　前者について、天智天皇の治政が10年ではなく11年であったことの痕跡は、既に友田吉之助博士によって指摘されている注4。すなわち、紀氏系図の紀大人条の異本による補注注5に、

　　　紀大人。御使大夫大納言正三位。號大紫臣。天智天皇十一年辛未正月五日
　　　始任御使大夫。……

とあり、二中歴の第一、人代歴注6にも、

　　　天智十一載舒明太子

とある。

　さて、天智９年紀が本来の天智９年・旧己巳年・670年と本来の天智10年・旧庚午年・671年を新庚午年に圧縮したものであることを次に確かめておきたい。このことは天智９年紀自体とその前後の記事の編年の乱れ、更には『懐風藻』の大友

144

皇子伝などによって確かめられる。天智8年紀の是冬条と天智9年紀の全条目を一部略して次に掲げる。

天智八年紀《新己巳年・旧戊辰年・669年》

是の冬に、高安城を修（つく）り、畿内の田税（たちから）を収む。時に、斑鳩寺《＝法隆寺》に災（ひつ）けり。

天智九年紀《実は旧己巳年・690年と旧庚午年・671年の合体年紀》

春正月乙亥朔辛巳【7】、士大夫等に詔して、大きに宮門の内に射る。

戊子【14】、朝廷の礼儀（ゐやまひ）と、行路（みちゆきびと）の相避ることとを宣ふ。復た誣妄（たはごと）・妖偽（およづれごと）を禁断す。

二月、戸籍を造る。盗賊と浮浪を断つ。

時に、天皇、蒲生郡（かまふのこほり）の匱迮（ひさ）の野に幸して、宮地を観る。

又、高安城を修（つく）り、穀（もみ）と塩を積む。

又、長門城一つ・筑紫城二つを築く。

三月甲戌朔壬午【9】、山御井（やまのみゐ）の傍に諸神の座を敷きて幣帛を班（あか）つ。中臣金連、祝詞を宣る。

夏四月癸卯朔壬申【30】、夜半之後、法隆寺《＝斑鳩寺》に災（ひつ）けり。一屋も餘ること無し。大雨（ひさめ）ふり雷震（いかづちな）る。

五月、童謡（わざうた）に曰く、打橋（うちはし）の　集樂（つめ）の遊びに　出でませ子……

六月、邑（むら）の中に亀を獲たり。背に申の字を書（しる）せり。上は黄、下は玄（くろ）し。長さ六寸許（ばか）り《壬申乱を示唆する亀である。本来、天が玄、地が黄であるので、天地逆転の予兆》。

秋九月辛未朔、阿曇連頬垂（あづみノむらじつらたり）を新羅に遣す。

是歳、水碓（みづうす）を造りて鉄を冶（わか）す《水車を使って冶金をした》。

以上の条目のうち、2月条に見える「戸籍を造る」とある戸籍が、後世有名な、いわゆる庚午年籍である。「庚午」の年に造られた戸籍であるからこう呼ばれる。『続日本紀』大宝3年7月5日条に「宜しく庚午年籍を以て定と為し、更に改め易へること無かるべし」とある通り、後世の造籍の基準とされ重要な役を果たし続けた戸籍である（大宝戸令にも「水海大津宮庚午年籍莫ㇾ除」とあった──令集

解戸令22所引「古記」）。すると、これが「庚午」の年に造られた戸籍であるという認識は、変更困難な事項であったはずであり、かつ、その庚午年は、本来、旧庚午年であったはずである。

述べた通り、大化改新後、大化2年・旧丙午年・647年から始まった造籍は、六年毎に、つまり、旧子年と旧午年毎に行われてきたのであるから、この庚午年籍も、通算五回目の造籍として、旧庚午年・671年の造籍でなければならない。

従って天智9年紀の2月条の「戸籍を造る。盗賊と浮浪を断つ」は、<u>本来の天智10年・旧庚午年・671年</u>に編年されていたものが1年繰り上げて編年されたものである。

同じ2月条に見える、「長門城一つ、筑紫城二つを築く」もまた、造籍記事同様、本来の天智10年・旧庚午年・671年に編年されていたものであろうと推測できる。というのも、この記事は周知の通り、次の天智4年紀の記事の重出である。

《天智4年紀》秋八月、達率答㶱春初（たふほんしゅんそ）を遣して、<u>城を長門国に築き</u>、達率憶礼福留（おくらいふくる）・達率四比福夫（しひふくぶ）を筑紫国に遣して、大野及び椽（き）の<u>二つの城を築かしむ</u>。

月次が、一方は「二月」、他方は「八月」とあって異なるのであるが、誤写・誤伝に因ると思われる。問題は、天智9年紀と天智4年紀に同事重出記事が存在するという点にある。なぜこれほど離れたところに重出記事があるのか。

天智紀では、天智天皇の即位が天智（称制）7年紀であるので、天智（称制）9年紀は、書紀の編年通りなら、本来、天智即位3年に当たるはずであるから、もし天智（称制）3年紀と天智即位3年紀つまり天智（称制）9年紀に同事重出記事があるのであれば、その誤りは称制3年と即位3年とが混同された結果であろうと理解できる。ところが、<u>称制4年紀の記事が即位3年紀＝称制9年紀に重出</u>している。このことから天智9年紀の「長門城一つ、筑紫城二つを築く」が、<u>元来は天智即位4年</u>、つまり、<u>本来の天智10年に誤編年されていた記事であった</u>ろうことが示唆されるのである。

結局、書紀は、<u>本来の天智10年・旧庚午年の記事のうち少なくとも造籍記事に加えて誤編年築城記事を、天智9年紀・新庚午年に繰り上げて編年した</u>のであろうと推測できる。

では、天智9年紀・新庚午年（＝旧己巳年）がこのように本来の天智10年・旧庚午年の記事のみからなるかといえば、そうではない。

　天智9年紀4月30日条に、法隆寺の火災記事がある。法隆寺は所在地名に因んで斑鳩寺とも呼ばれた寺であるが、上に引いた通り、天智8年紀の是の冬条に同じ火災記事がある。

　天智8年紀の斑鳩寺の火災記事と、天智9年紀の法隆寺の火災記事は、季節こそ違うが、同事重出記事と考えられる。おそらく本来の天智9年・旧己巳年に編年された記事が元来のものであり、これを新己巳年にも敢えて同事重出記事として記載したのであろうと思われる。

　天智8年紀の是冬条には、高安城に田税を収めた記事もある。これまた、天智9年紀2月条の、「高安城を修り、穀と塩を積む」と同事と見るべき記事である。これも斑鳩寺の火災記事と同じ理由で、本来の天智9年・旧己巳年に編年されるのが正しく、天智8年紀の記事の方が、1年繰り上げて敢えて同事重出たるを厭わず記載されたものと思われる。

　結局、高安城への穀の収納と斑鳩寺の火災の件は、どちらも本来旧己巳年の事件であったものを、新己巳年の記事として意図的に重出させたものである。

　庚午年籍の造籍は、高安城への穀の収納や、法隆寺の火災などの事件の<u>あとに</u>始まったことであるのに、旧庚午年の造籍記事を書紀のように新庚午年2月条へ1年繰り上げて、旧己巳年の事件であったはずの高安城への穀の収納の件や斑鳩寺の火災事件の<u>以前</u>に置くと、事件の推移に関する<u>逆転</u>が生じる。取り分け<u>法隆寺の全焼事件</u>などは造籍年である旧庚午年の前年、<u>旧己巳年に生じた事件</u>として強く記憶され伝承されていた可能性が高い。

　そこで事件の推移の混乱・逆転を糊塗するために、書紀編者らが確信犯的に重出記事を作り、庚午年の造籍が両事件の後になされたかのように繕ったのであろうと考えられる。

　そうして、このような作為が施されねばならなかったということが逆に、庚午年籍の二月造籍記事が、元来は、<u>本来の</u>天智9年・旧己巳年・新庚午年の<u>次の年</u>である、<u>本来の</u>天智10年・旧庚午年の記事であったことを確信せしめるのである。

　斉明紀の阿倍引田臣比羅夫による蝦夷・粛慎討伐記事などが好例であるが、書紀に同事重出記事がある場合は、このように、旧干支年と新干支年との吻合が画策される過程で、意図的に同事重出記事が作られることになったと推定される場合が少なくない。

　そもそも、誰が見ても重出の疑いが濃厚であるような記事について、何の註釈

もなく、黙って重出させている書紀編者の態度は、不誠実の謗りを免れまい。この不誠実さこそ、書紀編者らによる意図的な重出が画策されていたであろうことの何よりの証拠だと言ってよいと思われる。「犯罪」の「犯罪」たる所以である。

　天智9年紀の残りの記事に関しては、どれが本来の天智9年の記事でどれが本来の天智10年の記事かは不明である。造籍年の後に置かれた記事で天智8年紀に重出せしめられていない記事は、造籍の後、つまり、本来の天智10年の記事であったと見做しておくのが取りあえず無難であろうか。

　本来の天智10年・旧庚午年・672年の事件として重要なのは、大友皇子の立太子である。

　『懐風藻』は大友皇子の詩の前書きに、「淡海朝大友皇子　二首」と題し、「皇太子者、淡海帝之長子也」と書き出し、以下、大友皇子の人物像・略歴を述べる。そこに大友皇子は年弱冠（20歳）で太政大臣に拝され、年23のとき、立って皇太子と為り、壬申の年に乱にあって天命を遂げず、年25歳であったと述べられている。

　壬申年（天武元年紀・旧壬申年・673年）の乱にあって死去したとき25歳であったというので、大友皇子は649年（大化四年紀・旧戊申年）の生まれである。つまり旧さる年の生まれで、壬申乱のときは年男であった。

　20歳で太政大臣に拝されたという。西暦668年、旧丁卯年・天智7年紀のことになる。天智7年紀は、中大兄皇太子が正式に即位した年である。『懐風藻』によるならば、この年、大友皇子は太政大臣となって百機を統（す）べ、万機を親（しら）しめした。太政大臣として、天智天皇を代行する職掌を担ったのである。

　書紀編年を盲信する従来説に依る限り、『懐風藻』のいう大友皇子の太政大臣拝任は、天皇位が空位であった天智6年紀（667年）のこととならざるを得ない。670年と671年を1年に潰すという荒業を施しつつ壬申年を1年繰り上げる編年がしてあるため、本来の太政大臣拝任の年より、1年遡ってしまうのである。そのためもあって従来は『懐風藻』のいうところを疑問視する史家が多かった。然るに中大兄皇太子が即位した年である天智7年紀の人事であったとなれば、一転その信憑性を増すであろう。

　天武天皇即位前紀によれば同じ年に大海人皇子は東宮となり、それまでの中大兄皇太子の地位を継ぐのであるが、大友皇子は天皇代理職である太政大臣としてその東宮の上に立って百官を統べる地位を得ていることになる。

　大海人皇子が、この人事にはなはだ不愉快な思いをしたであろうこと疑いはな

い。甲子の年に、皇太子に代わって冠位制度・氏上制度という、いわば国家の骨格にかかわる施策につき宣命した実績もあり、兄天智天皇に次ぐナンバー2の立場を自他共に認めていたであろう大海人皇子を飛び越える如く、采女（うねめ）の子、大友皇子（天智7年紀2月条によれば、大友皇子の母は伊賀采女、宅子娘〔やかこノいらつめ〕である）が、天皇の代理をつとめるという事態は、大海人皇子とその取り巻きにとっては、想定外のことであったと思われる。

　大織冠伝によれば、同じ天智7年に、濱楼（琵琶湖に面して立てた高殿）の酒宴の席で、大海人皇子は長槍で敷板を刺し貫くという狼藉におよび、驚いた天智天皇は大いに怒って大海人皇子を害さんとした、という。書紀の天智7年紀7月条には、濱台に諸魚が水を覆って至ったという記事に続いて蝦夷を饗応し舎人等に宴を開かせたという記事があるので、大織冠伝いう濱楼での酒宴も、この同じ7月のことであったと推定されている。

　大海人皇子と天智天皇の仲は、この頃、余りよいものではなかった（否、おそらく甚だ悪かった）ことが、この一件から知られる。そして、この一件と大友皇子の太政大臣就任という大事件とが、互いに呼応していたと思われる（いずれが結果でいずれが原因かは不明であるが、おそらくは太政大臣人事が背景にあった上での酒宴での兄弟喧嘩であったのではないか）。

　天武天皇即位前紀に天武天皇こと大海人皇子は天智元年（天智7年紀）に立って東宮となったと記されてはいるものの、天智7年紀にはこのことが見えない。そのため、天武天皇即位前紀のこの記事を不審と見る説もあるが、書紀によれば、大海人皇子は、天智8年紀10月15日条には、「東宮大皇弟」として、病臥した中臣鎌足をその私邸に訪ねる使いとなっているので、大海人皇子がこれより以前に、東宮称号ないし皇太弟としての地位を得ていたことは疑いない。

　天智7年紀は大友皇子の太政大臣就任の件を伏せているので、大海人皇子の立東宮に関する記事もその関連から記されなかった可能性がある。（旧）丁卯年の立東宮という記憶が新戊辰年への編年を拒んだ可能性もあろう。

　ともあれ、天智8年紀以前、おそらく天武天皇即位前紀の記す通り、天智天皇即位元年＝天智7年紀の年に、大海人皇子は東宮となり、この時点で、大海人皇子には、少なくとも次の皇位だけは約束された……と誰しも考えていたはずである。

　然るに、『懐風藻』は、大友皇子が23歳のとき、立って皇太子になったと伝える。享年25歳という大友皇子の死の2年前である。旧壬申年・673年の2年前、つまり

671年・旧庚午年である。前述の如く、旧日本紀ではこれは本来の天智10年に当たり、書紀では、本来の天智9年と共に、天智9年紀の1年次へと圧縮された年次に当たる。

　太政大臣大友皇子の立太子について証言するのは『懐風藻』だけではない。『扶桑略記』には、天智天皇十年の十月に、大友太政大臣を立てて皇太子とした、と明記されている。ただし、『扶桑略記』は書紀を基本として、これに独自資料を按配しているため、書紀が天智10年紀の9月・10月条に置く天智天皇の不豫・病臥記事と大海人皇子の出家と吉野籠もりのことを、扶桑略記も同じく同年同月のこととして述べ、その条目の次に「同（十）月、大友太政大臣を立てて、皇太子と為す」という条文を編年している。しかし、これであると、翌年25歳で死去する前年のこととなり、大友皇子24歳時の立太子ということになってしまい、『懐風藻』が23歳で皇太子になったとするのと整合しない。『扶桑略記』は、おそらく旧日本紀もしくはその系統の資料によって、天智十年十月大友太政大臣の立太子という事実を引き、書紀に基づいて、天智天皇の病臥記事と並べてしまったのである。天智天皇の病臥の方は、<u>本来の天智11年・旧辛未年・672年</u>の10月のことであり、大友皇子の立太子は、その前年、<u>本来の天智10年・旧庚午年・671年10月</u>の事件である。

　大友皇子が皇太子となった旧庚午年には既に大海人皇子が東宮として存在したので、ここに日継の御子＝太子が2人並ぶこととなった。<u>二人太子制の誕生</u>である。

　旧卯（うさぎ）年に太上大臣大友皇子が成立し、旧午（うま）年に二人太子制が成立したことになる。

　古事記の寓意の構造を研究すると、卯〜ウサギは大友皇子の太政大臣拝任（の年）を寓意する動物であり、午〜ウマは二人太子制の成立（の年）を寓意する動物であることがわかるのであるが、このことを含めて、古事記の寓意の構造に関する詳細は別稿に譲る（一言述べれば、「稲羽〔いなば。因幡〕の素菟〔しろうさぎ〕」の「菟」がこの寓意、大友皇子の太政大臣拝任〔の年〕の寓意を担う好例であるが、古事記の最古の写本である真福寺本はその「菟」字を、草冠を二つ重ねたように見える異体字で表記している〔下の草冠は本来は「少」であるが、草冠に見える。神道大系『古事記』p.149の校異5にも正倉院の書蹟につき「冠の『少』は草冠の一書風に依るとも思える」とある〕。おそらくこの異体字が原形である。草冠は、天智天皇の幼名である<u>葛城皇子</u>の「葛」の草冠に因む寓意文字素であり、この草冠を二つ重ねたような「菟」の異体字は、天智天皇＝葛城皇子と

その代理である太政大臣が二人重なった年を寓意する異体字である。古事記の研究は、必ず<u>手書き原字に遡って</u>なされねばならない。つまり古事記は活字本のみで研究してはならない。ほかにもたとえば氣・賣を気・売に書き直してはならず、尓・迩を爾・邇に書き直してはならない。文字の宿す寓意が不明になるからである。このような原字形を逸脱した文字を用いた注釈書は本居宣長の『古事記伝』を含めて数多いが、そうした注釈書は結局のところ古事記という書物が何者であるかがわかっていないことになる。これら数多の注釈書は、そこに込められた博学な知識に感謝するとしても、二次的な参考書として利用する程度にとどめたい。ただ『古事記伝』のよいところは、古事記の宿す疑問点の多くを鋭く指摘してなおざりにしていないところである。これに対して例えば日本思想大系『古事記』〔岩波書店　1982年〕などは、そうした疑問点をほとんど素通りして指摘すらしていない）。

　さて、書紀は結局、大友皇子の初めての太政大臣就任のことも記さず、大友皇子の立太子のことも伏せ、その大友皇太子の宣命による近江令新冠位制度と法度の事も別物にすり替えた。特に立太子の年である旧庚午年・本来の天智10年の記事については、庚午年籍の造籍記事を1年繰り上げて新庚午年の記事として載録したものの、立太子記事を含むほかの主要記事はほとんど棄却したものと思われる。

　書紀は、かくして、近江令制の新冠位体系を隠したばかりか、意図的に大友皇子のほとんどすべての重要な経歴を伏せたのである。

　この大友皇子（大友天皇）の最期に、その舎人として自らの死を賭して陪従した経歴を持つ物部連麻呂こと石上朝臣麻呂は、奈良朝初めの派閥対立――親藤原不比等派v.s.反不比等派――の渦中において、元明天皇の庇護のもと左大臣にまで上がって親不比等派をよく掣肘する立場にあった注2。親不比等派からなる書紀編者らの大友皇子に対する処置は、その石上朝臣麻呂への怨恨をも動機としていたであろうこと想像に難くない（古事記や書紀はそれぞれの動機によって物部連氏の古代的名誉を損なうか抑制する筆致に満ちているので注意したい）。

　ともあれ以上によって、天智紀の編年の修正結果は、『懐風藻』の大友皇子伝と整合するものであることが認められた。これによって天智紀末葉の修正が正しい修正であることが保証され、『懐風藻』の大友皇子伝こそ正しい内容であったことが判明したことになる。

　これを図示してみれば次のようである。まず書紀編年に従う限り、大友皇子の

経歴は

	『懐風藻』			書記編年

二十歳………新丁卯年……任太政大臣……天智6年紀・新丁卯年・667年

二十三歳……新庚午年……立皇太子………天智9年紀・新庚午年・670年（二人太子制）

二十五歳……新壬申年……没………………天武元年紀・新壬申年・672年

とならざるを得ないが、天皇不在時の天智6年紀に大友皇子が太政大臣を拝任したこととなって奇妙である。

　然るに旧日本紀の本来の編年に従えば、

	『懐風藻』		旧日本紀

二十歳………旧丁卯年……任太政大臣……本来の天智7年・旧丁卯年・668年

二十三歳……旧庚午年……立皇太子………本来の天智10年・旧庚午年・671年（二人太子制）

二十五歳……旧壬申年……没………………本来の天武元年・本来の大友帝2年・
旧壬申年・673年

となる。

　大友皇子がうさぎ年に太政大臣となり、うま年に皇太子となり、さる年に乱に遭って命を終えたという点では書記編年で考えようが旧日本紀編年で考えようが同じであるけれど、その実年代が異なっており、旧日本紀編年に従えば大友皇子の太政大臣就任は天智天皇が即位した年、本来の天智7年に一致しており、これなら合理的である。

　天智10年紀・新辛未年が実は旧辛未年・新壬申年・672年であることを示す別の証拠がある。

　同年紀の11月己卯【10】条に、唐の使人、郭務悰ら2千人とともに筑紫君薩野馬（つくしノきみ さちやま）らが帰朝して郭務悰らの来朝を知らせた一件がある。即ち同条に、

　　対馬国司、使を筑紫大宰府に遣して言はく、「月生（た）ちて二日、沙門道文・筑紫君薩野馬・韓嶋勝娑婆・布師首磐、四人、唐従（よ）り来りて曰はく、『唐国の使人郭務悰等六百人、送使沙宅孫登等一千四百人、総合（す）べて二千人、船四十七隻に乗りて、倶に比智嶋に泊りて、相謂（あひかたり）

152

りて曰く、……』といへり」と。
とある。

　この薩野馬らの帰朝の経緯については持統4年紀10月乙丑【22】条、大伴部博麻（おほともベノはかま）の功労が語られる段にその詳細が記述されており、これによれば、博麻は救百済役で捕虜になったが、唐で足止めされていた氷連老（ひノむらじ　おゆ。白雉4年紀の第2次遣唐船で渡唐した学生氷連老人に同じ）と薩野馬を含む4人が、天智天皇の3年（即位3年なら、本来の天智9年・670年）におよんで帰国しようとしたが衣糧無く、博麻が身を売って衣食に充てさせたため帰国することができたという。

　他方、この氷連老らの帰朝のことは、白雉5年紀2月条の分注にも記されている。「伊吉連博得（いきノむらじ　はかとこ）が言はく」として、

　　妙位・法勝・学生氷連老人・高黄金、并せて十二人、別に倭種の韓智興・趙元宝、今年、使人と共に帰れり。

とある。
「使人」とは上で引いた天智10年紀11月条にいう「唐国の使人郭務悰等」のことである。しかしここで不自然なのは、その帰国年次が「今年」とあって、干支年が示されておらず、「今年」がいつなのか、不可解な書きざまとなっている点である。

　分注に引用される伊吉連博得の書や言が用いる干支は新干支であるから、正しい年次が干支で書かれるか報告されていたとすれば、ここは天智10年紀の正しい年次である新壬申年・672年を示して、「（新）壬申年に、使人と共に帰れり」と書かれていなければならない。

　ところが書紀は新壬申年を旧壬申年の事件であった壬申乱の紀に当て、天智10年紀・新壬申年・旧辛未年・672年は新辛未年・671年へと1年繰り上げて編年したため、このような記載はできなかったのである。敢えて正直に「今年」を「壬申年」と書けば書紀の編年操作が露見することになる。書紀はこの露見を防ぐために「今年」などという、分注に記すべき年次指示としてはあるまじき明らかに不自然で奇妙な書きざまをして、ごまかしたのである。このようなごまかしが必要であったということが、天智10年紀・新辛未年が実は本来、旧辛未年・新壬申年・672年であったことの動かぬ証拠となり得る。

　なお、伊吉連博得（いきノむらじ　はかとこ）の言、「妙位・法勝・学生氷連老人・高黄金、并せて十二人、別に倭種の韓智興・趙元宝、今年、使人と共に帰れ

り」の直前に「定恵、乙丑年を以ちて劉徳高等の船に付けて帰る」とあるところから、「今年」を、同じ（新）乙丑年・664年と見る説があるようであるが、それならば、「今年」ではなく、「此年」もしくは「同年」と書くべきであり、この説は採れない（既述の通り、劉徳高は天智4年紀・新乙丑年の9月から12月まで日本に滞在して戦後交渉に携わっている。鎌足の長子、定恵はこの唐使とともに帰国した）。

　修正された天智紀年によって、以上で明らかになった大海人皇子と大友皇子の関係史を表に示せば次の通り。

本来の天智4年・旧甲子年・665年	大海人皇子による甲子の宣
本来の天智5年・旧乙丑年・666年	
本来の天智6年・旧丙寅年・667年	近江宮へ遷都
本来の天智7年・旧丁卯年・668年	天智天皇即位
	大海人皇子の立東宮
	大友皇子、太政大臣に就任（20歳）
本来の天智8年・旧戊辰年・669年	中臣鎌足、薨去
本来の天智9年・旧己巳年・670年	
本来の天智10年・旧庚午年・671年	大友皇子の立皇太子（23歳）
	二人太子制の成立
本来の天智11年・大友元年・旧辛未年・672年	大友皇太子による近江令制の宣命
	天智天皇、病臥
	大海人皇子、出家し吉野宮に遁世
	天智天皇、崩御
	大友皇子、即位
本来の大友2年・天武元年・旧壬申年・673年	壬申乱（大友天皇25歳）
本来の天武2年・旧癸酉年・674年	大海人皇子、即位

IV　天武 2 年紀以降の編年の修正

　天武 2 年紀以降の編年の修正については、ここでは結論だけ述べ、詳細は前掲拙著に委ねたい。

　まず天武 2 年紀が天武元年紀＝壬申乱紀の続きとして、やはり 1 年繰り上げられていること、つまり本来旧癸酉年・674年であったものを新癸酉年・673年へと 1 年繰り上げた年紀であることについては述べた通りである。

　問題は天武 3 年紀以降であるが、その天武 3 年紀の内容は質量ともに粗末極まるものであって、天武 4 年紀に編年されるべき記事から作られたダミー年次である。丁度、斉明 3 年紀がダミー年次であったのと同様の編年操作がなされたと考えられる。

　この捏造年次が挿入されたため、天武 4 年紀以降は若干の条目を例外として、凡そは従来説通りの年次、つまり正しい年次になっており、天武 4 年紀が本来の天武 3 年である。以下、天武 5 年紀は本来の天武 4 年、天武 6 年紀は本来の天武 5 年、天武 7 年紀は本来の天武 6 年、……以下同様で、天武14年紀は本来の天武13年である。

　而して天武天皇の崩年とされている朱鳥元年紀は本来の天武14年であり本来の持統元年でもある。故に天武朝は15年ではなく、14年である（人代暦にも「天武十四世_{天智同母弟}」とある_{注6}）。

　本来の朱鳥元年は実は次の年、持統元年紀＝本来の持統 2 年に建てられた年号である。

　持統天皇の即位の年、つまり持統 4 年紀（本来の持統 5 年・朱鳥 4 年・690年）の11月から新干支紀年法を伴う元嘉暦と儀鳳暦が初めて行われることとなり、持統 4 年紀から旧干支紀年法が廃されて新干支紀年法が朝廷公用となった（持統朝における元嘉暦と儀鳳暦の併用問題については前掲拙著〔第 1 節注 3 拙著第 5 節〕参照）。

　持統 4 年紀は旧己丑年・690年であったが、新庚寅年に振り替えられて（いわゆる「超辰」して）現代に至る。この新干支紀年法は天武天皇の崩年にも遡及されたと思われ、天武天皇の崩年（旧乙酉年・新丙戌年・686年）には最早繰り上げ操作は行われていない。

　天武元年紀以降について旧編年と書紀編年の対応表を掲げれば、次の通り（前掲拙著参照。天武朝の白鳳年号は略した）。

西暦年	旧日本紀	日本書記
672		天武元年紀・新壬申年
673	大友2年・天武元年・旧壬申年	天武2年紀・新癸酉年
674	天武2年・旧癸酉年	天武3年紀・新甲戌年
675	天武3年・旧甲戌年	天武4年紀・新乙亥年
676	天武4年・旧乙亥年	天武5年紀・新丙子年
677	天武5年・旧丙子年	天武6年紀・新丁丑年
678	天武6年・旧丁丑年	天武7年紀・新戊寅年
679	天武7年・旧戊寅年	天武8年紀・新己卯年
680	天武8年・旧己卯年	天武9年紀・新庚辰年
681	天武9年・旧庚辰年	天武10年紀・新辛巳年
682	天武10年・旧辛巳年	天武11年紀・新壬午年
683	天武11年・旧壬午年	天武12年紀・新癸未年
684	天武12年・旧癸未年	天武13年紀・新甲申年
685	天武13年・旧甲申年	天武14年紀・新乙酉年
686	持統元年・天武14年・旧乙酉年	朱鳥元年紀・新丙戌年
687	持統2年・朱鳥元年・旧丙戌年	持統元年紀・新丁亥年
688	朱鳥2年・旧丁亥年	持統2年紀・新戊子年
689	朱鳥3年・旧戊子年	持統3年紀・新己丑年
690	朱鳥4年・旧己丑年・新庚寅年	持統4年紀・新庚寅年
691	朱鳥5年・新辛卯年	持統5年紀・新辛卯年
692	朱鳥6年・新壬辰年	持統6年紀・新壬辰年
693	朱鳥7年・新癸巳年	持統7年紀・新癸巳年
694	朱鳥8年・新甲午年	持統8年紀・新甲午年

695	朱鳥 9 年・新乙未年	⟶	持統 9 年紀・新乙未年
696	朱鳥10年・新丙申年	⟶	持統10年紀・新丙申年
697	朱鳥11年・新丁酉年	⟶	持統11年紀・新丁酉年

　ここで一点だけ注意したいのは、天武 7 年紀 4 月癸巳【7】条に記された十市皇女の急逝である。天武 7 年紀は本来の天武 6 年である。十市皇女は天武 7 年ではなく、（本来の）天武 6 年に急逝したのである。このことは古事記の寓意の構造の研究からも確認できる。序節のⅡ－ 2 ・Ⅲ― 1 および「あとがき」において簡単に触れたところである。詳細は別稿に委ねる。

　以上、序節に述べた古事記の数合わせの謎を解くための準備がひとまず整った。

補論　壬申乱紀の月次について

　書紀は旧干支年を保持していた旧日本紀の編年を、新干支年による編年へと無理に改竄して成立した編年国史であるが、その際、述べた通り、旧○×年を新○×年へ 1 年繰り上げる操作を多用している（○×は干支）。たとえば旧乙巳年（本来の大化元年・646年）を新乙巳年（大化元年紀・645年）へと 1 年繰り上げる類である。

　この操作をする場合、閏月の存在は邪魔になったと思われる。閏年を非閏年へ繰り上げる場合も、逆に非閏年を閏年へ繰り上げる場合も、閏月を削るか、非閏月へ移すような操作が多用されたと思われる。また、ある暦術を別の暦術に移し替える操作をする場合には、たとえ実年代を保存した編年をする場合でも、暦ごとで閏月が異なっている場合があり、この場合も閏月の処理には困るはずである。

　古代の太陰太陽暦は、ほぼ235か月に 7 度の頻度で閏月が入る暦術である。つまり、閏月が約 3 ％の頻度で出現する暦である。ところが書紀の閏月頻度を調べてみると、その半分にも満たない1.22％の頻度でしか閏月が現れていない。書紀が上記のような操作を多用したとすると辻褄が合うのであり、このことについては前掲拙著『 6 ～ 7 世紀の日本書紀編年の修正……』の第16節補論 4 に述べた通りである。

　ここで具体例として、たとえば旧日本紀で月次が 6 月・閏 6 月・ 7 月と並んでいる条目を考えてみよう。これを 1 年繰り上げて非閏年へ移す場合、一般には大

きく二通りの方法が考えられる。

（1）閏月や閏月を含めた前後の条目を省略し、不足分は必要なら是歳条などで補う。

（2）6月・閏6月・7月を、5月・6月・7月、もしくは6月・7月・8月などへとスライドさせる。

　調査してみると、一般には（1）の省略法の多いことが知られるが、省略できない場合は（2）のスライド法が用いられている。

（2）の好例が壬申乱紀である。壬申乱紀、つまり天武元年紀には3月条の次に5月・6月・7月条が並んでいる。672年の元嘉暦によって編年されている並びである。ところが、壬申乱の年は実は旧壬申年・673年であり、この年は、当時の実用暦の候補として第1節に掲げた修正後漢四分暦によれば（元嘉暦も同じだが）、閏6月を含む閏年である。

　673年の元嘉暦の月次、同年の修正後漢四分暦による月次、672年の元嘉暦の月次を並べてみると次の通りである。大は大の月、つまり30日まである月、小は小の月、29日までの月である。

673年の元嘉暦	673年の修正後漢四分暦	672年の元嘉暦（書紀）
5月（大）	5月（小）	
6月（大）	6月（大）	5月（大）唐使郭務悰ら帰国
閏6月（小）	閏6月（小）	6月（小）壬申乱の開始
7月（大）	7月（大）	7月（大）壬申乱の終焉

　見る通り、書紀は673年の6月（大）を5月（大）に移し、閏6月（小）を6月（小）に移し、7月（大）を7月（大）に移して閏月を消していたと考えられる。

　書紀の5月条を見ると30日条まで記されているので（郭務悰等が帰国した日とされている）、これはこの月が確かに大の月であったことを示しており、修正後漢四分暦を当時実用の暦候補と考えれば、書紀は673年の5月（小）条を5月（大）条に移したのではないことが知られる。つまり唐使郭務悰らの帰国は5月（小）ではなく実は6月（大）であったのであり、壬申乱の開始は6月ではなく実は閏6月であったのである。

　天智朝11年を10年に短縮させた書紀にとって、この程度の史料改竄は造作もな

いことであったろう。

　なお、壬申乱紀には、壬申乱の終焉を語る 7 月条に続いて、乱後処理が 8 月条
に記されている。これは673年の 8 月条を引き継いでいる条目なのであるが、こ
の 8 月条に壬申乱紀が672年ではなく673年であることを傍証する証拠の一つを見
出すことができるので、ここでついでに補足しておきたい。

　まず同紀 7 月の最後の記事として、その乙卯【26】条に「将軍等、不破宮に
向（まう）づ。因りて大友皇子の頭を捧げて、営（いほり）の前に献りぬ」とあ
る。大海人皇子の前に大友皇子の生首が持ち込まれて首実検されたのである。こ
れで 7 月条が終わる。而して続く 8 月条に次のように乱後処理が記されている。

　　八月庚申朔甲申【25】高市皇子に命して、近江の群臣の犯状を宣らしむ。則
　　ち重罪八人を極刑に坐（お）く。仍（なほ）、右大臣中臣連金を浅井の田根
　　《倭名抄、近江国浅井郡田根郷》に斬る。是の日、左大臣蘇我臣赤兄、大納言
　　《御史大夫の追記である》巨勢臣比等及び子孫、并に中臣連金の子、蘇我臣果
　　安の子を、悉に配流（なが）す。以余（これよりほか）は悉に赦（ゆる）す。

　即ち金連は左大臣蘇我臣赤兄より重い斬刑に処せられた。いわれる如く、大海
人皇子の妃、鸕野皇女が蘇我臣の出自であることが、この量刑に関係するのであ
ろう。更には、軍事は右大臣が主として管掌する立場であった可能性があり、す
るとこうした事情も勘案されようか。

　それはともかくとして、さて、松尾社家系図によれば、金連は「白鳳元年《＝天
武元年・旧壬申年》八月庚申被誅」とあり、金の子國足・石麿は「白鳳元年八月
甲申配流」とあって、上に引いた書紀記事が金連の斬刑と子の配流を同日の「甲
申」としているのと齟齬がある。この齟齬には理由があったと思われる。

　というのも、新壬申年・672年 8 月の朔日は書紀が記す通り56庚申であるので、
新干支紀年法に依っている書紀の「20甲申」は25日である以外にないのであるが、
本来の「壬申年」であった旧壬申年・673年 8 月の朔日は実に甲申である（修正
後漢四分暦による。元嘉暦も同じ）。そこで、恐らく、旧日本紀では天武元年＝白
鳳元年（旧壬申年・673年） 8 月甲申条つまり 8 月朔条に金連の処刑と子の配流
の記事が置かれていたのを、書紀はその「甲申」日を換算せずにそのまま引いて
新壬申年（672年） 8 月の日付としたため、新壬申年・ 8 月庚申朔甲申【25】の
記事になったのであろう。他方、松尾社家系図は、金連被誅の日付については旧日
本紀の 8 月朔日説を引き継いで、これを庚申朔に換算したものの、子の配流の

ほうは、書紀と同様、あるいは書紀に従って、甲申日を換算ぬきでそのまま引き継ぎ、名目上の干支日を一致させるという折衷案を採ったものと考えられる。

　書紀と松尾社家系図の暦日の相違は、このように考えれば、壬申年が実は旧壬申年であったことに起因することが分かる。混乱の原因は、書紀が虚構した年紀のズレにあったのである。結局、壬申乱の乱後処理は、8月25日ではなく、大友皇子の首実検から丸5日後の8月甲申朔【1】に行われたのである。新壬申年（672年）ではなく旧壬申年（673年）の8月1日である。乱収束後、1か月近い拘束期間を経た後の処罰ということではなかった。

注1　額田王と大海人皇子（天武天皇）の婚姻は、少なくとも額田王にとっては初婚であろうが、その初子と思われる子が十市皇女である。十市皇女は、古事記の寓意の構造の研究によって、ねずみ年生まれ、つまり旧壬子年・653年の生まれであろうことが判明する。額田王の初婚を16歳ごろ、出産を17歳ごろと仮定すると、額田王の生年は637年ごろとなり、斉明5年紀・659年には23歳ごろとなる。

　　因みに十市皇女は大友皇子と結婚しており（こちらは双方ともに初婚であろう）、その初子と思われる子が葛野王である。葛野王は続日本紀によれば慶雲2年（705年）12月20日の卒去である。十市皇女が母と同じく16歳ごろの結婚、17歳ごろの初出産とすると、葛野王の生年は669年ごろと推算されることになる。

　　他方、『懐風藻』の葛野王伝の末尾には「時に年三十七」とある。この「時に年三十七」の「時」が卒時を意味するのか否か、つまり「三十七」が享年を意味するのか否かについて諸説あったが、享年であれば慶雲2年（705年）に卒去した葛野王の生年はまさに669年となる。従って、葛野王は669年生まれと確定し、『懐風藻』の「三十七」も通説通り葛野王の享年であることになる。

　　なお、668年は天智天皇の即位の年（天智7年紀）である。おそらくはこの年に大友皇子と十市皇女の婚姻もなり、そのハネムーンベビーが葛野王であったのである。そしておそらくはまた、この婚姻によって大友皇子の同年（旧丁卯年）における太政大臣就任、3年後（旧庚午年・671年）の立太子への道も開かれたのである。

　　大友皇子に関するこれらの人事は、次の皇位が期待されていた大海人皇子にとっては、未来の政権、未来の皇位、あるいは未来の皇位の系列を、大友皇子およびその系裔に奪われる可能性を生じ、暗澹たる未来を予見させる人事であったのであり、これが壬申乱の直接最大の原因となった。

注 2　拙著『国の初めの愁いの形──藤原・奈良朝派閥抗争史』（風濤社　1998年）

注 3　押部佳周『日本律令成立の研究』（塙書房　昭和56年）

注 4　友田吉之助『日本書紀成立の研究　増補版』（風間書房　昭和44年）

　　　旧干支紀年法の存在を初めて指摘したのが、この友田博士である。当節ではいちいち引用を示していないが、当節は友田博士のこの書籍から多くの示唆や教示を受けていることをここに記しておきたい。詳細は冒頭に掲げた拙著『日本書紀編年批判試論』に記した。

　　　友田博士のこの論著には、残念ながら失考も多く、その一部についても当拙著に記したところである。

　　　拙著に記さなかった同書の失考としてここで特に指摘しておきたいのは、「二年引き上げられた紀年法」が存在するとした論考である。友田博士のいわゆる「二年引き上げられた紀年法」は、2 年ずれた干支の付された間違った年暦が用いられた結果生じた間違い暦日史料から導き出されたものであり、その意味でこの紀年法は、架空の、実際には存在しなかった紀年法である。不幸なことに、この間違い年暦による暦日はかなり多数に亘って認められたため、友田博士に、あたかもそれが実在の暦日であったかのような錯覚を与えたのである。

注 5　『新校群書類聚』第三巻　巻第六十三（内外書籍株式会社　昭和 5 年）p.612〜613

注 6　『改訂史籍集覧』　第二十三冊（臨川書店　明治34年初版　昭和59年復刻）p.5

第 4 節　謎を解く──古代冠位制度史と古事記

　序節に述べた古事記に潜む数合わせの謎を解くカギは、古事記自身の中にある。古事記と古代冠位制度史の関係について考究することによってこの謎は解ける。

1　はじめに──結論

　古代冠位制度は古代の官僚制度の脊梁である。古代冠位制度の研究は、古代官僚制国家研究の基礎である。

　我が国の古代冠位制度は推古朝の冠位12階制を濫觴として、以後、大化期・天智朝・天武朝における数度の改定を経て大宝令制の冠位制度に至るのであるが、序節に述べた古事記の数合わせは、この間の制度変遷史につき、意外な史料性を以って新たな光を投げかけるものである。

　その数合わせを、古事記の寓意の構造論を援用しながら古事記神話に沿って読み解くことで、古代冠位制度は大宝令官位制度に至るまでに以下のごとき経緯を辿ったことが知られる。

　① 冠位12階制（推古12年紀に実施）

　② 7色13階制（大化 3 年紀）

　③ 7色19階制（大化 5 年紀）

　④ 7色26階制（天智 3 年紀。いわゆる甲子の制）

　⑤ 諸王 5 位・諸臣 9 位制（天智10年紀。諸臣位の 3 位以下に外位がある。近江令冠位制度）

　⑥ 諸王 5 位・諸臣 7 色26階制（諸臣紫冠位以下に外位がある。天武朝冠位制度）

　⑦ 諸皇子・諸王の明・浄 2 色12階・諸臣の 6 色48階制（天武14年紀。浄御原令冠位制度）

　⑧ 親王 4 品・諸王 5 位・諸臣 9 位制（大宝元年。諸臣 5 位以下に外位がある。大宝令冠位制度）

　古事記の数合わせの謎解きであるが、まず古事記のイザナギ・イザナミ二神による国生み神話は、この冠位制度史の①から④までの経緯を下敷きにして組み立てられていることがわかる。国生みの失敗 2 例が①と②であり、最後に生まれる

大八嶋國（おほやしまぐに）が③であり、六嶋の追加が④である（下の小節３～５）。

　而して⑤の天智10年紀冠位制度については、押部佳周氏の説いた、諸王五位・諸臣九位制に近いものであることにつき、古事記が複数個所で示唆寓意していることが指摘できる。

　その最もわかり易い例が大年神の系譜であり（その子が、「五神」・「二柱」・「九神」の順に掲げられている）、次には水齒別命（反正天皇）の身長が「九尺二寸半」と記されている箇所である（これらの例の「二柱」・「二寸」の「二」は、二人太子制の「二」である）。これが序節に述べた数合わせⅡとⅢに対する解答になる（下の小節７）。

　また序節のⅠに述べた「10引く１は９」の９も、その天智10年紀冠位制度における諸臣９位制を寓意する数字である（下の小節７～９）。

　更に同節Ⅳに述べた９の細分２・１・２・１・３も、この諸臣９位制に内在する細分を示唆寓意するものである（下の小節８）。

　同節Ⅴに述べた（５・７）セットは、⑥の天武朝冠位制度である諸王５位・諸臣７色冠位制を示唆寓意するものである。（下の小節６）。

　同節Ⅵに述べた５の３・２分割は、諸王５位制に内在する細分を示唆寓意するものである。具体的には死去を「薨」と呼ぶ身分と、「卒」と呼ぶ身分に諸王層が分かれることに応じた分割である。つまり諸王５位のうち上位の１位から３位までの「薨」身分３階と、下位の４位・５位の「卒」身分２階という、二層に階層が分かれることを示唆寓意する分割である（下の小節６・７）。

　最後に同節Ⅶに述べた７の２・５分割、２・１・４分割は天武朝冠位制度の諸臣７色冠位制に内在する細分を示唆寓意するものである（下の小節６）。

2　冠位制度史概説

　まず古代冠位制度の①から⑤までは、書紀には次のように記載されている。書紀の⑤は④の内容に置き換えられている。つまり書紀の記事は虚偽記事であり、正しいのは、記した通り、諸王５位・諸臣９位冠位制度であって、これが近江令冠位制度である。書紀はこれを隠したのである。以下、巻末（p.304～313）の表１～３参照。

① 冠位12階制——6色12階制（推古天皇11年紀12月制定、同12年紀正月実施。推古12年紀・新甲子年・604年は、実は旧甲子年・新乙丑年・605年である。推古紀の編年の修正については第1節注3の拙著参照）

推古11年紀12月壬申【5】条

始めて冠位を行ふ。大徳・小徳・大仁・小仁・大礼・小礼・大信・小信・大義・小義・大智・小智、并せて十二階。並びに当色の絁（きぬ）を以（も）て縫へり。

頂（いただき）は撮総（とりす）べて嚢（ふくろ）の如くにして縁を著（つ）く。唯、元日には髻華（うず）を著（さ）す〈髻華、此を于孺（うず）と云ふ〉。

推古12年紀正月戊戌朔条

始めて冠位を諸臣に賜ふ。各、差有り。

② 7色13階制（大化3年紀。実は旧丁未年・648年）

大化3年紀是歳条

是歳、七色一十三階の冠（かうぶり）を制（つく）る。

一に曰はく、織冠。大小二階有り。織を以て為（つく）れり。繍を以て冠の縁を裁つ。服色は並びに深紫を用ゐる。

二に曰はく、繍冠。大小二階有り。繍を以て為れり。其の冠の縁・服色は、並びに織冠に同じ。

三に曰はく、紫冠。大小二階有り。紫を以て為れり。織を以て冠の縁を裁つ。服色は浅紫を用ゐる。

四に曰はく、錦冠。大小二階有り。

其の大錦冠は、大伯仙錦を以て為れり。織を以て冠の縁を裁つ。

其の小錦冠は、小伯仙錦を以て為り、大伯仙錦を以て冠の縁を裁つ。服色は並びに真緋を用ゐる。

五に曰はく、青冠。青絹を以て為れり。大小二階有り。

其の大青冠は、大伯仙錦を以て冠の縁を裁つ。

其の小青冠は、小伯仙錦を以て冠の縁を裁つ。服色は並びに紺（ふかきはなだ）を用ゐる。

六に曰はく、黒冠。大小二階有り。

其の大黒冠は、車形錦を以て冠の縁を裁つ。

其の小黒冠は、菱形錦を以て冠の縁を裁つ。服色は並びに緑を用ゐる。

七に曰はく、建武〈初位。又、立身と名づく〉、黒絹を以て為れり。紺を以て冠の縁を裁つ。

別に鐙冠（つぼこうぶり）有り。黒絹を以て為（つく）れり。其の冠の背には、漆羅（うるしぬりのうすはた）を張りて、縁と鈿（うず）とを以てその高下を異にせり。形、蟬に似たり。

小錦冠以上の鈿は、金・銀を雑（まじ）へて為れり。

大小青冠の鈿は、銀を以て為れり。

大小黒冠の鈿は、銅を以て為れり。

建武の冠は、鈿無し。

此の冠どもは、大會し、饗客し、四月・七月の齋の時に着る所なり。

③ 7色19階制（大化5年紀。実は旧己酉年・650年）

大化5年紀2月条

冠十九階を制る。

一に曰はく、大織。二に曰はく、小織。

三に曰はく、大繡。四に曰はく、小繡。

五に曰はく、大紫。六に曰はく、小紫。

七に曰はく、大花上。八に曰はく、大花下。

九に曰はく、小花上。十に曰はく、小花下。

十一に曰はく、大山上。十二に曰はく、大山下。

十三に曰はく、小山上。十四に曰はく、小山下。

十五に曰はく、大乙上。十六に曰はく、大乙下。

十七に曰はく、小乙上。十八に曰はく、小乙下。

十九に曰はく、立身。

《織・繡・紫は②に同じであるが、錦・青・黒・建武冠がそれぞれ花（華）・山・乙・立身冠に変わり、大花から小乙までが各々上下に分かれたため6階増えて、計19階。》

④ 7色26階制（天智3年紀2月、大海人皇子によって宣命されたいわゆる甲子の

宣によって施行された冠位であるが、前節に述べた通り、この甲子の宣の記事は、実は天智4年紀・旧甲子年・665年2月条に移して同月条の「鬼室集斯に小錦下を授く」という記事に連接させるべき記事である。後世、「甲子」年の宣・制と呼びならわされているが、その甲子年とは実は旧甲子年・665年なのである）

　天智天皇3年紀2月丁亥【9】条

　　天皇《称制期の中大兄皇子》、大皇弟《大海人皇子》に命して、冠位の階名を増し換ふること及び氏上（このかみ）・民部（かきべ）・家部（やかべ）等の事を宣（のたま）ふ。

　　其の冠、二十六階有り。

　　大織・小織

　　大縫・小縫

　　大紫・小紫

　　大錦上・大錦中・大錦下・小錦上・小錦中・小錦下

　　大山上・大山中・大山下・小山上・小山中・小山下

　　大乙上・大乙中・大乙下・小乙上・小乙中・小乙下

　　大建・小建

　　是を二十六階と為（す）。

　　前の花を改めて錦と曰ふ。錦より乙に至るまで十《六あるいは中の誤記》階を加ふ。

　　又前の初位一階を加（ま）し換へて大建・小建の二階と為（す）。此を以て異（け）なりと為。

　　余は並びに前の依（まま）なり。

　　其の大氏の氏上に大刀を賜ひ、小氏の氏上に小刀を賜ふ。其の伴造等の氏上に干楯・弓矢を賜ふ。

　　亦、其の民部・家部を定む。

　　《③の花が錦に戻り、更に、大錦から小乙までに中階六階が加えられ、立身が大小建の2階に分かれたため、③より7階増えて26階である。なお、繡冠も縫冠に改められているので並べて但し書きされるべきであるが落ちている。》

　天智4年紀（新乙丑年・旧甲子年・665年）2月是月条

　　百済国の官位の階級を勘校（かんが）ふ。仍、佐平福信の功を以て、鬼室集斯に小錦下を授く〈其の本の位は達率〉。

166

⑤天智10年紀制（天智10年紀は実は本来は天智称制11年であり旧辛未年・672年である。翌年が壬申乱）

　述べた通り、書紀はここに④（天智3年2月9日条と天智4年紀2月是月条）の重出記事を置いている。次の通り。

　天智10年紀正月甲辰【6】条

　　東宮太皇弟《大海人皇子》、奉宣して〈或本に云はく、大友皇子、宣命す〉、冠位・法度の事を施行。

　　天下に大赦す〈法度・冠位の名は、具（つぶさ）に新律令に載せたり〉。……是月に、大錦下を以て佐平余自信・沙宅紹明〈法官大輔〉に授く。小錦下を以て鬼室集斯〈学職頭〉に授く。

　　大山下を以て達率谷那晋首〈兵法に閑（なら）へり〉・木素貴子〈兵法に閑へり〉・憶礼福留〈兵法に閑へり〉・答㶱春初〈兵法に閑へり〉・㶱日比子賛波羅金羅金須〈薬を解（し）れり〉・鬼室集信〈薬を解れり〉に授く。

　　小山上を以て達率徳頂上〈薬を解れり〉・吉大尚〈薬を解れり〉・許率母〈五経に明なり〉・角福牟〈陰陽に閑へり〉に授く。

　　小山下を以て余の達率等、五十余人に授く。

　　童謡に云はく、

　　　　橘（たちばな）は　己（おの）が枝々（えだえだ）　生（な）れれども

　　　　珠（たま）に貫（ぬ）く時　同（おや）じ緒（を）に貫（ぬ）く

　この⑤については、次のような諸説がある。

　　ⅰ　④を⑤の重出とする説[1][2]（この説は岸俊男氏「『白髪部五十戸』の貢進物付札」などによって否定されている。実際、④以降、④の冠位が確かに実施されていることが確認できる）。

　　ⅱ　⑤を④の重出とする説[3]（この説が正しい。結論から言えば、書紀は大友皇太子によって宣命された新たな冠位制度である近江令制を、大海人皇子によって宣命された④に置き換えて隠蔽したのである。ⅴ参照）。

　　ⅲ　④に、天武紀に見える諸王五位制と諸臣外位制を付加した制であったと見る説（この場合も、これらの付加が④で既に制定してあったものを⑤で実施したとする説[4]と、⑤で初めて付加実施したとする説[5][6]に分かれる。どちらも誤りである）。

iv ④に諸臣外位制のみ付加したとする説（諸王五位制の方は天武朝に新設された とする。これも原理的には、④で既に制定してあったものを⑤で実施 したとする説と⑤で初めて付加実施したとする説に分かれるであろう。い ずれにしても誤りである）。

　　v ⑤にあるべきは本来は従来とは異なった全く新しい制度であって、後の大 宝令官位制に類似した体系、すなわち、諸王五位・諸臣内位九位・外位五 位（諸臣五位以下初位までの外位）という新たな制度であり、これが近江 令冠位制度であったとする説（押部佳周氏の説 (7)）。後述するようにこの 説が真相に近い。ただし外位は三位から九位までに備わっていたと思われ る。また諸臣位は各位が大小の２階に分かれているので、諸臣位は内位が 全18階、外位が全14階である（表１の⑤）。つまり諸臣位の階数は③の大 化５年紀制のレベルまで一挙に縮約されている。

　次に書紀等に残るところから推測される天武朝の冠位制度は次の通り。

⑥ 天武朝冠位制──諸王５位制・諸臣内位７色26階制と諸臣外位制

　④に諸王５位制（諸王一位〜五位）と諸臣外位制（外紫冠〜外建冠）を付加し た制度である。

　その付加の時期については、⑤にも一部触れたように、

　　i ④で制定、⑤で実施したとする説 (4)、

　　ii ⑤で初めて制定・実施したとする説 (5)(6)、

　　iii 外位制は⑤で実施し、諸王五位制は天武朝に至って初めて制定実施したと する説

　　iv 諸王五位制・外位制とも天武朝に至って初めて実施したとする説 (8)

などがある。

　結論をいえば、天武朝の冠位制度は④を復活しつつ、これに⑤の近江令冠位制 度で初めて制定された諸王５位制を継承折衷し、さらに⑤から始められた諸臣外 位制を応用継承した制度である。この復活・折衷時期は書紀に明記されていない が、天武元年紀12月戊午朔辛酉【4】条に「諸の功勲有る者を選び、冠位を増し 加ふ。仍て、小山位以上を賜ふこと各差有り」とあるのが、その実施の初めで あろう。

　i〜ivは⑤の近江令冠位制度が正しく認識されていなかったせいで誤った錯綜

した説になっている。

⑦ 天武14年紀制──諸王以上2色12階（明冠4階・浄冠8階）・諸臣6色48階制

　いわゆる浄御原令冠位制度である。

　天武14年紀は本来の天武13年・新乙酉年・旧甲申年・685年であり、次の年が天武天皇崩年である本来の天武14年・新丙戌年・旧乙酉年・686年である。書紀がこの年に始まる年号であると主張する「朱鳥（あかみとり）」は、実はその次の年、持統元年紀・旧丙戌年・687年・本来の持統2年から始まる年号であり、天武天皇崩年に始まる年号ではない。つまり丙戌年が朱鳥元年ではあったが、その丙戌年とは旧丙戌年・687年であって新丙戌年ではない。故にまた天武天皇は（旧）とり年に崩御したが、朱鳥元年に崩御したのではない（第1節注2・3の拙著参照）。

　天武14年紀正月丁卯【21】条

　　更に爵位の号を改む。仍て、階級を増し加ふ。明位二階、浄位四階、階毎に大・広有り。并せて十二階。以前（これ）は諸王已上の位なり。

　　正位四階、直位四階、勤位四階、務位四階、追位四階、進位四階、階毎に大・広有り。并せて四十八階。以前は諸臣の位なり。

　最後の⑧は大宝元年（701年）より施行された冠位制度である（『続日本紀』〔以下、続紀と略称する〕の大宝元年3月21日条）。

⑧ 大宝令冠位（官位）制度──親王4品・諸王5位・諸臣内外9位（外位は5位から初位まで）

　詳細は巻末の表1の⑧、また、下の小節8参照。諸王位は全14階、諸臣の内位は全30階である。⑦の天武14年紀制ほど煩雑ではないが、⑥の天武朝制より多階化している。

注

（1）　坂本太郎著作集第二巻『古事記と日本書紀』（吉川弘文館　昭和63年）「天智紀の史料批判」p.319。

（2）　坂本太郎著作集第七巻『律令制度』（吉川弘文館　平成元年）「古代位階制二題」p.218

（3）　青木和夫『日本律令国家論攷』（岩波書店　1992年）「浄御原令と古代官僚制」p.79

（4）　曽我部静雄「位階制の成立」芸林四ノ五　昭和28年・「我が位階制に於ける初位と外位」

　　　歴史地理八九ノ二　昭和34年

（5）　坂本太郎著作集第六巻『大化改新』（吉川弘文館　昭和63年）p.271

（6）　時野谷滋「日唐令における官と位」芸林四ノ五・六　昭和28年。喜田新六「位階制の変遷
　　　について」歴史地理八五ノ二〜四　昭和29〜30年

（7）　押部佳周『日本律令成立の研究』（塙書房　昭和56年）「近江令の成立」p.67

（8）　（2）のp.221。（3）のp.80（外位のみに言及）。野村忠夫『律令官人制の研究　増訂版』
　　　（吉川弘文館　昭和53年　第3版）「天武朝の外位」p.41（これも外位のみに言及）

3　国生み神話は初期冠位制度史を寓意する神話である

　古事記の岐美二神、つまりイザナギ・イザナミ二神による国生み神話が、上の冠位制度史の①から④までの経緯を鋳型として組み立てられていることをまず見ておきたい。

　古事記の国生み神話は、およそ次のような話である。

　伊耶那岐命（イザナギのみこと）・伊耶那美命（イザナミのみこと）二柱は、天つ神から授かった天の沼矛（ぬほこ）を指し下して塩（しほ＝潮。海水）をかき回す。すると矛の先より滴った塩が重なり淤能基呂（オノゴロ）嶋になる。二神はこの嶋に降り、天之御柱（あめのみはしら）を回って男女の交わりをする。

　ところが、女神であるイザナミが先に声をかけたせいで、まず(1)水蛭子（ひるこ）が生まれてしまう。そこでこれを葦舩に入れて流し棄て、次に(2)淡嶋（あはしま）を生むも、これまた失敗、子の数には入れないこととなる。そこで天つ神の教えに従い、男神であるイザナギから声をかけるとようやく国生みに成功、(3)大八嶋国（おほやしまくに）を生む。その後、(4)六嶋が追加生成された。

　この(1)から(4)までの一連の国生み過程が、①の推古朝冠位制に始まり、④の甲子の制に至る冠位制度史に一致している。

　(1) 水蛭子………………………①の冠位12階制

　(2) 淡嶋……………………………②の大化3年紀制

　(3) 大八嶋國の生成…………③の大化5年紀制

　(4) 六嶋の追加………………④の甲子の冠位制

　述べた通り④の甲子の宣は、本来天智4年紀・旧甲子年・西暦665年に編年されるべき記事であったものが、新甲子年・664年・天智3年紀の宣へと、1年繰り上げて編年されたものである。讖緯説による「革令」或いは「革政」の年に当たる

旧甲子年に宣命され実施された制度である。「大皇弟」こと大海人皇子、後の天武天皇が宣命した。書紀による限り、大海人皇子が朝廷政治の場に登場する初めである。

　その④に「前の花を改めて錦と曰ひ、……」とあるのは、大化5年紀制との違いが注意されている部分である。そこに「錦より乙に至るまでに十階を加ふ」とある「十階」は、「六階」もしくは「中階」の誤写である。どちらにしても、6階の追加になる。

　この6階の追加が、古事記国生み神話における(4)六嶋の追加によって寓意されたと考えられる。

　③の立身＝初位1階も大・小建の2階に増えているが、天武朝では初めこの建冠は「初位」として一括されて扱われていたようである（下に再論する）。

　古事記が語る(4)六嶋の追加の段は次の通り。(3)の大八嶋国の生成の段の抄文とともに読み下し文によって引き、六嶋に対応すると思われる冠位（大錦から小乙までの中階六階）を付記した。

(3) 如此（かく）言ひ竟（を）へて御合（みあひ）して生める子は、淡道之穂之
　　侠別嶋（あはぢのほのさわけノしま）《淡路島》。……次に大倭豊秋津嶋（お
　　ほやまととよあきつしま）、亦の名、天御虚空豊秋津根別（あまツみそらとよ
　　あきつねわけ）。故、此の八嶋を先ず生めるに因りて、大八嶋国と謂ふ。

(4) 然後、還坐之時《然ありて後、還り坐す時》、
　　吉備兒嶋《児嶋半島。古くは本土から離れていた》を生む。
　　　　　　　亦の名　建日方別 ……………………………………大錦中階
　　次に小豆嶋を生む。亦の名　大野手✝比賣 ……………………小錦中階
　　次に大嶋《今の山口県屋代島かという》を生む。
　　　　　　　亦の名　大多麻✝流別 ………………………………大山中階
　　次に女嶋《大分県国東半島の東北の姫島かという》を生む。
　　　　　　　亦の名　天一根 ………………………………………小山中階
　　次に知訶嶋《長崎県五島列島》を生む。亦の名　天之忍男 ………大乙中階
　　次に兩兒嶋《五島列島の南の女島男島かという》を生む。
　　　　　　　亦の名　天兩屋 ………………………………………小乙中階
　　〈吉備兒嶋より、天兩屋嶋に至る、并に六嶋〉

171

淡道之穂之狭別嶋（淡路島）から、大倭豊秋津嶋（本州）までの八嶋を生み終えたのち、六嶋を追加する段である。見る通り、その冒頭に、「然後、還坐之時」とある。本州を生み終えてから、続いて吉備児嶋（きびノこじま）以下、五島列島の島々と考えられる知訶嶋（ちかノしま）・兩兒嶋（ふたごノしま）までを含む計六嶋を列挙してゆくのであるが、この「還り坐す時」が古来不審な言葉とされる。

　イザナギ・イザナミは淤能碁呂（オノゴロ）嶋に天降り、国生みに取りかかるものの二度の失敗を重ねた末、高天原に参上し、天神の教えを得て返り降り、大八嶋国を生む。そうしてその後、唐突に、「然ありて後、還り坐す時」と言って吉備の兒嶋から兩兒嶋へ向う六嶋生成の話が続くのである。オノゴロ嶋は仁徳天皇段の歌によれば淡路島近傍の嶋であり、この嶋を拠点に大八嶋を生む。そこで「還」る先はオノゴロ嶋であろうと思われるのに、六嶋の名によればここから再び次第に離れてゆく向きに島々を生む形である。だから「還坐之時」は了解しにくい言葉になっている。

　倉野憲司氏が『古事記全註釈』第二巻p.151に、

> 「還坐之時」は記伝にカヘリマシヽトキニと訓み、「この上の八島を生み廻りて、本の淤能碁呂島の方へ還り賜ひしを云なり。さて次の吉備兒島より次々は、みな淤能碁呂島より西にありて、今還り給へる路にはあらねば、其は既に還り坐して、又更に西の方へ生みつつ行幸（イデマス）なり。……」と述べてゐる。一寸苦しい説明であるが、カヘリマストキニと訓んでも、しっくりしない。最後に豊秋津島を生んでオノゴロ島に還られる時に西方の島々を生まれたといふのは理に合わない。何れにしてもこの「還坐之時」は了解しにくい句である。

と述べておられる通りである。

　現代の注釈書の多くは、「還坐之時」に注釈して、「淤能碁呂嶋に還る時の意」であるといって、特段の疑義を提出していない[注]。記伝と倉野氏以外で「還坐之時」に疑問を呈する注釈書はあまり多くないが、最近の教科書では西郷信綱氏の古事記注釈（ちくま学芸文庫）に、「大八島を生みめぐってオノゴロ島の方に還り給う時の意だが、生み順はそれにかなっていない。大八島の場合と同様、瀬戸内海をほぼ西の方に向かっている」とある。新編日本古典文学全集『古事記』（山口佳紀・神野志隆光両氏校注・訳　小学館　1997年）には、「なぜ『還り』とあるか

未詳。八つの島を生み廻って淤能碁呂島へ還ったとし、さらに西へ生み廻るとするのが通説だが、生み廻るというのは無理がある。『如此言ひ竟りて御合して、生みし子は』として淡路島以下を生むことを語る文脈からは二神の島生みは淤能碁呂島でなされたとみられ、生み廻るという理解は導けない」とある。

つまりどう解釈しようとしても、要するにここの「然後、還坐之時」は不自然な言葉であり、このままではなぜわざわざこのような了解しにくい言葉を添えたのか理解し難いのである。古事記の文意に沿おうとする限り、記伝のような、持って回ったやや苦しい解釈しか導かない。

然るに、これが、甲子の制による六階の追加を寓意する話であるとすると、「還り坐す」とする不可解な部分にもそれなりの寓意が与えられた上での意図された不可解であったと了解される。不可解さが寓意を示唆しているのである。

天智2年紀・663年8月、救百済の役において唐・新羅連合軍との戦いが、白村江における朝廷軍の大敗で幕を閉じたあと、改新政府は、翌天智3年紀（旧癸亥年・664年）の1年間を、唐・新羅との厳しい戦後処理交渉に費やしており、朝廷首脳陣はこの間筑紫に張りついて、天智3年紀5月17日条に来日したことが見える唐使の郭務悰らとの間で深刻な外交交渉を交わしている。書紀にはこの使人は百済鎮将劉仁願が遣して、表函と献物を進（たてまつ）ったとのみ記されているのであるが、『善隣国宝記上』所引の『海外国記』によれば、このとき朝廷側は、この唐使を百済鎮将の私的な使いに過ぎずと見做し、表書も私的な辞と見做して、唐使を京（筑紫の朝倉京であろう）に入れず表書・献物も朝廷に奉上せず、表は口頭で奏するにとどめ、その旨を筑紫大宰からの牒書の形で郭務悰らに与えて還したという[補注1]。

郭務悰らが帰還したことは同年の12月12日条に見えるので、この外交交渉はかなり長引いたのである。何よりも、この間、唐に半ば人質のごとき存在となっていた遣唐学問僧・学生ら（主として白雉4年・癸丑年、実は旧癸丑年・654年に渡唐したままであった遣唐学問僧・学生らであり、この中には中臣鎌足の長男定恵が含まれている）の解放が戦後処理交渉の眼目の一つであったはずである。この件がどのように唐使に伝えられ交渉されたものか具体的内容はもとより不明であるが、天智3年紀10月朔条には、中臣内臣（中臣鎌足）が沙門智祥を遣して、物を郭務悰らに送ったことが記されている。このとき、遣唐学問僧・学生らの帰還について実質的な交渉が交わされた可能性が高い。そうして事実としては、この

翌年（新乙丑年・旧甲子年・665年・天智4年紀）9月条に、唐使劉徳高とともに定恵らが帰朝している。ただし、定恵は帰朝して間もなくその年の内に百済士人に毒殺されたという（藤氏家伝上、貞慧伝）。

朝廷は郭務悰らを百済鎮将の私使であるとして追い返すことに一度は成功したようであるが、これは唐の面子を潰したことになる。

天智4年紀9月、唐は中央から沂州（きしゅう）の長官の地位にあった劉徳高等を定恵らとともに派遣して来た。この使人によって、前年の使人が唐からの正式な使いであったことが明言されたはずである。のみならず、同時にこのとき唐は、筑紫、あるいは少なくともその一部を、唐の羈縻支配下に置くことを要求し（羈縻支配とは唐行政の派出所というべき都督府を占領地に置いて一定地域の州域を唐の行政管理区域と化し、軍事力を背景に在地の者をしてその地域を管理せしめる占領形態をいう）、どうやらその通りになったらしい。天智6年紀（667年）11月条に百済鎮将劉仁願の派遣した使者が、前年唐に渡った倭の使者、境部連石積等を「筑紫都督府」に送り返して来たことが見える。この条に見える「筑紫都督府」が書紀に見える国内の「都督府」の唯一の例であるが、筑紫に「都督府」が置かれて、筑紫もしくはその一部が、この頃、唐の羈縻支配下にあったことを明示している。

いくつかの書紀注釈書はこの条の「筑紫都督府」を文飾と見る。書紀が筑紫率を置く記事を天智7年紀7月条（栗隈王）と翌8年紀正月条（蘇我赤兄臣）に配していることなどが理由になり得るが、前者の栗隈王のことは天智10年紀6月是月条の重出記事と考えられる。後者については微妙である。というのも、この天智8年紀・669年という年は、670年に新羅と唐が決定的に対立する過渡期に当っている。であれば、この「筑紫率」の任命があったからといって、筑紫都督府の存続をまだ否定できない微妙な時期である。

筑紫都督府の廃止は、新羅と唐の間で確執が高まり終に両国間で戦乱が生じることになった670年から671年の間の或る時期ではなかったか。この2年間について、書紀はその記録を天智9年紀の1年へ圧縮しており、大友皇子の立太子をはじめとする重要な事件の多くを削っている。従って筑紫都督府の廃止時期も、おそらくこの2年間の間であろうと推測できるのみである。都督府の廃止に当たっては蘇我赤兄の役割は重要であったと思われる。そうであればこそ、天智10年紀・本来の天智11年・旧辛未年・672年正月における赤兄の左大臣就任があったものと考

えられる。

　ところで天智3年紀の百済鎮将からの唐使を唐の天子の使いに非ずとして退けるタカ派的主張を強固に行ったであろう一人に大海人皇子があったと思われる。この推測は、古事記の倭建命伝説における白猪の説話から導くことができる。古事記において倭建命は大海人皇子を寓意する人物であり、猪は唐国を寓意する一面を持つ動物である（猪は、旧ゐ年＝旧癸亥年に初めて日本に乗り込んできた唐の寓意、あるいはその唐文化に傾倒したゐ＝犬〜中大兄皇子の傍らにあって滅ぶ宿命を負った者〜大友皇子の寓意、その大友皇子の最期に陪従した旧亥年生まれの物部連麻呂の寓意など、多様な寓意を抱える動物である）。倭建命は伊服岐山（伊吹山）の神を退治に出かけるが、神の化身、白猪に逢う。倭建命はこれを神ではなく神の使者に過ぎずと見做したため病んでついに崩じる。この物語には天智3年紀の対唐交渉が寓意されていると思われ、神の正身であった白猪を神の使者に過ぎずと見做した倭建命の過失によってその病臥・崩御が齎されるという筋立てが、唐使（＝白猪）を唐の天子の使者に非ずと主張した大海人皇子の外交交渉上の過失がその失脚・出家遁世の一因になったという経緯を寓意するものではなかったかと推測されるのである（倭建命の崩御物語は、総体として大海人皇子の出家遁世次第を寓意する説話である）。

　ともあれ、天智3年紀段階では唐使をひとまず追い返したことが功績とされたのであろう、大海人皇子は翌年天智4年紀2月に甲子の宣を宣命し、冠位制度の一部改定や氏上の認定、各氏の軍事力強化のための民部・家部の設置策に、一定の発言権を得ていたものと考えられる。

　さて、話は長くなったが古事記国生み神話の6嶋追加生成のことがこの甲子の制における中階6階の増階を寓意すると考えられることこそが、先に問題視した「還坐之時」の意味を解明する。「還坐之時」とは、救百済役敗戦の翌年、筑紫に張りついて厳しい対唐交渉をひとまず切り抜けた朝廷が、筑紫から大和に「還り坐しし時」を寓意したものと考えられるのである。大和に帰還して甲子の制が施行されたのであり、これが「還り坐しし時」の6嶋追加に寓意されたのである。奇妙さの蔭に寓意がある。

　ところで甲子の制では中階6階が加増されたほかに、立身が大建・小建の2階に増階されたことも含まれているので、6嶋追加では1階不足するのではないかという疑問が生じる。しかし、古事記が天武朝の実情を反映したものとすると、天

武朝では当初、大建・小建の2階は③の段階の立身、亦の名、初位として1階に
まとめて運用されていた可能性が高い。実際、天武紀を見る限りで、天武9年紀
より前では、「初位」のみが「初位以上」という語句において見え、大小建は無
く、天武9年紀以降では逆に「初位」は見えず、「小建」「小建以上」のみが見え
る。以下の通り。

　　天武4年紀正月戊申【3】条　　百寮諸人、初位以上、進薪。

　　天武4年紀正月壬戌【17】条　公卿大夫及百寮諸人、初位以上、射于西門庭。

　　天武4年紀10月庚寅【20】条　詔曰、諸王以下、初位以上、毎人備兵。

　　天武5年紀正月甲寅【15】条　百寮、初位以上、進薪。

　　天武9年紀正月癸巳【17】条　親王以下至于小建、射南門。

　　天武天皇10年紀正月丁亥【17】条　親王以下小建以上、射于朝庭。

　　天武天皇10年紀10月庚寅【25】条　詔曰、大山位以下、小建以上人等、各述意見。

　　天武天皇12年紀正月丙午【18】条　詔曰、……是以、親王・諸王及群卿・百寮、
　　　并天下黎民、共相歓也。乃小建以上、給禄各有差。

　　つまり天武九年紀より前、少なくとも天武5年紀までは大建・小建はまとめて
初位として扱われており、これは③大化5年制の「立身」段階に戻った形での運
用に他ならない（立身の亦の名は初位である）。

　　古事記の六嶋追加が甲子の制を寓意するとしてその寓意の仕組みが、天武九年
紀より前の天武朝における冠位運用次第を踏襲して形成されていたとすれば、こ
れは、少なくとも古事記の国生み神話の部分は天武九年紀より前の天武朝に既に
完成していたことを示唆するものである。

　　第1節に述べた通り、天照大御神から神武天皇に至る神話6代と、この6代と
孝霊天皇までの間を繋ぐ虚構5代系譜（綏靖天皇から孝安天皇までの5代）とは、
古事記によって初めて構成された虚構の天孫・天皇系譜であり、書紀がこの骨子
をほぼそのまま継承しているのは、この古事記の創始した上代天孫・天皇系譜が
その後の国史編纂に決定的な影響を与えたことを示している。そうした役割を古
事記が果たすことができたのは、「勅語の旧辞」とされた古事記を根本史料として
天武10年紀国史が編纂されたことに由来するのである。

　　天武10年紀国史は編年体の国史であったと推測される。その編年に用いられた干
支紀年法は旧干支紀年法であったはずである。またその称元法は踰年称元法（前

天皇の崩年の次の年を次天皇の元年とする称元法。書紀の称元法である）ではなく、崩年称元法（前天皇の崩年を次天皇の元年とする称元法であり、三韓に伝統的な称元法）であったと考えられる。

　この経緯が正しいとすれば、古事記は天武10年紀より前にはほぼ完成していたことになる。「ほぼ」と言ったのは、古事記作者がその後も小さな補筆を加えたであろうことが排除できない故である。古事記が天武天皇を強く寓意する天皇として記述する応神天皇の崩御月日が、分注に「九月九日」としてあるのは、天武天皇の崩御月日に合わせたものと推測され、そうとすれば、これは天武天皇崩御後の補筆になる以外にないからである。

　天武朝における古事記の編纂と天武十年紀国史の編纂という二段構えの国史編纂事業は、天武天皇の崩御によって一旦頓挫したようであるが、のち、元明朝に引き継がれた。太安萬侶による古事記の清書（和銅５年〔712年〕正月28日。古事記序）と、紀朝臣清人・三宅臣藤麻呂による国史撰定（続紀、和銅７年２月10日条）である。後者の国史は天武10年紀国史の旧干支紀年法を伴う暦法による編年をそのままの形で保存していた国史であったと思われる。いわゆる和銅日本紀である。

　古事記の撰録と和銅日本紀の撰定というこの両事業は、当時の朝廷内派閥抗争史、つまり、反藤原不比等系 v.s.親藤原不比等系という派閥抗争史に照らせば、反不比等系が主流であった時代になされた。

　他方、書紀は、親不比等系派閥によって編纂された編年国史である。書紀は和銅日本紀を史料としながらも、独自の派閥利害を反映させつつ編まれた国史であった。特に書紀は古事記を半ば無視した上に、崩年称元法を踰年称元法に改変しつつ旧干支紀年法を廃し、初めから日本は新干支紀年法で一貫してきたかのような編年に改めるという乱暴を働いた。そのため書紀は、前節までに述べた通り、さまざまな部分で、意図的なあるいは非意図的な矛盾を内包する編年となったのである。更に詳細は、第１節の注２・注３に引用した拙著を参照されたい。

注「還坐」の注釈として、

　　　中島悦次『古事記評釋』（山海堂出版部　昭和５年）に「淤能碁呂嶋に帰りなさるの意味かといふ」、次田　潤『古事記新講』（明治書院　昭和31年）にも「大八島を生んで本の淤能碁呂島に還り給ふ時の意」、丸山二郎『標注訓読　古事記』（吉川弘文館　昭和40年）に

も「大八島を生んでもとのオノコロ島に還る時」などとあって、特段の疑義を呈していな
いものが多く、訳文を備える注釈書も類似の釈文で素通りしているものがほとんどである。

4　大八嶋國は大化5年紀冠位制（7色19階制）を寓意する

「然後、還坐之時」の六嶋追加譚(4)が④甲子の宣の冠位増階を寓意するものであ
ろうことは、その前の(3)大八嶋国の生成が③の大化5年紀冠位制（7色19階制）
を寓意するものであることによって更に保証される。

　最初に疑問が生じるかも知れない点は③も④も七色の冠位であり、大八嶋国の
八嶋の構成に比べれば一色不足している点であろう。

　不足の一色は、諸臣七色冠位制を率いて執政の実務に当った皇太子位の一色で
あったと推定できる。つまり、大化初年以来一貫して七色冠位の官僚たちの筆頭
に立って政務に当たった中大兄皇太子の一色である。

　因みに余談ながら、古事記が寓意の上で中大兄皇太子の当色としたのは、のち
の令制から類推する限り、五行当色中の黄色であろう。令制による皇太子服色が
黄丹色（紅色がかった濃黄色）であった故である。中大兄皇子当時も同じ黄色系
の服色を以って七色の先頭に列していたのであろうと考えられる。

　古事記の「黄」は、黄泉国（よみのくに）の黄であり、また稲羽の素菟を癒す
捕黄（かまのはな）の黄でもある（捕は蒲の通用字である蒲の省文）。黄泉国は伊
耶那美命の赴く死者の国であるが、伊耶那美命には中大兄皇子の寓意がある。ま
た稲羽（イナバ）は羽を否（イナ）む寓意を秘め、壬申乱で羽田公矢国を否む側、
つまり淡海朝側を寓意する語であり、菟は既述の通り大友皇子が中大兄皇子＝天
智天皇によって太政大臣に任じられた年、旧うさぎ年（旧丁卯年・668年）を寓
意する動物である。故に黄泉国や捕黄に黄字が含まれるのは、中大兄皇太子の当
色であった黄に因むと思われる（古事記の寓意の構造において、五行の色である
白・黄・赤・青・黒にはそれぞれ独特の寓意が配当されている。詳細は別稿に委
ねる）。

　さて、古事記によって大八嶋国の構成を見よう。③の大化五年紀制の七色冠位
体制プラス皇太子という八色体制に同相であることが知られる。以下、大八嶋国
の八嶋を左欄に記し、対応する③の冠位制を右欄に記して、初位に当たる立身冠
から次第に上の階へと遡る順に嶋と冠位とを対応させてみる（《　》内は例によっ
て拙注）。引用は読み下し文で抄録し──嶋々の構成がわかるレベルに抄録し──

故にまた分注・声注等は略した。更に異体字も全て現行活字で記した（たとえば
國・国は全て国とした）。

　　　　　淡道之穂之俠別嶋 ‥‥‥‥‥‥‥‥‥‥‥‥‥‥立身冠
　　　次に伊豫之二名嶋 ‥‥‥‥‥‥‥‥‥‥‥‥‥‥‥‥乙冠
　　　　　此の嶋は、身一つにして面四つ有り ‥‥‥‥‥‥大・小乙上・下冠の四階
　　　　　　面ごとに名有り。故、伊豫国は　　愛比賣
　　　　　　　　　　　　　　　讃岐国は　　飯依比古
　　　　　　　　　　　　　　　粟国は　　　大宜都比賣
　　　　　　　　　　　　　　　土左国は　　建依別
　　　次に隠伎之三子嶋、亦の名　天之忍許呂別 ‥‥‥‥‥山冠
　　　　　　《三子を持つので、計四嶋》‥‥‥‥‥大・小山上・下冠の四階
　　　次に筑紫嶋 ‥‥‥‥‥‥‥‥‥‥‥‥‥‥‥‥‥‥‥花冠
　　　　　此の嶋も亦、身一つにして面四つ有り ‥‥‥‥‥大・小花上・下冠の四階
　　　　　　面ごとに名有り。故、筑紫国は　　白日別
　　　　　　　　　　　　　　　豊国は　　　豊日別
　　　　　　　　　　　　　　　肥国は　　　建日向日豊久土比泥別
　　　　　　　　　　　　　　　熊曽国は　　建日別
　　　次に伊伎嶋　　亦の名　天比登都柱 ‥‥‥‥‥‥‥‥紫冠
　　　次に津嶋　亦の名　天之俠手依比賣 ‥‥‥‥‥‥‥‥繍冠
　　　次に佐度嶋 ‥‥‥‥‥‥‥‥‥‥‥‥‥‥‥‥‥‥‥織冠
　　　次に大倭豊秋津嶋　亦の名　天御虚空豊秋津根別 ‥‥皇太子
　　　故、此の八嶋を先ず生めるに因りて、大八嶋国と謂ふ。

　大八嶋国（おほやしまくに）と③の冠位の対応の仕方は、この通り下位の立身
冠から順に溯って上位の冠位へと対応しており、最後の大倭豊秋津嶋（おほやま
ととよあきつしま）が皇太子位に対応する形である。
　現在の四国、伊豫之二名嶋（いよのふたなノしま）と現在の九州、筑紫嶋（つ
くしノしま）が、いずれも身体一つに顔が四つあると語られているのは、まさに
③の冠位制の、新しい特徴を表現している。これまでの旧冠位では、身一つに面
は二つのみであった。つまり①も②も、一色の冠に、大小の二階が分かれている
のみであった（②の建武が一階であるのを例外とする）。③に至って初めて、花

冠・山冠・乙冠の三冠につき、一色の冠に大上・大下・小上・小下という四階が備えられた。そこで、乙冠に対応する伊豫之二名嶋と、花冠に対応する筑紫嶋に、これを寓意するところの、「身一つにして面四つ有り」が繰り返されたのであろう。中間の山冠に対応する隠伎之三子嶋（おきのみつごノしま。隠岐島）も、親と三つ子、合わせて四嶋である。山冠の四階に対応させるために、「三子」を持つ嶋が特に選ばれたと考えられる。

　筑紫嶋に四国しか無いのはおかしい、日向国（ひむかノくに）が無いのはおかしい、いや、古くは熊曽国（くまそノくに）に日向国が含まれていたのだ、などの議論があるが、筑紫嶋を四国とせねば寓意が貫徹しないため、古事記はやや無理をしたと考えられる。従って、日向国を便宜上肥國（ひノくに）や熊曽国の中に含めたとする解釈が穏当であろう[補注2]。

　やや気になるのは紫冠・繡冠・織冠に対応する伊伎嶋・津嶋・佐度嶋である。紫冠・繡冠・織冠はいずれも大小の二階に分かれるのであるが、対応する嶋は面二つある嶋や子連れ嶋とはされていない。ここはしかし、この対応を正確に反映するための三嶋を誂えることができなかったのであろうというほどに考えておきたい。

　ところで、古来、大八嶋国の八嶋の記載順が問題とされてきた。

　古事記は、淡路島、四国、隠岐、九州、壱岐、対馬、佐渡、本州の順に記載する。この順序は、地理的に連接する順でもなければ、島の大小の順ですらない。倉野憲司氏の『古事記全註釈』（三省堂　昭和48〜55年）には、「……国生みの順序には種々の異説があるけれども、《書紀の本文・「一書」群を含めての「異説」である》大体において瀬戸内海を西へ九州に至り、更に日本海を北へ上る順序をとって、再び瀬戸内海へ戻ることになってゐる……」と述べられている（同書第二巻p.159〜160）。しかし、古事記についてそうなるためには、隠岐は対馬と佐渡の間に置かれるべきであろう。隠岐の列挙順は、地理的にも奇妙であるし、島の大小の順からしても不思議な位置にある。

　しかし、古事記は古事記なりの必要によって、一見奇妙なこの順に列挙したのである。何の必要かといえば、八嶋の構造を大化5年紀冠位制度（③）の構造に一致させるためである。四国、隠岐、九州という不思議な順序については、身一つに四面を持つ四国と九州とが、四階からなる乙冠と花冠とに対応することがわかりやすいために、隠岐＝隠伎之三子嶋もまた山冠の四階に相当することを明らか

にするべく、寓意の分明な四国と九州とで隠伎之三子嶋を挟み込んだものと思われる。そのために隠伎之三子嶋は、決して対馬と佐度の間に入ってはならなかったのである。もし隠岐を対馬と佐度の間に入れてしまうと冠位制度との対応関係が崩壊する。

　さて、各嶋には、亦の名として人名が当てられている。ここにも寓意があったと思われる。各嶋に冠位が対応していたとすると、冠位には相当官職があり、その官職に当てられるのは人である。そこで各冠位相当官職に人が当てられる構造を寓意するものとして、各冠位に当たる嶋に人名が当てられたと考えられる。

　ところが、亦の名の無い嶋が二嶋ある。淡道之穂之狭別嶋と佐度嶋である。

　佐度嶋は、諸臣最高冠位である織冠（大織・小織）に相当する。織冠は後の令制の諸臣一位（正一位・従一位）に相当し令制諸臣一位の官職は太政大臣である。この官は天皇の代理を務める最重職であり、「其の人無くば闕けよ」（無其人則闕）とされる、いわゆる則闕の官である。従って、欠員を常態としてよしとされる官職であって特殊である。織冠もおそらく同様の相当官職（当初の官職名は不明とするべきであろうが、太政大臣に相当する職である）を当てられていた冠位であったと推測される。佐度嶋に人名が充てられていないことは、この嶋がその則闕の官に対応する織冠を寓意するという推測を裏づける。

　天智七年紀・旧丁卯年・668年に大友皇子が太政大臣に就任したと推測されるが（『懐風藻』を根拠とする。前節参照。古事記の稲羽の素菟説話において大穴牟遅神が八上比賣を獲得する話は、上に触れた通り、この旧うさぎ年における大友皇子の太政大臣就任史実を寓意する話である。うさぎは旧丁卯年の卯年を寓意し、大穴牟遅神の穴は大友＝意冨登母の冨登＝女陰と符合する。「八上」は八省あるいは東宮・七色冠位体制の上にある太政大臣の地位を寓意する）、これが、この則闕の官に人が当てられた初めである。③を継承した④の時代である。

　天智即位前紀9月条に、豊璋に織冠を授けて王として本国＝百済に送った記事があり、天智8年紀10月庚申【15】条には、翌日に病没する内臣中臣鎌足に大織冠と大臣位とを授けて藤原姓を賜与した記事があるが、どちらも特殊例であり、大織冠が則闕の官を相当官職としていたであろう推測を妨げるものではない。

　以上によって、③の時代からすでに則闕の官、太政大臣職が存在したと考えられる。

　この佐度嶋に対応する織冠に対して、淡道之穂之狭別嶋に対応すると推定される

立身冠は、大宝令制では初位（正従初位上下）に当たる冠位である。大宝令の初位には相当官職名が挙げられている。そこで、もし、立身冠にも相当官職が当てられていれば、淡道之穂之侠別嶋にも、嶋名と人名の対が挙げられていて然るべきである。ところが、こちらも亦の名を欠く。しかしこちらは佐度嶋とは対照的に、淡道之穂之侠別嶋という、人名をそのまま嶋名にしたような嶋名が掲げられていて亦の名を欠く。思うに、この嶋に相当する立身冠には、人のみあって、冠位相当官職はなかったのではないか。後の令制でも、舎人・史生・兵衛など、当番制で勤務したため分番といわれた官人見習い生たちは、官位すらないまま役所に出入りし、官位を得たのちも、官位相当職である官職に就くまでは分番として各司所に留保された。これを参照するに、立身冠とは、おそらく正規の官職につくまでの、舎人など後に分番と呼ばれる類の見習い職にあった人々に専ら与えられた冠位であったと推測される。つまり立身冠とは、まさに立身の入り口としての、官職無き冠位であったと考えられる。それ故に、立身冠に当たる淡道之穂之侠別嶋には人名らしき名のみが与えられていたと推測される。

　以上は七色冠位の最初と最後に対応するところの淡道之穂之侠別嶋と佐度嶋に亦の名の無いことに関する謎解きである。古事記がうっかり亦の名を落としたとは考え難く、何らかの理由があったとすると、上記のような寓意の仕組みによるのであろうと推測されるのである。

　唐令では正一品の官である三師三公が日本の太政大臣に相当する。唐の三師三公も則闕の官である。日本の太政大臣職は、上に推測したところが正しければ、述べた如く、遅くとも③大化５年制冠位制度の段階から既に備えられていた則闕の官であったことになる。

　さてここでは、冠位相当官職という概念・システムが存在したとして推論を進めた。そのシステムが無ければ成り立たない推論である。逆にいえば、以上の推論が成立するとするならば、既に③の段階で冠位相当官職制度が存在したことになる。

　冠位十二階段階では不明であるが、大化改新治世以後の冠位制においては確かに冠位相当制が存在したと考えられる。すなわち各冠位に相当する官職の基準は定まっており、これを目安として官職が与えられるという仕組みであったと思われる。ただし、多くの場合、創成期の制度であるため、冠位が上昇するのを待って官職が与えられたわけではなく、見在冠位に比べ平均して（のちの令制官位換算で）２、３階高い冠位相当である官職が当てられたようである_{補注3}。

　改新政府の首脳部は、大陸（隋・唐）の律令制を参照しながら新たな冠位制度を構築した。

　ここで曽我部静雄氏の『日中律令論』（吉川弘文館　第２版　昭和46年）等によって隋唐の律令編纂史を振り返ると、まず隋では高祖文帝の開皇元年（581年）に高熲らによって開皇律令が制定されている。律12篇、令30篇からなり、その律12篇の条文数・篇目名は後の唐律と全く同じである。令30篇の篇目名もすべて知られており、巻頭に官品令があって各品階毎に官職名が列挙され（『唐令拾遺』）、各種職員令がこれに続く。後の唐令もほぼこれを踏襲している。即ち、煬帝の大業３年（607年）における大業律令（律18篇500条・令30巻）への改定を経て、唐代（618年〜）に入ると、高祖武帝は大業律令ではなく開皇律令をほぼ踏襲しつつ武徳７年（624年）、武徳律令（律12篇・令31巻）を発布、続く唐太宗文帝も貞観11年（637年）、やはり開皇律令を手本にした貞観律令（律12巻・令30巻）を発布している。下って高宗の永徽２年（651年）に永徽律令（律12巻・令30巻）が発布された。やはり開皇律令がほぼ踏襲されている。

　遣隋学問僧・学生として608年以来中国に渡っていた僧旻らの帰国は舒明４年紀（おそらく新壬辰年ではなく旧壬辰年・633年。第１節注３拙著参照）の８月条にあり、高向玄理や南淵請安らの帰国は舒明12年紀10月11日条（既述の通りこちらも新庚子年ではなく旧庚子年・641年であろう）に記されている。

　これより先、推古31年紀（推古31年紀はすべて推古30年紀に１年繰り上げる予定であった記事と思われる。推古30年紀は空白年次であり新壬午年であるが、本来は旧壬午年・623年である。故に推古31年紀の記事の西暦年は623年である。前掲拙著参照）の７月条には大唐学生の医（くすし）恵日らが帰朝して、「大唐国は、法式定まれる珍国なり、常に達（かよ）ふべし」と奏上したと伝えられている。

　僧旻や高向玄理・南淵請安らも恵日らと同じ思いを持って隋・唐に学び帰朝してきたとすれば、必ず開皇律令や武徳律令、あるいは貞観律令といった隋・唐初期に整備された律令の知識を、それらの法典書類や注釈類と共に持ち帰っていたと思われる。

　「法式定まれる」唐国の法式に関する知識を所有していたと考えられる僧旻や高向玄理らが国博士となって指導した大化改新後の冠位制度と官僚制度に、唐令に倣う官位相当制が備わっていなかったとは、却って考えにくいことである。

　我が大宝令が官位令とそれに続く官員令（養老令の職員令）を以って冒頭に置

くのは、隋の開皇律令を手本にした唐令を真似て造られている故である（近江令もまた同様の構造を持っていたと推定される。以下にも述べるように、近江令が存在したことは疑い無い）。

大化改新の中心テーマの一つは明らかに班田収授法の達成である補注4。その達成には、既得権益を持つ諸貴族豪族層から土地を収公する必要があり、土地の収公には軍事的抵抗が予想されるので、予め武器の収公は必須であり、土地の検分作業も必要である。検分された土地の区画割りとその均分（班田）には、広範な土木工事とともに、個人をすべて特定把握するための戸籍が予め必要である。この戸籍の作成とともに、均分したあとの人口変動に対応した定期的な土地の配り直し（班田収授）や、果ては農作業や機織り作業を効率化する農機具・機織り機の支給などを含む、具体的な産業指導に当たっても、完備された官僚機構は必須である。またこうした造籍や班田収授事務など基本的な日常業務を遂行する官僚機構を常時機能させておくために、税の徴収は必須であり、そのための綿密な書類の整備は必須である。故に戸籍とともに計帳の整備も欠くわけにはいかない。全国規模でこうした施策を一様に展開するための連絡道路・連絡手段の整備も必須であり、駅馬・伝馬の制の完備が求められた。すべては班田収授法の実現という一点に収斂する大改革として遂行されたのである。

大化改新はこの大目標に向かって決行された古代の革命であった。今日の言葉で言えば、生産に必要な最も基本的な土地という資本（に加えて耕作器具・機織り機械なども含まれたろう）の民主的均分政策であった。資本の民主化を求める思想がいわゆる社会主義と呼ばれる思想の本質であるとすると、これは確かに古代の天皇制社会主義革命であったと言って過言ではない。なお、土地の「収公」とは、土地を国有化してその持ち主を消去することではない。収公したのち、班田され、班田された土地は不都合が生じない限り、班田対象となった人物の終生の私有地になる。のみならず、大宝律令時代のような六歳未満不給の制は無く、同族の子供たちすべてに大人と同じ広さの土地が班田される仕組みであったので、耕すべき土地は十分に広く、百姓たちの生活は一挙に豊かになるはずの改革であった。第2次大戦後の地主制度解体・農地解放が戦後の日本の奇跡の復興を齎す原動力になったのと同様の大改革であった。

周到な準備が整えられたのち、最初で最大の障害と考えられた蘇我蝦夷・入鹿親子に対して、旧乙巳年・646年、乙巳の変は決行され、成功後、改新政治は相当な、

いや爆発的なスピードを以って進行して、大化2年紀（実は旧丙午年・647年）の改新の詔から6年の後、白雉3年紀（実は旧壬子年・653年）に至って初期の目的はほぼ達成された補注5。同年紀に「正月より是月に至るまでに、班田すること既に訖りぬ」とあるのがその誇らかな宣言である。冠位相当制を脊梁として完備されていたであろう古代官僚組織が、十全の機能を発揮した結果であろうこと疑いはない。当時、「公僕」というような言葉はなかったと思われるが、古代官僚組織は、まさに正しい意味での「公僕」として民の福祉に貢献したのである。官僚組織が正しい意味での「公僕」たり得るか否かは、為政者の質に依拠する。大化改新政府によって訓導された当時の官僚たちの資質は、為政者の質が劣化し、官僚が為政者の私利に貢献することで昇進を望むような、壬申乱以後天武朝時代の官僚や、あるいは現代昨今にも少なしとしない偽「公僕」と比すれば、雲泥の差異があった。

5　大倭豊秋津嶋は皇太子中大兄皇子を寓意する

　七色十九階制と大八嶋国の対応について最後に論じるべきは、大倭豊秋津嶋と皇太子・中大兄皇子との対応関係である。

　まず古事記で秋は中大兄皇子の符丁であり（対して春はあづま＝東に相当することから大海人東宮の符丁である）、また秋は伊耶那美命（いざなみノみこと）に付与された季節であったことに注意したい。従ってまた、上に触れた通り伊耶那美命は中大兄皇子を寓意するのである。対して伊耶那岐命（いざなぎノみこと）は大海人皇子を寓意する。すなわち古事記の寓意の体系において、

　　秋〜中大兄皇子〜伊耶那美命

　　春〜大海人皇子〜伊耶那岐命

という対応がある。

　古事記には、火之迦具土神（ひのかぐつちノかみ）を生んだために死んだ伊耶那美命の亡きがらを前にして伊耶那岐命が、「いとしい自分の妻を、どうして子之一木（子の一つ木）に易（か）えようと言おうか」（もしくは、「どうして子之一木に易（か）わろうと言うのか」）と述べる場面がある。

「子之一木」とは何か。「子の一人」の意味であろうけれど、子の一人と言えば済むところを「子之一木」と言い表していることが古来の謎であった。子を数えるに、子の一木というとは不思議な言葉なのである。

本居宣長は記伝で、昔は神や貴人を一柱・一木などと数えたという私記説を紹介しつつも、これはよい説とも思えないと言って捨て、こう呼ぶ理由は未だ思いつかない、と匙を投げている。

　書紀神代第五段第六「一書」には、同じ部分が、

　　　　唯以一児、替我愛之妹者乎

　　　　　　唯（ただ）、一児を以て、我が愛（うるは）しき妹に替（か）へつるかな

とある。

　この部分に対する岩波書紀補注には、古事記の「子之一木」を説明して、馬を数える助数詞に乙類ギがあるので、ここもイザナミを死なせた火神を憎悪して、子の一匹（ひとつぎ）と呼んだものと解される、と述べている。

　倉野憲司氏はこの説を評して「単なる思いつきで頂きかねる」と批判的である。

　さて、「子之一木」には、古事記独特の字遊びが隠されている。子と一と木によって文字を組み立てると「季」という字になる。説話上は、「子之一木」は火之迦具土神のことであるが、「子之一木」の易（か）わりとなって死んだイザナミ自身が、「季」になるという仕掛である。

　この字遊びの存在と意味を明証する別の字遊びがある。

　イザナミは神避ったのち、黄泉国の住人になる。イザナギは黄泉国にイザナミを訪ね、その姿を見るなと言われた禁を冒して不思議な行動を取る。自分の髪に刺していた櫛の男柱（をばしら＝櫛の端にある太い歯）を一箇（ひとつ）折り取り、それに「一火（ひとつび）」を燭（とも）してイザナミの姿を見た、というのである。

　なぜわざわざ男柱＝雄柱を一箇引き折ったのか。なぜ古事記は一箇の男柱に「火燭して」といわず、「一つ火燭して」とまたもや一を重ねたのか。

　櫛の男柱に一つ火を灯すというこの奇妙な行為について、記伝は、

　　　　一火、たゞ火とても有りぬべきを、一ツ火としも云るは、古へ燭（トモシビ）は二ツ三ツも、又いくつも燃（トモ）す物なりけむ故に、ただ一ツともすをば、分て然云ならへるにや、……

と述べている。ともしびは昔は多数を灯すのが普通であるのに一つだけ灯したので特に一つ火を灯すといったのであろうか、というのである。この行為もその記述も敢えて奇妙な行為・記述と見ることなく、合理を以って弁護しようとするのであるが、説得力があるとも思われない。そもそも禁を冒しつつのぞき見るため

の灯を二つも三つも灯すのが普通だとはだれも思わないであろう。

　岩波書紀の頭注も、「雄柱」に注して「古代の櫛はカンザシのように長かったので、その先に火をつけて物を見るに適した」というのみで、記伝説を踏襲しつつ、イザナギのこの行為について、特段の奇妙さを見いだしていない。

　書紀の神代第五段第六「一書」はイザナギの行為を説明しようとして、「これは、今、世の人が、夜に一つ火を灯すことを忌み、また、夜に、投げ櫛することを忌むことの由縁である」と解説するのであるが、この前半は、かろうじて説明になっているかも知れない。しかし書紀の文では、上に「一つ火」ということがないので、記伝が指摘する通り、後の人が書き加えたかとすら疑われるいかにもちぐはぐな「解説」になってしまっている。更に後半の、投げ櫛を禁忌とする由縁であると説く部分に至っては、イザナギの行為とは、ほとんど関係がない。雄柱を引き折り明かりとすることが、なぜ、夜間における投げ櫛禁忌の由来譚になるのか、不可解というほか無い。ましてや、この話の下には、イザナギが黄泉国から逃げるとき、櫛を投げるとそれが竹の子になり、これをヨモツシコメが食う間に逃げる話があって、投げ櫛によって救われるのである。つまり投げ櫛禁忌の話とは逆のモチーフが語られている。要するに、書紀は、イザナギの奇妙な行為を説明しようとして成功しているとは言い難い。

　書紀の編者もこの部分の解説には相当困っていたように思われる。ただ少なくとも、何らかの解説を要する行為であったことだけは認識していたといえる。

　なぜ、櫛の男柱を一つ取り折って、一つ火を灯すという、奇妙な行為が行われなければならなかったのか。説明されなければならないのはこの点であり、この説明に、古代人も近世人も現代人も、いま一つ成功していないのである。

　ここに、（ここにも）古事記の字遊びが、隠されている。

　櫛という物ではなく、櫛という文字に注目する。櫛という文字の端にあるのは、木へんである。この木へんが、まさに櫛の男柱の一本に当たる。木へんに一と火をつけると、秋という字になる。秋という文字を合成するために、櫛の男柱を一箇取り闕いて、一つ火を灯すという、奇妙な、持って回った言い方で不思議な行為をイザナギにさせる必要があったと推定できる。世俗の風習の由来を語ろうがためではない。

　イザナミは死んで「季」にかわった。如何なる「季」か。「秋」の字を以て見ることの出来る「季」、すなわち、イザナミは、死んで季節の秋になったのである。

秋と春は、古事記においては、敵対する寓意を以って語られている。

　古事記応神天皇段、その最後の説話に、秋山之下氷壮夫（あきやまのしたひをとこ）と春山之霞壮夫（はるやまのかすみをとこ）という兄弟神による、伊豆志袁登売神（いづしをとめノかみ）をめぐる妻問い争いの話がある。これまた、さまざまな意味において奇妙な説話であり、この説話に秋と春の対立図式はとりわけ鮮明である。

　この話は、弟の春山之霞壮夫が伊豆志袁登売を得て賭けに勝ち、兄を懲らしめる筋書きとなっているが、弟の春山が得るその<u>伊豆志袁登売</u>という名には、<u>伊賀皇子こと大友皇子の志＝死の運命を呪定する寓意</u>が込められている。大海人皇子を寓意する春山壮夫が中大兄皇子を寓意する秋山壮夫に勝って、伊賀皇子＝大友皇子の死を得るという壬申乱寓意が、この秋山壮夫と春山壮夫兄弟の兄弟争い説話の寓意である。

　因みに伊豆志袁登売神の神字は申を示すと解字できる。古事記において申とは壬申乱の申年を示し、従って神字は<u>壬申年を示す文字霊</u>である。そもそも申は神の初文とされる文字であり、もと稲妻の象形文字であり、いかづち＝雷が齎すものである。古代人は稲と雷の交合を示すものが稲妻であると考えた。これが稲妻をイナツルビと称する語源とされる。ともあれ、古事記が神話にことのほか力を注いだように見えるのは、「神」が申〜壬申乱を示す文字であったことを動機の一つとするのである。

　秋が中大兄皇子の符丁とされたそもそもの理由について少し詮索する。

　<u>中大兄皇子を秋に譬えることは、すでに、中大兄皇子の生前から行われていた</u>のではないかという推測が、万葉歌、特に、額田王とその周辺の人々の歌を通じて可能である。

　まず万葉集第4巻の第488番歌として、額田王が、近江天皇（天智天皇＝中大兄皇子）を思（しの）んで作った歌と題して、

　　　　君待つと　わが恋ひをれば　わが屋戸（やど）の

　　　　　　　　　　　　すだれ動かし　秋の風吹く

がある。

　額田王が中大兄皇子＝天智天皇を恋い慕いながらその訪問を待っていると、我が家のすだれが動いた。恋しい人の訪れかと思って見れば秋の風であったよ、という艶（つや）やかな溜息のような歌である。中大兄皇子と秋風が二重写しにさ

れている。

　鏡王女という女性がこれに唱和した歌が続いて掲載されているが、ここで注目したいのは、額田王とこのような親密な間柄にあった鏡王女の、次の歌である。

　万葉集第二巻、相聞の部、近江大津宮に天の下知らしめしし天皇（天智天皇）の代の段、その冒頭の歌（第91・92番歌）は、天智天皇が鏡王女に送った歌とこれに和した鏡王女の歌である。その鏡王女の歌（92番歌）は「鏡王女、和（こた）へ奉（まつ）る御歌一首」と題して、

　　　　秋山の　樹（こ）の下隠（かく）り　逝（ゆ）く水の　われこそ益さめ　御思（みおもひ）よりは

　　《秋の山の木の下を隠れて流れる水の水かさが多いように、私の方こそ、あなたのお思いより一層多くの恋心を募らせています。》

　秋山の樹下を流れる水は多いことから初め三句が四句目の「益す」の序詞になっている。しかしこの序詞はそれだけではなく、秋山の樹木の下を逝く水に、天智天皇の庇護の下にある鏡王女自身を喩える歌、と取ることができる。するとここでも、比喩的に秋山と天智天皇が二重写しにされていると理解できる。

　天智天皇が鏡王女に歌いかけた歌の方は秋山とは関係なく歌われていて、鏡王女の歌は、天智天皇の歌からは独立に秋山の比喩を歌っているのである。

　天智天皇＝中大兄皇子といえば秋を表象せしめるという何らかの共通理解が万葉歌人達の間、ひいては当時の宮廷人等の間に既に存在したのではないか、と推測されてくる。

　額田王の秋に関する著名な歌に、次の、万葉集第一巻の第16番歌がある。春山と秋山の優劣を判じた歌である。額田王は、微妙な歌いぶりによって、秋山に深甚の思いを寄せ、秋山に軍配を上げる。

　　　　　　　近江大津宮を天の下知らしめしし天皇の代

　　天皇、内大臣藤原朝臣に詔して、春山の萬花の艶（にほひ）と秋山の千葉の彩（いろどり）とを競憐（きほ）はしめたまふ時、額田王、歌を以ちて判（ことわ）る歌

　　　　冬ごもり　春さり来れば　鳴かざりし　鳥も来鳴きぬ　咲かざりし　花も咲けれど　山を茂み　入りても取らず　草深み　取りても見ず

　　　　秋山の　木の葉を見ては　黄葉（もみち）をば　取りてそしのふ　青きをば　置きてそ歎く　そこし恨めし　秋山吾は

《春が来れば、鳥も来て鳴き、花も咲くが、山の木々が茂るため入って取ることもできず、草が深いので、手に取って見ることもできない。しかし、秋山の木の葉を見るについては、紅葉した葉を手に取っては思いを寄せ、青い葉はそこに置いて嘆息する。そこが恨めしいが、恨めしいほどに秋山に思いが募ります、私は。》

　この歌について、折口信夫氏は、「大して勝れたものでもないが、支那風の空虚な観念的の遊戯が、唐化主義の時代をよく現している」と述べている（同氏訳『日本の古典2　万葉集』〔河出書房新社　昭和46年〕p.25）。

　実際、春の山には鳥も鳴き花も咲くが、入って取ることもできず、取って見ることもできない、とは実相を写したものとも思われない。そもそも、詠歌の課題であった「春山の萬花の艷」が詠み上げられている歌とさえいい難い。秋の山についても、このような単純な歌いぶりでは、「秋山の千葉の彩」が描写され賞賛されているとすらいい難い。折口氏のいう通り、これではいかにも結論が先にあって屁理屈をつけただけの、「支那風の空虚な観念的の遊戯」にしか過ぎず、「大して勝れたものでもない」歌、もっと有り体にいえば、天皇の求めた内容から遠く、花も実もない凡庸にして的はずれな駄作ということになる。

　しかし、この歌は、春山によって若い人物を、秋山によって秋霜置き初めた壮年の人物を、それぞれ寓意しつつ、後者への恋心を暗喩する歌であると見るとき、俄然としてその趣を転換する。

　春山（のような若い人）は鳥鳴き花も咲くようにいかにも華やかであるが、しみじみと心を通わすことができない。しかし秋山（のような人物）は、その喜びも悲しみも我が心の内に共感でき、それがために心乱され、恨めしいこともあるが、恨めしければ恨めしいほど一層心惹かれることである、という歌として解することができる。こう読めば、この歌は、凡庸な駄作どころではなくなるだろう。歌い手の、しみじみとした深い恋心の核心がどこにあるかを、密かにしかし鮮やかに詠み込んだ非凡な比喩の歌と見えてくる。

　春山は大海人皇子、秋山は中大兄皇子という暗黙の理解が、既にこの歌の背後にあったと思われる。

　この歌がいつの時点で歌われたものかは不明である。万葉集ではこの16番歌の次に、額田王が近江国に下るときの歌、17番歌が収録されているので、この並びが時代順とすれば、16番歌は近江遷都（天智6年紀・旧丙寅年・667年）以前の歌

ということとなるが、額田王が宮廷歌人としての地位を不動のものとしていたと同時に、おそらくすでに中大兄皇子の妻の一人に容れられていた時代の歌であったと推測される。堂々中大兄皇子と大海人皇子を比喩の対象となし得たとすれば、そうした事情のもとにおいてであっただろうと思われるからである。

　ともあれ、中大兄皇子は、もともとの理由は不明ながら、万葉集に残る歌謡を見る限り、秋という季節に関連づけて歌われることが少なくなかったことが知られるのである。

　天智7年紀・旧辛卯年・668年以降、大海人皇子は東宮となり、東は春に当たるのであるが（五行配当説によれば、東に対応する季節が春、西に対応する季節が秋である）、中大兄皇子を秋、大海人皇子を春に譬える下地は、壬申乱以前にはすでにでき上がっていたと考えて大過ない。大海人皇子が東宮となって春と縁を結ぶに及んでは一層この下地が意味を深めたと思われる。古事記がこうした下地を踏まえつつ寓意の体系を構築したと考えることもまた自然な想定ということになるであろう。東対西すなわち春対秋である。そして、偶然であろうか、これは壬申乱の大海人皇子方の東軍に対し淡海朝方の西軍という対立図式にも即応する。

　<u>秋が中大兄皇子を寓意し、対して春は大海人皇子の符丁であるという構造は、古事記の寓意の体系の基盤の一角を構成している。</u>

　話は長くなったが、伊耶那美命は秋であり、秋は中大兄皇子の符丁である。大倭豊秋津嶋に皇太子・中大兄皇子が対応するところに合理がある所以である。

　なお余談ながら、大倭豊秋津嶋の亦の名、天御虚空豊秋津根別（あまツみそらとよあきつねわけ）の<u>天御虚</u>空（あまツみそら）には淡海朝の席を空虚にした<u>とら年生まれの大海人</u>（おほあまノ）皇子の寓意がある（とら年とは旧庚寅年・631年）。故に亦の名、天御虚空豊秋津根別には、中大兄皇太子の即位後に東宮となった大海人皇子の寓意があるとともに、大倭豊<u>秋</u>津嶋＝中大兄皇子の世がついには大海人皇子の配下に降るとの寓意が潜む。

　ともあれ、古事記の国生み説話は結局、大八嶋国が寓意する③を経て、<u>大海人皇子によって宣命され実施された④の甲子の制の冠位制度に至る冠位制度史</u>を下敷きにして、これを深く寓意する説話として結構されたと考えられる。このような構成は、古事記が大海人皇子の時代、つまり天武朝に成立したことを傍証する。

6 数合わせの謎の解明その1

——別天神五柱・神世七代の構造は天武朝冠位制度の構造そのものである：（5・7）セットと5の3・2分割、7の2・5分割、2・1・4分割について

では肝腎の天武朝の冠位制度である⑥は、古事記の寓意の体系の裡に取り込まれていないのであろうか。

いやいや、なんと古事記冒頭に掲げられた別天神五柱と神代七代とが、まさにその天武朝冠位制度を下敷きにして構成されている。

別天神五柱は、初めに三柱が挙げられて独り神に成り坐すとされ、次いで二柱が挙げられてこれも独り神に成り坐すとされ、以上の五柱が別天神五柱である。

この五柱が⑥の諸王五位制に対応する。

次に神代七代が列挙される。まず二柱が挙げられてこれも独り神とされ、次からは男女の対神が五対挙げられ、この独り神二柱と五対神とを合わせて神世七代とされる。この七代が⑥の諸臣七色冠位制に対応する。後半の五対神は何かといえば、紫冠以下の5色の冠位における内位・外位の対構造に対応する。

序節のⅤ−1で掲げた別天神五柱と神世七代を記述する古事記冒頭の文を再度掲げ、神々の名と⑥の冠位とを対応させてみれば次の通りである（やはり分注・声注・異体字などは捨象した）。

天地初發の時、髙天原に成れる神の名は、　　　　　　　　　　　　諸王位
　　　　天之御中主神 ・・・・・・・・・・・・・・・・・・・・・・・・・・・・・・・・・・・一位
　　　次に高御座／産巣日神 ・・・・・・・・・・・・・・・・・・・・・・・・・・・二位
　　　次に神産巣日神 ・・・・・・・・・・・・・・・・・・・・・・・・・・・・・・・・・三位
此の<u>三柱の神</u>は、並びに獨神と成り坐して身を隠せり。
次に国稚く浮ける／浮きし脂の如くして、久羅下那洲多陁用弊琉（くらげなすただよへる）時、葦牙の如く萌え騰る物に因りて成れる神の名は、
　　　　宇摩志阿斯訶備比古遅神 ・・・・・・・・・・・・・・・・・・・・・・・四位
　　　次に天之常立神 ・・・・・・・・・・・・・・・・・・・・・・・・・・・・・・・・・五位
此の<u>二柱の神</u>も亦、並びに獨り神と成り坐して身を隠せり。
　　上の件の<u>五柱の神</u>は、別天神。
次に成れる神の名は、　　　　　　　　　　　　　　　　　　　　諸臣位
　　　　国之常立神 ・・・・・・・・・・・・・・・・・・・・・・・・・・・・・・・・・・・織

　　次に豊雲野神 ・・・縫
此の二柱の神も亦、獨り神と成り坐して身を隠せり。
　　次に成れる神の名は、
　　　　宇比地迩神、次に妹須比智迩神 ・・・・・・・・・・・・・・・・・・・・内紫・外紫
　　次に角杙神、次に妹活杙神 ・・・・・・・・・・・・・・・・・・・・・・・・・・・・内錦・外錦
　　次に意冨斗能地神、次に妹大斗乃弁神 ・・・・・・・・・・・・・・・・・内山・外山
　　次に於母陀琉神、次に妹阿夜訶志古泥神 ・・・・・・・・・・・・・・・内乙・外乙
　　次に伊耶那岐神、次に妹伊耶那美神 ・・・・・・・・・・・・・・・・・・・・内建・外建
上の件の国之常立神より以下、伊邪那美神より以前、并せて神世七代と稱（い）ふ。

　　この対応を見ると、まず、別天神五柱が初めの三神と次の二神の間で明確な区
切りを付されていることに対応して、諸王位もまた一〜三位と、四・五位の間に
区切りのあったことが知られる。
　　即ち天武紀の実例を見ると、三位は死去のことが「薨」と称され、四・五位は
「卒」と称される身分であった（天武7年紀9月条、三位稚狭王薨。天武12年紀6
月6日条、三位高坂王薨。天武8年紀7月17日条、四位葛城王卒。天武9年7月
25日条、五位舎人王卒。天武11年紀6月12日条、五位殖栗王卒。ほかに、冠位不
明の王では、天武8年紀3月9日条、吉備大宰石川王薨。同年紀8月25日条、大
宅王卒。天武9年9月27日条、桑内王卒。なお、冠位の有無にかかわらず、以上
の全ての王について系譜は不明である）。
　　例外として、天武5年6月条、四位栗隈王に「得〻病、薨」とある。
　　押部佳周氏は、『姓氏録』左京皇別上の橘朝臣条に、「敏達天皇皇子難波皇子男、
贈従二位栗隈王」とあることから栗隈王を二世王と考えて、諸王の薨・卒の別は
諸王位とは関係なく、すべて二世王以上が薨、三世王以下が卒であったと推定す
るのであるが（『日本律令成立の研究』p.141）、上記の別天神五柱と諸王五位の対
応を認めるなら、死去に際して、諸王三位以上は薨、四位以下は卒という階層区
分が存在したことは確実である。
　　栗隈王の例外性を理解するには、後の大宝令・養老令による二重基準がヒント
になる。その喪葬令（第廿六の15）に、百官の死亡に当たっては、「親王及び三位
以上は、薨と称す。五位以上及び皇親は、卒と称す」とある。皇親に関してこの
意味するところは、親王ならば品階に拘わらずすべて薨とし（大宝令では親王の

み一品から四品までの品階である)、親王以外の皇親は、原則として卒とし、しかし三位以上なら薨とするという意味である（二重基準で決定される場合は、高い方の称を取るのである）。これに倣えば、おそらく天武朝の諸王の薨・卒区別に関しても、二重基準があったと推測される。栗隈王の例がそうした二重基準によるものとすれば、当時の二重基準規定は「二世王（もしくは三世王）以上および三位以上は薨と称し、五位以上および三世王（もしくは四世王）以下の諸王は卒と称する」との定めではなかったかと推測できる。

　栗隈王の世系については実は二説が伝えられている。姓氏録によれば押部氏指摘の通り栗隈王は二世王となるが、本朝皇胤紹運録・尊卑文脈の橘氏条には、栗隈王は難波皇子の子の大俣王の子とされており、敏達天皇の三世孫とされる。栗隈王は天智7年紀7月条に筑紫率に拝されたと見えるのが書紀初出であり（ただし、これは天智10年紀6月是月条の同一記事の重出である）、天武5年紀6月に薨去しているので、おそらく天智・天武兄弟と同世代であり、両天皇は敏達天皇の三世孫であるから（第2節冒頭の系図参照）、栗隈王も三世王であった可能性が高い。もし三世王の栗隈王の例外性を二重基準で理解するには、上記の二重基準規定につき、括弧で示した二重基準の方が相応しい。つまり「三世王以上及び三位以上は薨と称し、五位以上及び四世王以下の諸王は卒と称する」という二重基準であった可能性の方が高い。

　薨身分を二世王以上とするか三世王以上とするか、どちらの規定であったのかは厳密には保留するしかないが、栗隈王は諸王四位ではあったものの、二世王もしくは三世王であったため、規定によって薨と記されたと考えられる_{補注6}。

　ともあれ、栗隈王を例外としつつも、諸王については、三位以上なら薨、四・五位なら卒と称する規定であったと考えてよいのであり、これが別天神五柱が三柱次に二柱の順に列挙された所以である（これが序節VI-1の解となる）。

　この例を含めて序節のVIに掲げた5の3・2分割はすべて、諸王五位制度の薨身分上位3階と卒身分下位2階の2層分割を寓意するものである。

　ここで序節VIのVI-1以外を見ておくと、VI-2では「上」字を持つ「陰上」3例が諸王上位3階、「上」字を持たない「陰」が諸王下位2階に対応している。VI-3では尊祖の廟の意味を持つ「宗」（説文七下、宗条）3例が上位3階、「素」2例が下位2階、VI-4では中巻の3名が上位3階、下巻の2名が下位2階、VI-5では正しい文字である「竺紫」3例が上位3階、誤字である「笠紫」2例が下位2

階に対応している。最後のⅥ‐６、初めの連続２例は大友皇子寓意を負う宇遅能和紀郎子の身代わりとなった舎人が座る「呉床」であり、次の連続３例は大海人皇子寓意を負う雄略天皇が座る「御呉床」である。後者の「御呉床」３例が上位３階、前者の「呉床」２例が下位２階に対応している。

　さて、別天神五柱が天武朝の諸王五位制に対応するのであれば、次の神世七代は天武朝の諸臣冠位制に対応する。

　神世七代は初めの二神が独り神とされ、次から対神が五対挙げられて、合わせて七代とする不思議な列挙の仕方である。この神世七代に、天武朝の外位付きの諸臣七色冠位制が対応するので、神世七代中五対の対構造は、七色冠位のすべてに存在する大・小対に対応する対構造ではなく、紫冠以下五色冠に存在した対構造、すなわち内位・外位の対構造に対応するのであろうと見当がつく。実際、天武朝の実例では紫冠と錦冠については、内位と外位の存在したことが知られる（天武２年紀閏６月６日条、外小紫位。天武４年６月23日条、外小紫位。天武５年６月条、内大紫位。天武５年７月是月条、外小紫位。天武５年８月是月条、内小紫位。天武６年10月14日条、内小錦上・内大錦下。天武８年３月６日条、外小錦上）。

　神世七代の五対神の最初の二対が内紫・外紫、および内錦・外錦という二色冠の内・外対に対応しているのであれば、次の三対神も山冠・乙冠・建冠それぞれについての内・外対構造の寓意でなければなるまい。

　神世七代と諸臣七色冠位制の間に対応関係があったとすると、これは、天武朝冠位制度の諸臣冠位制度における内位・外位の対構造が、織冠と繍冠には無く、紫冠以下建冠までの五色冠位のすべてに備わっていたことを証する。この対応関係が念頭に置かれて、神世七代の奇妙な構成が仕組まれたものと推断できる。

　なお、天之常立神が諸王位に対応し、国之常立神が諸臣位に対応するところには、「天」が皇親階層、「国」が諸臣階層に対応するという対立構造が看取される。「天神」と「国神」の対立にも同質の対立構造が潜む。

　さて、天武朝冠位制度と古事記冒頭の別天神・神世七代構造のこのような対応関係が何を示すかといえば、いうまでもない、古事記作者は、天地の始まりの神々を結構するとき、天武朝の屋台骨であった天武朝冠位体制を下敷きにしてその構造を決めた、という事実である。

　この事実は、古事記がその寓意の体系を造作するに際して、何を目的としたかを明示している。古事記は、壬申乱を正当化し、ひいては壬申乱の後に成立した

天武朝を正当化し、これに天与の権威を与えるべく、文を練り、文字を選び、その独特な寓意の体系の構築に知恵の限りを尽くそうとしている。

　ともあれ、別天神五柱・神世七代を一例（序節のV－1）とする（5・7）セットとは、天武朝の冠位制度である諸王五位・諸臣七色冠位制度を寓意する数（かず）セットであろうことはもはや疑いあるまい。

　すると序節のⅦに掲げた7の2・5分割、2・1・4分割の意味も、ほぼ明らかである。2・5分割は内位のみの上位2色（織冠と縫冠）と外位を備える下位5色（紫冠から建冠まで）の分別に対応する（Ⅶ－1、Ⅶ－2、Ⅶ－4）。他方、織冠から紫冠までの上位3色が薨去身分、錦冠から建冠までの下位4色が卒去以下の身分であるので、2・5分割と重ねれば7の2・1・4分割になる（Ⅶ－2、Ⅶ－3）。

　V－2のミホト・ホトが示す（5・7）セット。これも当然天武朝冠位制制度に因む数合わせであり、述べた通り「陰上」3例と「陰」2例の計5例は諸王五位制度の2層分割に対応しており、「陰上」も「陰」も同じくホトと訓み、意味の上でも変わりは無いのに、「上」を添える「陰上」と、「上」を添えない「陰」と二様に書き分けているのは、偏にこの数合わせのためであって、ふとした筆の遊びなどではない。また、音仮名表記のミホト2例とホト5例は7の2・5分割であり、更にホト5例は番登1例と冨登4例に分かれて7の2・1・4分割となっているのであるが（Ⅶ－2）ミホト・ホトは女陰であり、女陰は新生を齎すものの表象である。そのような意味を持つ故にミホト・ホトが、天武朝の冠位制度を寓意する表象として相応しいと考えられたものと思われる。また、天武朝の冠位制度の新生は、大友皇子の滅亡と表裏をなす。ホトは大友（意冨登母）皇子の「冨登」でもあるので、大友皇子の名に、既に天武朝冠位制度を生み、大友皇子の滅亡を齎す要因が含まれるとの含意を読み取ることもできそうである（古事記において、冨登の冨は乙類ホ音の主たる音仮名であり、登は乙類ト音の主たる音仮名であるが、実はそれぞれに独特の寓意を秘めており、相伴って大友皇子の滅亡を呪定する字句となっている。また、ホト＝女陰は穴であるが、穴に棲む親分が大虫、つまり虎である。虎＝冊は大海人皇子を寓意する文字素であって、大海人皇子は大友皇子を滅ぼす主体である。従って穴は大友皇子の滅ぶ場所でもある。これまた、ホトが天武朝冠位制度を寓意する数合わせに用いられた所以であろう。以上、詳細は別稿に委ねるが、トラ・虫の寓意に関しては前掲拙著『6〜7世紀の日本書紀編年の修正……』の補節に若干を述べた）。

　余談であるが、音仮名表記のミホト・ホトのうち、イザナミの女陰を指す「美
蕃登」の「蕃」字は、珍しい音仮名である。古事記はホ音においても甲類・乙類
をほぼ書き分けており、乙類ホ音の音仮名としては冨・番・太・大・蕃の5文字
を用いている。このうち蕃は「美蕃登」に用いられたただ1例のみである。この
珍しい音仮名が用いられたのは、イザナミが天智帝＝葛城皇子を寓意する故であ
ろう。第3節で「稲羽の素菟」の「菟」の珍しい異体字（草冠を二重に書いたよ
うに見える異体字）に関して触れた通り、草冠は葛城皇子の葛の草冠に因み、天
智帝＝葛城皇子を示唆する文字素である。そのため、天智帝＝葛城皇子を寓意す
るイザナミの女陰に、草冠を持つ「蕃」字がわざわざ用いられたものと思われる。
　閑話休題。V–3の（5・7）セット、これは甲類ソ音の音仮名によるもので
あるが、甲類ソ音の音仮名は蘓が主たる音仮名であって、例外として宗3例、素
2例が用いられている。述べた通り、宗3例が諸王位の上位3色、素が諸王位の
下位2色に対応している（VI–4）。そして歌謡以外の蘓7例が、諸臣7色冠位に
対応する。その蘓7例が、他の音仮名によって連続4例、2例、1例、に分割さ
れ、2例から数えれば順に、2例、1例、4例となっており、7の2・1・4分
割である（VII–3）。
　甲類ソの音仮名がこのように天武朝冠位制を寓意する数合わせに用いられた理
由としては、蘓が蘇（よみがへ）る意味を持つ故であろう。蘓に対応する天武朝
諸臣七色冠位制は、近江令制によって廃止された甲子の制の、まさに蘇りにほか
ならない。
　V–4の「命」の異体字、「今（みこと）」が上巻に5例、下巻に7例あって、や
はり天武朝冠位制を寓意する数合わせであるのは、古事記にとっての「今（い
ま）」という時制が天武朝であったことを暗示するものと考えられる。この暗示は
逆に、古事記の成立が確かに天武朝であったことを証している。
　最後に、VII–4の一文字音読注7例であるが、述べた通り、神世七代の構造と
類似する。すなわち、独り神2柱に対して一字字数指定音読注2例があり、対神
5代に対して、音仮名を再度掲げて指定する音読注5例が対応する。
　この一文字音読注に関しては、それぞれの文字が強い寓意を孕んでおり、その
寓意との絡みが考察されなければならないところであるが、煩雑になるので後考
に委ねたい。

7 数合わせの謎の解明その2
——天智10年紀冠位制度＝近江令冠位制度と（5・9）、（2・5・9）セットについて

次に、甲子の宣による④と天武朝冠位制度⑥の間に位置する、⑤天智10年紀冠位制度について検討しよう。いままでの議論で、天武朝冠位制度の⑥までが、⑤を除いてすべて古事記の寓意の体系に利用されていることが知られた。それなら⑤は如何。

壬申乱の前年に設置されたこの冠位制度が、⑤のⅴに挙げた押部佳周氏の説、諸王5位・諸臣9位制度に近いものであることを、古事記は少なくとも二か所に亘って明らかな数値を以て示唆寓意している。大年神の系譜に、大年神の子が、五神・二柱・九神の順に掲げられている箇所と、水歯別命（反正天皇）の身長が九尺二寸半（ここのさか・ふたき・いつきだ）と記されている箇所である。序節のⅡ・Ⅲに掲げたⅡ-2・Ⅲ-1とⅡ-3・Ⅲ-2の2例である。

大年神には、壬申年に数え25歳という年男であった大君、大友皇子が寓意されており、水歯別命にも、淡海朝（述べた如く、古事記の寓意の体系では「水」は淡海朝の符丁として機能する）の、一代限りで終わった（「一代限り」が「歯」の寓意である）大友皇子が寓意されている。そしてそのどちらにも、2・5・9という数字のセットが付与されている。当節冒頭に述べた通り、この数字セットこそ、2人太子制下の諸王5位・諸臣9位冠位制を示唆する数字セットであろうと推測できる。

2人太子とは大海人東宮と大友皇太子の2人の太子である。

大海人皇子が東宮になったことは、既述の通り、天智8年紀10月15日条に「東宮大皇弟」とあり、天武即位前紀に「天命開別天皇（＝天智天皇）の元年に、立ちて東宮と為る」とあることから、天智即位元年紀＝天智7年紀の年に東宮になっていたのであろうと考えられる。

他方、大友皇子が皇太子になったことは書紀には記されていないが、『懐風藻』の大友皇子伝には「年二十三、立ちて皇太子と為る」とある。同じ伝に「壬申の年に亂に會ひて、天命遂げず。時に年二十五」とある。壬申の年は、何度も繰り返すが、新壬申年・672年ではなく旧壬申年・673年であるので、「年二十三」の年とは、これより二年前の671年・旧庚午年である。

前節に述べた通り、書紀は、斉明4年紀（新戊午年）・旧丁巳年・658年から天

智8年紀（新己巳年）・旧戊辰年・659年までの記事を正しい年次に編年するとともに（つまり、旧干支年を名目上保存するため本来の年より1年繰り上げて新干支年に編年する、という操作を施して<u>いない</u>）、続く旧己巳年・新庚午年・670年と旧庚午年・新辛未年・671年の2年間を新庚午年・670年・天智九年紀の1年間へと圧縮し、天智天皇の崩年であった旧辛未年・672年の事件を1年繰り上げて新辛未年・671年・天智10年紀の記事とし、壬申乱の年であった旧壬申年・673年の記事を、これまた1年繰り上げて新壬申年・672年・天武元年紀の記事にしている（この結果、天智朝は実際には11年であったにも拘わらず10年に短縮された。書紀編者らは、崩年称元法を踰年称元法に変えたせいであるなどと弁解するに違いないが、斉明天皇の崩御が本来は天智元年紀の事件であって天智元年紀は実は崩年称元法に則ったものなのであるから、この弁解は虚偽である）。

　書紀はこうして670年と671年の2年次を1年次に圧縮するという荒業を施して、天智天皇の崩年が辛未年（実は旧辛未年）であったという記憶や壬申乱が壬申年（実は旧壬申年）の事件であったという記憶に矛盾しない編年を新干支紀年法によって施しつつ、同時に671年・旧庚午年にあったはずの大友皇子立太子の事実を削り落としたのである。

　本来の天智9年と天智10年の2年を天智9年紀の1年に圧縮するというこの荒業は、斉明4年紀から天智8年紀までを正しい年次に置き、本来の天智11年における天智天皇の崩御年やその翌年の壬申年の記事をそっくり1年繰り上げるため、必然的に生じるべくして生じた事態であった。

　書紀は、旧干支年で記憶され記録されていた史実を新干支紀年法によって編年しつつ、都合の悪い部分をさまざまな工夫を弄して削り歪曲し糊塗するという歴史改竄の罪を犯している。大友皇子立太子記事の削除もそうした書紀による罪業の一つである。

　大友皇子は、『懐風藻』が述べる通り、23歳の年、旧庚午年・671年・本来の天智（称制）10年に皇太子となった。「庚午年籍」が造られた年である。

　この旧うま年の2人太子制こそ、翌年、大海人皇子が天智天皇の要請を蹴って吉野に籠り、その翌年、壬申乱に打って出る最も強い原因の一つになったものである。

　古事記の天照大御神の天石屋戸（あめノいはやど）籠り神話では、須佐之男命が天照大御神の忌服屋に「天斑馬（あめノふちこま）」を落し入れたとき、驚いた

機織り女が死に、これによって天照大御神が天石屋戸に籠ったとされる。天照大御神の石屋戸籠りは大海人皇子の吉野への出家遁世を寓意する神話であるが、その石屋戸籠りの原因として「天斑馬」が登場する。「天斑馬」の斑という字は王が二人相対立する形で二人太子制を寓意する寓意文字である。これに馬がつく「天斑馬」は従って、旧うま年の二人太子制を寓意するのであり、これこそが大海人皇子の吉野籠りの原因の一つであったことを天照大御神の石屋戸籠り神話が示唆している。逆にいえば、この「天斑馬」によって、大海人皇子の吉野籠りの原因にうま年における二人太子制のあったことが証されており、従ってまた、（旧）うま年に大友皇子が大海人東宮に重ねて太子とされたこと、『懐風藻』に述べられた通りのことが史実であったことが証されているのである（因みに「天石屋戸」も寓意文字の集積からなる語句である。「石」は、古事記においては一貫して壬申乱の最後に大友皇子の亡骸に陪従し続けた物部連麻呂を寓意し、「屋」は尸に至ると解字解読でき、「戸」は一と尸からなり、一つ柱となる尸、一つ柱となって自縊する大友皇子を寓意する呪文字である。「石」がつく尸はすべて大友皇子の屍である。従って「天石屋戸」とは大友皇子の滅亡を呪定する字句なのであり、天照大御神がここに籠るのは、大海人皇子が大友皇子の滅亡の場所に入ることの寓意になっている）。

　旧庚午年・671年、朝堂には2人の太子、大海人東宮と大友皇太子が並び立つこととなった。その翌年の天智10年紀（実は672年・旧辛未年）正月条に、⑤の新冠位制度施行のことが記される。二人太子のもとに成立したこの新たな冠位体系こそが、大年神の系譜と水歯別命の身長において数字セット（2・5・9）を以って寓意された近江令冠位制度、2人太子制下の諸王5位・諸臣9位冠位制であったと考えられる。

　水歯別命（反正天皇）の歯という文字は、古事記では道之長乳歯神の歯に1回、蝮之水歯別命（水歯別命）の歯に関連して6回、市邊之忍歯王（市邊忍歯別王・忍歯王・市邊忍歯別王・市邊之押歯王）の歯に関連して9回、計16回の使用例がある。

　道之長乳歯神は伊耶那岐命が投げ棄てた帯から成る神であるが、名の中にある「乳歯」は抜けても成人の歯に生え代わる歯である。

　その後古事記には長く歯の用例は無く、下巻に至ってまず登場する歯が水歯別命の歯である。こちらは既に乳歯ではない、成人の歯が念頭に置かれている。成

人の歯は抜ければ代わりが無い一代限りの歯である。

　一方、古事記の「水」は淡水湖である琵琶湖のほとりに都した淡海朝の符丁であったので、水歯別命とは、淡海朝の一代限りの王を寓意し、これは後継を立てることなく壬申乱に散った大友皇子の寓意である。

　その水歯別命＝反正天皇段の冒頭に、「此の天皇、御身の長、九尺二寸半。御歯の長さ一寸、廣さ二分、上下等しく齊（ととの）ひて、既に珠を貫けるが如し」とある。序節にも述べたように、身長の「九尺二寸半」は、仮に古い周尺を用いると、1尺は約23.5cmとされるので、九尺二寸半は約217cmとなる。天武朝当時の唐尺《令小尺》なら1尺は約29.4cmであるので、九尺二寸半は約275cmになる。

　古事記の身長を測る尺がどのような尺を想定していたか不明であるが、いずれにしても古代人としてはかなりの或いは異常な長身である。大友皇太子が宣命して実施された、2人太子制下の諸王5位・諸臣9位制を寓意するための異常な身長であったと推測される。

　なお、歯を名に持つ最後の一人、市邊之忍歯王にも十市皇女の邊（ほとり）に在った大友皇子が寓意されている。それ故、大海人皇子寓意を負う大長谷王（後の雄略天皇）が獦の場で馬に乗って忍歯王と並び、大長谷王が矢を抜いて忍歯王を射殺し、殺された忍歯王は、馬楈（うまぶね）に入れられ土と等しく埋められることになるのである。ここの馬にも二人太子制が成立した旧うま年が寓意されており、抜かれる矢には壬申乱で淡海朝から抜かれて大海人皇子側の軍将に寝返り大友皇子を討つことになる羽田公矢国が寓意されている。

　この市邊之忍歯王の歯は顕宗天皇段に〈御歯は、三枝（さきくさ）の如き押歯《八重歯》に坐しき〉とある。歯が三又に分かれていたというのであるが、忍歯王は顕宗・仁賢・武烈天皇という三代の天皇の祖であるのでこのような形態の歯とされたのであろう。市邊之忍歯王の歯は物語の上では一代限りという寓意からは外れるが、市邊之忍歯王が大友皇子を寓意するので、やはり寓意の上では一代限りを示唆する歯である。

　二人太子制下の諸王5位・諸臣9位制の寓意を秘めるいま一つの例である大年神系譜であるが、この系譜は、その置かれた位置の奇妙さが古来問題とされてきたので、ここで触れておきたい。

　大年神は湏佐之男命の系譜において湏佐之男命の三人の男子の二番目の子として名を挙げられている。

その須佐之男命の系譜の段では、第一子の八嶋士奴美神の系譜が大國主神まで記述される一方、大年神の系譜については何も語られず、すぐ続いて大國主神に関する神話が延々と展開される。稲羽の素菟の神話に始まり、八十神による迫害譚、根の國での試練と根の国からの遁出、八千矛神の歌物語を経て、次に、なんと大國主神の系譜が先に語られる。更に大國主神の国作り神話となり、ここに、大海人皇子の寓意を持つ少名毗古那神が登場する。中大兄皇子と大友皇子が何れも幼名から成人名へと名を転換して二つの名を持ったのに対して、大海人皇子は幼名がそのまま成人名となっている。名が少ないので、少名毗古那神に大海人皇子の寓意が認められる。また少名毗古那を少なき名が古き那（中大兄＝那加能意冨延の那であり那は中大兄皇子の符丁である）を毗（たす）く、と解読すれば、壬申乱前代に大皇弟として一時は中大兄皇子を毗けたことの寓意にもなっている。また、大國主神には大友皇子が寓意されており、この大國主神と少名毗古那神とが相並んで国造りをするところに、二人太子制の一時期のあったことが寓意されている。

　ところがこの少名毗古那神は忽ち常世國へ去る。ここには大海人皇子の吉野への出家遁世が寓意されている。その後、独り残された大國主神が愁えていると御諸山の神が現れて自分を大和の東の山に祭るよう要請する短い話が続くのであるが、この大國主神と少名毗古那神による国作り神話および少名毗古那神の国去り説話（つまり大友皇子が太政大臣となって天皇権を代行し、その大友皇子と大海人東宮とが二人太子として相並んでいた時代、更には大海人皇子の吉野遁世までを含む淡海朝時代を寓意する話である）に続いて、古事記の神話は、壬申乱を露わに寓意するところの天（アマ）照大御神と髙御産巣日神（髙木神）による葦原中國の平定神話と大國主神から天神御子への国譲り神話へと繋がっていく。これは大海人皇子と髙市皇子によって中大兄皇子の建てた淡海朝が平定され、大友皇子から大海人皇子へ国譲りがなされる壬申乱を寓意する神話である。

　ところが、その大國主神と少名毗古那神による国作り神話と葦原中國の平定神話との間に、話の腰を折る如く、件の大年神の系譜が挿入されている。

　系譜記述上は異常とも思われる位置に、ようやく大年神系譜が置かれるのであり、この位置が古来疑問とされてきた。然るに、寓意上の文脈を俯瞰して見れば、明らかにこれは壬申乱の直前の短期間のみに存在した近江令の新冠位制である二人太子制・諸王五位・諸臣九位制を寓意するべく、この位置に置かれたのである。

大年神の子の五神・二柱・九神が、⑤で実施された近江令の新冠位制（と二人太子制）を寓意する系譜であると考えた場合のみ、大年神系譜のこの奇妙な配置に道理のあることが合点される（大年神の系譜には、実は、親から子、子から孫へと、時代を遡及する形で寓意が組み込まれている〔九神の中の羽山戸神の妻として、死んだはずの大氣都比賣が登場して八神を生むところに時制の遡及寓意が潜む〕。少名毗古那神が去ったあとであるのに、それ以前の二人太子制を振り返る形になっているのはこのためである）。

　五神・二柱・九神という計数法にも注目したい。五神と九神は「神」で数え、二柱は「柱」で数えている。五神は諸王五位制に対応し、九神は諸臣九位制に対応する。つまり、共に冠位制度に対応しているのであるが、二人太子は、この冠位制度の上に立って諸官僚を統括する執政の長として機能するのであり、二人太子は諸王五位・諸臣九位制度からは別格の存在である。このことが、五神・二柱・九神という、数え方の変則に暗示されたと考えられる。この暗示は、逆に、二人太子制の存在を傍証するものであろう。また「五神」が分注、「九神」が地の文であるという差異については、既述の通り、分注は現在時制、つまり天武朝時制であるので、「五神」の寓意する諸王五位制が天武朝に継承され「九神」の寓意する諸臣九位制が廃止された次第を示唆するものである（「二柱」も分注であるが、「柱」は死者を数える文字でもあるので時制上の問題は無い。大海人皇子の出家遁世によって二人太子制は短期間で消滅している）。

　近江令制として押部氏によって確認された諸王5位・諸臣9位制は、諸王5位制の方は天武朝に継承されたものに同じであり、諸臣9位制の方は、大小一位から大小九位までの計18階からなり、これに大宝令制を参照して、諸臣外大・小五位から外大・小九位までの計10階の外位が付属する体系であろうとされた^{補注7}。

　押部氏はこのように、大宝令制を参照して、諸臣位の五位から九位までに外位が備わっていたと推測するのであるが、⑥の天武朝冠位制が紫冠以下建冠までに亘って外位制を備えていたことが、別天神五柱・神世七代と天武朝冠位制との対比関係から確認されたことを鑑みれば、そうしてまたこの天武朝冠位制が近江令冠位制の諸王五位制と外位制を継承したものであったと考えるならば、紫冠が三位に相当するので、近江令制では諸臣の三位から九位までに外位が備わっていたのであろうと推測される。

　ともあれ、この近江令冠位制度は従来の冠位制度に比べれば唐の冠位制度に酷似

しつつも、諸臣は9色18階となって唐制の30階よりは少ない冠位体系であり、上下格差がそれだけ小さく、下位の者のより速やかな昇階も期待される冠位制度であったと考えられる。

　以上、⑤天智10年紀冠位制度が、2人太子制下の諸王5位・諸臣9位制度であったことが、古事記によって傍証できたことになる。これは取りも直さず古事記の数合わせである5・9という数セット（序節のⅡ）、および2・5・9という数セット（序節のⅢ）の謎の解明でもある。

　序節Ⅱ-1の5・9セットが景行天皇の皇子を選んで仕組まれた背後には、景行天皇（大帯日子淤斯呂和氣天皇）に実は中大兄皇子＝天智天皇が寓意されている事実が潜むのであるが、詳細は別稿に譲る。

　Ⅱ-2・Ⅲ-1の5・9セット・2・5・9セットは、述べた通り大年神に大友皇子寓意が潜むことに対応する。

　Ⅱ-3・Ⅲ-2の5・9セット・2・5・9セットも、述べた通り、水歯別命（反正天皇）に大友皇子寓意が潜むことに対応する。

　Ⅱ-4で見た那藝の分注5例、地の文9例には、諸王5位・諸臣9位冠位制度つまり近江令冠位制度は那～中大兄皇子の藝～わざであること、中大兄皇子が立てた制度であることが示唆寓意されている。分注に諸王5位制、地の文に諸臣9位制の寓意が当てられているところには、Ⅱ-2・Ⅲ-1において、「五神」が分注、「九神」が地の文であることに関して述べたところと同趣旨の寓意が潜む。つまり、分注は現在時制＝天武朝時制であるので、諸王5位制度は天武朝に継承され、対して、諸臣9位制度は天武朝で廃止されていたことの寓意が潜むのである。古事記は繰り返し同趣旨同構造の数合わせを弄して同質の寓意を重ねて暗示しようとしている。

　Ⅱ-5では筑紫9例・竺紫3例・（誤字としての）笠紫2例の3表記によって、やはり近江令冠位制に因む数合わせが仕組まれていると考えられる。筑紫9例が諸臣9位冠位制に対応し、竺紫3例とその誤字としての笠紫2例、合わせて5例が、諸王5位制に対応し、この3＋2＝5は、述べた通り、薨去身分の上位3階（一位～三位）と卒去身分の下位2階（四位・五位）への分割にも対応していると考えられる（Ⅵ-5）。

　筑紫・竺紫・笠紫が近江令制に因む数合わせに用いられた所以については、おそらく、これら3表記に共通の「紫」が「此」と「糸」に解字できることが関わろう。

「糸」は中大兄皇子＝葛城（加豆良紀）皇子の符丁である「紀」の一部であり、中大兄皇子の一部を継ぐ大友皇子を示唆する文字と見做すことができる。「此」は説文二上の此条に「止（とどま）るなり。止に従ひ、ヒに従ふ」とある通り、「止」字を含み、止める意味を持つとされる文字であるので、「紫」は中大兄皇子の継承者としての大友皇子を止める寓意を秘める呪文字と目される。古事記の「紫」は、筑紫・竺紫・笠紫の計14例のみに用いられる文字であるが、すると、この数合わせには、近江令冠位制度が大友皇子を止める因になったとの含意を窺うことができそうである。

　Ⅱ－6では呉字（呉字の異体字である）の全例、つまり、呉床5例、呉公の誤字としての矣公1例、呉公3例、呉服1例、呉人2例、呉原2例が、5と2＋1＋2＋1＋3＝9によって5・9セットを構成しているのであるが、呉字は口と天からなる文字であり、述べた如く、口字は古事記の「寓意の構造」の裡では、実は大友皇子を寓意する文字であるので、この大友皇子に関連して諸王5位・諸臣9位冠位制度の数合わせが構成されたと考えられる。呉床5例が、大海人皇子寓意を負う雄略天皇の座る「御呉床」3例と、大友皇子寓意を負う宇遅能和紀郎子の身代わりとなった舎人の座る「呉床」2例に分割され、それぞれ諸王の上位3階と下位2階に対応していることも述べた通りである（Ⅵ－6）。

　Ⅲ－3では、訓字の「美」字が2・5・9セットの構築の主役になっており、これまた古事記の「寓意の構造」の裡では「美」が中大兄皇子の符丁であることに因み、2人太子制下の諸王5位・諸臣9位冠位制度を立てた主役が中大兄皇子であることを寓意するものであること、述べた通りである。

　Ⅲ－4・5・6については、咋・君・音仮名「刀」の寓意によって、二人太子制下の近江令冠位制が大友皇子に密着した体制であって、これこそが大友皇子に一つ柱となって壬申乱に散る宿命を齎したものであるという古事記流の因縁律を寓意する数合わせであったと考えられる（この寓意論の詳細は別稿に委ねる）。

　以上、①から⑥までの冠位制度が古事記の寓意の構造の裡にすべて独特の様式を以って取り込まれていたことが判明した。冠位制度という、古代官僚制の従ってまた古代国家そのものの骨格ですらある制度が、古事記神代の冒頭諸神の体系と國生み神話の構造、更にはその後に語られる神話・説話の裡に練り込まれつつ、まさにその骨格なり必須の構成要素を形成している事情が判明し、このことがまた逆に古代冠位制度の実相に新たな照明を当てることにもなった。

以上、古事記の数合わせと古代冠位制度史の相互関係についてほぼ明らかになり、古代冠位制度史そのものについても新たな事実が示唆されることになったが、更に追論しなければならないことは少なくない。数合わせの謎の残りを解こう。

8　各冠位制度間の冠位対応関係および数合わせの謎の解明その3
——9の分割2・1・2・1・3について

　小節1に掲げた古代冠位制度の①から⑥までと⑦天武14年紀制・⑧大宝令官位制を併せてそれぞれの冠位制を並べて表にしたものが巻末の表1であるが、表1のように並べるに当たっては各制度の冠位が他の制度のどの冠位に対応するのかを検討する必要がある。

　表1の⑦の天武14年紀制と⑧の大宝令制の対応は、続紀の大宝元年3月21日条と大宝令制との比較によって確定できる。その大宝元年3月21日条に、

　　始めて新令に依り官名・位号を改制す。親王明冠四品、諸王浄冠十四階、合て
　　十八階。諸臣正冠六階、直冠八階、勤冠四階、務冠四階、追冠四階、進冠四
　　階、合て卅階。外位は直冠正五位上階より始めて進冠少初位下階に終る、合
　　て廿階。

とある。

　この大宝令制にいう「親王明冠四品」とは、諸皇子つまり親王のみの品階であり、⑦の明冠と浄冠（の上層部分）、あるいはむしろ下に述べる⑦′での浄冠の上層部を引き継いだものである。

　次の「諸王浄冠十四階」は、従来の浄位を親王以外の諸王に限る官位とした上で（つまり親王を別格の品階へ移し、諸王をこれから区別した上で）、「浄冠」といいつつも、その実、<u>諸臣官位の正一位から従五位下までの14階に同じものとした</u>のである（諸王には五位以上を叙する規定であった）。これは実は⑦′の浄冠と比較するとき、<u>浄冠下層部の格下げを意味する</u>。

「諸臣正冠六階」は、従来の正冠8階（大壱位〜広肆位）を、正一位から従三位までの6階に移行させたもの、

「直冠八階」は従来の直冠8階（大壱位〜広肆位）を正四位上から従五位下までの8階に移行させたものである。

　ここまでが伝統的な大夫階級である。

　続く「勤冠四階」は従来の勤冠8階を六位の4階（正六位上〜従六位下）へと

階数を二分の一に縮約したもの、「務冠四階」も従来の務冠８階を七位の４階へ縮約したもの、以下同じで「追冠四階」は追冠８階を八位の４階へ、「進冠四階」は進冠８階を初位の４階へと、それぞれ大・広区別を廃し階数を半減させたものである。

　大宝令制では外位が復活した。ただし五位から初位までの20階に並列する。天武朝の外位が復活したというより、⑤の近江令制の外位が五位以下について復活したという方が適切かも知れない。

　なお、大宝令制では冠による「冠位」は名のみで、代わりに位記を与える制度としたので、以後、「冠位」は「官位」になる（ただし位記の制は持統３年紀９月10日条に見る通り、既に浄御原令制に存在した）。

　問題は⑥以前と⑦・⑧との対応関係である。

　②・③・④・⑥は類似の冠位制であるので、四者間の対応関係は明瞭である。また⑤と⑧の対応関係も問題はほぼないであろう。⑤の一位から九位までの18階が⑧の一位から初位までの30階にほぼそのまま平行に対応する。つまり、⑤の大一位から小三位までの６階が⑧の正一位から従三位までの６階に平行移動し、⑤の四位以降の12階がそれぞれ上下に２分割されて倍増し⑧の四位以下24階になっている。これで見ると、大宝令制は名称こそ浄御原令制を継承した体裁を取っているものの、実質は近江令制に倣った位階制であった。

　藤氏家伝によれば、天智天皇の即位ののち、天皇の命を受けて中臣鎌足が律令（近江律令）を刊定したとある。藤原不比等は大宝律令の策定に当たり、父鎌足の遺業とも伝えられた近江律令を参照したに違いない。大宝令官位制度は（従ってこれを基礎とした官僚体制も）、30年前の近江令制を参照しつつ、これを不比等流の打算によって換骨奪胎したものであったと思われる。

　続紀大宝元年８月３日条に大宝律令撰定者らに賜禄された記事がある。そこに、

　　三品刑部親王、正三位藤原朝臣不比等、従四位下下毛野朝臣古麻呂、従五位下伊吉連博徳、伊余部連馬養等を遣して、律令を撰定せしむ。是に於て始めて成る。大略、浄御原朝庭を以て准正と為す。仍て禄を賜ふこと差有り。

とある。「浄御原朝庭を以て准正と為す」とは浄御原律令を基準にしたとの意味であるが、実態は近江律令がより多く参照されたのである。

　問題は②・③・④・⑥グループと⑤・⑦・⑧グループとの対応関係である。

　まず大夫階級が大夫階級に対応するべきであることに注意したい。②・③・④・

⑥グループの大夫階級は錦冠（＝花冠）以上である（関晃「大化前後の大夫について」──『山梨大学学芸学部研究報告』10・昭和34年）。関晃氏は同論文において①の徳冠がこの大夫階級であったことも指摘されているが、他方で、徳冠を四位相当とする黛弘道氏の説（「冠位十二階考」同氏『律令国家成立史の研究』日本史学研究叢書　昭和57年　所収）を受けて、五位が大夫と呼ばれるようになったのは大夫階級が地位の低い方へ拡張されていった結果であろうと推測している。しかし、これは疑問であり、徳冠は食封身分であった直冠つまり四位・五位に相当し、徳冠以上すなわち五位以上を「大夫」階級とすることは、推古朝以降、後世まで伝統的に保持されたと考えるべきである。五位はその人数が増加するとともに、慶雲2年（705年）11月以降には食封身分からも脱落するなどその実質的地位を次第に下げたために、あたかも「大夫」の範囲が地位の低い方へ拡張されたと見える結果になったのである（続紀の慶雲2年11月4日条に「是より先、五位に食封あり。是に至って代るに位禄を以てす」とある）。

　ともあれ、②・③・④・⑥グループの大夫階級である錦冠（花冠）以上が⑤・⑦・⑧の大夫階級である五位以上（直冠以上）に相当する。推古朝紫冠が大臣の冠であったことから、紫冠以上である織・繍（縫）・紫冠が一位から三位（正三位）に相当し（大宝令制では一位が太政大臣、二位が左右大臣、正三位が大納言〔＝御史大夫〕、従三位が大宰帥の相当冠位である）、錦冠（花冠）が四位・五位（直冠）に対応する。

　建武・立身・建冠については、建武の亦の名を初位・立身という例（大化3年紀是歳条分注）、立身を初位と称する例（天智3年紀2月9日条に「前の初位一階を加換（ましか）へて大建・小建二階に為」とある）、天武紀に「小建」・「小建以上」が当初「初位」・「初位以上」といわれている例（先の小節3に引いた通り天武4年紀正月3日条、同月17日条、同年10月20日条、同5年紀正月15日条に「初位以上」）などから、建武・立身・建冠が⑤・⑧の九位・初位に対応することは明らかである。

　残りは中間の二つの冠位（②では青冠・黒冠、③・④・⑥では山冠・乙冠）と六位・七位・八位との対応関係である。

　ここで、各冠位の冠と服色に注目する。書紀・続紀に見える服色を表1に加えたものが表2である。⑧の大宝令制の服色と②の大化3年紀制の冠・服色を比較してみよう（②と⑧は53年間ほどの隔たりであり、古代人の記憶が途切れるほど離

れているわけではない）。まず②の紫冠以上とこれに対応する⑧の一位から三位の服色は、ともに紫色系である。また②の錦冠の服色は真緋であり、これに対応する⑧の四位・五位も同じ緋色で、これが四位の深緋と五位の浅緋に分かれている。

　問題の青冠と黒冠であるが、まず青冠の服色の紺色には、⑧の六位と七位の緑色系が対応しており、これが六位の深緑と七位の浅緑に分かれている。故に緋色に倣えば、②の青冠は⑧の六位・七位に対応すると目される。

　次に⑧の八位と初位は同じ縹色が深浅で分けられている。他方②の黒冠であるが、これを建武冠と見比べるとき、黒冠は冠の色が不明であるものの名前からすれば建武冠と同じ黒絹であったのではないかと推測される。一方、服色については黒冠が緑であるのに対して建武冠の方が不明である。これも冠から推定すると、黒冠と同じ緑か緑系の色ではなかったかと思われる。すると黒冠と建武冠の同系服色が八位と初位の同系服色に対応し、黒冠が八位、建武冠が初位に対応すると考えられる。

　以上の考察から表1のような②から⑧までの冠位の対応関係が確定する。

　因みに唐の貞観4年（630年）の制服の色は、三品以上が紫、四品・五品が緋、六品・七品が緑、八品・九品が青であり（『旧唐書』貞観4年8月丙午条）、大宝令制の服色はこれに酷似していて、ただ、紫を黒紫・赤紫に分け、緋を深・浅に分け、緑を深・浅に分け、縹は青色・そら色・鳩色であるから青系の色であり、これを深・浅に分けている。濃淡分けを度外視すれば、大宝令制の服色は唐の貞観4年制そのままである。②はその緑と青を逆にして紺と緑にしたと見れば、そもそも②の段階から唐制の服色が参照されていたと考えられる。

　次に皇親冠位の諸臣位との対応関係を検討する。まず⑧の親王一品から四品については、大宝官位令に官位相当官職が挙げられており、一品は太上大臣（諸王・諸臣の一位相当）、二品は左右大臣（同二位相当）、三品・四品は大納言（同正三位相当）・大宰帥（同従三位相当）・八省卿（同正四位相当）である。従って、一品は一位、二品は二位、三品は三位、四品は正四位に対応すると考えられる。

　次に浄御原令冠位の浄位であるが、持統5年紀正月13日条の「浄広弐皇子穂積」が大宝2年12月23日条に二品とあり、持統9年紀正月5日条に浄広弐位を授けられた舎人皇子が慶雲元年正月11日に二品とあり、天武14年紀正月21日条に浄大参位を授けられた忍壁皇子が大宝元年7月21日条に三品とあることにより、親王について浄弐位は二品（従って二位相当）、浄参位は三品（従って三位相当）に移

行したと推定される。浄肆位については、持統6年紀3月3日条の浄広肆廣瀬王が大宝2年12月23日条に従四位下、次いで和銅元年3月13日条に従四位上とあり、持統3年2月26日条の浄広肆竹田王が、やはり和銅元年3月13日条に従四位上とあることを鑑みれば、浄大・広肆位は正・従四位相当であったと考えられる。

　明位は授与された形跡が無く、草壁皇子といえど浄広壱位であったのであるから（天武14年紀正月21日条）、親王の最高位は実質的には浄壱位であった。そこで以上の考察から実際上の浄位と諸臣位の対応と考えられるものを表1～3の⑦′に掲げた。⑦の明冠・浄冠の位置は参考程度に記入したまでで、正確な対応関係ではない。

　ここで⑦′と⑧を比べると、大宝令制では上述の如く親王以外の諸王の浄冠が一位から五位までの14階に移行しているのであるから、従来浄冠肆位以上（故に持統朝では従四位相当以上）にあった諸王層は、大宝令制下、従五位相当以上へとやや格下げされたことになる。大宝令が諸王層に不評であった一因である（拙著『国の初めの愁いの形──藤原・奈良朝派閥抗争史』）。

　次に⑤・⑥の諸王位について。

　先に見た通り、一位から三位までが薨身分、四位・五位が卒身分である。諸臣冠位も、三位以上＝紫冠以上が薨身分であり、四位・五位＝錦冠が卒身分である。

　そこで、諸王の一位から三位は⑤・⑧の諸臣の一位から三位に並列対応させてよいと思われる。天武5年紀9月12日条に「筑紫大宰三位屋垣王に罪有り、土佐に流す」とあり筑紫大宰は大宝令制で従三位相当であるので、諸王三位が諸臣三位と同等であったらしいことが確認できる（屋垣王については更に補注3も参照）。

　他方で、⑤・⑥の諸王四位・五位を、同じ卒身分であるとはいえ⑤や⑧の諸臣四位・五位にそのまま並列対応させるのは躊躇される。なぜなら、⑦′の浄冠が諸王の冠位であり、⑤・⑥の諸王位がこれと対応するものであったと考えれば、⑤・⑥の諸王四位・五位は大宝令制における諸臣の正・従四位に対応していたと推測されるからである。

　大宝令制でこそ諸王四位・五位は実質において諸臣四位・五位と何ら変わりがなかったのであるが、表2に見る通り大宝令制では諸王（親王以外）の二位から五位の服色は諸臣の二位三位と同じ赤紫とされて、服色では諸臣より上に配属されている。大宝令制は諸王四位・五位を諸臣四位・五位相当に格下げするに当り、緩和策として、僅かに服制において諸臣からの弁別を図ったものと考えられる。

　⑤・⑥の諸王位の実例に当たると、天武4年紀3月16日条に「諸王四位栗隈王を兵政長官と為す」と見え、大宝令制で兵部卿は正四位下相当である（栗隈王については補注3も参照）。

　また、天武9年紀7月25日条に「納言兼宮内卿五位舎人王」が見え、納言を唐の侍中相当官とすると三位相当職であり、宮内卿は大宝令制で正四位下相当である（舎人王についてはやはり補注3も参照）。

　また、天武12年紀12月13日条の諸王五位伊勢王は、朱鳥元年紀9月27日条には浄大肆とある。この伊勢王は天武12年紀12月13日条によれば大錦下羽田公八國らを率いて諸国の境界を限分する役に当たっており、これによれば諸王五位はおそらく大錦下（〜従四位）と同等かそれを凌ぐ地位であったと考えられる。

　以上3例を勘案すれば、⑤・⑥の諸王四位・五位はやはり⑧の諸臣正・従四位（〜⑤の諸臣大・小四位）に相当すると考えてよいであろう。

　最後に①の冠位十二階制と②以下の冠位の対応関係を考える。

　①と⑧を対比して説明する古い学説が真相に近い可能性があるので、黛弘道氏が「冠位十二階考」（同氏著『律令国家成立史の研究』〔吉川弘文館　昭和57年〕、あるいは『論集日本歴史1　大和王権』〔有精堂　昭和48年〕所収。『東京大学教養部人文科学紀要』第十七輯〔1959年3月〕に初出）に引いた諸説を再点検してみよう（①が消滅した時期、つまり②の開始時期と⑧との間隔は、既に注記した通り、53年間ほどと比較的短期間であるので、①と⑧とを対比させることにそれほど無理は無い）。

　釈日本紀巻十四、述義十（国史大系本p.185。分注が（　）に括って示されている）にある次のような師説注が冠位十二階に関する最古の学説である。

　⑴冠位、私記曰、大徳（師説。今之四位也。）小徳。（五位也。）大仁。小仁。大
　　礼。（六位也。）小礼。大信。（七位也。）小信。大義。小義（八位也。）大智。
　　小智。（初位也）

　黛氏は、この⑴はもと傍注の形式であったものを分注形式にしたと推定し、これに加えて、⑵書紀書陵部所蔵本、⑶書紀「北野本」、⑷書紀の印本にある傍注例を引く。武光誠氏は「冠位十二階の再検討」（『日本古代国家と律令制』〔吉川弘文館　昭和59年〕p.34）で、これら諸本の傍注がどの位置にあったかについて次のような表にしている。この表で例えば大徳の行に四位とあるのは、大徳の右に四位という傍注があることを示す。表によれば、⑴から⑷の諸本のすべてが大徳の

右に四位という傍注を施しているのである。また五位という傍注は、(1)では小徳の右、(2)と(4)では大仁の右、(3)では小仁の右に記していることを示す。ほかも同様である。

	大徳	小徳	大仁	小仁	大礼	小礼	大信	小信	大義	小義	大智	小智
(1)	四位	五位			六位		七位			八位		初位
(2)	四位		五位		六位		七位			八位		初位
(3)	四位			五位	六位		七位			八位		初位
(4)	四位		五位		六位		七位		八位	初位		

　この表から最大多数を代表するのは(2)の書陵部所蔵本であると知られる。そこで書陵部所蔵本の写真版によって、行替えも忠実に再現してみると次のような右傍注である（縦書きを横書きにしてあるので、上傍注になっているが、この上傍注を、縦書きの右傍注と見做していただきたい）。

・・・・・・・・・・・始行冠位大徳（師説云今之四位也）

小徳（五位也）大仁小仁大礼（六位也）小礼大信（七位也）小信大義

小義（八位也）大智小智（初位也）并十二階・・・・・

　下から順に傍注を読み取って見ると、まず「大智小智は初位なり」と読めるのは疑問が無い。次の小義の傍注の「八位也」であるが、その上の文の傍注「七位也」を初位の傍注同様に「……大信は七位なり」と読む限り「小信・大義・小義は八位なり」と読むしかなさそうに思われる。しかし大信と小信が分離してしまうのは不可解である。そこで、「七位也」の方を、<u>上から読み下す向きに付された傍注であろう</u>と推測する。つまり本来は「……小礼は七位なり」と読むべき傍注であったと見做す。すると、「八位也」は、こちらの行では「初位也」に倣って、「大信・小信・大義・小義は八位なり」と読むべき傍注になる。「六位也」次いで「五位也」については、こちらの行では今度は「七位也」に倣って、本来は上から下に読み下すべき傍注であったと考える。すると、全体は本来、<u>「大徳は師</u>

説に云ふ今の四位なり、小徳は五位なり、大仁・小仁は六位なり、大礼・小礼は七位なり、大信・小信・大義・小義は八位なり、大智・小智は初位なり」と読むべき傍注であったことになる。

　この対応に従って①を並べたのが表 1 である。これで見ると、①の大小徳冠は②の大小錦冠にそのまま移行するが、仁・礼冠は青冠に、信・義冠は黒冠に、大小智冠は建武に、それぞれ 2 対 1 に縮約されて移行していることがわかる。然るに②から僅か 2 年後の③はこの縮約を、建武＝立身を除いて解除して①の階数に戻し（つまり②の青冠・黒冠を 2 倍に増階し）、加えて錦冠をも 2 倍に増階した改定であったことになる。

　①と②以降の冠位を共に授かった人物が黛氏・武光氏によって掲げられている（括弧内の西暦年は前節に述べたところに従って従来説を訂正したものである）。

Ⅰ　巨勢徳太古　　　　小徳（643・644年）→小紫（650年）・大紫（650年）、大繡（続紀）

Ⅱ　大伴馬飼　　　　　小徳（643年）→小紫（650年）・大紫（650年）

Ⅲ　中臣国子　　　　　小徳（623年）→大錦上（太神宮諸雑事記第一・新校群書類聚巻一 p.60
〔内外書籍　昭和 7 年〕）

Ⅳ　高向玄理　　　　　小徳（647年）→大錦上（655年・追記）

Ⅴ　秦川勝　　　　　　小徳（聖徳太子伝補闕記・聖徳太子伝暦）→大花上（広隆寺縁起など）

Ⅵ　阿曇比羅夫　　　　大仁（643年）→大花下（661年）、大錦中（662年・追記）

Ⅶ　薬師恵日　　　　　大仁（631年）→大山下（655年）

Ⅷ　大部屋栖野古　　　大信（605年）→大花上（651年）（『日本霊異記』上第五）

　表 1 によれば、Ⅶの薬師恵日以外は時の経過とともに昇進しており問題はない。しかし薬師恵日は 1 階の降格になっている。

　武光氏は①の大小仁冠位を②の大小青冠位（③の大小山冠位）に対応させ、①の礼冠以下の四色冠のすべてを②の黒冠（③の乙冠）に対応させる説を唱えて、こうすれば大仁は大山下に平行移行しただけであるので矛盾は無いとされる（表 6・6′の武光 B 説および武光 B′説参照。前者は同氏前掲書 p.33、後者は同書 p.3）。

　黛氏はこれに対して、「薬師恵日は舒明二年（六三〇）大仁位で入唐してから、白雉五年（六五四）大山下で再度渡唐するまでその動静は全く不明であり、かつその間に蘇我大臣家の滅亡、改新政治の展開、古人大兄・蘇我石川麻呂の事件発生等、政界は大きく揺れ動いたのであるから、恵日の運命にも変化がなかったとは断言できない。……彼の場合はありのままに受けとめ、政治的に失脚ないし左

降などのことがあったと解すべきであろう」とされる（同氏前掲書p.366）。

　ここは黛氏の見解に賛同したい（ただし、舒明2年紀は実は631年であり白雉5年紀は実は655年）。

　武光氏は、薬師恵日は大仁から大山下に平行移動しただけなので矛盾はない、とされるのであるが、しかし舒明2年紀から白雉5年紀に至る24年間に、大仁から大山上に至っているのであればまだしも、大山下であるのは、年月の経過を配慮すれば、武光説を以ってしてもやはり降格に近いのではないか。

　恵日はやはり黛氏のいわれる通り、何らかの事情で降格していたと考えるのが合理的である。

　舒明2年紀から白雉5年紀までの間の大事件には、黛氏が挙げた以外にも舒明天皇の崩御（実は旧辛丑年・642年）という一件もある。而して薬師恵日（＝医恵日）は舒明天皇の侍医を務めていた可能性がある。舒明天皇の崩御と恵日の降格とが関連するか否かは不明であるが、考慮には入れるべきであろう。天皇の救命に失敗したとして自発的に降下もしくは退官していた可能性すら考え得る。

　なお、黛氏自身は①と②の対応について、①の徳冠のみならず仁冠をも②の錦冠に対応させる説を唱えておられる（表7・7′の黛氏旧説・新説参照。同氏前掲書p.363・365）。しかしこの点については仁冠が大夫階級に属することになり不合理である。

　①と②以降との関係を考える上で①に関わる服飾（推古19年紀5月5日条、薬獵の折の冠飾である髻花）と大化2年紀の薄葬令を見ておきたい。表2にこれらを加えたものが表3である。

　まず推古19年紀5月5日の薬獵（くすりがり）での髻花（うず）は、徳冠、仁冠、そして礼冠以下という3階層に区別されている。これによれば徳冠と仁冠の間、および仁冠と礼冠以下との間に区画があることになる。

　また大化2年紀の薄葬礼を見ると、徳冠と仁冠以下の間に明瞭な格差がある。そうして仁冠と礼冠以下の間にも、一定の格差が設けられていることがわかる。即ち仁冠も礼冠以下も墓の規模に関しては、封土しないことを含めて全く同一であり、一日で造営を終えよとされていることも同じであるが、役夫の人数に格差が設けられている。仁冠は百人、礼冠以下は五十人とされている。

　この格差を以って見ると、仁冠を②の青冠に当て、礼冠以下をすべて②の黒冠に縮約する武光氏の説（前掲書）や増田美子氏の説（『古代服飾の研究―縄文から

奈良時代一』「冠位十二階と冠位制の変遷」〔源流社　1995年〕）にも理があるように見えなくもない。

　しかし、大宝令制を見ると、六位と七位以下の間に明確な格差のあることが知られる。即ち諸官司の長官クラスの相当官位は六位以上に限られており、七位以下は次官クラス以下であるという格差がある（巻末の表8。この表の各官庁に付した番号は日本思想大系本『律令』「職員令」〔岩波書店　1976年〕の番号である）。

　六位以上が長官クラス、七位以下が次官以下の下級官人クラスというこの画然たる格差を考えるとき、仁冠が六位、礼冠以下が七位以下に対応すると考えるべきであろうと思われる。故に①と②以下との対応は、先に書紀書陵部所蔵本の右傍注によって考察した通り、表1・2・3の如くでよいと思われる。

　さて、大宝令制における諸臣九位冠位制におけるクラス分けを俯瞰すると、一位・二位は大臣クラス、三位は大納言・大宰帥クラス、四位・五位以上が大夫クラス、六位以上が長官クラス、七位・八位・九位が下級官人クラスというクラス分けの存在することが知られる。このクラス分けは、序節で見た9の細分割、2・1・2・1・3に一致する。序節のⅣに対するヒントがここに得られる。即ち古事記が秘める9の細分2・1・2・1・3とは、諸臣9位冠位制度に伴う冠位相当官職のクラス分けの反映であろうということになる。

　ただし、ここで注意したいのは、古事記は大宝令制ではなく近江令制の諸臣九位冠位制によって数合わせを工夫しているのである。故に9の細分割である2・1・2・1・3とは、近江令冠位官職制度に基づいて勘案されたものであろうことになる。この事実は、大宝令制の官僚制度に備わっていたクラス分けが、近江令制の官僚制度において既に、その祖形ともいうべき体系を以って成立していたことを示す。

　大宝令制の大納言は近江令制当時の御史大夫に相当するが、御史大夫は大納言とは異なり、官僚の非違を糾察する権限を持つ重職であった（大宝・養老令制の大納言にこの権限は無い）。

　近江令制では、一位が太政大臣、二位が左右大臣、三位が御史大夫・大宰率の相当冠位であったと思われる。つまり一位・二位が大臣クラス、三位が御史大夫・大宰率クラスであった。しかも近江令の場合は、一位・二位は内位のみ、三位以下に外位が備わるという相違があったと考えられ、近江令制当時は、この意味でも一位・二位と三位の間に格差があった。

　結局、近江令制当時、諸臣9位は内位のみの一位・二位が別格であり、三位以

下に外位が備わるが、三位はなお御史大夫クラスの相当冠位で、この三位以上が死去を薨と称するクラスである。四位以下は、述べた通りである。即ち四位・五位以上が大夫クラス（四位・五位は死去を卒と称するクラス）、六位以上が長官クラス、七位・八位・九位が下級官人クラスであったと思われる（六位以下庶民まではすべて死去を死と称する）。

　この近江令制における冠位官職のクラス分けが、古事記の示す9の細分割、2・1・2・1・3が寓意するものであったと考えられる。

　かくして古事記の数合わせは、近江令冠位官職制度の実相を深く探り起こすための貴重な史料となる。

　近江令官僚制度は、大宝令の官位・官職制度の祖形を既に完成させていたものであったと考えられる。

　大宝令制は藤原不比等が近江令制を参照しつつこれを換骨奪胎し、自らの私利私欲を利する向きへと改造したものである。

　藤原不比等は大宝律令を完成させた古代の英才のように喧伝される向きがあるが（英才には違いないが）、実は庶民の福利を求めるより自己の栄達を求めることに大わらわであったという卑小さを他ならぬその大宝律令の中に刻印している（詳細は割愛する。拙著『国の初めの愁いの形——藤原・奈良朝派閥抗争史』を参照されたい）。

9　冠位制度史が語る古代律令国家の性格および数合わせの謎の解明その4
　　——「10引く1は9」について

　冠位制度は官僚制度を支える脊梁であり、冠位制度こそ古代律令国家の屋台骨そのものであった。

　その屋台骨の変遷過程には、各時代の律令国家の性格そのものが反映している。従って冠位制度とその改定方向の分析から、各時代における治世方針の本質をも垣間見ることができる。

　大化改新の本質を窺う上で、①から②への変化を正しく認識することは極めて重要である。①から②への変化、下級冠位の縮約という変化の裡に、下級官人や百姓階層の教育・地位の向上に、改新政府がいかに強い期待を以って臨んでいたかを読み取ることができるからである。

　近江令冠位制度である⑤の存在とその実態を認識することもまた重要である。④

から⑤への変化は、これまた細分化されていた冠位を縮約する変化である。大海人皇子の宣命によって実施された甲子の制である④の冠位細分化傾向が⑤において矯め直され、①から②へ向かって意図されていたと同じ済民思想が復活している状況を読み取ることができる。

　④を含む甲子の宣は、救百済戦役での敗北の翌々年になされた改定である。おそらくは大海人皇子ら旧貴族層を代表する側の主張・見解を大きく取り込みながらなされた改定であって、この改定が中大兄皇子ら改新政府首脳部らの必ずしも本意とするところでなかったことが、⑤への改定の裡に明瞭に読み取ることができる。③という15年間続いた７色19階制は、敗戦の責任を追及された結果でもあろう、④の26階制へと一歩後退した感のある改定を余儀なくされたが、のちにこの流れを断ち切るように、冠位階数が諸臣９位18階制へと、再び③のレベルにまで一気に縮約され引き戻された。ここに中大兄皇子＝天智天皇の原点回帰といってもよい強い意志を観取することができる。

　大化改新はさまざまな意味における古代の革命であった。旧貴族・豪族層による部民（百八十部・諸百姓）に対する搾取権を天皇大権の名の下に強く掣肘するとともに、部民階層を公民へ解放して彼らに広く授位・任官への道を開いた。改新政府は、下層カバネ層＝諸百姓階層の地位の向上に、言葉だけではなく実践の上で真摯に意を用いたのである。

　皇極４年紀（実は旧乙巳年・646年）６月、乙巳の変で蘇我蝦夷・入鹿親子が滅んだあと、孝徳天皇の即位の儀が執り行われた際、「百官・臣・連・國造・伴造・百八十部」が「羅列匝拝」（つらなりかさなりをが）んだとある（孝徳天皇即位前紀・大化元年紀６月14日条）。朝廷のハレの儀式の場に、「百八十部」が列席する初めである。

　大化元年紀８月５日条、戸籍を造り田畝を検校することが指示された東国国司への詔で「其れ薗池水陸の利は、百姓と倶にせよ」「京に上らむ時には、多に百姓を己に従ふること得じ」と諸百姓への保護を促す言葉があり、同日にはいわゆる「鐘匱（かね・ひつ）の制」が定められた。憂え諫めるべきことがあれば伴造や尊長に訴え、伴造や尊長は勘当を加えてこれを牒表にしたため匱に入れて奏上する制度である。訴えが曲げられたり審理されなかったりすれば、訴えた本人は鐘を撞けとして、鐘と匱が設けられた。下民の訴えに耳を傾けた古代の聖帝明王

の治政に倣おうとした制度である。

　この間に武器の収公が行われた。上引の東国国司への詔に「閑曠（いたづら）なる所に兵庫（つはものぐら。兵は武器のこと）を起造（つく）りて、国郡の刀・甲・弓・矢を収め聚（あつめ）よ」とあり、同年紀9月朔日条にも「使者を諸国に遣して兵（つはもの）を治む〈或本に云はく、六月より九月に至るまでに、使者を四方の国に遣して、種々の兵器を集めしむといふ〉」とある。大きな革命的政策が指示実施される前兆であった。果たして同年紀9月19日の詔に「易に曰く『上を損（おと）して下を益す。節（したが）ふに制度を以てして、財を傷（やぶ）らざれ。民を害（そこな）はざれ』といへり」と易の済民思想が端的に引用されたあとに、「今より後、地売ること得じ。妄（みだ）りに主と作（な）りて、劣弱（つたなくよわ）きを兼ね并すこと勿れ」と、富者による土地の兼併が禁じられた。土地は、農業が生産の中心であった古代社会にあっては最も主要な「資本」であったが、この資本の独占を禁じるに当たり資本の売買そのものを根こそぎ禁じて資本の売買価値を一旦ゼロに落とすという鉄槌の如き処断が下されたのである。

「上を損して下を益す」という思想は、改新政府の行政指針を最も簡明に表現する思想である。①から②への下級冠位縮約の背後にあった思想であり、④から⑤への改定においても初心に戻るべく指し示された思想である。書紀には、土地兼併の禁制が詔されたあとに「百姓、大きに悦ぶ」と記されている。百姓を縛りつけていた土地と土地にまつわる負債がゼロになった。悦びは津々浦々に満ちたのである。解放されようとしている諸百姓らに希望が萌し、希望が実現する時代が始まった。

　大化2年紀（従来説で646年。実は旧丙午年・647年）正月甲子朔条に有名な「改新之詔」がある。ただし、正月元日にこのような詳細な詔令が出されたとは信じ難い。新丙午年・646年の正月朔がたまたま讖緯説にいう革令・革政の干支である甲子に当たったので書紀はこの日に編年したのであろうと思われ、さすれば書紀の編年は虚偽である。大化2年は実は旧丙午年・647年であり、その正月朔は元嘉暦・修正後漢四分暦ともに24戊子であって0甲子ではない。

　647年の2月朔なら、元嘉暦・修正後漢四分暦ともに、讖緯説にいう革運の干支である54戊午である。またこの年初めての革令の日である0甲子は2月7日である。そこで「改新之詔」が、もし讖緯説に準拠した日に発された詔であったと

するなら、革運の日である2月朔の詔か或いは革令の日である2月7日の詔かいずれかであったのではないか。書紀は年次の1年繰り上げ操作を多用しているが、これに伴う月次の移動操作も少なくなかったと思われる（月次移動の実例は、第2節や第3節の補論など参照）。

　書紀の編年を疑うことなく、正月元日に出されたことを以て「改新之詔」の実在を疑うようなことがもしあれば本末転倒である。

　ともあれ、この詔に、

　　其一に曰く、昔在（むかし）の天皇等の立てる子代の民、處處の屯倉、及び
　　別・臣・連・伴造・国造・村首の所有（たも）てる部曲の民、處處の田荘を
　　罷（や）めよ。仍（よ）りて食封を大夫以上に賜ふ。各差有り。降りて布帛
　　を以て官人・百姓に賜ふ。差有り。

とある。諸貴族・豪族層の私有部民・私有田荘を取り上げ、代わりに、大夫以上の階層に食封を支給し、それより下の階層には禄を支給する制度の始まりである。賜禄の対象にここでも「百姓」が含められている。

　食封を支給することは、私有部民や私有田荘を許すことと同じで旧勢力との妥協を強いられた結果であり、改新政治の治世上の不徹底であったと見る見方があるが、政府管掌下での封戸の支給は、定められた戸数と定められた課税・賦役しか許されないものである。旧来の野放図な私地私民の兼併・賦役を許した時代からは隔絶している。従って食封の支給を旧貴族・豪族勢力との妥協策と見るのは当たらないと思われる。不正が行われれば、鐘匱の制がこれを掣肘できる体制が整えられている。強力な統制のもと、土地資本・富の均分・公配策が展開されていく（売買価値が一旦ゼロになった資本の分割である。ゼロの分割は無限に可能である。$0 = 0 + 0 + 0 + \cdots\cdots$）。

「上を損して下を益す」とは逆の時代、「上を益して下を損す」時代、富める者達が「妄りに主となりて、劣弱を兼ね并すこと」野放図であった時代、強者がますます強く、弱者がますます弱者になった時代からの決別であった（壬申乱後、この決別はたちまち反古になり、すべてが元の木阿弥になり、官僚組織は大海人皇子＝天武天皇の権力に、ただそれのみに奉仕する傀儡になり下がるが……）。

　この改新之詔の「其二」では京・畿内・国司・郡司（評造）・関塞・斥候・防人・駅馬・伝馬・鈴契・坊長など、中央・地方の行政区画・行政官やその軍防・連絡網に関する諸事が定められ、「其三」で、戸籍・計帳・班田収授の法を造るこ

とが宣示された。

　前年8月に東国国司に宣詔されて部分的に開始されていたであろう造籍は、この後全国規模で急速に整備されていく。前代までの、そして壬申乱後天武朝時代に復活した、徴税のためだけの大雑把な戸別戸籍ではなく、年齢まで含めて一人一人を全員個別に記録する戸籍、つまり頭別戸籍が確立され、この戸籍に従って班田が実行されていく（補論2参照）。豪族層に支配されていた土地が解放されて生産手段が民主化されていく。土地という、古代にあっては最大の生産手段というべき資本が凍結され、公地化つまり国有化されて、公民とされた諸百姓の私有地へと個別に分配されていく。

　後に条里制とも呼ばれる全国規模の班田用地の開拓が、諸百姓すべてを巻き込みながら、毎年の農閑期を利用して果敢に実行され、改新の詔から丁度6年後の白雉3年紀（新壬子年、実は旧壬子年・653年）までに完遂された（補注5）。同年紀正月条に「正月より是月に至るまでに班田既に訖（をは）る」とある（この記事は正月条ではなく、本来は農閑期最末の2月の条にあった記事であろう）。頭別戸籍に登録された全員に、丸6年をかけて、規定通りの田が整地され終わり、班給され終わったのである。この記事を疑う理由は無い（この文献学的事実に対する考古学的例証は、なお十分に追いついているとはいい難いが）。

　ともあれ、かくして古代版社会主義革命ともいうべき革命が——後に「条里」制と呼ばれる町・段区画制がいまも全国各地隅々に痕跡を残していることが示唆する通り——まさに全国津々浦々に及んで実行されていく。先にも触れた「上を損（おと）して下を益（ま）す」という儒教思想の生真面目な実践が中大兄皇子・中臣鎌足といった若い魂たちによって果敢に追求された時代、それが大化改新政治の実質であった。

　なお、造籍（とこれに続く班田収授）がその後も、六年毎、つまり旧子（ね）年と旧午（うま）年ごとに着実に繰り返され徹底され続けていたことは、書紀記事から明瞭に浮かび上がる事実である（新干支年によって書紀記事を読んでも、子年・午年ごとの造籍を辿り得るようには記事が按配されている。しかしこの編年が旧子年・旧午年の戸口検按史実を巧妙に並べ替えることによって成立したものであることは前節に見た通りである。子年と午年ごとの造籍、という事実が書紀編者らの無視できない史的事実であったことが、このことから知られる）。

　大化2年紀2月15日条の詔の冒頭に、

　　　明神御宇日本倭根子天皇、集侍（あつまりはべ）る卿等、臣・連・国造・伴
　　　造、及び<u>諸百姓</u>に詔はく……

とある。故にここでも「諸百姓」が卿等・臣・連・国造・伴造らとともに一堂に
会していたことが知られる。また、東国国司に対する勤務評定が公開された場面
の同年紀3月2日条にも、

　　　東国々司等に詔して曰く「集侍る群卿大夫、及び臣・連・国造・伴造、并に
　　　<u>諸百姓</u>等、咸（ことごと）に聴く可し。……」と。

とあり、同月19日条にも、

　　　東国朝集使等に詔して曰く「集侍る群卿大夫、及び国造・伴造・并<u>諸百姓</u>等、
　　　咸に聴く可し。……」と。

とある。宣詔を聞く者として<u>諸百姓が朝廷に列する慣習はこうして大化改新に
よって始まった</u>。既に触れた通り改新政府は彼らを授位・賜禄の対象とし、また
官僚組織へも取り込みつつ、その身分を改善する方向へ大いに——まさに革命的
に、意を用いたのである。

　同月22日条には、

　　　廼者（このごろ）我が民の貧しく絶（とも）しきは、専（たく）め墓を営（つ
　　　く）るに由る。

として、薄葬令が公布される。往古、辰王朝末裔たる天皇祖族による侵略行為に
よって成立した大和朝廷が、被支配民（古代邪馬臺国連合の土着系部族）の抵抗
力を削ぐ目的を秘めて始めたと推測できる古墳造営という苦役の因習が、ここに
至って正式に禁止された。<u>古墳時代の公的終焉がまさにこの時代である</u>。

　　この薄葬令に続けて、改新政府は、巷に乱溢する愚昧な旧俗の数々を掲げて禁止
していく。人の死に際して自ら殉死すること、他人を殉死させること、馬を殉死
させること、宝物を墓に納めること、髪を切り股を刺して誄をすること、といっ
た風習を挙げて「此の如き旧俗、一に皆悉く断（や）めよ」とするのは薄葬令の
続きであるが、更に埋葬に関わらぬ旧俗・愚俗の数々を挙げてこれを禁じ、最後
に、農繁期には田営に努めて、美食・飲酒をするな、と、農繁期における美食酒
宴の類を禁じている。農作の月には酔っぱらってどんちゃん騒ぎなどするな、と
なかなか厳格なストイックな要求を庶民に課しているが、当然のことながら<u>朝廷
人自身も、浮ついた美食酒宴を極力控える定めになったはずである</u>。これより20
年後の天智天皇即位年である天智7年紀（旧丁卯年・668年）の7月条に、浜台に

宴を張り、蝦夷を饗応し、舎人に命じて所々に宴を為さしめたとあるあとに、「時の人日く、天皇、天命及（をは）らむとするか」と言ったと記されている。朝廷主催の宴にこのような特異な意味づけがなされたところに、それまでかかる宴の珍しかったことが示唆される。酒宴が好まれた天武朝とは対照的であった（天武朝において何かといえば宴・酒宴が開かれたことは天武紀に如実である）。

　大化二年紀八月十四日条の詔に「……祖子（みこ）より始めて、奉仕（つかへまつ）る卿大夫・臣・連・伴造・氏氏の人等〈或本に云く、名名の王民〉、咸聴聞（うけたまは）るべし……」とあって「新たに百官を設け、位階を著して官位を以て授けむ……凡そ調賦は、男身の調を収むべし。……」とある。氏氏の人等＝名名の王民とは、つまり公民化され、急速に整えられつつあった戸籍によって氏名を与えられた庶民たちであり、諸百姓に同じである。彼らに対しても「官位を以て授けむ」と詔された。つまり庶民＝諸百姓にも等しく仕官の道が開かれたのである。また同時に、改新の詔で規定された田の調と戸別の調を廃して男身の調に代えることが述べられた。頭別戸籍による造籍事業の極めて速やかな進展に伴うであろう改定である。

　かくして、百官の新設・新冠位制度への改定が宣言され、職封・位封・位禄等の制を伴う官僚制度が企図されるが、これらが正式に整うまで、次のような過渡的措置が施される。

　大化三年紀（実は旧丁未年・六四八年）四月二十六日条の詔に「……必ずまさに待ち難かるべし。故、皇子・群臣より始めて、諸百姓に及るまでに、将に庸調賜はむ」とある。後の季禄に当たるものが諸百姓にまで支給された。諸百姓もしくはこれに相当する階層が常に対象とされていることに繰り返し注意したい。

　而していよいよ同じ大化三年紀の是歳条に②の冠位制度が掲載される。

　大臣（大化元年七月に既に左右の大臣に分かれていたが）の冠であった古い紫冠は、織冠二階・繍冠二階・紫冠二階の中に取り込まれ、大臣位は（大臣位もまた、というべきであろう）従来の世襲職から除かれた。ここには旧貴族・豪族層の権力を天皇権の下に強く掣肘しようとした新制度の方針が明瞭である。対照的に、庶民すなわち嘗ての百八十部を含む諸百姓階層が建武（初位、亦の名、立身）を入り口として官僚への道に招き入れられる体制が導入された。のみならずこの新冠位制度は、下位官人層、つまり①の仁冠以下庶民に至るまでの者が、階級を縮約された青冠・黒冠・建武へと取り込まれ、上下格差の縮約された体系の裡で、

速やかな昇叙の対象ともなり得るはずの制度であった。

　これはまた、上に引いた前年8月の予告的な詔を具体化するための冠位制度であり、これに続いて百官すなわち官僚機構の速やかな設立とその任用とが日程に組み込まれていたはずである。唐制に倣った冠位相当制を基準にしての官職の新設とその任用人事とである。

　ところが、その肝腎な新官僚制度の創設は、②の実施を円滑になし得ないという事態の前で滞る。すなわち大化4年紀4月朔日条に「古冠を罷む。左右大臣、猶、古冠を着る」とある。古冠とは、新設の②の冠ではない冠、つまり従来大臣が着していた紫冠のことであり、嘗ては①の冠位十二階を超越した地位を象徴していたところの紫冠である。抵抗勢力は左右大臣だけではなかったと思われる。たとえば冠位の縮約に対する抵抗感は、それまで上の階にあったものほど強かったに違いない。礼法上の混乱や戸惑いも広がっていたであろう。新冠位制度に不満を抱く人々（これはつまり「上を損して下を益す」方針、つまりは改新政治そのものへの不満を抱く人々でもある）を広く代表する形で、左右大臣が新冠位制度に抵抗の意を示したのである。

　翌大化5年紀（実は旧己酉年・650年）2月条に②の改定版である③が制されて、ようやく同月、高向玄理と釈僧旻が詔を受け八省・百官を設置する。②から僅か2年後の③への改定は、左右大臣に代表される抵抗勢力の不満を緩和するべく、先に触れた通り下層冠につき建武を除いて階数を二倍にして①の冠位レベルへと階数を戻す形の改定であった。ただし、錦冠2階も花冠4階へと階数が2倍にされたため、錦冠の方は①の徳冠に比して階数が2倍に増やされる結果になっている。下位階級に比して大夫階級以上を強く掣肘しようとした改新政府の初期の意図は、このような形で温存されたのである。

　ともあれ、冠位制度の成立を俟って初めて百官八省が設立されたということは、官僚機構の前提として冠位制度がなくてはならない制度であった故であり、それはまた、そもそもの初めから官職に対する冠位相当制が存在したであろうことを示唆するのである（補注3）。

　翌月の3月17日条に左大臣阿倍内麻呂が薨去。同月24日条には右大臣蘇我倉山田麻呂の謀反が発覚、右大臣は誅殺される。書紀は蘇我臣日向が謀反を讒言（ざんげん）したと語るが、日向は讒言の罪を負うどころか同月筑紫大宰帥に任じられている。書紀は世人が「隠流（しのびながし）か」と言ったと記す。この書紀

の語りを文字通りに受けて、朝廷側が日向と図って陰謀によって右大臣を葬ったのであろうとする説もあるが、讒言であることが公となったのであれば、それなりの処罰が形式的であれ下されなければなるまい。讒言説自体が怪しいと思われる。讒言ではなく、左大臣死去後の絶望を味わった右大臣の謀反の意図が実際に発覚したのだと思われる。讒言云々の部分には書紀の曲筆があろう。

「讒言」の内容によれば、右大臣が害そうとした相手は中大兄皇太子とされているが、このことは一連の改新の実際の頭脳集団のトップが、孝徳天皇やまして無論左右大臣でもなく、中大兄皇子と目されていたことを明示している。

右大臣誅殺・斬首の経緯も書紀の語る順序はおかしい。3月25日条に山田寺で蘇我大臣と子等が自経し、そのことが右大臣を討つ将軍らに伝えられて軍が帰ったと語られた翌日の26日条の夕に、改めて将軍らが山田寺を包囲し、物部二田造塩（もののべのふたつたのみやつこしほ）が大臣の頭を斬る話が続く。この話の順序はいかにも不自然である。自経の話が先に置かれているため辻褄が合わないのである。

のみならず、そのあとの同月条に、右大臣の娘であり中大兄皇子の妃であった蘇我造媛（みやつこひめ）が傷心の果てに死んだ話や、その死を悼むこと甚だしい中大兄皇子のために、野中川原史満（のなかノかはらノふひとみつ）が歌を奉り、皇太子がこれを誉めて絹・布・綿を賜与した話がある。造媛は天智7年紀2月23日条に天智天皇の4嬪の筆頭として揚げられている「蘇我山田石川麻呂大臣の女、遠智娘（をちのいらつめ）〈或本云、美濃津子娘（みのつこのいらつめ）〉」に同一人とされる。この造媛＝美濃津子娘＝遠智娘は、大田皇女・鸕野皇女（二人は後の大海人皇子妃。鸕野皇女は後の持統天皇で645年生まれ、姉の大田皇女はおそらくその前年の生まれ）および建皇子の母と伝えられる女性で、最後の建皇子は斉明4年紀（新戌午年・旧丁巳年・658年）5月条に<u>年8歳</u>で薨去したと記される唖の皇子である。同年紀10月15日条には斉明天皇が紀温湯に行幸した折、この建皇子を想って悲しむ歌を作ったことが記されており、この行幸は正しい年次（旧丁巳年・658年）に置かれた記事であると考えられるので（前節のⅡ）、建皇子は白雉元年紀（実は旧庚戌年・<u>651年）</u>の生まれとなる。つまり造媛が遠智娘と同一人とすれば、<u>造媛は右大臣の死刑の翌年までは生存していて建皇子を生んだ</u>ということになる。

とこう考えるに、書紀の一連の記事には、時間経過の操作を含めて多くの曲筆

が混じっていたと考えなければならない。少なくとも、父親の事件による傷心の
ために造媛が他界したかのごとき書紀の筆法は、讒言説ともども軽々に信じがた
い。書紀が天武・持統朝以降の修飾を経た史料をもとに成立した国史であったこ
とが考え合わされなければならない。

　ともあれ、内情がどうであったにせよ、両大臣の相次ぐ死去によって官僚制度
新設への最大の障害は消滅した。③はこれ以後、④に至るまで15年間に亘り、朝
廷官僚機構の、従って朝廷政治の屋台骨になる。

　白雉元年紀（旧庚戌年・651年）２月９日条、穴戸国（山口県西部）から白雉
（しろきぎす）が献上される。そしてこれを瑞祥として、同月15日条、白雉の儀が
盛大に執り行われる。同条、巨勢大臣（前年四月、左大臣に任じられた）の奉賀
辞中に「公卿・百官・諸百姓等、ねがはくは、忠誠をつくして勤（いそ）ひて事
（つか）へまつらむ」とあり、「百官」の後に続けて、百官に入らぬ「諸百姓」が
言及されている。先に触れた通り、立身冠を得た百姓階層には、舎人等の宮仕の
仕事はあったが、官職はまだ付与されていなかったであろうと推測したことの傍
証になろうか。いずれにせよここでもまたハレの儀式の奉賀辞に諸百姓への言及
が認められる。

　以後、臣・連・伴造・國造という旧態の連呼法は、この白雉の儀における詔に、
往古以来の「扶翼の公卿・臣・連・伴造・國造」の功績が言及された場面を最後
として、以後しばらく書紀からは消え、代わりに「公卿大夫・百官人等」という
総称法となる。

　白雉４年紀是歳条に、難波京から倭京へ遷ることを奏請した皇太子に従って、皇
祖母尊・間人皇后らとともに「公卿大夫・百官人等」も皆随って倭飛鳥河邊行宮
（やまとあすかノかはベノかりみや）に遷ったとある。白雉５年紀正月朔条に「鼠、
倭の都に向きて遷る」とあるので、白雉４年も押し詰まった頃の大移遷であった
のであろう。

　孝徳天皇の反対を押して中大兄皇太子ら改新政府首脳部が、でき上がって間も
ない難波豊崎宮をあとにしたことについては、古来さまざまな理由が詮索されて
いるが、前節にも触れた如く、同年の遣唐船の難破事件と、同時期に重なった旻
法師の終命（白雉４年紀６月条）とがこもごも深く関わっていたのではないかと
考えられる。

　前節に見た通り、白雉４年紀（実は旧癸丑年・654年）５月12日条に記された第

2次遣唐使は、第1船に121人、第2船に120人という、二つの大船団を組んで発遣されたものである。それぞれに大勢の学問僧・学生らが乗り込んでおり、第1船には中臣鎌足の長子、定恵が学問僧として乗っていた。次世代の高向玄理や旻法師の養成が期待されていたはずである。学問僧や学生らはほとんどが年若い少年・青年たちであったと思われ（例えば、家伝に、定恵は665年に帰国した年の内に死に、春秋23歳であったというので、発遣時12歳である_{補注8}）、彼ら少年・青年たちはその親や兄弟たち一族の大きな期待を背負って発遣された。まさに改新政府が、満を持して唐へ送り出した遣唐使であった。ところがそのうちの第2船が難破、7月に生還できたのは120人中5人だけであった。

　旻法師は白雉元年紀2月、白雉の出現に際して「王者の祭祀、相踰（あやまら）ず、宴食・衣服、節有れば則ち至り、又王者の清素なれば、則ち山に白雉出づ。又王者の仁、聖なれば則ち見ゆ」と述べて、節制・清素・仁聖なる治世を理想とした人物である。難波京の宮跡はその遺構がいまに伝える通り、後の藤原京・平城京・平安京のそれすら凌ぐ、既往宮都史上、突出して大規模な宮であった。百姓階層を含む多くの建武冠階級まで納め得る広大な庭が求められた結果の大宮殿であったとは思われるが、旻法師の理想、取り分け節制・清素なる治世からするならば、この理想からはかけ離れた余りに豪華な宮であったのではなかったか。第2次遣唐船の難破事件と旻法師の終命とが、この華美な都の祟りと考えられたとしても不思議ではない。「公卿大夫・百官人等」が皆従って遷ったというからには、それなりの深刻な理由が朝廷人らの心をとらえていたのである。前途有為な少年・青年たちを失った同族の人々を含む朝廷人たちの悲嘆に満ちた心境は、遷都やむなしの心でほぼ一致したに違いない。こうした思いを共有できなかったらしい孝徳天皇は新都に執着したが、民心はすでに天皇から離れていた。古代の天皇は天災や国家的大事故の責任を一身に背負うべき存在であったのだが、孝徳天皇はこの責任を背負うことを忌避した形になった。

　さて、「臣・連・伴造・国造」という旧い連呼法が再登場するのは天武紀である。天武2年紀（実は旧癸酉年・674年）5月朔日条に、

　　　公卿大夫及び諸臣・連・并せて伴造等に詔して曰く、「夫れ初めて出身せむ者をば、先ず大舎人に仕へしめよ。然して後にその才能を選簡（えら）びて当職に充てよ。……」と。

とある。大舎人から官人に出身するコースは、いわば官人のエリートコースである

が、このコースに乗り得る対象が、このとき「公卿大夫及び諸臣・連・并せて伴造等」に設定された。この連呼法から国造とともに「諸百姓」が欠落していることに注意したい。当詔は近江令の改定もしくは新たな補足として専ら畿内諸氏に対して発されたものであろう。近江令の出身の法は不明であるが、諸百姓をこのような形で排除するものでなかったことは疑いない。天武天皇はこれを改め、旧カバネ制による身分秩序を復活しつつ、部カバネ層を広く含む諸百姓層を、官人エリートコースから切り捨てたのである。

天武5年紀（本来の天武4年であり、上の詔の翌々年である。新丙子年・旧乙亥年・676年）4月14日条の勅では、外国、すなわち畿外諸国に対しても進仕の法が示された。曰く、

外国の人、進仕（つか）へまつらむと欲（おも）ふ者は、臣・連・伴造の子、及び国造の子をば聴せ。唯し以下の庶人と雖も、その才能長（いさを）しきのみは亦聴（ゆる）せ。

とある。これもやはり近江令の改正もしくは補足であろう。旧カバネ制に基づき臣・連・伴造・国造の子なら、たとえ愚物であっても進仕が叶う制度である。諸百姓の子に関しては「才能ある者」だけを特に例外として、他は切り捨てたのである。この方向は天武11年紀（本来の天武10年・新壬午年・旧辛巳年・682年）8月22日条の詔において才能業績が如何に優れていようと、「族姓不定（族姓定まらざる）」者は 考選の対象に非ずとされることによっていよいよ牢固たる因襲と化していく（「族姓不定」を、族姓が不明確な者と解して族姓が低い者を指さないとする説があるが、氏カバネが再び重視されるようになった時代であったが故の規定であった。故に部カバネ・諸百姓の多くが 考選の対象から排除されたであろうこと疑いは無い）。丁度、現代日本において、昭和から平成を経て令和の時代にかけ、大学の学費が高騰し、富裕層が高等教育を占有できる方向へと進行したのと類似の治世が天武朝に（更にそれ以後も）展開されることとなった。これは愚民化の道である。

表1を、②から⑤までにつき、初位に庶民階層を取り込む形に描き、天武朝の冠位制度の⑥以降については庶民階級を初位階級から外す形にしたのは、以上で見た通り、大化改新以降、壬申乱までは叙位任官の制度、進仕の制度が、諸百姓までを広く対象としていたと考えられるのに対し、天武朝以降は諸百姓が原則として進仕の制度から排除されたであろうことに対応させたのである。

教養を正しく身につけた人間は、優れた人間が門地・出自・親の貧富などに関係なく輩出するものであることを知っており、そうした認識に基づいた治世を敷こうとするが、生半可な教養を有して自らの出自や既得権にすがる人物は、門地・出自にこだわった治世を求める。たとえば中大兄皇子・鎌足らは前者に属し、たとえば大海人皇子は後者に属した。壬申乱を境として、政治の質は明らかに劣化したのである。現今の世界においても、教養ある者とは思えない支離滅裂な言動を以って身内の繁栄・自らの保身を図る政治家がリーダーの座に収まる傾向がある。歴史は繰り返す。そうしたリーダーによる長期政権となると、これは最悪である。

　現今世界のリーダーたちを見渡せば、ますますその劣化を露わにしている国々が多い。なさねばならない重大事はもっと別にあるのだが、なすべきこともわからず劣化の極みへと突進しているかのようである。たとえば無限に「経済成長」を求めなければ立ち行かぬ非民主的金融システムの存在が、地球温暖化・諸格差の拡大・戦争を含む諸悪の根源にあるのだが、このことに気づいてその改革に乗り出そうとしているリーダーたちは幾人いるだろう（現今の非民主的金融システムは、「非民主的」である故に、持たざる者から持てる者への富の巨大な移動手段に成り果てているシステムである）。

　冠位制度史に戻ると、③が15年間続いたあと、大海人皇子の宣命によって錦冠から乙冠までに中階が増設され、初位の建冠も２階に増階される。既述の通り、旧百済軍事が白村江の大敗によって無残な失敗に帰した翌々年、旧甲子年・665年の出来事である。

　書紀はこの記事を天智３年紀（新甲子年・664年）２月９日条に編年しているが、繰り返し言及する通り、１年下った天智４年紀（旧甲子年・665年）の２月条に編年されるべき記事であり、このとき同時に、百済国から帰化した鬼室集斯を含む百済人へも広く授位があった。

　この百済人への授位の件は、天智４年紀２月是月条と天智10年紀正月是月条とに重出していて、後者に詳細が記されており、一見、後者の方が本来の記事であるかの如くであるが、実は後者は、そっくりそのまま前者の位置に移されるべき記事である。百済国が滅びたのち、日本に亡命帰化した百済人に対する授位であり、天智10年紀の記事ではない。

　書紀は、天智10年紀（本来の天智11年・旧辛未年・672年）正月６日条の記事を

編集する際、本来ここに入るべき大友皇太子によって宣命された新しい近江令冠位制度を排除し、代わりに④とそれに続いた百済人への授位記事を、重出を承知で意図的に誤編年したのである。

　④は冠位制度を細分化して冠位の格差が助長される向きへの改定である。氏カバネ制が見直され復活したかの如くに、大氏の氏上に大刀、小氏の氏上に小刀、伴造らの氏上には干楯・弓矢が賜与され、大氏・小氏・伴造らに民部・家部が定められた。惨敗に終わった旧百済軍事の失敗を受けて、旧来の氏カバネ制度による軍事力の増強策の復活を説いた朝廷人（その中心に大海人皇子が居たと思われる）の見解が部分的にせよ取り込まれた結果の改定であろう。中大兄皇子らの本意に反する改定であったのではないか。敗戦の将、中大兄皇子が、大海人皇子を筆頭とする旧貴族・豪族層ら旧体制懐古派ともいうべき論者らに論難され譲歩を強いられた結果であったと推測される。

　天武朝以降の書紀記事等から察するに、大海人皇子は、兄、中大兄皇子とは対照的な個性の持ち主であったらしい。酒宴を好み、氏姓（ウヂカバネ）制度の残影を色濃く負いつつ、家柄の尊卑格差にこだわりを持つ、悪い意味の貴族的性向の持ち主であった。中大兄皇子と大海人皇子は、こうした思想・嗜好・人生観の相違によって次第に対立を深める。

　中大兄皇子時代の掉尾を飾る冠位制が⑤近江令冠位制度である。ここでは④の改正方向を逆転するかのように、それまでの冠位を縮約する新しい形態の制度が実施された。諸臣三位以下には外位を具えて重厚な格差縮約体制を敷いている。後の大宝・養老令で見るとき、内五位と外五位とで待遇に差異はなかったようなので（大きな格差が生じるのは神亀５年３月28日の格以降である──日本思想大系『律令』598頁、選叙令補注２ａ）、おそらく、近江令冠位制においても、内位・外位に待遇上の差異は概ねなかったと思われる。近江令制における内位・外位の区別に関する詳細は一切不明であるが、授与対象が異なったのに過ぎなかったのではないか。初めに述べた通り、この冠位制度は二人太子制度下の諸王五位・諸臣九位制であり、古事記では大年神の子の五神・二柱・九神や水歯別王の身長、九尺二寸半によって、最も明瞭な形で寓意されている。

　なお、古事記が大年神系譜に掲げる「九神」は、個別には十神であり、最初の二神が奥津日子神と奥津比賣命というヒコヒメ対神であって、このヒコヒメ対神が一神と勘定された上での「九神」である。この計数法は、古事記の他所にも見え

る計数法であり、他方には個別に数える数え方もあって、古事記は両計数法を独特の仕方で混在させている。個別に数える数え方を「頭別計数法」と呼び、対神あるいは鼎神を一神・一柱・一代などとひとまとめに括って数える数え方を「戸別計数法」と呼ぶことにすると、大年神の子の計数法は、戸別計数法である。

古事記の頭別計数法と戸別計数法は、実は、壬申乱前代、というより正確には庚午年籍以前における頭別戸籍法と、それより後の、天武朝における戸別戸籍法とを各々寓意する計数法であることが知られるのであるが、詳細は取りあえず省いて（詳細は当節末の補論2「いわゆる参拾伍神問題と古代戸籍制度史」参照）、ここでは、大年神の子が天智10年紀正月の近江令冠位制を寓意するものであるから戸別計数法が用いられたのであることのみ注意しておきたい。第3節に述べた通り天智10年紀は本来の天智11年・旧辛未年・672年である。この年の12月に天智天皇は崩御する。この年は庚午年籍が作られた旧庚午年・671年の翌年である。故に近江令冠位制の始められた年は、既に天武朝の戸別戸籍法によって計数される年に入っているのである。

天武朝を含めた時代までの間に頭別戸籍が作られたのは、大化改新以降からこの庚午年籍までであって、翌年からの戸籍は天武朝の戸籍時代に属する。天武朝に頭別戸籍はついに作られることがなく、これに基づく班田収授もついに実施されることがなかった。天武朝は頭別戸籍法ではなく、古い戸別戸籍法によって課税・課役がなされた時代である。

大年神の子の小計である（2・5・9）セットは、二人太子制下の近江令冠位制度⑤を寓意するものであり、近江令冠位制度は、庚午年籍の後に（その翌年の旧辛未年に）設定された冠位制度である故に、9神の計数において頭別計数法ではなく戸別計数法に従っているのである。

以上、古代冠位制度と古事記の関連について補足し、併せて冠位制度史から窺われる大化改新後の治世の性格についても若干の考察を加えた。

さて、序節に述べた「10引く1は9」という数合わせであるが、9が近江令冠位制の諸臣九位制を寓意する数であることはすでに確定している。

その9の細分、2・1・2・1・3が各冠位に相当する官人の官職・身分クラスに基づく細分であろうことも、上の小節8に見た通りである。

2・1・2・1・3例ずつ登場する9例の国神が32例の天神と対立する存在であるのは、9が諸臣九位制を寓意しており、皇親の冠位である諸王五位制と対立

する冠位であることと同相である。国神が諸臣を寓意し、天神が皇親を寓意する
のである。諸王五位を寓意する別天神五柱中に天之常立神があり、対して国之常
立神が諸臣七色冠位制を寓意する神世七代に置かれているのも、天と国の対照性
に皇親と諸臣の対照性が重ねられている故である。またそう考えてみれば天神が
三十二例あるというところにも、実は数合わせが意識されていたように思われて
くる。諸王位が上位三階と下位二階に分かれるその三と二が意識されて三十二例
に整えられたように思われるのである。

　最後に、「10 引く 1 は 9」の 10 あるいは「引く 1」について、ここで冠位制度史
を踏まえて再度検討しておこう。

　近江令制前後の冠位制度史と人事史を時系列で要約すると次の通りである。

イ　大化 5 年紀・実は旧己酉年・650 年 ……　中大兄皇太子プラス諸臣 7 色冠位制

ロ　天智 3 年紀・実は旧甲子年・665 年 ……　甲子の制（中階六階の増階）

ハ　天智 7 年紀・旧丁卯年・668 年　　　……　中大兄皇太子の即位・大海人皇子の立東宮・
　　　　　　　　　　　　　　　　　　　　　　大友皇子の任太上大臣

ニ　本来の天智 10 年・旧庚午年・671 年 ……　庚午年籍。大友皇子の立太子。二人太子制
　　　　　　　　　　　　　　　　　　　　　　の成立

ホ　天智 10 年紀・本来の天智 11 年・
　　旧辛未年・672 年　　　　　　　　 ……　近江令冠位制。諸王五位・諸臣九位冠位制

ヘ　　　　　　　　　　　　同年 10 月 ……　大海人皇子の出家

ト　　　　　　　　　　　　同年 12 月 ……　天智天皇崩。大友皇太子の即位

チ　天武元年紀・実は旧壬申年・673 年 ……　大友皇子自縊

　大八島国の八嶋の構成が、七色冠位制とこれを統率する執政の長である中大兄
皇太子とを合わせた八色体制を寓意するものであることは上の小節 4・5 に述べ
た通りである。7 足す 1 は 8 という算術になっている。「足す 1」が中大兄皇太子
である。その後、旧甲子年・665 年における甲子の制による増階があったのち（小
節 3 に述べた通り、大八嶋国への 6 嶋追加に当たる）、旧うさぎ年（旧丁卯年・
668 年）に中大兄皇子が即位して、同年、大海人皇子が東宮となり、7 足す 1 は 8
の「足す 1」が大海人東宮に代わるのであるが、同年に大友皇子が太政大臣に任
ぜられる。太政大臣はいわゆる則闕の官であり（上の小節 4）、天皇を代理しつつ

執政の頂点に立つ太政官である。いわば7足す1は8の更にその上に位置する執政官である。古事記では稲羽の素菟神話に登場する八上比賣の八上がその太政大臣の地位を寓意している（第3節のⅢに述べた通り、菟が大穴牟遅神の八上比賣獲得を宣言する話は、旧うさぎ年に大友皇子が太政大臣に就任することを寓意する神話である）。次に旧うま年（旧庚午年・671年）には、その大友皇子が皇太子となって二人太子制が成立、翌年の旧ひつじ年（旧辛未年・672年）に、近江令冠位制度が制定され、二人太子制下の諸王五位・諸臣九位制度が施行される。古事記ではこれが2・5・9という数セットに寓意されている。しかしその年のうちに大海人東宮は出家して吉野に籠ったため、大友皇太子プラス諸臣九位制が短期間続く。この大友皇太子プラス諸臣九位制が「10引く1は9」の10に相当し、「引く1」が大友皇太子に相当する。つまり古事記は「10引く1は9」という数合わせによって、大友皇子を、疑問符のつく存在、余計な除外されるべき存在として寓意したのである。このことは、序節のⅠにおいて寓意文字を指摘しながら既に触れたところである。琉＝流、依網池、大枝王＝大江王、など、疑問符のつく10番目が、いずれも大友皇子を示唆寓意する字句であった。

　この考え方のもとで、序節Ⅰ-4の異質な数合わせの寓意も明瞭になる。大海人皇子を寓意する飛鳥君と9氏からなる別（わけ）カバネの組み合わせは、現実には機能することのなかった大海人東宮足す諸臣九位制を寓意するものであり、これが架空の大中津日子命の架空の子孫注記における1足す9は10という数合わせになっている。この数合わせのために、中大兄皇子を示唆寓意する大中津日子命の下に意図的に架空の子孫注が虚構されたのである。

　序節に述べた古事記が孕む不思議な数合わせについての謎解きは以上である。すべて天武朝の冠位制度に至るまでの古代冠位制度史・人事史を踏まえた数合わせであった。

　この事実は、古事記を作成した人物が、天武朝に生きて当時の時代性を体現しつつ作文をなした者であったことを示している。彼は全巻を超人的に俯瞰しつつ巧妙微細に数合わせを仕組み、独特の寓意に満ちた字句を操って古事（いにしへこと）の記を綴ったのである。

　この人物はある種偏執的な天才を有した人物であろう。彼はおそらく、用いた文字のすべてを脳裏に収め、いちいちの文字の配置の様態をも記憶し反芻できた、恐るべき暗唱力と検索力を兼ね備えた人物であったと思われる。太安萬侶が一目

も二目も置かざるを得なかったであろう人物である。

　その人物とは古事記序が「聡明（さと）くして、目に度（わた）れば口に誦み、耳に拂（ふ）るれば心に勒（しる）す」と伝えた稗田阿礼その人であったであろうことは、古事記の寓意の構造・寓意文字の総体を追及する過程で自ずから明白になるのであるが、ことは膨大に及ぶため別稿に委ねることとしたい。今はまずまず粗略ながら以上を以って謎解きの稿を閉じることとする。

補注１　『善隣国宝記上』に引く『海外国記』（『続群書類従』第三十輯上　巻第八百七十九）

　その天智天皇３年（664年）条に見える記事を読み下し文で引用すると次の通り。

　　天智天皇三年四月、大唐客 来朝す。大使 朝散大夫 上柱国 郭務悰等 卅人、百済佐平 禰軍等 百餘人、対馬嶋に到る。大山中 采女を遣して信を通ぜしむ。侶僧智辨等来て客を別館に喚（め）す。是に智辨問て曰はく「表書并びに献物有りやいなや」と。使人答へて曰はく「将軍の牒書一函并びに献物有り」と。乃ち牒書一函を智辨等に授けて奉上る。但し献物は検看して将（もち）ゐず。九月、大山中 津守連吉祥・大乙中 伊岐史博徳・僧智辨等、筑紫大宰の辞を称はく「実に是勅旨を客等に告ぐ、今、客等の来るを見るに、<u>状（さま）は是天子の使人に非ず、百済鎮将の私の使なり。亦復、齎す所の文牒は、送上せし執事の私辞なり。</u>是を以って使人、国に入るを得《不得（得ず）の誤記》。書も亦、朝廷に上らず。故、客等、自ら事とせば、略、言辞を以って奏上するのみ」と。十二月、博徳、客等に牒書一函を授く。函の上に鎮西将軍と著（か）きたり。日本鎮西筑紫大将軍、牒するに、「百済国に在る大唐行軍捴管の使人、朝散大夫郭務悰等、至る。來たる牒を披覧し、意趣を尋ね省るも、<u>既に天子の使に非ず、又、天子の書無し。</u>唯是れ捴管の使なり。乃ち執事の牒為り。牒は是れ私意なり。唯口奏すべし。人も公使に非ず。京に入れ令めず云々」と。

補注２　「肥國謂_建日向日豊久士比泥別_」について

　面四つある筑紫嶋の中の三番目の肥國に関する原文は

　　　肥國謂_建日向日豊久士比泥別_　　（15八・九78）

である。これは真福寺本・鈴鹿登本（および古訓古事記本）に従う文であるので、

これが原型であったと考えるべきであるが（ただし鈴鹿登本は建字のエンニョウをシンニョウに書く異体字としている）、真福寺本系の真福寺本以外の諸本、即ち伊勢本系（道果本系）の諸本はこれを、

　　　肥國謂_建日別_、日向曰_豊久志比泥別_

と伝えて、紛伝を生じている。日向國が無いことを不審とした紛伝であろうが、誤伝である。曰（いふ）を混じえず、謂（いふ）で統一している真福寺本・鈴鹿登本が正しい。日向國というべきところ、単に日向といって、國字を欠くのもおかしい。肥國の亦の名と熊曽國の亦の名が同じ建日別となってしまうのもおかしい。筑紫嶋が四国でなく五国となってしまう点は、決定的におかしい。

　　卜部本系の曼殊院本・猪熊本は、

　　　肥國謂_達日向日豊久土比泥別_

と建を達に作る以外は真福寺本・鈴鹿登本に同じ。しかし猪熊本は、その「達日向日」の各文字の左に〇を付して右に「速日別日向国謂_」と注す。

　　前田家本は、卜部本系の流れを汲んで、

　　　肥國謂_達日別_、日向日_豊久土比泥別_

として、肥國の名が達日別であったように改定し、これが熊曽國の亦の名と同名になってしまう伊勢本系の矛盾を解決してはいるが、ほかの矛盾点は一向に解決されていない。

　　寛永版本・延佳本・校訂古事記は猪熊本の注に一致して、

　　　肥國謂_速日別_、日向國謂_豊（豐）久土比泥別_

として、大部分の矛盾を解決しているのであるが、四国が五国となってしまう最大の矛盾はそのままである。

　　安本美典氏は『古代物部氏と「先代旧事本紀」の謎——大和王朝以前に、饒速日の尊王朝があった』（勉誠出版　平成15年）の中で、旧事紀の紛伝を援用しつつ、古事記にはもともと日向國までの四國のみが掲げられており、熊曽國のことは、後に書き加えられた部分であろうと述べておられるが、諸古写本にはすべて熊曽國のことが記されていてこれを欠く本は無い。

　　こうした数々の紛伝の原因を作ったのは、疑いなく古事記である。本来あったはずの日向國を、肥國の名の内に取り込むかのごとき奇妙な様態を無理に創作したものと考えられる。筑紫嶋はどうしても「面四つ」でなければならなかったのである。

補注3　大化以降天武朝までの冠位相当制について

　巻末の表4（見開きp.314・315）を参照されたい。天武朝以前に官職と冠位とが同時に明らかである者を一覧表にしたものである（ただし15の田中朝臣法麻呂は持統3年紀に伊予総領在任中であるので、天武朝以前に遡る可能性のある例として掲げ、16の河内王は浄広肆在位中の持統3年紀閏8月に筑紫大宰帥に任官されたものであるが、天武朝に近い例として掲げた）。

　表4では、<u>見在官職の、大宝・養老令による類推冠位相当を白丸○で、見在冠位を黒丸●で表した</u>。

　ただし、褒賞として与えられた冠位は除外した。白雉元年紀2月15日条、白雉を献上した穴門國司草壁連醜経に大山冠が授けられた例、天武3年紀3月7日条、銀を献上した対馬國司守忍海造大國に小錦下が授けられた例などである。

　また、百済滅亡後、我が国に帰化した百済人に与えられた冠位も除外した。本国の位階が考慮されて授位されており、見任官との整合性が図られていないと思われるからである。天智10年紀正月是月条、法官大輔（後の式部省大輔・正五位下相当）の佐平余自信らに大錦下（従四位下相当）が授けられているなどの例である。

　贈位もしくは贈位と思われる冠位も除外するべきであるが、こちらは参考までに掲げた。18から24までの7例である。18と19は補注7参照。20の小野毛人の例はその墓誌銘による。丁丑年は天武7年紀・旧丁丑年・678年か。「太政官」は「納言」に同じとする早川庄八氏説に従った（同氏著『日本古代官僚制の研究』〔岩波書店　1986年〕p.62～63）。21の石川王は贈二位以前の生前冠位が不明である。贈二位であるので、生前は諸王三位以下である。吉備大宰の相当冠位は不明であるが、筑紫大宰と同じとすれば従三位相当である（文武4年〔700年〕10月15日条に直広参〔正五下相当〕の上毛野朝臣小足が吉備総領に任じられているが、このころは第一次藤原不比等時代であって吉備総領の地位などは低下しつつあったのではあるまいか。大宝令では消滅する官職である）。22から24の3例はすべて続紀の子孫薨条に見える系譜中にあるものである。22の高向臣國押（國忍）は、乙巳の変のとき、蘇我入鹿方の軍にあったが、中大兄皇子が派遣した将軍巨勢徳陀臣の説得に応じて剱を解き弓を投げて去ったと伝えられる人物である。大花上は大化5年紀（実は旧己酉年・650年）から天智3年紀（実は天智4年・旧甲子年・665年）までの冠位名である。刑部尚書という官名は当時の刑部省長官の官名であり、唐

の六部の一つ刑部の長官の名称をそのまま真似た名称が用いられていたことが知られる（令制の刑部省の卿は正四位下相当）。23の物部宇麻乃（物部宇麻子。「天孫本紀」に馬古。公卿補任に宇麿）は物部連麻呂（石上朝臣麻呂）の父。衛部は官名であるか否かも不明であるため白丸は付していない。24の大野朝臣果安の官職名、糺職大夫の糺職は後の弾正台とされ、大夫をその長官とすると従四位上相当であり、次官とすると正五位下相当である。

　25から28までは郡大領・少領（当時の呼称では督造・助督）の例であり、郡領に関しては大宝・養老令の官位相当表からは除外されている地方官僚であり、冠位相当に関する当面の検討対象からは外し、あとで言及したい（持統8年紀3月11日条の詔に「凡そ無位の人を以て郡司に任〔ま〕くるには、進広弐を以て大領に授け、進大参を以て少領に授けよ」とあり、養老令〔大宝令も同じか〕の選叙令13には「其れ大領には外従八位上、少領には外従八位下に叙せよ」とある）。

　また、持統3年紀2月26日条に、浄広肆竹田王・直広肆土師宿禰根麻呂ら3人・務大肆當麻真人櫻井ら5人の計9名が判事に任命された記事がある。斉明4年紀11月11日条の有馬皇子らの処刑を記す段の細注にも「有間皇子、一の判事と謀叛（みかどかたぶけむとはか）る時に……」とあり、判事は大化期以降の刑部に置かれていた官であったと考えられる。養老令刑部省には大・中・少判事（順に2人・4人・4人）があるものの、これら斉明紀・持統紀の「判事」に大・中・少区別は記されていない。結局、当時の「判事」の構成も相当冠位も不明とせざるを得ず、天武朝に近い参考例としても表には挙げていない（因みに養老令の大・中・少判事の相当官位はそれぞれ正五下・正六下・従六下であり、他方、上記持統紀に見える浄広肆は従四下、直広肆は従五下、務大肆は従七下相当である）。

　結局ここで検討するべきは、表4の1から17までの諸例であるが、このうち、最も問題を含むのは10であり、次に問題となるのは6・7の2例であり、やや問題があるのは8・12・14・15・17の5例である。しかし、取りあえずこれらを含めて1から17までの全体を見渡すと、黒丸が低位に下がるのに相関して白丸も低位に下がっていく傾向が見て取れる（1〜17を見在冠位順に並べ直した表4′参照）。のみならず、問題のある6・7・10の3例を除外し、やや問題のある8も等閑視すれば、白丸が黒丸より常に同階もしくは上の階にあることが認められる（表4″参照。表4′から6・7・10を除いた表である）。更に、やや問題があるとした8・12・14・15・17をも除外した表5を見ると、見在冠位（●）より常に1

階から４階、平均２～３階ほど上の相当冠位に当たる官職（○）が与えられていることがわかる。これは当時既に冠位相当官職制が存在したことを推測させる。

　然るにこの推測に対立するのが10であり、次に６・７である。それぞれに理由がある。

　まず６と７は天武４年紀３月16日条に次のように見える任官記事である。

　　　諸王四位栗隈王を兵政官長と為（す）。小錦上大伴連御行を大輔と為。

　栗隈王は壬申乱のとき、筑紫大宰にあって淡海朝の援軍要請の使者を、国防の必要を説いて追い返した経緯が壬申乱紀に記されている。これを以って見れば、栗隈王ら筑紫大宰府は、淡海朝に援軍を送りはしなかったが、また一方、大海人皇子軍に加担して淡海朝を討つ側にも立っていない。いわば中立の姿勢を貫いたのである。栗隈王らのこうした身の処し方は天武朝においてはやはりそれなりの評価を受けざるを得なかったと思われる。天武４年紀３月16日条において、諸王四位という正四位相当の冠位にあって、相当冠位が同等かやや下ると思われる兵政官長に任じられた所以であろう（兵政官長の相当冠位を後の兵部省の長官＝卿の相当官位、正四位下に等しいと考える）。

　天武５年紀６月条に、栗隈王の薨去と、物部雄君連（＝朴井連雄君）の卒去の記事が並んでいる（雄君は壬申乱紀に、初めより大海人皇子に従った舎人としてその筆頭に名を挙げられる功臣である）。同条に、

　　　四位栗隈王、病を得て薨（みう）せぬ。物部雄君連、忽に病発りて卒す。天
　　　皇聞きて大いに驚く。其の壬申年、車駕に従ひ東国に入り、大功有るを以
　　　て、恩を降し内大紫位を贈る。因て氏上を賜ふ。

とある。雄君への厚遇に比して、栗隈王には贈位のことすら無い。記述が落ちた故ではなく、天武朝における栗隈王に対する評価が、雄君に比して、この程度には低かったことを示すものと考えられる。

　７の大伴御行は、その栗隈王のすぐ下の兵政官次官に任じられている。御行は壬申乱のとき、やはり栗隈王とともに大宰府に居たのではなかろうか。御行は２の大伴長徳の子である。この長徳の弟に壬申乱で活躍した馬来田・吹負がいる。他方で御行の名は壬申乱紀に見えない。

　御行は７に見る通り天武４年紀に小錦上（正五位上・下相当）にあって兵政官大輔（正五位下相当）に任じられたあと、胸形君出自の母を持つ髙市皇子が太政大臣であった持統５年紀正月13日に、直大壱にあって封80戸を加えられ、同８年正

月2日、正廣肆を授けられ、同10年10月22日、正廣肆大納言にあって資人80人を賜り、文武4年8月22日、正廣参に進み、大宝元年正月15日正廣参大納言にあって薨去、正廣弐右大臣を贈られた。万葉集巻第19、「壬申の乱の平定しぬる以後の歌二首」の最初の歌に「大君は神にし坐せば　赤駒のはらばふ田井を都となしつ」（4260番歌）があり、その左注に「右一首は大将軍贈右大臣大伴卿作」とある。ここに「大将軍」とあり、加えて大宝元年正月薨去の後の同年7月21日、官位に准じて食封が賜与され、又、壬申年の功の等第に随って食封が賜給されたとき、同時に勅あり、持統朝において功を論じて食封が与えられた大伴連馬来田・大伴連御行・阿倍普勢臣御主人ら15人の功は中第に当たるとしてその4分の1を子に伝えよとされている。而してこのことを以て御行も壬申乱時の将軍であったかのように思われているが、万葉集左注にいう「大将軍」がいつのいかなる軍事における将軍であったかは実は明らかではない。大伴御行は、むしろ栗隈王とともに筑紫大宰にあって軍を動かさなかった功が、髙市太政大臣時代以降、壬申乱の功として評価された可能性が高い。

これに対して天武4年紀3月16日の時点においては、大伴御行は栗隈王と同様に、見在冠位と同等かやや低い相当冠位の官職に任じられている。これを以って見れば、御行に壬申乱時の将軍としての功があったとは考え難く、壬申乱のときには御行もやはり栗隈王とともに大宰府に居て軍を動かさなかったことに加担したのであり、それ故に天武朝においてはそれなりの処遇を受けざるを得なかったものと考えられる。御行の処遇が改善されるのは、述べた通り、天武天皇の崩後、胸形君出自の母を持つ髙市皇子が太政大臣になって以降である。

さて、最も問題となる10の丹比公麻呂は、天武6年紀10月14日条に、9の河辺臣百枝と並んで次のように見える。

　　内小錦上河辺臣百枝を民部卿と為。内大錦下丹比公麻呂を摂津職大夫と為。

この丹比公麻呂の任官については、田中卓氏が「住吉大社神代記の研究追考」（同氏著作集7『住吉神代記の研究』〔国書刊行会　再版　平成4年〕p.443〜）において近江令官制以前の官職・冠位の関係を示す十数例を挙げたのち、大宝令に見る如き冠位相当の関係を認めがたい例として次のように述べておられる（同書462頁）。

　　……民部卿《9》と摂津職大夫《10》を対比するに、勿論前者の上位にあることが予想せられ、大宝令に於ても位階三階の差があるのに、ここには逆

に、後者が「内大錦下」であり、前者が「内小錦上」であり、しかも両者が同日に任官せしめられてゐるのであるから、この一点のみからでも、冠位の高下が、官職のそれに相当するといふことは認められないであらう。

つまり、民部卿（正四位下〜大錦中相当）より摂津職大夫（正五位上〜小錦上相当）の相当冠位は3階《天武朝冠位制度では2階》低いにも拘わらず、後者のほうに、見在冠位のより高い丹比公麻呂が当てられているのであるから、冠位相当制は当時存在しなかったのであろうとされるのである。

しかし、この同時任官が、官職の相当冠位の逆転していることを承知の上でなされた任官であったとすればどうであろう。もしそうとすれば、これは丹比公麻呂に対する露骨な左遷・降格人事であったことになる。「内大錦下」にあるにも拘わらず摂津職大夫という低位の官職へ遷されるという左遷・降格である。

実はこの人事の行われた天武6年紀前後という時代は、朝廷人らの高位高官者を含めたかなりの人々が、次々に処罰を受けている時代である。

その初見は天武4年紀（新乙亥年・旧甲戌年・675年）4月8日条に、

　　　勅すらく、「小錦上①當摩公廣麻呂・小錦下②久努臣麻呂、二人、朝参せしむること勿れ」と。

とあり、同月14日条に、

　　　小錦下②久努臣摩呂、詔使に対（むか）ひ捍（こば）めるに坐（よ）りて、官位、尽（ことごと）くに追（と）らる。

とある。久努臣麻（摩）呂が官位を悉く剥奪されたのは、「詔使に対ひ捍める」罪でありこれは名例律第一の八虐のうちの大不敬に当たる。天武朝当時、律令の律が存在しており、これが実際に適用された初例と認められる。近江律令中の律であろう（下の補論1「律と令」参照）。

ところで、ここに掲げた天武4年紀の2条は実は旧乙亥年・676年の事件であり、天武5年紀に移されるべき記事であったと思われる（天武5年紀は本来の天武4年である。前節参照）。

というのも、同じ天武4年紀同月18日条に掲げられた同種の記事、③麻續王の配流記事が実は旧乙亥年・676年のことであり、天武5年紀・本来の天武4年の記事に移されるべき記事であった明白な証拠がある。即ち天武4年紀（新乙亥年）4月甲戌朔辛卯【18】条に、

　　　三位③麻續王罪有り。因播に流す。一の子は伊豆嶋に流す。一の子は血鹿

嶋に流す。

とあるが、万葉集24番歌左注には、

> 右、日本紀を案ふるに曰く、天皇四年乙亥の夏四月戊戌朔乙卯【18】、三位
> ③麻績王罪有り、因幡に流す。一の子は伊豆嶋に流す。一の子は血鹿嶋に
> 流す。

とある。書紀では四月甲戌朔辛卯であるのに、万葉集左注では、四月戊戌朔乙卯
となっている。どちらも同じ4月18日ではあるが、朔干支が、従って日づけ干支
が異なっている。

さて、夏四月の朔が万葉集左注にいう34戊戌であるのは、旧乙亥年・676年で
あり（元嘉暦でも修正後漢四分暦でも同じ）、新乙亥年・675年ではない。つまり、
万葉集左注にいう「日本紀」とは旧日本紀のことであり、天皇四年とは本来の天
武4年（＝天武5年紀）・旧乙亥年・676年のことである。従ってこの麻績王配流
事件は、実は天武5年紀4月18日条に移さなければならない事件である。

下に述べる如く、これらの背後にあった真相を勘案するとき、②久努臣麻呂ら
の事件も同じように天武5年紀4月の事件とするのが妥当である。

その天武5年紀4月条を見ると、22日条には更に、

> 美濃国司に詔して曰く、「礪杵郡に在る④紀臣訶佐麻呂の子を東国に遷して、
> 即ち其国の百姓と為よ」と。

とある。紀臣訶佐麻呂も何らかの不興を天皇に得て子を百姓とされる憂き目に遭っ
たのである。「百姓の身になって考えて下され」とでもいう苦言を呈したことへの
天武天皇流の処罰ではなかったか。

また同年紀9月12日条には、

> 筑紫大宰三位⑤屋垣王、罪有りて土左に流す。

とある（この屋垣王が表4の8。やや問題があるとした5例中の一つである）。

また翌年の天武6年紀（新丁丑年・旧丙子年・677年。本来の天武5年）4月11
日条には、

> ⑥杙田史名倉、乗輿を指斥するに坐りて以て伊豆嶋に流す。

とある。「乗輿を指斥する」とは天皇を名指しで批判することであり、やはり名例
律八虐の大不敬に当たる罪であり、ここでも近江律令の律が適用されたものと考え
られる。

④紀臣訶佐麻呂や⑥杙田史名倉の冠位官職は不明であるが、高位高官にあった

と思われる人々を含む①〜⑥に対する諸種の刑罰は、かくして天武5年紀と6年紀に集中する。

　さて、天武5年紀は旧乙亥年である。この年は旧丙子年を翌年に控えた年である。前節に述べた通り、壬申乱前までは、旧子年と旧午年ごとに、つまり六年ごとに戸籍が造られ、この戸籍をもとに、少なくとも次の造籍年に当たる年までには班田収授が行われていた。百姓は次の班田に備えて子を生み、死者分の収公と新たな班田に備えていたはずである。然るに、旧庚午年づけで既に造り終えられていた庚午年籍をもとに行われるはずであった班田収授は、壬申乱の後、次の造籍の年次が翌年に迫った天武5年紀の田植どきに至ってさえ実施される気配が無い。班田収授、更には造籍（庚午年籍までの造籍と同レベルの国民全員に対する頭別戸籍の造籍）すらも天武朝は実施しない方針であることが次第に明白になり、それは本来の造籍年次であるはずの天武6年紀・旧丙子年・677年に決定的になった。この時期に心ある人々の憂いは強まり、天武天皇治世への不満や批判が盛んになったのは当然であろう。こうした状況下で、勇気ある人々が朝廷批判を口にし始め、天武天皇の不興を買って次々に処罰されるに至ったのが①から⑥に対する処罰事例であったと推定される。

　天武6年紀10月14日条の任民部卿（9）および任摂津職大夫（10）の人事は、まさにこうした時代状況の掉尾に位置する人事である。10が丹比公麻呂に対する露骨な左遷・降格人事であったとして、もはや何の不思議もない。丹比公麻呂は天武天皇治世に批判的な立場を明らかにしていた人物であり、河辺臣百枝は口をつぐんでいた人物であったのである。

　この人事の翌月である同年紀11月朔日条に筑紫大宰が赤烏を奉った記事がある。当時の筑紫大宰府の長官が誰であったかは未詳であるが、天武11年紀4月21日条に筑紫大宰丹比真人嶋等（真人は追記）が大鐘を貢ったことが見えている。もし天武6年紀の筑紫大宰の長官も丹比公嶋であったとすると、丹比公嶋は同族の不遇に接し、いち早く天皇に対する恭順の姿勢を赤烏の献上によって示したことになる。そうとすればこれは丹比公麻呂の左遷を傍証することにもなろう。

　ともあれ、10の丹比公麻呂の例を以って冠位相当制が無かったと推断される田中氏の根拠は、その左遷・降格人事であった可能性高きことによって失われるのである。

　田中氏は、同じ論文の新注に

大同本記逸文によると、「大建冠」（二十五階）の神主奈波が「督造」に、
「少山中」（十七階）の神主針間が「助造」に任ぜられてゐる。これは冠と
官の不相当の顕著な例であろう。

と述べておられる（同書p.465）。

　田中氏の挙げた大同本記逸文は、『群書類聚』第一輯巻第四の神宮雑例集巻一の
多氣郡条（148頁～149頁）に、

　　　本紀云……時に己酉年を以て始めて度相郡を立つ。大建冠神主奈波を以て
　　　督造に任じ、少山中神主針間を以て助造に任ず。皆、是、大幡主命の末葉
　　　にして度相神主の先祖なり。

とあるものである。

　この例は後の郡領の大領・少領の任命であり（督造＝大領、助造＝少領）、述
べた通り、大領・少領は後の令制においても官位相当表からは除外されている地
方官僚であるので、官位相当の有無の例証に用いるのは適当ではないと思われる。
のみならず、己酉年とは旧己酉年・大化5年紀・650年のことであるが（この年の
2月に2年前の冠位13階制が冠位19階制に改められている）、他方、神主奈波の大
建も神主針間の少山中も、ともに旧甲子年・665年の甲子の宣によって初めてでき
た冠位である。つまりこれら大建・少山中という冠位は、<u>旧己酉年よりはかなり
後に授けられたところの極位</u>が記されたものである。従って、大建冠・少山中位
にあったときに督造・助造に任命されたわけではないので、この例で冠位相当制
の有無を論じるのは適当ではない。

　因みに神主奈波は豊受太神宮禰宜補任次第（『群書類聚』第四輯巻第五十二
p.450）にも見える。大神主祖父の系譜記述中に、

　　　大神主祖父。持統天皇御宇二所太神宮大神主。右神主、二門吉田の男、<u>大
　　　建冠奈波</u>の男なり。

とある。こうした系譜記述中に見える<u>「大建冠」は明らかに奈波の極位が記され
ている</u>のである。

「大同本記逸文」の文意を素直に解すれば、これは（旧）己酉年、度相郡創設時
に度相神主の祖先たる両者が督造・助督に初めて任じられたことを記す文であり、
大建冠・少山中は、それより後に両者の到達した極位が追記されたにすぎないと
考えるべきである。

　郡領の例を挙げるのであれば、先に検討対象から外すとした表4の25から28の

例を挙げるべきである。斉明4年紀（新戊午年）7月甲申【4】条に、渟代郡では大領の沙尼具那に小乙下（25）、同少領の宇婆佐に建武（26）を授け、津軽郡では大領の馬武に大乙上（27）、同少領の青蒜に小乙下（28）を授けたとみえる。各郡の規模や大領・少領の在地における元来の地位などによって冠位が勘案されたと推測されるので、異なる郡（当時の表記では評）同士で地位を比較するのは意味がないであろう。しかしここで明らかなのは、どちらの郡にあっても、大領と少領に与えられた位階は前者が高く、後者が低く、決して大同本記逸文に記されているような、一見、逆転現象と思われるような授位ではないということである。これを見ても、大同本紀逸文をそのまま読み取ることの危うさが知られる（なお、前節に述べた通り、この斉明4年紀7月甲申【4】条は実は斉明5年紀・旧戊午年・659年の6月に移すべき記事である）。

　次に、やや問題があるとしておいた8・12・14・15・17について。

　8の屋垣王は前に掲げた⑤である。天武朝の施策を批判したために土佐に流された人物であろうと推測された。壬申乱のときには淡海朝側に居たか中立を保った諸王の一人だったのではなかろうか。

　12の許勢朝臣辛檀努（志丹）（こせノあそみしたの）は、巨勢臣人の兄弟である。人（比登）は5に見えるが、天智10年紀の御史大夫であり、壬申乱後、子孫とともに流罪になっている。辛檀努はこうした同族を持つ人物として冠位に比し高官職に就けていなかったのではなかろうか。天武14年紀3月16日条はその卒去記事であるが、贈位の記載がないのは贈位されなかったのではないか（上に見た栗隈王に似る）。

　14の采女竹良卿（采女臣竹羅）は寧楽遺文下（竹内理三編　東京堂出版　昭和37年訂正版p.965）に引く采女氏塋域碑に「飛鳥浄原大朝庭大弁官直大貳采女竹良卿所請造墓所」と見えるもので、「直大貳」は極位、おそらくは贈位の冠位が記されていた可能性が高い。竹羅（竺羅）が書紀に見えるのは朱鳥元年紀9月27日、天武天皇の崩御に際して内命婦の事を誄した条に、直大肆と見えるのが最後である。仮に直大肆での大弁官であったとすれば見在冠位より4階上の相当官職であったことになる。

　なお、碑の末尾にある「己丑年十二月廿五日」の己丑年は、もしこれが旧己丑年とすると、持統4年紀（690年）の12月25日となるが、この年は持統天皇の即位の年であり、11月11日に初めて元嘉暦と儀鳳暦とが行われ、旧己丑年がこのときか

ら（故にこの年から）新庚寅年に超辰する。すると12月25日はすでに庚寅年に切り替わったあとであるので、この切り替えがなお徹底されていなかったか、何らかの事情で碑文に反映されなかったことになる。しかし、おそらくこの碑は、新干支に切り替えられた後に誂えられたもので、新干支紀年法によって遡及された年紀が記されたものであろう。つまり己丑年は新己丑年であったと思われる。それならこれは従来説通りの持統三年紀（689年）十二月廿五日であり問題はない。

　15の伊予総領は後の令制に無いので相当冠位は不明である。筑紫大宰・吉備大宰より若干地位は下るかも知れない。筑紫大宰が従三位相当、大国の国守が従五上相当であるので、表4では半ばを取って仮に従四位上相当とした。もし伊予国守のみであれば、伊予国は上国であるからその国守は従五位下相当であるが、総領というからにはこれよりは高官であろう。田中朝臣法麻呂は持統元年紀正月19日条に直広肆であり、同5年紀7月3日条に伊予国宇和郡から白銀などを献上しており、このときは伊予國司とある。続紀文武3年10月20日条に直大肆で遣越智山陵使の一人となっている（越智山陵は斉明〔皇極〕天皇陵）。そこで、持統3年紀、伊予総領のときの冠位をひとまず直広肆と推定した。

　17の津守連吉祥は斉明朝の遣唐使である。斉明5年紀（659年）<u>7月丙子朔戊寅</u>【3】条に、

　　　小錦下坂合部連石布・<u>大仙下津守連吉祥</u>を遣して唐国に使せしむ。仍て道
　　　奥の蝦夷、男女二人を以て唐の天子に示す。

とある。

　田中卓氏校訂に成る住吉大社神代記の末尾（前掲田中卓著作集7『住吉大社神代記の研究』p.201）に、

　　　以前は、御大神顕座神代記なり。己未年《斉明5年紀・新己未年・旧戊午
　　　年・659年》七月朔丙子に注進せる、<u>大山下右大弁津守連吉祥</u>の書《書。原
　　　文は去。村尾次郎氏の校訂による。田中卓氏前掲同書p.445》を引き勘へて、
　　　大宝二年壬寅八月廿七日壬戌を以て定め給ふ本縁起等を、宣旨に依りて具
　　　に勘注し、言上すること件の如し。謹みて以て解す。

とある。その「大山下右大弁津守連吉祥」をそのまま表4に入れたのであるが、当神代記には数々の疑念があり、取り分け遣唐使として出帆する僅か三日前に注進せる吉祥の書、というところに記された冠位官職とあっては軽々に信じることができない。見在冠位と官職とがあまりにかけ離れていることも疑念の根拠たり得

る。とはいえ、見在冠位より高い官職が与えられることが一般であった状況を比定する史料ではないので、参考史料として掲げたのみである。

　以上、１から17までのうち、問題のある３例、やや問題のある５例について述べた。これら８例を除いた９例が先に示した表５である。繰り返しになるが、大化以降、大宝令制以前までの大勢としては、大宝令換算で、見在冠位より１階から４階、平均して２、３階高い冠位相当の官職が、意識的に与えられていた状況が判明する。大化以降、基準になる冠位相当制があったと結論する所以である。

　そして、これに反する例（６・７・10）は、左遷（10）もしくはそれに近い任官（６・７）であったと考えるべきであり、そこに歴史の真相の一半が隠されている。

補注４　大化改新政治の思想──曽我部静雄氏の『日中律令論』より

　曽我部静雄氏の『日中律令論』（吉川弘文館　昭和38年）の中に次のような一文がある（p.112〜113）。

> ……唐の前半は均田法の完成の時であり、この重要な国家の基本制度である均田法は、専ら開元二十五年《737年》までの令中に含まれていたものであるから、唐令は均田法がその中心をなしていたといっても不都合はないのである。律もまた令ほどではないが、やはり均田法の影響を蒙っていた。その均田法の源は何かといえば、これは井田法に他ならぬのである。その井田法と井田法に関連する法規を専ら取り扱っているものは、これは『周礼』である。このようなことからしても、『周礼』などの儒教の礼類は、中国の律令、さらにはその影響を全面的に受けたわが律令を研究するに当っては、是非とも修めなければならない古典類である。

中大兄皇子と中臣鎌足という大化改新政治の中心となる二人の人物の出会いとクーデター計画の端緒などを語る皇極３年紀正月条の有名な個所には、

> 茲より《中大兄皇子と鎌足は》相善（あいむつ）みて、倶に懐（おも）ふ所を述ぶ。既に匿（かく）る所無し。後に他（ひと）の、頻りに接（まじ）はるを嫌（うたが）はむことを恐りて、倶に手に黄巻《当時一般の黄ばんだ紙でできた書物》を把（と）りて、自（みづか）ら周孔の教を南淵先生の所に学ぶ。

とある。南淵先生とは、南淵漢人請安のことで、推古16年紀（608年）９月に、高

向玄理・僧旻らとともに海を渡り30余年隋・唐に滞在して諸学を学び、舒明12年紀（640年と641年）10月条に、高向玄理とともに帰朝した学者である（既述の通り641年の帰朝であろう。故に足かけ34年後の帰朝である）。

「周孔の教」とは周公・孔子の教えであり、その中心の一つ『周礼』などが、曽我部氏が喝破されている如く班田収授法の手本たる唐の均田法のそのまた源である井田法を治世の中心課題の一に据えた教えであったということは、大化改新政治の思想的本質を察しようとする上で重要なところであろう。

先進国、唐文明への傾倒、古代聖人の世への憧れ、貧富格差是正への情熱……。大化改新政治の中心人物、中大兄皇子が、大化元年に弱冠20歳の血気溢れる若者であったことは繰り返し想起されるべき事実である。

大化改新については、書紀の改新の詔に後の用語・用字による文飾があるため、改新非実在説すら登場する状況があり、その本来の姿がなお十分解明されているとはいい難い。しかし、大化改新の研究は、対外関係や国内権力構造などの外形面を探るのみではなく、指導者たちの思想的本懐がどこにあったかについて、その精神的内的世界にまで深く降り至ってなされなければならないと思われる。

南淵請安や高向玄理ら無産哲学者たちが齎したであろう儒教とその中心課題の一たる班田収授法の思想や、聖僧、僧旻らが齎したであろう大乗仏教の衆生救済思想などは、中大兄皇子らの若い魂に、一体のものとして深く働きかけ、その情熱の熱源になり思想的武器になったものと思われる。

「上を損して下を益す。節（したが）ふに制度（のり）を以てし、財を傷（やぶ）らざれ、民を害（そこな）はざれ」（大化元年紀9月19日条の詔）と説く易の思想や、「天下大同」の思想（大化3年紀4月26日条の詔）、即ち本源的主客未分・天下平等思想を説く礼の思想などは、書紀の詔文の中でひと際異彩を放つものである。こうした聖君思想に範を取った改新政治には、温故開明的という以上の熱意に満ちた治政精神がみなぎっている。

大化改新はいわば社会主義革命の古代的実現形であったのであるが、この本質を軽視あるいは無視するかのように大化改新を過小評価する学説が少なくないのは残念である。書紀全体が書紀を編纂した者達の卑小さを体現せざるを得ないものとして成立したことが、そうした過小評価を導く一因になっているように思われる。

書紀編纂者たちは、奈良時代初めにおける親藤原不比等派v.s.反不比等派という

派閥抗争の時代にあって、親不比等派に属した者達である（拙著『国の初めの愁いの形──藤原・奈良朝派閥抗争史』）。藤原不比等はかの大宝律令を制定した中心人物であり、班田収授法に初めて「五年以下不給」なる班田年齢の制限を加えた張本人である。対して、石上朝臣氏・大伴宿禰氏・粟田朝臣氏ら太宰府系とも称し得る反不比等派は、西海道諸国における班田において従来通り年齢制限無しの班田を墨守することにこだわった党派である。

　親不比等派の手になる書紀が大化改新の詔の載録に際して、例えば班田細目（年齢制限無き班田法を含むであろう細目である）をあえて省いた（隠した）とすると、その背景に、如上の派閥対立が存在した可能性が考えられる。そうであればこれは編者らの卑屈さ卑小さが史実を矮小化した一例である。

補注 5　河野通明氏の大著『大化の改新は身近にあった──公地制・天皇・農業の一新』に関連して

　農業技術史の専門家、河野通明氏の大著『大化の改新は身近にあった──公地制・天皇・農業の一新』（和泉選書　2015年）は、全国に広く痕跡が残る条里制は、白雉 4 年紀《実は旧癸丑年・654年》の評（こほり・後の郡）再編の年から開始され連年冬期ごとに繰り返された整地工事によって660年代までには完了した全国規模の土地の区割り制であるとする仮説を、工事の詳細なシミュレーション（同著 p.91〜119）とともに解説した興味深い論著である。

　しかし、評制のような人為で決め得る事項に、班田地割のような自然条件に左右される事項が従属したとは考えにくい。両者は本来独立の事項と考えられ、もし両者が互いにリンクするとすれば、班田地割のあとを受けて評境の画定作業が続く方が自然である。実際、全国に評（こほり。後の郡）が置かれたのは、班田地割の整備が始まってから 4 年目の大化 5 年紀（実は旧己酉年・650年）になってからであり（『皇太神宮儀式帳』の「天下立評」）、その分割・再編が終了するのは、下に述べる白雉 3 年紀（実は旧壬子年・653年）の初度の班田の完了を俟って、その翌年である白雉 4 年紀以降である（『常陸国風土記』等）。

　班田制確立のための工事は、大化元年紀（実は旧乙巳年・646年）に田畝を検校したのち、大化 2 年紀（実は旧丙午年・647年）から直ちに開始され（実際、大化 2 年紀 8 月14日条の詔に「収め数ふる田を以ては、均しく民に給へ。彼と我と生〔な〕すこと勿れ。凡そ田給はむことは、其の百姓の家、近く田に接〔つ〕くは、

必ず近きを先にせよ」と、早くも班田細則が述べられている）、そののち、「班田既に訖る」と書紀に明記されるところの白雉３年紀（実は旧壬子年・653年。大化２年紀から丸６年後である）の春までには、最初期の工事——つまり最初期の頭別戸籍に登録された全員に班田できるだけの整地灌漑工事——は、ほぼ完了したと考えられる。そのための工事の具体的工程は河野氏がシミュレートした如く、冬期ごとの大事業として、連年各地で大々的に繰り返されたと思われる。

　なお、河野氏は旧来の地割をすべて破壊しながら新しい班田地割が造成されたと考えておられるが、土地の勾配・起伏・灌漑利便に沿った従来の古い代制地割も、段単位まで広げれば大化の段と同じ地積であるので、古い段地割を吸収する形で班田地割が造成されることは普通に起こり得る（下に述べる通り１段＝50代＝250歩＝360 歩、段租1.5束＝2.2 束。ただし、その地形は、１段を50×５歩＝60×６ 歩といういわゆる長地形とするか、改新の詔や大宝令が例示する25×10歩＝30×12 歩といういわゆる半折地形とするか、はたまた端数段・ 歩からなる多様な地割を交えたかなどは、土地ごとの地形・水利・農法などによってさまざまであったと思われる）。すると、大化前代の古い地割があったとしても、多くは条里制地割の中に埋没して、今となってはこれを考古学的に分別するのは、大抵の場合困難に違いない。

　ともあれ、部民から解放された公民、いわゆる百姓たちは、私有地を獲得できるとあって、気概を込めて測地・開墾・整地作業に全力を尽くしたはずである。まさに河野氏が描いたように、農閑期の土木作業は村人総出の大事業としてお祭り騒ぎのごとき活況を呈しながら急速に完遂されたであろうこと疑いない。

　新たに作られた頭別戸籍に、百姓たちは男女老幼の別なく全員の名が書き込まれた。そして登録された者の全てに、自分たちの整地した水田が班給されたのである。

　庚午年籍に至って初めて完全な全国戸籍が造られたように誤解されているが（河野氏もこの誤解から自由ではなかったが）、事の初めから完全な全国戸籍が造られたのでなければならず、実際に造られたのである。

　壬申乱前代には古いウヂカバネにこだわらない治世が展開されようとしていた（序節Ⅲ－５で述べた通り、改新治政下の賜姓記事を見ると、すべて氏・ウヂだけの賜与であり姓・カバネは与えられていない）。そのもとで百姓たちは自分の出自・カバネに拘泥せず正直な申請をして、戸籍には正確な名が記録され続けた。そ

れ故、壬申乱前代の最後の全国戸籍であった庚午年籍が、ウヂカバネを明らかにする根拠として後世永く利用されもしたのである。

　ウヂカバネが自己の地位に大きな意味を再び齎し始めた天武朝以降、正直な申告態度は速やかに失われたのではないかと推測される。そしてそれだけ一層後の朝廷にとって庚午年籍は貴重な資料になった。

　気の毒なのは、庚午年籍まで、出自につき真正直に事実を申告していた人々である。而して殆どが真正直な人々であった。

　改新の詔によれば、「其の三に曰く」の条に、

　　　初めて戸籍・計帳・班田収授の法を造る。凡て五十戸を里とす。……凡そ田は長さ三十 歩 、広さ十二 歩 を段と為よ。十段を町と為よ。段ごとに租稲二 束 二 把 、町ごとに租稲二十二 束 。

とある。

　ここで、 歩 は広さの単位（面積の単位）であるので、「長さ三十 歩 、広さ十二 歩 を段と為よ」という表現は厳密には正しくないが、意味は明白である。縦に30 歩 、横に12 歩 を並べた長方形の面積を1段とする意味である。つまり

　　　　　1段＝30×12 歩 ＝360 歩

　　　　　1町＝10段

　　　　　租稲は、1段あたり2 束 2 把 （1 束 ＝10 把 ）

とするのである。

　ここで歩と束を□で囲ったのは、旧来の歩と束から区別するためである。

　旧来の1歩は高麗尺で6尺四方の広さであった。高麗尺は土地の測量に古くから用いられた長さの単位であり、1尺は約35.6㎝である。

　　　　　1歩＝6尺×6尺

　古くは5歩（＝30尺×6尺）を1代（しろ。書紀は「頃」と書く）といい、50代（300尺×30尺＝150尺×60尺）を1段といい、1代＝5歩から取れる稲の量を1束といい（1束＝10把）、1束は穀1斗（＝10升）＝米5升である。故に1歩から取れる米が1升であった。

　　　　　1代＝5歩＝30尺×6尺

　　　　　1段＝50代＝250歩＝300尺×30尺＝150尺×60尺

　　　　　1町＝10段＝500代＝2500歩＝50×50歩＝300尺×300尺

　　　　　1代＝5歩から、稲1束＝穀10升＝米5升が取れる。

1歩から米1升である。

　そして、古くからの租稲は収穫量の100分の3であったので、1段＝50代の収量50束の100分の3である1.5束（1束半）が、古くからの1段あたりの租稲であった。

　他方、改新の詔で新たに設定された 歩 は同じ高麗尺で5尺四方にせばめられた。

　　　1 歩 ＝5尺×5尺

　　従って1歩＝6尺×6尺＝36/25 歩 （25分の36 歩 ）

　　　　1段＝250歩＝360 歩

　　　　1町＝10段＝3600 歩 ＝60×60 歩 ＝300尺×300尺

　つまりこの 歩 を用いると1段の広さ360 歩 が3や9の倍数になる。つまりこの 歩 を用いると、1段を3分割・9分割するのに便利になる。このために歩が 歩 に変更になったと考えられる。

　というのも、班田額について書紀の改新の詔には記載がないが、大宝令制では男に2段、女にその3分の2、つまり3分の4段、公奴婢は公民男女と同じ、私奴婢には公民男女の3分の1の支給であった。従って私奴には3分の2段、私婢には9分の4段である。

　この班田額は大化改新以来の伝統的な支給額であったと思われる（ただし、補注4でも触れた通り大宝令制では五年以下の子供には支給されない規定となっている。大宝令制より前、少なくとも浄御原令制時代には造籍年に登録された全員に班田されていたことが虎尾俊哉氏によって証明されている。同氏『班田収授法の研究』〔吉川弘文館　昭和36年〕）。

　良民の女に男の3分の2、私奴婢に良民男女の3分の1の班田額とすることなどは改新の詔の段階で初めて決められた規則であろう。この実施のためにこそ、3分割・9分割が容易な単位への変更、つまり1歩＝6尺四方から1 歩 ＝5尺四方への変更、1段250歩から360 歩 への変更がなされたと考えられる。

　同時に旧来の升・束も、歩から 歩 への変更に伴って変更になった。1 歩 から採れる米が1 升 とされ、5 歩 から取れる稲が1 束 とされた。1歩＝36/25 歩 であるので、

　　　　1束＝36/25 束

　　　　1升＝36/25 升

　従って、段あたり租稲は1.5束＝2.16 束 ≒2.2 束

これが改新の詔にいう、「段ごとに租稲二 $\boxed{束}$ 二 $\boxed{把}$」である。

なお、古い代も5 $\boxed{歩}$＝1 $\boxed{代}$ に変更になるところ、こちらは古くからの代単位が相変わらず用いられていたらしく、$\boxed{代}$ は用いられることはなかったようである（1段＝50代、2段＝100代であったものが、$\boxed{代}$ を用いると1段＝72 $\boxed{代}$、2段＝144 $\boxed{代}$ となり、繁雑になってしまう。なお、5代なら5×5歩＝6×6 $\boxed{歩}$ の正方形である）。

しかしどうやらこのことが、混乱を招く原因の一つになった。

改新の詔から6年後の白雉3年紀（実は653年）正月条には「班田既に訖る」に続いて「凡そ田は長さ三十 $\boxed{歩}$ を段とす。十段を町とす」と改新の詔の規約の不完全な繰り返しがある一方で、その分注に「段ごとに租の稲一束半、町ごとに租稲十五束」とされて、土地の度量衡は改定された $\boxed{歩}$ を相変わらず用いる一方、束の方は、$\boxed{束}$ ではなく改定前の旧来の単位、束に戻されている。

従来の束と新たな $\boxed{束}$ の間に混同が生じたに違いない。2.2 $\boxed{束}$ の代わりに2.2束が徴収されるという混同である。これではひどい増税になってしまう。そのために、白雉3年紀までの間に、$\boxed{束}$ が廃されて束になり、租稲はもとの1.5束となった。後のいわゆる「令前租法」である。

この地積用の $\boxed{歩}$ と、稲・米の単位である $\boxed{束}$ ならぬ束、$\boxed{升}$ ならぬ升との折衷法は以後長くそのままであったようであるが、大宝令に至って再び $\boxed{束}$（従って $\boxed{升}$）が復活する。大宝令田令冒頭に「凡そ田は長さ卅 $\boxed{歩}$、広さ十二 $\boxed{歩}$ を段と為よ。十段を町と為よ〈段ごとに租稲二 $\boxed{束}$ 二 $\boxed{把}$、町ごとに租稲二十二 $\boxed{束}$〉」とあり、後半が細注であることを除けば改新の詔と同文である。このことから改新の詔が後の令制の文を借用したとする説が生じるのであるが、むしろ大宝令が改新の詔の伝統を引いた令文であったと理解するべきである（たとえば明治の民法と昭和の民法の同文箇所を指して、だから明治民法は昭和民法の借用だなどと推理するのは明らかに間違いである）。

大宝令のこの復古は、しかし過ちを繰り返したことになる。改新当初と同様の混乱を齎した。だが反藤原不比等派が主流派となっていた慶雲3年（706年）9月15日、続紀の同日条に「使を七道に遣して始めて田租の法を定む。町ごとに十五束」とある。この日、令制の $\boxed{束}$ を改めて束に戻したのである。「始めて」とあるのは、大宝令制の $\boxed{束}$ を改める初めであるとの謂であろう。実際には過去の経緯の繰り返しになっている。

慶雲3年度（706年）の田租の法の改定事由が『令集解』田令1所引の古記に引く慶雲3年9月10日格に次のように述べられている（分注を〈 〉に括った。原文には歩と[歩]、束と[束]などの区別はなく、どちらも歩や束と書かれていて紛らわしいので、下の引用では歩と[歩]、束と[束]などの区別を明確にした）。

　　令に准ずるに、田租一段ごとに租稲二[束]二[把]。〈方五尺を以て[歩]と為す。[歩]の内に米一[升]を得る〉一町ごとに租稲廿二[束]。

　　令前租法は、熟田百代ごとに租稲三束。〈方六尺を以て歩と為す。歩の内に米一升を得る〉一町ごとに租稲一十五束。

　　右件の二種の租法、束数に多少ありと雖も、輸実は猶異ならず。

　　而して令前の方六尺升、漸く地実に差（たが）ひ、遂に其れ差ひ舛（そむ）けり《舛は原文に升。虎尾俊哉氏の指摘によって舛に校訂された》。亦、束、実に差ふ。

　　是を以て令前の束を取りて令内の[把]に擬し、令條の段租、其の実、猶益す。

　　今斗升、既に平らぐ。望み請ふらくは、輸租の式、折衷するの勅を聴かむてへり。

　　朕《元明女帝》念ふに、百姓に食有らば、萬條即ち成る。民の豊饒たるは猶充（みち）たる倉に同じ。宜しく段租一束五把、町租一十五束にすべし。

段ごとに二[束]二[把]のところ、[束]とは実量が異なる令前の束によって二束二把を徴収されるような混乱が生じていたため、斗・升単位を令前のそれに改め、田租も段ごとに一束五把に改めたいと勅（「輸租の式、折衷するの勅」）を仰ぎ、時の元明天皇がこれを裁可したのである。これはまさに改新の詔による混乱が白雉3年紀までに改められ、[歩]と束の折衷法になった経緯の繰り返しである。

　なお、拙著『国の初めの愁いの形——藤原奈良朝派閥抗争史』のp.122に上記引用文中破線部の「差ひ舛けり」の原文「差升」を校訂しないまま誤って読んでいるので、ここに訂正したい。この誤りは幸いなことに、そこでの論理展開に、本質的影響を及ぼすものではない。

　改新の詔の[歩]と[束]から、白雉3年紀までに[歩]と束の折衷策への変更があり、以後長く「令前租法」つまり、「熟田百代ごとに租稲三束」が継続されていたのであるが、大宝令に至って再び[束]が復活したため、かつてと同じ混乱が生じ、これを正すため慶雲3年9月15日に至ってまた令前租法が復活し、[歩]と束の折衷

法となったのである。

　繰り返すが、2段の3分割・9分割を可能にする 歩 の誕生は大化改新まで遡るのであり、班田収授の制度は、白雉3年紀までには完備されたのである。

　6年ごとに頭別戸籍を造り、それによって班田収授するというシステムは、こののち粛々と継続されていたが、旧庚午年・671年の造籍（庚午年籍）がなされたあと、天武朝において造籍も班田収授も廃止される（「造籍」とは、壬申乱前代まで6年毎に造られていた全員を登録する戸籍──頭別戸籍の造籍のことである。班田収授のための戸籍である）。

　旧庚午年の次の造籍年は天武6年紀・旧丙子年・677年・本来の天武5年であったが、その前年までには終えられていなければならない班田収授は実行されないままであった。これを危惧して声を挙げた人々に対して、天武天皇が流罪などの処罰を以って応えたことは上の補注3、あるいは第1節注2・注3拙著に述べた通りである。

　頭別戸籍・班田収授法の復活は天武天皇が崩去した後の最初の旧子年である持統3年紀・旧戊子年・689年・本来の朱鳥3年になってからである。同年紀閏8月10日条に「今冬に、戸籍造るべし」とある。

　しかし長く廃絶していた造籍作業は1年遅延して、持統4年紀・旧己丑年・新庚寅年・本来の朱鳥4年にずれ込んだ。この年に旧干支紀年法から新干支紀年法、つまり現行干支紀年法への変更があったので、己丑年が庚寅年に「超辰」したことは述べた通りである。故にこれが後世、庚寅年籍と呼ばれる戸籍となった。

　而してその2年後の持統6年紀9月9日条に「班田大夫等を四畿内に遣はす」とある。書紀に明記はないが、当然畿外においても国司の監督下、全国一斉に班田が再開されたのである。この再開を班田収授法の開始であると誤解している史家が少なくないが、開始ではなく、再開である。

　大宝2年（702年）の西海道戸籍によれば、1段360 歩 制のもと、女に男の三分の二、私奴婢に三分の一が、年齢制限なく班田されていたことが知られる（虎尾俊哉氏前掲書）。ただし既にかなりの狭郷化が進んでいたようである。即ち規定通りであれば公民男子一人当たり2段＝720 歩 が与えられるべきところ、筑前国では600 歩 、豊前国では595 歩 、豊後国では478 歩 しか与えられていない。天武朝以来、壬申乱前代の土地兼併禁忌則は消え去り、借稲地獄・子売り地獄の中で、貴族・豪族らによる土地の兼併が既に相当進行していたためと思われる。

とはいえ、西海道における班田が大宝令の「5年以下不給」に従っていなかったのはせめてもの救いであった。反不比等派側の主張が通されたのである。

補注6　天武朝以前における皇親・諸王の範囲

養老継嗣令1に、四世王までが皇親で、五世王は王の名があっても皇親に含めない旨の規定がある。大宝令も同じであったと思われる。ところが慶雲3年（706年）2月16日の制七条事によって、五世王も皇親に含める旨の改定がなされている。この時期は補注5にも指摘した通り反藤原不比等派の勢力が主流派となって伸長していく時期で、大宝令制の改定が相次ぐ時代であり、様々な局面で多くの令制を令前の制へ戻す動きが見られる。この趨勢における改定であったと考えれば、大宝令より前は、伝統的に五世王までが皇親とされていたのである。

継体天皇が応神天皇の五世孫であったが故に天皇に迎えられたとする如き経緯が伝えられるのも、五世孫までが皇親とされた古くからの慣例によるのである。この慣例を破って大宝令が四世孫までに改めたため、慶雲3年に至って大宝令を矯め直す制が出されたのである。

近江令・浄御原令の実際は不明なのであるが、大宝令より前は五世王までが皇親とされていたと思われ、同時にこの範囲が諸王位の対象でもあったと思われる。

選叙令35や公式令54・56などを見ると、「諸王」を対象とする叙位・致仕の優遇策が記されているが、大宝令が施行されて間もなく、持統天皇が大宝2年（702年）12月に崩御し、その1年後、大宝令の問題点が矯め直され始めた大宝3年12月8日条に、「皇親・五世王」の五位以上の子の21歳以上の者を式部省に送る旨の官処分が見える。これによって見ても、大宝令より前は伝統的に、五世孫までが優遇対象とされていたと思われ、やはり五世孫までが「皇親」の範疇であったのである。

なお、大宝令は親王とほかの諸王を峻別し、後者の地位を前代よりやや貶しているのであるが、その背景に、大宝律令の実質的策定者であった藤原不比等の目論見・打算があったと思われる。当時の文武天皇の「夫人」は、不比等の娘、宮子ただ一人であったことが関わる（宮子は701年に首皇子、後の聖武天皇を生んでいる）。当時の不比等をとりまく利害関係について詳細は前掲拙著『国の初めの愁いの形――藤原・奈良朝派閥抗争史』（前節注2）を参照されたい。

補注7　押部佳周氏による近江令冠位制度の復元

　押部氏は『日本律令成立の研究』（塙書房　昭和56年）において近江令冠位制度の復元について論じておられる。氏は書紀の編年批判をなさないまま『懐風藻』の大友皇子伝を扱いまた天智7年紀以降を扱うという、これまでのすべての論者が冒してきた誤りを同じように踏襲しているので、そうした部分は捨象することにするが、氏が、⑤の天智10年紀正月甲辰【6】条の「冠位・法度の事」は、本文にいう「東宮太皇弟の奉宣」によるのではなく、分注にいう「大友皇子の宣命」によるであろうとした推測は正しいことをまず確認したい。

　この部分の書紀本文「東宮太皇弟、奉宣して、冠位・法度の事を施行」と、同月是月条の「大錦下を以って佐平余自信・沙宅紹明〈法官大輔〉に授く。小錦下を以って鬼室集斯〈学職頭〉に授く。云々」とは、実は甲子の宣とそれに続く帰化百済人への授位次第の重出記事なのであり、すべて天智4年紀・旧甲子年2月条の方に移さなければならない。

　代わりに天智10年紀正月条に入るべきは、本来の天智11年正月になされたであろう、大友皇太子による「冠位・法度の事」の宣命であり、その内容こそ、新たな漢数字体系による近江令冠位制度と法度＝近江律令の事であったと思われる。

　この前日、正月癸卯【5】になされたとされる大友皇子の太政大臣拝任は再任である。大友皇子の最初の太政大臣就任は、『懐風藻』が語る通り、大友皇子が「年甫（としはじ）めて弱冠」（20歳）のとき、つまり天智7年紀・旧丁卯年・668年のことであり、大海人皇子の立東宮と同年のことである（述べた通り本来の天智9年と本来の天智10年の2年間が書紀では天智9年紀の1年間に圧縮されているので、壬申乱〔旧壬申年・673年の乱〕のとき25歳であった大友皇子が20歳のときとは、天智7年紀のことになる）。

　近江令冠位制度の痕跡として押部氏が掲げた例は次の通り。

　　天武元年紀3月己酉【18】条

　　　<u>内小七位</u>阿曇連稲敷

　　続紀慶雲2年7月19日条

　　　大納言正三位紀朝臣麻呂薨。近江朝御史大夫贈<u>小三位</u>大人之子也。

　　粟鹿大明神元記

　　　都牟自児<u>大九位</u>神部直萬侶……

　　続紀天平勝宝5年3月30日条

……巨勢朝臣奈氏麻呂薨。小治田朝小徳大海之孫。淡海朝中納言<u>大雲</u>比登
　之子也。

　最後の「中納言」は「御史大夫」が正しい。次の「大雲」は、押部氏の推測に
よって、大三位もしくは大四位の誤り（おそらく大三位であろう）。

　以上の四例である。この僅少だが貴重な例に天武紀に見える諸王位とを併せて、
押部氏は近江令冠位制度を、表1の⑤に見る如き、諸王5位・諸臣9位制度とし
て推測されたのである（上掲書 p.59〜73）。

　ただし、押部氏は諸臣の外位を、大宝令を参照して諸臣五位以下に併設された
と推測されたが、本論に述べた通り、紫冠以下に相当する諸臣三位以下に併設さ
れたと考えるべきである。

補注8　藤氏家伝貞慧（＝定恵）伝について

　藤氏家伝に、貞慧（＝定恵）が唐に派遣された年を白鳳5年、甲寅年とする。新
甲寅年は654年であり定恵の派遣の年として正しいのであるが、これを白鳳5年と
するのは誤りである。まず白鳳5年は白雉5年を誤ったものであり、白雉5年紀
は書紀編年による限り新甲寅年・654年であるので、正しい発遣年次を書紀編年に
合わせるとすれば、この年次にかけるしかなかったものと思われる。

　他方、書紀自体は定恵の遣唐使派遣を白雉4年紀・新癸丑年・653年としている。

　家伝と書紀のこのような相違が生じたのは、書紀が編年を捏造したためである。
つまり白雉4年紀が実は旧癸丑年・654年であり、白雉5年紀は本来旧甲寅年・
655年であったのに、書紀はこれらを1年繰り上げて、白雉4年紀を新癸丑年・
653年、白雉五年紀を新甲寅年・654年へと編年している。

　定恵の渡唐、つまり第2次遣唐使の派遣は、書紀が記す通り白雉4年紀のことで
ある。ただし白雉4年紀が実は本来の白雉4年・旧癸丑年・新甲寅年・654年である。

　家伝は白雉年号と白鳳年号の混同のみならず、貞慧の発遣時を永徽4年・653年と
云い直し、発遣時の貞慧の年齢を11歳と算出している。こちらは書紀編年による白
雉4年・新癸丑年・653年発遣説をそのまま採用した史料に基づく計算になっている。

　結局、家伝貞慧伝は、遣唐使派遣年を654年としたり653年にしたりと、ちぐは
ぐな史料の継ぎ合わせをして自己撞着に陥っている。その根本原因は書紀の編年
捏造操作に因るのである。

補論 1　律と令

　隋・唐の時代に律と令の意味とその区別は明瞭で、混同されることはなかった。瀧川政治郎氏の『律令の研究』（刀江書院　昭和 6 年　昭和41年復刻版）に「魏晋以後に於いては、律令の意義分化し、律は専ら禁止法たる刑法を意味する言葉となり、令は専ら命令法たる行政法、訴訟法、民商法等を意味する言葉となつた。……而して此の分化せる律、令の語は、隋唐によつて承け継がれ、隋唐よりして我が王朝に伝へられるに至つた」（同書 p.27〜28）とある。従って、隋唐の法式から学んだ当時の人が「律令」というとき、それは禁止法・刑法としての律と、命令法・行政法・民法としての令とを間違いなく区別して用いていたと考えられる。令集解の官位令第一にも「杜預律序に曰く、律は以て罪名を正し、令は以て事を制するに存る」とか「杜預の奏事に云ふ、……凡そ令は教諭を以て宗と為し、律は懲正を以て本と為す」などとある。律と令の概念は誤たず伝えられ理解されている。

　そこで例えば『家伝』が、天智 7 年に鎌足が「律令」を刊定したという時にも、律と令とを刊定したという意味であってほかではないであろう。いわゆる近江律令である。

　ただし、刊定はしたが、広く発布されコピーが普く配布されたのはおそらくは令のみであり、律は中央所司のみに配られた程度であったのではなかったか。

　淡海朝時代はなお「鐘匱の制」が活きていた時代である。治政批判が歓迎された時代である。乗輿指斥が大不敬とされるごとき律の厳密な適用は避けられたはずであり、律が備えられはしたもののその全国配布などはなされなかったのではないかと思われる。そうした扱いを受けた律典であれば、果たして後世には伝わらず、存在すら認められなくなったとして不思議ではない。令集解官位令第一に「また上宮太子并びに近江朝廷、唯、令を制して律を制さず」などと書かれ（ 9 世紀後半、貞観の頃である）、十三世紀末の本朝書籍目録には、養老律、大宝律、養老令、近江令、大宝令がこの順に載るのみである。もはや浄御原律令すら伝えられていない。

　天武10年紀 2 月25日条に「朕、今、更（ま）た律令を定め、法式を改めむと欲（おも）ふ」とある。これ以前に律令があり、これを更に定め改めようとしたのである。それならこれ以前に近江律令が存在したと考えるのが合理的である。

　補注 3 に引いた天武 4 年紀 4 月14日条「小錦下久努臣麻呂、詔使に対ひ捍めるに

坐りて、官位、尽くに追らる」や天武6年紀4月11日条「杙田史名倉、乗輿を指斥するに坐りて、以て伊豆嶋に流す」などの「詔使に対ひ捍める」罪や「乗輿を指斥する」罪は、唐律「十悪」の模倣版である大宝・養老律の「八虐」の六、「大不敬。……乗輿を指斥するが、情理切害ある、及び詔使に対ひ捍むで、人臣の礼無きをいふ」とある「大不敬」に当たる。天武朝では、当時の近江律を適用したものと考えられる。ただし当時は唐律の直輸入版であった「十悪」であったと思われるが、述べた如く、壬申乱前代は鐘匱の制健在なりし時代であり、朝廷批判はむしろ歓迎されており、このような律は、成文として存在はしたもののそのまま適用されてはいなかった時代であったろう。天武朝に至って、天武天皇の治政方針のもと、「大不敬」罪が適用される時代になったのである。

　浄御原律令についても、その律は存在していて、しかしこれもまた広く配布されなかったらしいことは書紀に徴して明らかである。持統7年紀4月22日条に「……但し臟（ぬすみもの）は律の依（まま）に徴（め）し納（い）れよ」とあり、律の存在が明示されているにも拘らず、広く配布されたのは令廿二巻のみである。持統3年紀6月29日条に「諸司に令一部二十二巻を班ち賜ふ」とあり、律の配布のことは語られていない。

　大宝律令について続紀大宝元年8月3日条に「三品刑部親王・正三位藤原朝臣不比等・従四位下下毛野朝臣古麻呂・従五位下伊吉連博徳・伊余部連馬養らをして律令を撰び定めしむること、是に始めて成る。大略、浄御原朝廷を以て准正とす」とある。これによって見ても、浄御原律令が存在したことは疑いが無い。

　後世、これら近江律や浄御原律の存在は忘却され、令のみ造られたと唱えられるに至る。

　律が完成されず不完全なままであったとする見解があるが、大宝・養老律でさえ、ほとんど唐律そのままの模倣に近いものであって（律令研究會編『譯註日本律令』〔東京堂出版　昭和50年〜〕の日唐律対照表参照）、この程度のものの冊定は、令より遥かに容易であったと思われる。唐律を模倣すれば容易に策定される態の模倣版であったが故に、従ってまた、近江律も浄御原律も共に大宝・養老律に十分酷似した内容であったが故に、更にまた、おそらくは広く配布されなかったであろう典籍であったせいもあり、大宝・養老律令の後は、忽ち捨てられ忘れ去られたのであろう。

　大宝律は、近江律や浄御原律に反して、全国に配布された（大宝2年2月朔条

に「始めて新律を天下に頒つ」、同年10月14日条に「律令を天下に頒ち下す」とある）。それ故令とともに律も後世に伝わることになったと考えられる。

　古代律令史については新日本古典文学大系『続日本紀』の補注１の78「大宝律令以前の刑罰と律法典」および同補注２の87「近江令と浄御原（律）令」にまとめられている。

　前者には近江令以降の律の有無に関わる史料の例示や学説史が論説されている。後者には浄御原律令の整備過程とこれが後世、次第に無視され散逸する過程のまとめがあり、（イ）青木和夫氏「浄御原令と古代官僚制」、（ロ）利光三津夫氏『律の研究』、（ハ）石尾芳久氏『日本古代法の研究』などの諸論が次のように紹介されている。

　（イ）説──いわゆる近江令も浄御原律も編纂には着手されたものの完成はせず、大宝律令以前の法典としては浄御原令22巻があるのみであり、それはまだ不完全だったが政治的な要請で持統３年６月に諸司に配布され、翌４年７月にはそれに基づく官制改革も実施された。ところが奈良後期以後、藤原氏が有力になると、これを始祖鎌足と縁の深い天智天皇と結びつけて「所謂近江朝庭之令」「廿二巻」としてしまった。

　（ロ）説──持統紀や文武紀に「十悪」の語が見えるのは、唐の赦文を不用意に写したためである。

　（ハ）説──浄御原律は編纂されず、唐律がそのまま適用されていたのではないか。

　こうした説が提出されるに至った学説史を踏まえて、補注は次のように結論する。

　　　　……今日では法典としての浄御原律の存在を否定して唐律が参考されていたとみる考えが有力であり、近江令についても果たして体系的な法典かそれとも単行法令の集積か否か依然として問題となっている。

　　　　なお浄御原令が配布された範囲は狭く、大宝令施行後はまもなく散逸したようで、後の文献には全く引用されていない。

　先にも触れた通り、一本奥書から13世紀末の成立と推測されている本朝書籍目録（群書類聚第28輯、巻第495のp.169）に、

　　　律〈養老二年〉　　　十巻、

　　　律〈大宝元年〉　　　六巻〈不比等大臣　與レ令并作〉

　　　令〈養老二年〉　　　十巻〈與レ律并作〉

　　　令〈天智天皇元年〉　廿二巻〈近江令　是也〉

　　　　令〈大宝元年〉　　　十一巻〈不比等大臣　與〔レ〕律并作〉

と列挙されている。つまり近江令廿二巻、大宝律令（律六巻、令十一巻）、養老律
令（律十巻、令十巻）が順不同に並べられており、近江律はもとより浄御原律・
令すら見えない。見在書籍のみが挙げられたためであろうが、そのなかに近江令
があるのであるから、少なくとも近江令の存在は認めなければならない。（イ）説
の如く、浄御原令22巻を近江令22巻に誤ったとする説には根拠が無い。近江令と
浄御原令とでは、冠位制度が大きく異なっているのであるから、近江令と浄御原
令の区別がつかなかったなどとは信じがたい。

　目録に掲げられている五種の書籍は、9世紀の弘仁格式序に見える五種の令・
律令と同じであり、浄御原律令は早くに散逸するか無視されるようになっていた
ものと思われる。表1を見れば判然とするように⑦の浄御原令冠位制は諸王以上
12階（明冠4階・浄冠8階）・諸臣48階からなる異常に繁雑な冠位制度であり、こ
れを中核として組み立てられていたであろう律令、取り分け令は、前後の律令史
から排斥されるに十分な特異性を有していたと思われる。

　青木和夫氏は「浄御原令と古代官僚制」（『日本律令国家論攷』所収）のなかで、
近江令非存在説を唱え浄御原律の存在も否定されているが、氏の論法には疑問が
多い。

　浄御原律なしとする積極的論拠として氏は2点を挙げる。第1は『延喜式』巻
29弘仁刑部式に（新訂増補国史大系26　p.723）

　　　凡そ父母、貧窮に縁（よ）り兒を賣り賤（やつこ）と為す。其の事、己丑年
　　　《持統3年紀・新己丑年》以前に在らば、任（ほしきまま）に元の契に依れ。
　　　若（も）し賣ること庚寅年《持統4年紀・新庚寅年》以後に在り、及び負債
　　　に因りて強ちに賤に充てられ、并びに餘親相賣らば、皆改めて良（おほみた
　　　から）と為せ。罪を論ずべからず。其れ、大宝二年律を制して以後は法の依
　　　（まま）に科断せよ。

とあるのを挙げて、「大宝までは『律』と称すべきもののなかったことを語るので
はあるまいか」とされる（青木氏同著p.83）。

　上文は持統5年紀3月22日条に

　　　詔して曰く、「若し百姓の弟、兄の為に賣らるること有らば。良（おほみた
　　　から）に從（つ）けよ。若し子、父母の為に賣られなば、賤（やつこ）に
　　　從けよ。若し貸倍に准（なぞら）へて賤に没（な）りたる者は、良に従け

よ。其の子、奴婢に配（たぐ）へて生む所と雖（いへど）も、亦皆、良に
従けよ」と。

とある詔の、最後の「其の子……」以外の部分の繰り返しである。

この持統5年紀の詔は、前年より始まったいわゆる庚寅年籍の造籍作業に関わ
る詔である。

壬申乱前の最後の戸籍であった庚午年籍が旧庚午年・671年に造られたのち、長
く全国的頭別戸籍の造籍はなされないまま天武朝が過ぎ去り、その旧庚午年から
6×3＝18年目になる689年・持統3年紀（この年が旧来の造籍年であった旧ねず
み年、旧戊子年・新己丑年である）に至って造籍再開の詔が蒼惶として出された
ものの（同年紀閏8月10日条「詔して曰く、今冬、戸籍造るべし……」）、長年の
造籍事業廃絶の後遺症であろう、作業は容易に進められなかったと見えて、翌年
の旧己丑年・新庚寅年・690年・持統4年紀にようやく本格的に造籍事業が開始さ
れた（後世にいう「庚寅年籍」である）。同年紀9月朔日条に「凡そ戸籍造ること
は戸令に依れ」という詔が出されている。しかし造籍作業の実際はなお遅れてい
たようである。翌年の持統5年紀に至ってさえ、良賤区別にかかわる上のような
詔が出されている。

大化期以降壬申乱までは、<u>班田を待ち望む子宝であったはずの子供たちが、班
田が中断された天武朝以降、一転して売買の対象になったという状況に広く対応
するための詔であった</u>。

この詔は新庚寅年にまで遡って実施される詔である。父母の為に売られた子は賤
とするが、その他の場合、たとえば弟が兄の為に賣られた場合や、あるいは、貸
倍＝負債の為に賤とされた場合は良とせよ。その子が奴婢と結婚して生まれた子
も男女の法に拘わらず良とせよ、というのである。<u>しかも奴婢に売った罪は不問
に付されている</u>。

弘仁刑部式の文は、述べた如くこの詔の前半部分の繰り返しであり、最後の
部分で「罪を論ずべからず」とあって、人身を売ったことを罪としてはならな
いことが明記されている。<u>人身売買の罪を不問に付してきた従来の方針の再確
認である</u>。

<u>而してこの持統5年紀以降の詔令を、大宝律の成立を機に清算して、律に従っ
て罪に問うことにした経緯が</u>、弘仁刑部式の末文、「其れ、大宝二年律を制して以
後は法の依に科断せよ」である。

そういうことであれば、この弘仁刑部式を以って、浄御原律が存在しなかった理由には成し難いと思われる。

養老賊盗律47に「凡そ二等の卑幼《弟・妹・孫など》、及び兄弟の孫、外孫を売って奴婢と為せば、徒二年半、子孫は、徒一年、……」とある（徒は刑5種——笞〔むち打ち〕・杖〔杖打ち〕・徒（懲役刑）・流〔流罪〕・死〔死罪〕——のうちの3番目）。近江律や浄御原律にもこの条目に当たる条文はあったと思われる。然るに、人身売買が広く一般化していた天武朝以降、これが律儀に適用されることはなく、大宝律令の時代になって、律が厳格に適用され、人身売買の罪が問われることになった。「大宝二年律を制して以後は法の依に科断せよ」とは、単にそうした事情を述べたものであろう。律の「大不敬」罪の適用・不適用が時代によって変異した事情と類似である。

天武5年紀5月7日条に、下野国司が、所部の百姓が凶年に遇って餓え、子を売ろうとしていることを奏したところ、朝廷は許さなかったとある。このときは律に従って不許としたものと思われる。しかし持統朝に及んで5年紀3月22日条の如き詔が出されなければならなかったということは、天武朝を通じて子売り・親族売りは世に蔓延していったのである。

天武朝とは、壬申乱を境に造籍・班田収授を突然中断し、百姓をして忽ちに人身売買地獄へと突き落した犯罪的な時代であった。

青木氏は、浄御原律無しとする「積極的論拠」の第二として、藤氏家伝の武智麻呂伝に、大宝2年正月、武智麻呂が中判事に遷ったとき、官に准式がなかったため「讞事《裁判》の前後を奏」上して條式を定めたとある記事を挙げておられるのであるが、このような裁判業務における業務細式を整えたことを以って、律が存在しなかった証拠とするのは疑問である。

青木氏は律の存在を示す証拠をすべて否定しておられるが、氏が「積極的論拠」とされた上の例以上に説得力を欠いており、結局、律の存在を否定するに至っていない。

青木氏は近江令の存在も疑い、「本朝書籍目録には恰も現存するかの如く麗々しく『令二十二巻云々』と転載されたのである」（同氏前掲同書p.86）と記しておられる。しかし本朝書籍目録は当時現存した書籍のみが記されている目録である。「麗々しく」体裁を整えようとすれば、浄御原律令をも「麗々しく」書き並べ体裁を整えたのではないか。

（ロ）説、持統紀や文武紀の「十悪」の語を、唐の赦文を不用意に写したためとする説はどうであろう。「十悪」は大宝・養老律の「八虐」に当たる唐律の言葉で、十種の罪（**謀反・謀大逆・謀叛・悪逆・不道・大不敬・不孝**・不睦・不義・内乱）の総称である。近江律や浄御原律では、官職名の「民部尚書」などと同様、唐律の「十悪」を直輸入してそのまま用いていたと考えられる。

「十悪」は書紀に1例、続紀に4例、計5例が見える。

一、持統6年紀（692年）7月乙未【2】条「天下に大赦す。但し<u>十悪</u>・盗賊は赦す例に在らず。」

二、文武3年（699年）10月13日条「詔して、天下の罪有る者を赦す。但し<u>十悪</u>・強竊の二盗は赦す限りに在らず。」

三、文武四年（700年）8月22日条「天下に赦す。但し<u>十悪</u>・盗人は赦す限りに在らず。」

四、天平神護元年（765年）10月22日条「死罪以下を犯すは皆赦除す。但し<u>十悪</u>及び盗人は赦す限りに在らず。」

五、同年（765年）閏10月3日条「死罪已下を犯すは皆赦除す。但し<u>十悪</u>及び盗は赦す限りに在らず。」

これに対して「八虐」の語は、慶雲2年（705年）8月11日条の例を筆頭に続紀に50例ある。すべて、大宝・養老律の施行中である（八虐は上記十悪中の不睦と内乱を整理した残りの八種である）。

さて、上の四と五はその養老律施行中の2例である。ところがこの2例の「十悪」は、どちらも、称徳天皇が天平神護元年10月13日から紀伊に行幸して和泉・河内を回り同年閏10月8日までに帰京する間の記録に基づくものである。そうしてこの前後では一貫して「八虐」の語句のみが用いられている。従ってこの2例は、「八虐」が一般であった時代における、特殊な状況下での不用意な用語であったと見ることが可能である。

他方、一から三までの3例の「十悪」は、大宝律以前に一貫して認められるものであり、大宝律施行前には当然のことながら「八虐」の例は一切見えない。

すると、四・五という特殊な例外を以って、大宝律より前に一貫して認められる3例の「十悪」を浄御原律に準拠した語法であったとみることを妨げる理由とは成し難いであろう。

最後の（ハ）は根拠の無い憶測説である。

以上より、新日本古典文学大系『続日本紀』の補注２の87の結論である「今日では法典としての浄御原律の存在を否定して唐律が参考されていたとみる考えが有力」とする根拠は弱いことがわかる。浄御原律は（近江律とともに）存在したと考える方が、史料解釈上無理が少ない。

　中国直輸入版という側面が特に強かった律は、その適用・不適用には時代ごとの政権の治政方針が関わっていたと思われ、律令黎明期の対応として柔軟に考える必要があろうと思われる。

補論 2　いわゆる参拾伍神問題と古代戸籍制度史

　古事記は、冒頭の別天神五柱と神世七代によって天武朝の冠位制度を寓意し、次にイザナギ・イザナミ2神による国生み神話によって、冠位十二階制に始まり、大海人皇子によって宣命された甲子の制に終わるまでの初期冠位制度史を寓意したのち、続いてイザナギ・イザナミ2神による神生み神話を語る。

　この神生み神話の重要な問題の一つが、神々の数え直しに関わる疑問である。古来、「参拾伍神」問題として有名である。すなわち、イザナギ・イザナミが共に生んだとする神を総計する段階で、それまでに生まれた総計40神を、35神と数え直している。この数え直しについて古来多くの解釈が提出されており、管見による限りで、未だに定説に至っていない。そもそも、なぜそうした数え直しが必要であったのかについて、納得できる説明が存在しない。

　以下、古事記の神生み段を読み下し文で掲げ、神生みの構造が明瞭になるよう、改行しながら引用する。ただし、生まれる神に、順に、○番号を付した。また、神々の数え方の急変する画期がイザナミの病臥にあるので、イザナミ病臥のことを語る部分を□枠で囲んだ。神名の語義については諸説あり、「参拾伍神」問題にとって重要ではないが、参考までに末尾にまとめて示し、若干の寓意文字について触れた。

【古事記神生み段の読み下し文】

　既に國を生み竟（を）へて、更に神を生みき。故（かれ）
　生める神の名は

　　　　①大事忍男神（おほことおしをノかみ）
　　　次に②石土毘古神（いはつちびこノかみ）を生む
　　　　　　　〈石を川（よ）むに伊波と云ふ。亦、毘古の二字は音を以ゐるよ。下も此に效へ〉
　　　次に③石巣比賣神（いはすひめノかみ）を生む
　　　次に④大戸日別神（おほとひわけノかみ）を生む
　　　次に⑤天之吹ᴸ男神（あめのふきをノかみ）を生む
　　　次に⑥大屋毘古神（おほやびこノかみ）を生む
　　　次に⑦風木津別之忍男神（かざきつわけのおしをノかみ）を生む
　　　　　　　〈風を訓むに加耶（かざ）と云ふ。木を訓むに音を以ゐるよ〉
　　　次に⑧海神（うみノかみ・わたノかみ）名は大綿津見神（おほわたつみノかみ）を

生む

次に⑨水戸神（みなとノかみ）名は速秋津日子神（はやあきつひこノかみ）

次に⑩妹（いも）速秋津比賣神（はやあきつひめノかみ）を生む

〈①大事忍男神自り⑩秋津比賣神に至るまで、并て十神〉

此の⑨速秋津日子⑩速秋津比賣の二神、河海に因り持ち別け而（て）

生める神の名は⑪沫那藝神（あわなぎノかみ）

〈那藝の二字は音を以ゐよ。下も此に效へ〉

次に⑫沫那美神（あわなみノかみ）

〈那美の二字は音を以ゐよ。下も此に效へ〉

次に⑬頰那藝神（つらなぎノかみ）

次に⑭頰那美神（つらなみノかみ）

次に⑮天之水分神（あめのみくまりノかみ）

〈分を訓むに久麻理と云ふ。下も此に效へ〉

次に⑯國之水分神（くにのみくまりノかみ）

次に⑰天之久比奢母智神（あめのくひざもちノかみ）

〈久自り以下五字は音を以ゐよ。下も此に效へ〉

次に⑱國之久比奢母智神（くにのくひざもちノかみ）

〈⑪沫那藝神自り⑱國之久比奢母智神に至るまで、并て八神〉

次に⑲風神、名は志那都比古神（しなつひこノかみ）を生む

〈此の神の名は、音を以ゐよ〉

次に⑳木神、名は久ゝ能智神（くくのちノかみ）を生む

〈此の神の名は、音を以ゐよ〉

次に㉑山神、名は大山上津見神（おほやまつみノかみ）を生む

次に㉒野神、名は鹿屋野比賣神（かやのひめノかみ）を生む

亦の名は野推神（のづちノかみ）と謂ふ

〈⑲志那都比古神自り、㉒野推に至るまで、并て四神〉

此の㉑大山津見神㉒野椎神の二神、山野に因り持ち別け而

生める神の名は㉓天之俠土神（ああめのさづちノかみ）

〈土を訓むに豆知と云ふ。下も此に效へ〉

次に㉔國之俠土神（くにのさづちノかみ）

次に㉕天之俠霧神（あめのさぎりノかみ）

次に㉖國之俠霧神（くにのさぎりノかみ）

次に㉗天之闇戸神（あめのくらとノかみ）

次に㉘國之闇戸神（くにのくらとノかみ）

次に㉙大戸或子神（おほとまとひこのかみ）

〈或を訓むに、麻刀比と云ふ。下も此に效へ〉

次に㉚大戸或女神（おほとまとひめのかみ）

〈㉓天之狹土神自り㉚大戸或女神に至るまで、并て八神也〉

次に生める神の名

㉛鳥之石楠舩神（とりのいはくすぶねノかみ）

亦の名は天鳥舩（あめノとりふね）と謂ふ

次に㉜大宜都比賣神（おほげつひめノかみ）を生む

〈此の神の名は、音を以ゐよ〉

次に㉝火之夜藝速男神（ひのやぎはやをノかみ）を生む

〈夜藝の二字は音を以ゐよ也〉

亦の名は火之炫毗古神（ひのかがびこノかみ）と謂ひ

亦の名は火之迦具土神（ひのかぐつちノかみ）と謂ふ

〈迦具の二字は音を以ゐよ〉

此の子を生みしに因り美蕃登（みほと）〈此の三字は、音を以ゐよ〉炙（や）かえて病み臥（ふ）して在り

多具理迩（たぐりに）〈此の四字は音を以ゐよ〉生める神の名は

㉞金山毗古神（かなやまびこノかみ）

〈金を訓むに加那と云ふ。下も此に效へ〉

次に㉟金山毗賣神（かなやまびめノかみ）

次に屎（くそ）に成れる神の名

㊱波迩夜湏毗古神（はにやすびこノかみ）

〈此の神の名は、音を以ゐよ〉

次に㊲波迩夜湏毗賣神（はにやすびめノかみ）

〈此の神の名も亦、音を以ゐよ〉

次に尿（ゆまり）に成れる神の名

㊳弥都波能賣神（みつはのめノかみ）

次に㊴和久産巣日神（わくむすひノかみ）

此の神の子は、㊵豊宇氣毗賣神（とようけびめノかみ）と謂ふ

〈宇自り以下の四字は、音を以ゐよ〉

故、伊耶那美神は火神を生みしに因りて遂に神避（かむさ）り坐（ま）しき

〈㉛天鳥舩自り㊵豊宇氣比賣神に至るまで、并て八神也〉

凡て、伊耶那岐、伊耶那美二神、共に生める所の嶋、壹拾肆嶋。神、<u>参拾伍神</u>。

〈是れ、伊耶那美神、未だ神避らざる以前に生める所。唯、意能碁呂嶋は、生める所に非（あら）ず。亦、蛭子と淡嶋とは、子の例に入れず也〉_注

　この神々の数え方が問題である。

　古事記における神々の数え方には、なぜか、大きく二通りの数え方がある。男女対神あるいは共通名を持つ神々をまとめて一代もしくは一神と数える数え方と、対神や共通名を持つまとまりのある神々でも各個別々に数える数え方の二通りである。便宜上、前者を、「戸別計数法」と呼び、後者を、「頭別計数法」と呼ぶ。

　前者の数え方、つまり、戸別計数法の最初の例は、すでに神世七代に見られた。つまり、別天神五柱の次に十二神が列挙されるのであるが、その十二神のうち、後の十神が男女対神を各一代と見て五代と数えられ、十二神が七代と数えられたのであった。この神世七代は別天神五柱と併せて、天武朝冠位体制を寓意するものであり、神世七代の五対の対神構造は、冠位体制の内位・外位の対構造を下敷きにしていること、本節に述べた通りである。故に寓意の裡では、この段の時代性は天武朝のそれを反映していることに注意したい。

　戸別計数法の次の例は、今問題にしている神生みの数え方の中に見られるのであるが、これは後回しにして、後段に見られる別の二例、（イ）と（ロ）を挙げよう。

　（イ）まず、禊ぎ祓いの段の濯時所生十柱の段。ここでは、総計14神が列挙されるが、底津綿津見神（そこつわたつみノかみ）・中津綿津見神（なかつわたつみノかみ）・上津綿津見神（うへつわたつみノかみ）の３柱の神がまとめて１柱と数えられ、底筒之男命（そこつつのをノみこと）・中筒之男命（なかつつのをノみこと）・上筒之男命（うはつつのをノみこと）の３柱の神がまたまとめて１柱と数えられて、14神が10柱の神と数えられている。

　この部分の読み下し文のみ掲げておこう。大海人皇子を寓意するイザナギが、神避ったあとのイザナミ（〜崩御後の天智天皇）の住む黄泉国を訪れ、イザナミに追われて地上に逃げ帰り、「竺紫（つくし）の日向（ひむか）の橘の小門（をど）の阿波岐（あはき）原」で禊ぎ祓いをするときに生まれる14神が「十柱神」

と数えられる段である。例によって寓意文字がちりばめられているが、その寓意論は略す（故に寓意論にとって重要な分注もほとんど略した。神々に番号❶〜⓮を付した）。

　　　是（ここ）に詔（のりたま）はく、「上つ瀬は、瀬速し。下つ瀬は、瀬弱し」とて、初めて中つ瀬に堕ちかづきて滌（すす）ぎし時に成り坐せる神の名は、❶八十禍津日神（やそまがつひノかみ）。次に❷大禍津日神（おほまがつひノかみ）。此の二神は、其の穢（けが）れ繁（しげ）き國に到れる時に、汙垢（けがれ）に因りて成れる神ぞ。

　　　次に其の禍を直さむと為（し）て成れる神の名は、❸神直毘神（かむなほびノかみ）。次に❹大直毘神（おほなほびノかみ）。次に❺伊豆能賣（いづのめ）〈并せて三神也〉。

　　　次に水底に滌ぎし時に成れる神の名は、❻底津綿ᵗ津見神。次に❼底箇之男命。中に滌ぎし時に成れる神の名は、❽中津綿ᵗ津見神。次に❾中箇之男命。水の上に滌ぎし時に成れる神の名は、❿上津綿ᵗ津見神〈上を訓むに、宇閇（うへ）と云へ〉。次に⓫上箇之男命。

　　　此の三柱の綿津見神は、阿曇連（あづみノむらじ）等が祖神（おやがみ）と以ちいつく神也。故、阿曇連等は、其の綿津見神の子、宇都志日金析命（うつしひかなさくノみこと）の子孫也。

　　　其の底箇之男命・中箇之男命・上箇之男命の三柱の神は、墨江（すみノえ）の三前（みまへ）の大神也。

　　　是に、左の御目を洗ひし時に成れる神の名は、⓬天照大御神（あまてらすおほみかみ）。次に右の御目を洗ひし時に成れる神の名は、⓭月讀命（つくよみノみこと）。次に御鼻を洗ひし時に成れる神の名は、⓮建速湏佐之男命（たけはやすさのをノみこと）。

　　　右の件（くだり）の、❶八十禍津日神より以下、⓮速湏佐之男命より以前の十柱の神は、御身を滌ぎしに因りて生める者也。

　この段では、傍線部「汙垢に因りて成れる神」「其の禍を直さむと為て成れる神」「水底に滌ぎし時に成れる神」「中に滌ぎし時に成れる神」「水の上に滌ぎし時に成れる神」などがそれぞれひとまとまりに示されるものの、こうしたまとまりによって、まとめて１柱、と数えられているわけではないことに注意しておきたい（このようなまとめ方では、10柱ではなく８柱となってしまう）。

「十柱」とされるのは、❻底津綿津見神・❽中津綿津見神・❿上津綿津見神の三柱の神と❼底箇之男命・❾中箇之男命・⓫上箇之男命の三柱の神が、それぞれまとめて一柱と数えられた故である。これらの神々は、それぞれ三柱の神の名が共通し、何よりも、一か所にまとまって鎮座し、まとめて拝祭されている神であるので、まとめて一柱とされたのである。

（ロ）今一つの戸別計数法の例は、大年神の系譜において、大年神が天知迦流美豆比賣（あめちかるみずひめ）を娶って生む10神を数えるのに、その中の奥津日子神（おきつひこノかみ）と奥津比賣命（おきつひめノみこと）の対神をまとめて1神と数えた結果、合わせて「九神」とする例である（序節のⅡ‐2、Ⅲ‐1参照）。この対神もまた、名が共通し、また、ヒコ・ヒメ対神は通常はまとまって鎮座しまとめて拝祭されるので、まとめて1神と数えられたものと思われる。つまり、原理の上では、（イ）と同じ計数法となる（奥津比賣命は命称であるので神ではないとするような説は採らない。濱佐之男命や上で見た底箇之男命・中箇之男命・上箇之男命など、いずれも命称ではあるが、神として数えられている）。

　これら（イ）も（ロ）もいずれも、寓意の裡では、実は天智天皇病臥年以後の（故にまた、庚午年籍よりはあとの）神々に対する数え方となっている。

　古事記にはこのような数え方がある一方で、各個別々に数える数え方、謂うところの頭別計数法による数え方がある。問題は、戸別計数法と頭別計数法の混在にある。

　当節で問題とする神生みの段に、この頭別計数法と戸別計数法の二通りの数え方が混在している。そのため、この神生みにおける神々の数え方こそ、古事記の計数法の本質を探る上で、最もよい材料である。

　そこで神生み段に戻り、古事記の文に沿って順にその数え方を検討してみる。

　まず、①から⑩までは、計数注に〈并十神〉とあり、これは頭別計数法である。次の⑪から⑱も〈并八神〉とされるから、頭別計数法。次の⑲から㉒も、〈并四神〉とされ、次の㉓から㉚も〈并八神〉とされるから、やはりいずれも頭別計数法である。

　ところが、㉛から㊵の10神については、なぜか〈并八神〉と数えられており、突然戸別計数法に変化している。いずれかの神々が、まとめて数えられたために、10神が8神と数えられたのである。

　次いで、最後の「凡て、伊耶那岐、伊耶那美二神、共に生める所の嶋、壹拾肆嶋。

神、<u>参拾伍神</u>」である。嶋の合計が壹拾肆嶋＝14嶋であるのは、大八嶋の 8 嶋と
追加の 6 嶋、合わせて14嶋であるから問題はない。しかし、神については、神生
みで生まれた全40神を最後にまとめるに当たって、参拾伍神＝35神であると数え
ている。ここでもまた、何らかの理由と、何らかの方法で、戸別計数法を採用し
たのである。

　古事記のこの35神の問題は古来有名な問題であり、未だにその理由と真相につ
いて定説が無い状況のようである。

　この問題に、古事記の「寓意の構造」論からする解答を与えようとするのが、当
補論の目的である。

　この問題を考えるに当たり、まず、基本的な事柄を確認しておかなければなら
ない。
A　⑪〜⑱の八神と㉓〜㉚の八神は、イザナギ・イザナミの孫であって子ではな
いこと。

　このことは、古事記の文章を素直に読めば明らかであると思われるものの、そ
のように読まず、どちらの八神も、やはりイザナギ・イザナミの子であると読む
説があるので、ここで、注意を喚起するのである。

　説が分かれるのは、次の文章の中の傍線部、「<u>生神名</u>」の「生」の主語を誰と見
るかに因っている。

　　此速秋津日子、速秋津比賣二神、因<u>河海</u>、持別而、<u>生神名</u>⑪沫那藝神、次
　　⑫沫那美神、次……。

　　（此の速秋津日子、速秋津比賣の二神、河海に因り持ち別け而、<u>生める神の名</u>
　　は、⑪沫那藝神、次に⑫沫那美神、次に……）

　つまり、この文章を「此の速秋津日子、速秋津比賣の二神、河海に因り持ち別
けて、（速秋津日子、速秋津比賣が）<u>生める神の名は</u>」と素直に読めば、⑪〜⑱の
八神は速秋津日子と速秋津比賣が、それぞれ、河と海に持ち別けて生んだ神々と
なり、従ってまた、イザナギ・イザナミの孫となる。しかしこれを、「此の速秋津
日子、速秋津比賣の二神、河海に因り持ち別けて、（伊耶那岐命、伊耶那美命が）
<u>生める神の名は</u>」と読めば、⑪〜⑱は、イザナギ・イザナミの子となる。

　どちらの読みが正しいかという問題である。

　文章を素直に読めば子ではなく孫である、という意味は、文章を読み下したと
きのニュアンスによればそうなるというほどのことであるが、このニュアンスは、

実は、文章の構造にも深く関わって醸し出されるものである。

　この段の文構造は、夙に毛利正守氏が的確に指摘しておられる（「古事記上巻、島・神生みの段の『参拾伍神』について」『国語国文』45の10、昭和51年10月）。

　すなわち、40神の生まれ方は、次のような文構造の下にある。

　　①〜⑩：　　更生神。故、生神名①、次生②、次生③、……

　　　⑪〜⑱：　　此……二神、因河海持別而、生神名⑪、次⑫、次⑬、……

　　⑲〜㉒：　次生⑲、次生⑳、次生㉑、次生㉒

　　　㉓〜㉚：　　此……二神、因山野持別而、生神名㉓、次㉔、次㉕、……

　　㉛〜㉝：　次生神名㉛、次生㉜、次生㉝

　　㉞〜㊵：　たぐりに生める㉞・㉟、屎に成れる㊱・㊲、尿に成れる㊳・㊴、此
　　　　　　　　の神の子㊵

　つまり、①〜㉝について、イザナギ・イザナミが主語となって生む行為には、長子を除き、次生と必ず生字が繰り返される。他方、子神二神が生む行為には、長子を除いて生字は無く、次、次、と兄弟関係のみが示される構造になっている（なお、最後の㉞以下については、まず、「たぐりに生める神の名」は、原文では「多具理迩〈此四字以音〉生神名」とあり、「嘔吐するに際して生んだ神の名」と理解するのがよいようである〔安津素彦氏説・西宮一民氏説〕。それはともかく、ここはイザナミの嘔吐に際しての誕生と、屎と尿に成った神の出生を語る部分で、当然それまでの文型とは異なる）。

　結局、⑪〜⑱および㉓〜㉚の生まれ方は、初子以外は生むという言葉を用いずに、次、次、とつないでおり、ここに、生まれる子の次元の違いが示唆されている。次、次とつないで生まれる神々は、イザナギ・イザナミが直接生んだ子ではなく、子神二神が持ち別けて生む子であるからこのような文構造の違いが作られていたと考えられる。そうして、この違いが、文を読み下した際の明らかなニュアンスの違いを醸し出す重要な要素となっている。

　西宮氏は「文型の相違が⑪〜⑱および㉓〜㉚を〈孫神〉と解すべき根拠になり得るかと言へば、さうではないと言ふべきである」（西宮氏著『古事記の研究』〔おうふう　平成5年〕p.327）というが、文型の相違が、生む主体の相違を示唆しているのであるから、「〈孫神〉と解すべき根拠」の一つになり得る。

B　古事記においては、子の子も、子であること。つまり、孫も子と呼ばれること。

　八神⑪〜⑱や、八神㉓〜㉚、和久産巣日神の子である㊵豊宇氣毗賣神の計17神

は、いずれも、イザナギ・イザナミの孫神であって、「共」に生んだ神ではない、とする説がある（松岡静雄氏『記紀研究』〔同文館　昭和6年〕。毛利正守氏「古事記上巻三十五神について」『皇學館大學紀要』11〔昭和47年10月〕。倉野憲司氏『古事記全注釈　第二巻、上巻篇上』〔三省堂　昭和49年〕など）。

　しかし、共に生んだ神とは、共に生んだ子、といい換えてもよいが、親の子、という概念は、古事記においては、親の一世の子孫に限っていわれるのではない。子の概念は、古事記にあっては、祖（おや）と子の意味の子であり、一世の子孫、二世の子孫、三世・四世・五世の子孫、いずれも、同じ「子」として言及される（記伝十四巻・十五葉参照）。

　たとえば、天照大御神の孫であるホノニニギの命を天照大御神・髙木神は、「吾御子」と呼ぶ（102九530）。

　天照大御神の五世の孫にあたるカムヤマトイハレビコの命（神武天皇）をも、天照大御神・髙木神は、やはり「我之御子」と呼ぶ（131九26）。

　つまり、一世の子、すなわち狭い意味の子も、二世・三世・四世・五世の子孫も、いずれも「子」である。

　従って、イザナギ・イザナミ二神の孫であっても、二神の「子」であり、これら孫神を、二神がともに生んだ神だとするのに特に矛盾はない。しかも、最後のまとめの総計に当たって、個別40神総体を括るのに、長々とした記述は却って不自然であろう。二神が「共に生める所」の神、で十分意味は通じるのである。あれこれと混乱を招いているのは、ひとえに、一見数が合わないからであるが、数合わせに翻弄されて筋を曲げるのはよくない。

　西宮氏はイザナギ・イザナミの孫神も両神の子と見る説に対して、

　　　　岐美二神の「子」といふのは「親子」の「子」の意味であって、「孫子」の
　　　　「子」の意味ではないので、この説は効力がない。

と切り捨てておられるが、「岐美二神の『子』といふのは『親子』の『子』の意味であ」ると断定できる証拠が無い。従って西宮氏説の方に「効力がない」と思われる。

C　「生」と「成」の相違によって、生む主体を区別はできないこと。

　屎と尿に成った神々4神（㊱波迩夜須毗古神～㊴和久産巣日神）は、イザナギ・イザナミ二神が共に生んだ神ではない、とする説がある。物によって成った神だから、二神が共に生んだ神ではないというのである（Bの冒頭に引用した論説は

すべて此の説である。ほかに、安津素彦氏「古事記国生みの段の三十五神について」『新道宗教』16（昭和33年4月）など）。

　しかし、まず、物によって生まれた神も、物の持ち主の子とされることについては、天照大御神と湏佐之男命との子産み争い神話が明証している。ここでは、湏佐之男命の剣から成った三女神は、湏佐之男命の子であり、天照大御神の珠から成った五男神は、天照大御神の子であることが、天照大御神によって明白に詔言されている。

　しかし、それにしても屎と尿に成った神々は、イザナミ単独で生んだ子ではないかとする説もある。だが、イザナギが単独で、その鼻から生むスサノヲは、根之堅州國（ねのかたすくに）を、姒（はは＝亡き母）の國だという。根之堅州國とは、地底の國であり、ここを訪れた大国主神が、脱出に際して、黄泉比良坂（よもつひらさか）から脱出するように語られていることから知られる如く、根之堅州國とは、黄泉国に重ねて概念される地中の國である。ということは、スサノヲの姒とは、黄泉国の住人、イザナミにほかならない。スサノヲは、イザナギが単独でその鼻から生む神であるにも拘わらず、イザナミの子と観念されているのである。

　従って、この神生みの段においてイザナミが単独でその屎と尿から生むが如くに語られる四神もまた、イザナギ・イザナミ二神が共に生んだ神だと考えて不都合はない。

　生む、と、成る、とは厳密に区別されるべきであるという説もある（安津素彦氏前掲論文など）。成るとあって、生むとは語られていない4神（㊱〜㊴）は、二神が共に生んだ神に含めてはいけない、という説である。しかし、天照大御神と湏佐之男命との子産み争いの段で、天照大御神の珠に「成った」五男神を、天照大御神は、「後所生五柱男子」と称しており、成ると生むを、古事記が厳密に区別した証拠は無い。むしろ古事記は、成るも生むも、同じ現象に相通じて用いており、両者に厳密な区別などは設けていなかったと考えられる。むしろ意識的に通用している。

D　速秋津日子神とその妹、速秋津比賣神、大山津見神と、その妹、野椎神が、互いに夫婦であったか否かは不明であること。

　速秋津日子神とその妹、速秋津比賣神の二神は、「河海に因り持ち別け而」八神を生んだといわれ、大山津見神とその妹、野椎神の二神も、「山野に因り持ち別け

274

而」八神を生んだとされている。この書き方による限り、いずれの二神も、二神が互いに夫婦であったか否かは不明というべきである。「河海に因り持ち別け而」とは、兄妹が、互いの通婚事情に応じて、河と海に分担して子を生み分けたというほどの意味であり、互いに通婚先や出産場所が異なっている可能性が高く、その間の事情について詳細は省かれていると見るべきである。「山野に因り持ち別け而」についても同じである。古代血縁家族時代の兄妹婚がここに反映されているか否かも従って不明とするべきで、いずれかに決めつけて論じることはできないと思われる。

　基本的な事柄を以上のように押さえた上で、さて、まず最後の八神の数え方について考えてみたい。古事記は、㉛鳥之石楠舩神亦の名天鳥舩から㊵豊宇氣毗賣神までの十神を〈并て八神也〉と、戸別計数法を用いて合計している。

　十神を改めて列挙すると、次の十神である。中に、二組のヒコ・ヒメ対神（二重下線を施した㉞と㉟、㊱と㊲）があることに注意したい。

㉛ 鳥之石楠舩神、亦名、天鳥舩

㉜ 大宜都比賣神

㉝ 火之夜藝速男神、亦名、火之炫毗古神、亦名、火之迦具土神

イザナミの病臥

㉞ 金山毗古神

㉟ 金山毗賣神

㊱ 波迩夜須毗古神

㊲ 波迩夜須毗賣神

㊳ 弥都波能賣神

㊴ 和久産巣日神

　子、㊵ 豊宇氣毗賣神

　ここで、他処に見える戸別計数法である先述の（イ）と（ロ）、特に（ロ）の大年神の系譜に見られる戸別計数法を参照すると、そこでは、奥津日子神と奥津比賣命のヒコ・ヒメ対神をまとめて１神と数えている。そこで、ここでも同じ計数法を取ったと考えれば、㉞金山毗古神と㉟金山毗賣神とを合わせて１神と数え、㊱波迩夜須毗古神と㊲波迩夜須毗賣神とを合わせて１神と数え、10神は合わせて８神と勘定される。

　この勘定の仕方は、すでに本居宣長が気づいて主張している数え方であり、こ

れを35神の数え方にも応用して35神問題を解いた勘定方法である。つまり、①から㊵までの40神に対しても、同じように、ヒコ・ヒメ対神のみ<u>改めて</u>１神と数える戸別計数法を取って数え直す。すると二重下線を施した②石土毗古神と③石巣比賣神を１神と数え直し、⑨速秋津日子神と⑩妹速秋津比賣神とを１神と数え直し、㉙大戸或子神と㉚大戸或女神とをまた１神と数え直すことになるので、これで都合３神が合計から減る勘定となる。先に見た10神を８神に数え直した際のマイナス２神と合わせれば、マイナス５神となり、<u>数え直しによって</u>、併せて、40マイナス５イコール<u>35神</u>ということになる。

　本居宣長は、この数え方に逢着して、記伝に次のような文を綴っている。

「神参拾伍神、此数誰も疑ふことなり、まづ大事忍男ノ神より悉（コトゴトク）を数ふれば、四十柱なり、……故つらつら思ひ、くさぐさに数へ試（ミル）に、凡て四十柱の中にて、石土毗古・石巣比賣を一柱とし、速秋津日子・速秋津比賣を一柱とし、大戸惑子・大戸惑女を一柱とし、金山毗古・金山毗賣を一柱とし、波邇夜須毗古・波邇夜須毗賣を一柱として数ふれば、三十五柱なりけり、如此（カク）比古・比賣と並ビ坐スをば、一柱として数ふること、故あるべし、【此ノ比古・比賣と並ビ坐ス神たち、書紀にはみな一柱づつのみなるも、此に由あり、】然（シカ）数ふるときは、上に、自_天ノ鳥船_至_豊宇氣毗賣神ニ_、并テ八神、とあるも合（アヘ）り、又下段に、大年ノ神之子_云々_併テ十六神とあるも此例にて数あへり《５＋２＋９＝16の９が、先に（ロ）で見たごとく、比古・比賣対神を１柱と数えた例であり、その結果総勢17柱が16柱と数えられて数があっているというのである》、【但シ大事忍男より、速秋津比賣まで并テ十神といひ、天ノ狭土より大戸惑女まで并テ八神といへるは、又右の例に合はず、此は比古・比賣を分て数へつるなり】」

　本居宣長は「つらつら思ひ、くさぐさに数へ試」みた結果の結論として、比古・比賣並神を１柱と数える数え方を推奨し、しかし、その上で、「大事忍男より、速秋津比賣まで并テ十神といひ、天ノ狭土より大戸惑女まで并テ八神といへるは、又右の例に合はず」と、数え直し前の小計注が頭別計数法であるところに疑念の残ることを記すのである。疑問点を率直に記し残した本居宣長のこの態度は、誠実な学者的態度である。

　然るに宣長の推奨した数え方における宣長自身のこの疑念こそは、宣長の数え方そのものに対する疑念となって後の学者を悩ませ続けたものである。

　結論から言えば、宣長の推奨したこの数え方が正しい。

　ここで、戸別計数法による疑念という場合のその疑念の実態を整理してみよう。

　まず、古事記は、①大事忍男神より⑩速秋津比賣神に至るまでを、并て十神とする計数注を記し、㉓天之狹土神より㉚大戸或女神に至るまでを、并て八神とする計数注を記している。前者は、石土毗古・石巣比賣の対神も、速秋津日子・速秋津比賣の対神も、それぞれ個別に分けて数える頭別計数法であるし、後者も大戸或子・大戸或女の対神を分けて数える頭別計数法である。

　ところが、古事記は、イザナミの病臥を境に、計数法を豹変させている。つまり、イザナミの病臥のあとに生まれる対神である金山毗古神・金山毗賣神を1柱と数え、波迩夜須毗古神・波迩夜須毗賣神を1柱と数える戸別計数法に、突如として変化している。

　のみならず、全体の数え直しにおいても、古事記は、初め頭別計数法で数えていたものを、今度は戸別計数法で数え直す、ということをしていることになる。つまり、初め10神と数えた①大事忍男神から⑩秋津比賣神までを8神とし、初め8神と数えた㉓天之狹土神から㉚大戸或女神までを7神と数え直している。

　ここに、疑念が生じるのである。なぜ、このような数え直しが必要であったのか。

　この背後には、例によって古事記独特の「寓意の構造」が潜んでいる。

　古事記が、冒頭の創世の神々の段、別天神五柱と神世七代によって、天武朝冠位体制を寓意し、続く国生み神話によって、推古朝冠位十二階制から甲子の制による冠位体制に至る冠位制度史を寓意していたことは既に述べた通りである。

　国家の根幹に関わる事項が、こうして古事記冒頭の神話の裡に寓意されていたとなれば、この神生み段における神々の数え方にもまた、国家の根幹に関わる何かが寓意されていたと考えるべきであろう。

　何が寓意されていたのか。

　戸籍制度であろうというのが、筆者の答えである。

　神生みが、①大事忍男神から順に進んで、㉝火之夜藝速男神、亦名、火之炫毗古神、亦名、火之迦具土神、つまり火の神が生まれると、イザナミは、美蕃登（ミホト）つまり女陰を焼かれて病臥してしまう。

　古事記の「寓意の構造」の裡では、イザナミの病臥とは、イザナミが寓意するところの、天智帝の病臥の寓意にほかならない。火の神には大友皇子が寓意され

ているので、大友皇子の為に、天智帝は病臥の宿命を負ったという因縁がここに呪定されたと考えられる。「病臥」の「臥」は、死去の意味にも用いられる言葉であるので、古事記が「病臥」と記すのは、死の病に臥した謂いと考え得るが、それはともかくとして、イザナミの病臥、すなわち、天智帝の病臥を境に、㉞金山毗古神以後、神々の数え方が急変する。これすなわち、天智帝の病臥の年、旧辛未年・672年から、戸籍制度、つまり、民の数え方が急変した次第を寓意すると考えられるのである。

　天智帝病臥の年、旧辛未年の前年は旧庚午年・671年であり、この年の戸籍がいわゆる庚午年籍であるが、この戸籍までの数え方とそれよりあとの数え方、つまりは壬申乱によって成立した天武朝における戸籍（旧庚午年の翌年、旧辛未年以後の戸籍）の数え方とが急変しているのである。

　壬申乱を境に急変した国家の体系の、その急変の内容の重要な一要素として、戸籍制度の転変を挙げることができるのであるが、この転変の実態については、書紀の記事から、戸・戸口などに関するものを拾ってみることで、おぼろげな姿を推測できる。大化改新以降、中大兄皇子時代に造られ続け、進化し続けて、いわゆる庚午年籍にまで達していた頭別戸籍は、壬申乱を境に、再び旧来の課役対象たる課口、つまり男丁の戸別合計数を把握するだけの粗雑な戸籍に後退していたであろうことが窺える（のちの令制では、16歳以下、66歳以上、女性などは皆、不課口であった――養老戸令5の細注）。

　以下、岩波書紀によって戸籍法に関連する部分の読み下し文を引用する（これまで通り漢語よみで意味の通じる部分については和語による読みをほとんど省いた。また封戸関連の記事もほぼ略した）。旧丙午年・647年の改新の詔によって正式に始められた造籍事業が、旧午（うま）年と旧子（ね）年のたびに、つまり丸6年毎に繰り返されていたことも、改めて確認しておきたい（その実年代の確認には、第2・3節や、第1節の注2・注3拙著を参照されたい）。《　》内は例によって拙注である。

崇神7年紀11月13日条
　　仍りて天社・国社、及び神地・神戸を定む。是に疫病、始めて息（や）む。
同12年紀3月11日条
　　詔すらく「……此の時に当りて、更に人民を校（かむが）へて、長幼の次

第、及び課役の先後を知ら令む宜し」と。

同9月己丑【16】条

　　始めて人民を校へて、更、調役を科す。此を男の弭（ゆはず）の調（みつ
　　き）、女の手末（たなすゑ）の調と謂ふ。……故、称して御肇国（はつくに
　　しらす）天皇と謂ふ。

顕宗元年紀5月条

　　狭狭城山君韓帒宿禰（ささきノやまノきみからぶくろノすくね）、事、謀り
　　て皇子押磐（おしは）を殺すに連（かか）りぬ。……天皇、加戮（ころ）
　　すに忍びずして、陵戸に充て、兼ねて山を守らしめ、籍帳を削り除てて山
　　部連（やまべノむらじ）に隷（つ）けたまふ。

欽明元年紀8月条、秦人（はたひと）・漢人（あやひと）等、諸蕃の投化せる者
　　を招し集（つど）へて、國郡に安置し、戸籍に編貫す。秦人の戸の数、総
　　て七千五十三戸。大蔵掾《欽明天皇が夢のお告げで大蔵省に任用したとい
　　う秦大津父かという》を以て、秦伴造と為す。

同30年紀正月朔条、詔して曰く「田部（たべ）を量（はか）り置くこと、其の来
　　（ありく）ること尚（ひさ）し。年甫（としはじ）めて十餘、籍に脱（も）
　　りて課を免るる者衆（おほ）し。膽津（いつ）〈膽津は王辰爾（わうじん
　　に）が甥なり〉を遣はして、白猪田部（しらゐノたべ）の丁（よぼろ）の
　　籍《丁の籍とは、課丁つまり、賦課の対象となる男子の数を把握するだけ
　　の籍と考えられる》を検定せしめよ」と。

　　《白猪屯倉の田部を設置した当初に幼少であった者が、十余年を経て課役負担
　　年齢に達しているのに、丁籍に載っていないため賦課を免れているので、膽
　　津に丁籍を改定作成させよというのである。籍といっても、当時の籍は、せ
　　いぜい課丁のみの籍であったわけである。そこで、先に引用した欽明元年紀
　　8月条の戸籍というものも、こうしたレベルのものであったと思われる。》

同年紀夏4月条、膽津、白猪田部の丁者を検閲して、詔の依（まま）に籍を定む。
　　果して田戸（たへ）を成す。天皇、膽津が籍を定めし功を嘉（よみ）して、
　　姓（かばね）を賜ひて白猪史（しらゐノふびと）とす。尋（すなは）ち田
　　令（たつかひ）に拝して、瑞子（みつこ）《葛城山田直瑞子》が副と為す。
　　《膽津が白猪田部の丁籍を定めた功績によって白猪史姓を賜り、田令に任じ
　　られたというのであるが、屯倉の田部の丁籍を定める程度のことが功績とさ

れた時代であった。この時代、一般の民に対する賦課がどのような基準で課されたかは不明であるが、次に見る大化紀の詔などから考えれば、おそらくせいぜい、丁数、戸数、戸の規模、田積が把握され、これをもとに賦課されていたものと思われる。》

大化元年紀（旧乙巳年・646年）8月5日条、東國等の國司を拝す。仍りて國司等に詔して曰く、「……凡そ國家の所有（たもて）る公民、大に小に領（あづか）れる人衆を、汝等任（まけどころ）に之（まか）りて、<u>皆戸籍を作り</u>、及（また）、田畝（たはたけ）を校（かむが）へよ。……其れ倭國の六縣に遣さるる使者、<u>戸籍を造り</u>、幷て田畝を校へよ。〈<u>墾田の頃畝、及び民の戸口の年紀を檢覈（あなぐ）るを謂ふ</u>〉。汝等國司、明らかに聴（うけたまは）りて退（まか）るべし」と。

大化2年紀（旧丙午年・647年）正月朔日条、賀正礼畢（をは）りて、即ち、改新之詔を宣ひて曰く、「……其三に曰く、初めて戸籍・計帳・班田収授之法を造れ。凡て<u>五十戸を里とす</u>。里毎に長一人を置く。戸口を按（かむが）へ検（おさ）め、農桑を課（おほ）せ殖（う）ゑ、非違を禁察し、賦役を催駆（うながしつか）ふことを掌（つかさど）れ。……凡そ田は長さ三十 歩、広さ十二 歩 を段とせよ。十段を町とせよ。段ごとに租稲二 束 二 把、町ごとに租稲二十二 束 とせよ。其の四に曰く、<u>旧の賦役を罷（や）めて、田の調を行へ。</u>……<u>別に戸別の調を収（と）れ。</u>一戸に賞布《さよみのぬの。あら布》一丈二尺。……凡そ官馬は、中の馬は一百戸毎に一匹を輸（いた）せ。若し細馬（よきうま）ならば二百戸毎に一匹を輸せ。……凡そ<u>仕丁は、旧の三十戸毎に一人〈一人を以て廝に充つ〉せしを改めて、五十戸毎に一人〈一人を以て廝に充つ〉を以て諸司に充てよ。</u>五十戸を以て、仕丁一人が糧に充てよ。一戸に庸布一丈二尺、庸米五斗。凡そ采女は、郡少領以上の姉妹、及び子女の形容端正（かほきらぎら）しき者を貢（たてまつ）れ〈従丁一人、従女二人〉。一百戸を以て采女一人が糧に充てよ。庸布・庸米、皆仕丁に准（なぞら）へ」と。

《<u>東国国司等への詔</u>に続く改新の詔によって、<u>戸籍・計帳・班田収授の事業が正式に開始される</u>こととなった。すなわち、凡ての男女公民の名や年齢・家族関係等が把握される<u>頭別戸籍制度の始まり</u>である。班田収授の事業と一体となった事業であり、六年毎の造籍とそれに伴う班田とによって、全公民

平等に生産手段が均分され平等に課役が課されることとなる。「旧の三十戸」という言辞からは、旧来、「戸」の把握がなされていたことは知られる。なお、この改新の詔で、田積の単位が旧来の歩から 歩 へ、租稲の単位が旧来の束から 束 に変更になっている事情については補注5に述べた通りである。》

同年紀8月14日条、詔して曰く「……収め数ふる田を以ては、均（ひと）しく民に給へ。……凡そ田給はむことは、其の百姓の家、近く田に接（つ）くは、必ず近きを先とせよ。……凡そ調賦は、男身の調を収むべし。……」と。

《上の正月の改新之詔にいう田の調、戸別の調を、男身の調に改めたものと考えられる。造籍事業がこの1年で急速に成就し、田調・戸調を廃することができるほどに個人把握が全国的に進展し確立したことを示す。》

白雉3年紀（旧壬子年・653年）正月条、……正月より是の月に至るまでに《正月条に置かれた条であるが、「是の月」とは2月であろう。前文に欠落があったと思われる》、班田すること既に訖（をは）りぬ。凡そ田は、長さ三十 歩 を段とす。十段を町とす〈段ごとに租稲一束半、町ごとに租稲十五束〉。

《大化2年紀・旧丙午年・647年に造られた頭別戸籍に従っての班田が実施され終了したのである。収公された田の 歩 単位による段・町区画整備がこの6年間のうちに果敢に遂行されたことを物語る一条である。古い代・段・町単位の水田が利用されこれを吸収しつつ、全国一律に班田収授用の段・町区画が整えられた。ただし、田積の単位である 歩 は改新の詔段階のままであるのに、租稲の単位は 束 から旧来の束に戻されている。その事情はこれも補注5に述べた通りである。新しい単位による租稲2.2 束 の代わりに古い束によって2.2束が段租として徴収される混乱が生じたため、もとの1.5束に戻されたものと考えられる。当条の前文にはその事情などが記されていたのではないか。書紀はこれを削ったため、正月条の中に「正月より是の月に至るまで」と記されるような間抜けな文になったと推測される。同じ過ちを繰り返した大宝令を弁護するための削除ではなかったか。ともあれ、この全国規模の段・町区画はこののちも維持され発展して、後世いわゆる「条里制」跡として全国にその痕跡を残すことになる（岸本直文氏「7世紀後半の条里施行と郷域」『条里制・古代都市研究』第30号　2014年　p.1〜28参照。ただし岸本氏が虎尾俊哉氏説と同様に班田収授の開始を持統朝の庚寅年籍以後とす

るのは疑問である。庚寅年籍以後のものは班田収授の「開始」ではなく「再開」である）。》

同4月条、是の月に、戸籍造る。凡そ五十戸を里とす。里毎に長一人。凡そ戸主には皆、家長を以てす。凡そ、戸は五家相保（あひまぼ）る。一人を長とす。以て相検察（あひかむがへみ）よ。

《第1次の造籍から6年後の旧壬子年・653年に、再び予定通り第2次の頭別戸籍が作られる。五十戸をサトと呼ぶ制が再確認されている。「五家相保る」制は新設か。而してこの第2次頭別戸籍に従って、死者分の収公と新しく生まれた子らへの配り直しが行われることとなる。つまり班田の「収授」ということの最初である。当然、増えた人口に対する新たな班田も整備されていく。段・町区画整備が全国津々浦々まで粛々と、但し熱烈な喜びと情熱を以って継続されていくのである。以後、旧ね年と旧うま年毎に戸籍が作られ、この戸籍に基づいて班田収授が繰り返される。この6年毎に実施された班田収授は書紀にいちいち記載されてはいないが、こうしたルーティンが記載されていないことを以って班田収授が行われていなかったと考えるのは早計である。頭別戸籍も、官僚制度の整備も、ひとえに班田収授のためのものであったと言って言い過ぎではない。頭別戸籍や冠位官僚制度が整えられて、ひとり班田収授だけ行われていなかったはずがない。》

斉明4年紀夏4月条、阿陪臣〈闕名〉船師一百八十艘を率て、蝦夷を伐つ。齶田（あぎた）・淳代（ぬしろ）二郡の蝦夷、望（おせ）り怖（お）ぢて降（したが）はむと乞ふ。……

同紀7月4日条、蝦夷二百餘、闕（みかど）に詣でて朝献。……又、淳代郡の大領沙尼具那に詔して、蝦夷の戸口と虜の戸口とを検覈（かむがへあなぐ）らしむ。

《以上の斉明4年紀記事は斉明5年紀記事と重複する記事であり、本来は4月条・7月4日条ともに、斉明5年紀・旧戊午年・659年に編年されるべき記事であること、第3節に述べた通りである。この旧戊午年は白雉3年紀戸籍から6年後の造籍年に当たる。なお、第3節に述べた通り、阿陪臣＝阿倍引田臣比羅夫はこの前年の斉明4年紀に、蝦夷と敵対していた粛慎を討伐しており、そのためであろう斉明5年紀の蝦夷平定は特段の戦闘なく進行したものと考えられる。》

天智3年紀2月9日条、天皇、大皇弟に命して、冠位の階名を増し換ふること、
　　　及び氏上・民部・家部等の事を宣ふ。……

　　《いわゆる甲子の宣である。この記事も、実は次の天智4年紀・旧甲子年・
　　665年に編年されるべきこと、これも第3節に述べた通りである。民部・家部
　　などの設置はこの旧ね年の造籍事業と連動する施策である。》

天智9年紀2月条、戸籍を造る。盗賊と浮浪とを断（や）む。

　　《第3節に述べた如く、天智9年紀は本来の天智9・10年を圧縮して作られ
　　ており、この造籍事業は、本来の天智10年・旧庚午年・671年に編年されるべ
　　き記事であったが、書紀はこの旧庚午年と前年の旧己巳年の2年次を1年次
　　へ圧縮すると共に、旧庚午年の事業であった造籍事業を1年繰り上げて天智
　　9年紀・新庚午年・670年に編年したのである。この戸籍は、中大兄時代最後
　　の戸籍である。後に、庚午年籍と呼ばれ、永く戸籍の基本台帳の一となった。
　　くどいようであるが、その庚午は新庚午年・670年ではなく旧庚午年・671年
　　である。》

天武4年紀（本来の天武3年・旧甲戌年・675年）2月15日条、詔して曰く、「甲
　　子の年に諸氏に給へりし部曲は、今より以後、皆除（や）めよ。……」と。

　　《天智3年紀2月9日条の甲子の宣によって諸氏に与えられた民部・家部が
　　廃止されたのである。この詔にいう甲子の年とは旧甲子年・665年である。民
　　部・家部に代わる代替策は不明であるが、大化前代の旧部民制度が何らかの
　　形で復活する端緒であろう。勢力ある者が劣弱を兼併すること急な時代がす
　　でに到来している。》

同年紀4月9日条、詔して曰く、「諸国の貸税（貸稲のこと）、今より以後、明
　　らかに百姓を察（み）て、先ず富貧を知りて、三等に簡（えら）び定めよ。
　　仍りて中戸より以下に貸與ふべし」と。

　　《借稲する百姓が増え、希望者全員に行き渡らぬ事態が生じつつあったものと
　　思われる。天武朝において把握されようとしているのは、戸であって戸口で
　　はない。当条が、三等戸制の初見である。下の持統5年紀12月8日条に、上
　　戸・中戸・下戸の三等戸が見える。続紀の慶雲3年2月16日条には、四等戸
　　制の創設が見え、同年格によれば、一戸の内に、丁つまり成人男性換算で、八
　　丁以上を大戸、六丁を上戸、四丁を中戸、二丁を下戸とするので、三等戸制
　　は、八丁・四丁・二丁の区切り、あるいは六丁・四丁・二丁の区切りの、い

ずれか（おそらくは前者）であったのではないか。この天武4年紀4月9日条によれば、天武朝政治は、一戸の内の丁の数を把握していたことは知られる。大化前代の旧来の戸籍のレベルに退行していたものと思われる。男女の全員に6年毎に班田をする施策などは念頭に無く、課役の徴収に役立つ最小限の戸別戸籍が、つまり男丁数の推移を把握する程度の計帳が毎年作られたのである。官僚組織は既に民に奉仕する組織であったものからただただ中央権力に奉仕する組織へと変貌している。》

天武5年紀（本来の天武4年・676年）正月25日条、詔して曰く、「凡そ国司を任けむことは、畿内及び陸奥・長門國を除きて、以外は皆大山位より以下の人を任けよ」と。

《中大兄時代には、大夫階級が国司として任じられていたのに比べ、専ら大山位以下という下級官人が国司に当てられることとなった。ここに天武朝の百姓軽視、地方軽視、民政軽視の思想が如実である。同年紀5月7日条には、下野国司が「所部の百姓、凶年に遇（よ）り飢ゑて子を売らむとす」と奏上している。子売り地獄がすでに始まっている。》

同年紀8月16日条、詔して曰く、「四方に大解除（おほはらへ）せむ。用ゐむ物は、國別に國造輸せ。……且（また）戸毎に、麻一條」と。

天武11年紀（本来の天武10年・682年）4月22日条、越の蝦夷、伊高岐那等、俘人七十戸を一郡とせむと請（まう）す。乃ち聴（ゆる）す。

《以上が、封戸以外で天武紀に見える戸・戸口に関する記事のすべてである。天武朝において、男丁以外をも含む戸口個人全員を把握しようとした気配は皆無である。中大兄時代の造籍が継続されず、班田収授も行われなかった時代であるから当然である。》

持統3年紀（朱鳥3年・本来の持統4年・旧戊子年・689年）閏8月10日条、諸国司に詔して曰く、「今冬に、戸籍造るべし。九月を限りて、浮浪を糾（ただ）し捉（から）むべし。其の兵士は、一國毎に、四分して其の一を點（さだ）めて、武事を習はしめよ」と。

《天武天皇崩御し、持統朝に入って最初の旧子年に、蒼惶として戸籍造るべきことが詔された。だが、永く廃されていた造籍事業は、開始宣言が出されたものの、1年の遅れを生じる。》

持統4年紀（朱鳥4年・本来の持統5年・旧己丑年・新庚寅年・690年）9月朔

条、諸国司等に詔して曰く、「凡そ<u>戸籍を造る</u>ことは、戸令に依れ」と。

《持統朝の造籍は、１年遅れて、旧己丑年に及んでいるが、この年の11月11日、元嘉暦と儀鳳暦とが行われることとなり、旧干支紀年法もこの年を期して新干支紀年法へと切り替えられた。<u>この年は旧己丑年すなわち新庚寅年である。従って、この年に成った戸籍は、新干支紀年法によって庚寅年籍と呼ばれた。</u>》

持統５年紀（朱鳥５年・本来の持統６年・新辛卯年・691年）３月22日条、詔して曰く、「若し百姓の弟、兄の為に賣らるること有らば。良に従けよ。若し子、父母の為に賣られなば、賤に従けよ。若し貸倍に准へて賤に没りたる者は、良に従けよ。其の子、奴婢に配へて生む所と雖も、亦皆、良に従けよ」と。

同年紀４月朔、詔して曰く、「若し氏の祖の時に免されたる奴婢の、既に籍に除かれたる者は、其の眷族等、更に訴へて我が奴婢と言ふこと得じ」と。

《補論１に触れた通り、再開された造籍事業の事務は遅れて、持統５年紀に及んでもこのように良賤区別を改定・確定するための詔が出されたりしている。》

同年紀12月８日条、詔して曰く、「右大臣に賜ふ宅地四町、直廣貳より以上には二町、大參より以下には一町、勤より以下、無位に至るまでは、其の戸口に随はむ。其の<u>上戸</u>には一町、<u>中戸</u>には半町、<u>下戸</u>には四分の一。王等も此に准へよ」と。

《既述の如く、ここにいう上戸・中戸・下戸の三等戸制は天武４年紀４月９日条に創設されたものである。》

以上、書紀に見える戸・戸籍関連の記事を通観すると、次のような人民把握法に関する紆余曲折が観察される。

（１）大化改新より前の時代においては、戸の数と、戸に属する賦課対象たる男性（丁）の把握がなされていたにすぎなかった。

（２）大化改新以後、男女の別なく戸の所属員<u>全員</u>を個別に把握する戸籍が６年毎に造られるようになった。すなわち、大化２年紀・旧丙午年・647年の造籍に始まり、以後、白雉３年紀・旧壬子年・653年、斉明５年紀・旧戊午年・659年、天智４年紀・旧甲子年・665年、天智９年紀のうちの本来の天智10年・旧庚午年・

671年のそれぞれの造籍によって、全員を個別に把握する戸籍が造られ続けた。庚午年籍はその最後の戸籍であったにすぎない。庚午年に至って初めて戸籍制度が完成されたと誤解してはいけない。大化以降の戸籍は、男女全員に田を班給するために、そのためにこそ必須の頭別戸籍であったのであり、そのためにこそ６年毎、粛々と造られ続けたのである。

（３）壬申乱後、天武朝に入るや、男女全員を把握する造籍事業は廃され、戸の把握は、再び、戸の内の丁数が把握される程度の、課税のためだけの粗雑な古いタイプの人民把握法に逆戻りした。班田収授制は廃止されたのである。

（４）天武天皇の崩後、持統朝に入るや、蒼惶として造籍事業の復活が図られ、本来の旧戊子年から１年遅れた旧己丑年＝新庚寅年・690年に至って、男女全員を把握する戸籍が再び造られるようになった（当然、班田制も復活する。もともとそのためにこそ作られた頭別戸籍である）。こうして再開された最初の頭別戸籍が庚寅年籍であった。

古代の戸籍法につき、凡そ以上のような経緯が把握できる。そこで、天武朝の、その古いタイプの粗雑な人民把握法について要約してみるならば、この把握法は、戸の内に、ヒコ・ヒメがいれば、ヒコのみを数えたものであったろうこと、戸の内に年少者・成人・老人等がいれば、賦課年齢の丁分のみを数えた（正丁への換算操作を含む）ものであったろうこと、といったようなことが推定できる。

戸の内に、ヒコ・ヒメがいれば、ヒコのみを数える数え方は、先に古事記の戸別計数法の例として挙げた（ロ）に相当する。また、戸の内に年少者・成人・老人等がいれば賦課年齢の丁分のみを数える数え方は（イ）に相当する。

大化改新以後、壬申乱以前の時代、つまり中大兄時代の戸籍法による人民把握法を、頭別戸籍法と呼び、天武朝の、古いタイプの粗雑な人民把握法を戸別戸籍法と呼べば、古事記が示す２通りの計数法、すなわち、頭別計数法と戸別計数法は、前者が中大兄時代の頭別戸籍法を寓意し、後者が天武朝の戸別戸籍法を寓意するものであっただろうと推測できる。

なお、古事記の戸別計数法は、単独女神も単独男神と同等に１神と数えているが、これは正丁無き戸も戸数としては１戸と数えていたであろうことに対応していよう。

ともあれこのように考えてみると、いわゆる「参拾伍神」問題とは、庚午年籍を

区切りとして、天智帝崩御の年以後の人民把握法が急変した次第に深く関わる問題であったのであり、<u>天智帝の病臥を寓意するイザナミ病臥の前後において、同じ神々を数えるに当たり、古事記が数え方を異にするのは、中大兄時代と天武朝とで、戸籍法が頭別戸籍法から戸別戸籍法へと急変した次第を寓意するものにほかならなかった</u>、ということが判明するのである。

　ここで、数え直しに関して若干の注意が必要なのは、⑨速秋津日子神、⑩速秋津比賣神の２神が、河海に因り持ち別けて生む８神のうち、名の共通する男女対神と思われる神々、すなわち、⑪沫那藝神と⑫沫那美神のペア、⑬頰那藝神と⑭頰那美神のペアがあるのに、数え直しに際して、やはり個別に数えられている点である。これは、ヒコ・ヒメの例ではない上に、更には「河海に因り持ち別けて」生んだとされるところに理由があったと考えられる。つまり、これらペアのように見える神々は、実は生まれた場所を別にすることがこの「河海に因り持ち別けて」という言辞によって示唆されていたのではないかと推測される。生まれ住む場所を異にするため、数え直しに際してもペアのような名であるのに個別に数えられるままとなったのではないか。８神の後半が⑮天之水分神と⑯國之水分神および⑰天之久比奢母智神と⑱國之久比奢母智神というように、「天」と「國」に分かれているので、こちらは確かに、生まれ住む場所を異にすることに相応した名であったと考えられる。

　㉑大山津見神と㉒野推神の二神が「山野に因り持ち別けて」生んだ８神についても同様である。ここでも住む場所の違いが、名につく「天」と「國」との別によって示唆されたと思われる。唯一の例外が㉙大戸或子神（おほとまど<u>ひこ</u>のかみ）と㉚大戸或女神（おほとまど<u>ひめ</u>のかみ）とであって、８神中この２神のみが、同所鎮座が通則であるヒコ・ヒメ対神であることによって、数え直しで１神と数えられた。

　また、最初のヒコ・ヒメ対神である②石土毗古神と③石巣比賣神について、石土と石巣は異なるので、ヒコ・ヒメ対神ではないとする説もあるが（旧倉野氏説など）、壬申乱後の戸籍法を寓意するところの数え直しで石土毗古と石巣比賣がヒコ・ヒメ対神として１神に数え直されるというところが、却って重要である。「石」は古事記では一貫して大友皇子の屍に最後まで陪従した物部連麻呂を寓意する物象であり（石上の石であり、大友皇子の墓石を寓意する石である）、その石の下にある「土」には、大友皇子が土に眠る最期の姿が暗示されており、その石の

下の土が大友皇子の巣となるのが、壬申乱の結末であったのであるから、石土毘古・石巣比賣をヒコ・ヒメ対神として数え直すところに、石土イコール石巣という、壬申乱の結末の暗示が存在したと考えられる。「土」は、大友皇子の生年である旧戊申年（土のえ・さる年）に因み、「土」字を真福寺本も鈴鹿登本も大の下に一を書く字体で記していてこの字体が原型であったと思われ、「土」は、古事記では一貫して、一つ柱となった大君、大友皇子とその宿命を寓意する呪文字である。その土が巣に等しいとしたところに、古事記作者の寓意上の工夫が潜む（詳細は略すが、「巣＝巣」も実は顕著な寓意文字であり、高御座、つまり皇位を寓意する文字である。巛＝川と木を含む文字であるので、滅んで海へと赴く皇位、淡海朝から大海人皇子の世へと流れゆく皇位である。天武天皇が即位した年が旧とり年＝旧癸酉年・674年で即位した土地が飛鳥であったので、このことにも因んで「巣＝巣」が皇位の寓意文字とされたのであろうと思われる。古事記の冒頭に登場する高御産巣日神を、真福寺本は高御座巣日神に誤るが、この誤記が実は原型で、高御座が巣であることを暗示する意図的誤記であった可能性がある）。

最後に、この「参拾伍神」問題に関する珍説・奇説のいくつかを挙げる。

まず、この段の最後の神々である㉛天鳥舩から㊵豊宇氣毘賣神まで10神を8神と数える数え方について、ヒコ・ヒメ対神を1神と数える宣長や卑見の数え方に対して異議を唱える説がある。即ち、ヒコ・ヒメ対神2組を1神と数えるのではなく、㊱から㊵までの5神が「屎に成れる神」「尿に成れる神」「此の神の子」として括られている故に、それぞれを1神、計3神と数えれば、これ以外の個別5神プラス3神で8神になるという説である。

この説の問題点は、㉟までの35神が「神、参拾伍神」であるとして、㊱以下を総計から除外するとともに、除外した㊱から㊵までにつき「於屎成神」（屎に成れる神）などと括れば、神が何人いても1神と数える、という理屈を強調する点にある。

この珍説をそのまま受け入れる研究者は現在は居ないと思うが、この説を主張されていたのが、西宮一民氏という、日本上代国語学界の碩学であったので、ことは重大である（西宮氏前掲著『古事記の研究』p.342〜346）。氏にこうした珍説を強要せねばやまぬほど、この35神問題は、根が深かったというべきである。

西宮氏の説に従えば、たとえば「水戸神」として括られている⑨速秋津日子神、

と⑩妹速秋津比賣神などは、ことの初めから、当然、２神合わせて１神と数えられて然るべきである。ところが、この２神は、初めは、個々別々に勘定されている。これがなぜであるかを氏は説明しなければならなかったはずである。

　また、イザナギの禊ぎ祓いの段の、著身物所生十二神の段において、「（イザナギの）投げ棄つる左の御手の手纒（たまき）に成れる神」奥疎神・奥津那藝佐毗古神・奥津甲斐辨羅神の３神も、「（イザナギの）投げ棄つる右の御手の手纒に成れる神」邊疎神・邊津那藝佐毗古神・邊津甲斐辨羅神の３神も、いずれも個別に数えられて、ほかの６神とともに12神と計数されていて、西宮氏説に反している。

　更にまたこの次の段には、先に掲げた滌時所生十柱の段があり、ここにも、既述の如く、「汚垢に因りて成れる神」２神、「其の禍を直さむと為て成れる神」３神があるが、これらも個別に計数されている。

　これら「まとめて」記述されている神々が、依然として個別に数えられているままであるのがなぜであるかについて氏は説明するべきであった。

　西宮氏の説にはこのように余りにも反例が多すぎるため、仮にも信じがたい説となっている。

　また別に、「此の速秋津日子、速秋津比賣の二神、河海に因り持ち別け而、生める神」と「此の大山津見神、野椎神の二神、山野に因り持ち別け而、生める神」の「生める」の主語を、それぞれ「此の速秋津日子、速秋津比賣の二神」あるいは「此の大山津見神、野椎神の二神」ではなく、いずれも、イザナギ・イザナミ二神であるとする説がある（森重敏氏「諸神出生─古事記上巻について（三）─」『国語国文』43の10、（昭和49年10月）。西宮一民氏前掲書など）。

　その理由として、まず、同母兄妹が結婚するのは不合理である、という理由が語られる。しかし、Ｄに述べた如く、この同母兄妹が夫婦になったとは、古事記は語っていない。古事記がいっていないことを仮定するところに論理の飛躍がある。

　理由の第二として、これらを孫神とする文脈では、孫神は、35神に含めることができないため、子の数があまりに少なくなり、不合理であるとする理由がある。しかし、孫神だからイザナギ・イザナミ二神が共に生んだ神とはいえないとするところに、論理の飛躍がある。Ｂに述べた如く、孫神といえど、二神の子と考えてよいのであるから、この理由は既に前提を失っている。

　上の「生める」の主語を、イザナギ・イザナミとする理由はなく、そのような不自然な文脈を強いて考える理由も必要も無い。Ａに注意した如く、「生める」の

主語は、本居宣長以来ごく自然に考えられてきた通り、「此の速秋津日子、速秋津比賣の二神」あるいは「此の大山津見神、野椎神の二神」であるとして不都合はない。述べた如く、文の構造からしても、そのように読まれるべき形を古事記は注意深く構成している。

　35神の中に、国生みで生まれた国のうち、亦の名として人名を持つ嶋と国とを含めようとする毛利氏らの説がある（毛利正守氏前掲論文）。これまた、孫神や屎・尿から生まれる神を40神から除いたあとの穴埋めに考えつかれた窮余の一説である。この説に従えば、「凡て、伊邪那岐、伊邪那美二神、共に生める所の嶋、壹拾肆嶋。神、参拾伍神」と古事記が語る総計は、人名を持つ嶋に関しては、二重に勘定するという奇妙なことになる。国生みで生まれた嶋の総計を14であるとするのは、過不足無く数え上げた結果である。それを、嶋の中で、亦の名を上げて神格化して語られる嶋が、なぜ、またもや二重に勘定されなければならないのか理解に苦しむ。

　山口佳紀氏・神野志隆光氏校注・訳、小学館『新編日本古典文学全集』第一巻『古事記』（1997年）は、この珍説を定説のように述べて採用しておられる。この小学館『古事記』は、比較的新しい教科書的な本なのであるが、この本にしてこういう奇妙な説を採らねばならぬほど、「参拾伍神」問題は難問であったのである。西宮一民氏も小学館『古事記』も、ともに古事記独特の「寓意の構造」によって珍説奇説を強いられた格好である。

　小学館『古事記』は毛利氏説同様、「多具理に生める神」の部分を、「多具理に<u>成</u>れる神」と校訂している。しかし、古写本すべて前者であって後者ではないので、前者が原型であったと考えるべきである。小学館『古事記』が採用する説にとっては前者では都合が悪い。イザナギ・イザナミ二神が共に「生」んだ神以外を排除して17神、ということにならねば、亦の名を持つ嶋・國18件を合わせて、35神にならぬからである。無理を重ねなければ成立しない説は、それだけでかなり怪しい。

　以上、イザナギ・イザナミ二神の共に生む40神が35神と数え直しを受けた事情について、「寓意の構造」論からの解答を与えた。イザナミの病臥に、西暦672年の天智帝の病臥（くどいようであるが、天智天皇の病臥と崩御は旧辛未年・672年のことであって、新辛未年・671年ではない）が寓意されており、その前年に成った庚午年籍（これもくどいようであるが、旧庚午年・671年の戸籍であって、670

年の戸籍ではない）にまで至る頭別戸籍法を、壬申乱後、天武朝は継承すること
が無く、戸籍法は大化改新以前の戸別戸籍法に後退して、戸数および戸の丁数の
み数える旧法に粗雑化したと思われるのであり、この変化を寓意し、かつ肯定す
るものとして、イザナミ病臥後の、神々の数え方の急変が考案されたものと考え
られる。

　このように考えると、古事記がなぜこのような奇妙な数え直しをしたかという理
由や動機が最もわかりやすくなると思われる。逆にまた、この寓意の存在が、取
りも直さず、庚午年籍までの頭別戸籍法の存在と、天武朝における班田収授法撤
廃を伴う戸籍法粗雑化との証拠になり得る。

　本居宣長は、この数え直しの解釈において、「つらつら思ひ、くさぐさ数え試
み」た末に、最も自然な正解を提出していたのであるが、古事記がなぜこのよう
な数え直しを必要としたのかについては、宣長も気づくことができなかった。そ
こでまた、初めには個別に数え、ついで一対を一神と数え直したヒコ・ヒメ対神
につき、そもそもなぜ最初は個別に数えたのかについて、結局、疑問を提出する
のみで終わったのである。

　現代においても故倉野憲司氏は、石土毘古神・石巣比賣神を除いた同名男女神
一対4組を各1神と数え、豊宇氣毘賣神をイザナミの子でないとして、40神から
5神を引いて35神である、とした奇妙な旧説を捨て、「何とかしてこの三十五とい
ふ数に合せようとして、記伝をはじめ、多くの人々によつて種々の計算法が試み
られてゐるが、納得の行く説は一つもないと言つてよい」と率直な感想を述べて
おられた（同氏著前掲『古事記全註釈』第二巻 p.198）。誠実な学者的態度であっ
たと思われる。

　ついでながら、人民を把握する方法、つまり戸籍法の精粗については、単なる
戸籍のための戸籍であれば、精がよいか粗がよいかというような議論はナンセン
スである。

　民の一人一人に血の通った治世を行う目的による人民把握法であれば、精確な
把握の方が好ましいに決まっている。逆に、血税を搾り取るためだけの把握法な
ら、粗雑な方が歓迎される。

　壬申乱前代の徹底した頭別戸籍法は、班田収授という生産手段の均分策を主た
る目的としていたという点において、民にとっては好ましい戸籍法であったに違
いない。

他方、天武朝では、一度として班田収授はなされず、班田を当てに子を生み増やそうとしていた民は梯子を外され、借稲地獄に堕ちる百姓が続出することになる（戸籍法関連文として上に引用した、天武4年紀4月9日条と《　》内拙注参照）。忽ちにして子を売ろうとする百姓さえ現れた（天武5年紀5月7日条）。賦課逃れの浮浪人も増え、本土・浮浪先での二重課役という厳罰さえ詔宣されることとなる（天武6年紀9月30日条）。この悪名高い二重課役令は治政の劣化を遺憾無く象徴する詔である。治政の劣化とは為政者の能力の劣化を示すのであるが、この時代にあっては、つまりは天武天皇の知性の愚劣を意味するというほかにない。天武天皇が創設した浄御原令冠位制である諸臣冠位48階制という煩雑極まり無い貴族趣味的冠位制を一瞥するだけでその愚劣さが知られようというものである。こういう時代にあっては、戸籍法においても却って粗雑な戸籍法の方が歓迎された可能性がある。これは愚民化への負の悪循環の始まりである。民の貧困化・愚民化に伴い、粗雑粗暴な治世が好まれ、行政側もまた乱雑に手を抜くことに慣れ、民はますます愚民化するという悪循環である。天武朝とは、律令体制完成の時代などであったのではなく、国家体制そのものが、愚民化体制へと変質した時代であった。

　この天武朝にあって、原古事記編纂者は、天武天皇の勅令を拝載し歴史の捏造という罪を犯しながら、壬申乱を肯定し、乱前代を呪詛し、天武朝の治世を称揚せんがための寓意の限りを懲らしつつ、密かな工夫を「勅語の旧辞」——原古事記＝古事記へと結晶させていく。

　古事記が示す一種独特の偏執的なこだわりの強さは、壬申乱が後の世に齎したストレスの根深さを開示するものである。古事記とは、寓意文字・呪文字を駆使したその独特の寓意の構造によって、古事（いにしへこと）～壬申乱前代をねじ伏せ、現在（天武朝）にある自己を肯定しようと悪戦苦闘した、ひとりの鬼才が作った書き物であった。

注　　岐美二神による神生み神話の末尾のこの分注（p.268）、

　　　　是れ、伊耶那美神、未だ神避らざる以前に生める所。唯、意能碁呂嶋は、生める所に非
　　　　（あら）ず。亦、蛭子と淡嶋とは、子の例に入れず也。
　　　に関して、寓意論上の若干の注意を促しておきたい。
　　　この分注に見える、意能碁呂嶋（オノゴロジマ）、蛭子（ヒルコ）、淡嶋（アハシマ）は、

国生み神話の初めに名が出る嶋々であるが、第4節の小節3の冒頭（p.169）に記した通り、これらは初め、淤能基呂嶋、水蛭子、淡嶋と表記されていた嶋である。淡嶋は同一表記であるが、オノゴロ嶋とヒルコは表記が変化している。

能基呂嶋　→　意能碁呂嶋

水蛭子　→　蛭子

この変化には、ある共通の特徴がある。

古事記はオ音の音仮名には意と淤を主たる文字としているが、オノゴロ嶋については<u>三水を持つ淤が、三水無き意に変化</u>しており、水蛭子については<u>水が無くなって</u>蛭子になっている。三水も水も、古事記においては淡海朝を寓意する文字素・文字であり、なおかつ分注の時制は現在時制、つまり天武朝時制であるので、<u>これらの変化は共に、天武朝においては淡海朝が消滅すること</u>を寓意する変化であろうと推測できる。むしろ逆に、この変化によって、三水も水も淡海朝を示唆寓意する文字素・文字であることが提示されているといえる。

淡嶋については、淡字がそもそも水が火（〜大友皇子）を消す寓意を持つのでそのままである（古事記の寓意の裡では、淡海朝とはもともと火〜大友皇子を滅ぼす宿命を持つのである）。

なお、蛭字は大海人皇子を寓意する虫偏を持つが、旁（つくり）の「至」は、説文十二上の至条に「鳥飛びて高きより下りて地に至るなり。一に従ふ」とあるように、一と土を含む文字と見做され、古事記では一つ柱となって土に至る大友皇子を寓意する呪文字として汎用される。

水が付く「水蛭子」はすると淡海朝の大海人皇子と共にあって一つ柱となる大友皇子を寓意するものと見做せる。故に葦舩に入れて流し棄てられる。

葦は葦原中國・葦原色許男命（神・大神）の葦であり、悪（あ）しに通じる。また、葦字は草冠に韋。韋は訓字の井と通用して用いられる音仮名である（狭井河＝佐韋河）。井（ゐ）は淡水（〜淡海朝）を貯めるところで、皇位の位（ゐ）に通じ、従って井は、故に韋は、淡海朝の皇位を示唆する文字である。従って葦は葛城皇子の皇位を寓意し、葛城皇子後継たる大友皇子に継承される皇位の寓意にもなる。故に大友皇子の寓意を帯びる「水蛭子」は、葦舩に入れて流し棄てられるのである。

参考　神生み段の神名について

以下、神名の語義については前掲倉野憲司氏著『古事記全註釈』や日本思想大

系『古事記』頭注・補注、西郷信綱氏著『古事記注釈』そのほかを参照した。神名の語義は拙稿において余り重要ではない。憶測説にとどまるものも多く、以下の語釈に筆者のオリジナルは何も無いので、以下は等閑視していただいて構わない。古事記の寓意を読み解く上で重要なのは、むしろ神名に用いられ付加されている文字や声注、分注などであるがこれを論じることはここではとてもできないので、⑦を除きすべて別稿に委ねる。⑦については、風木津別之忍男神の「木」を乙類キと訓む理由に関連して若干の寓意論を論じたので参照されたい。

① 大事忍男神　国生みの大事をやり遂げた男。或いは、神生みをおしなべて行う男。或いはまた、この神以下、大屋毗古神までを、家屋造営の神々と解して、家屋造営の大事を掌ることを名としたとする説などがある。忍男は、知訶嶋の別名、天之忍男の忍男に同じ。語義未詳。

② 石土毗古神　石と土の神。家屋の土台や壁の男神か。

③ 石巣比賣神　石と砂の女神。家屋の土台や壁の女神か。

④ 大戸日別神　戸は所（住居）か門（住居の出入り口）か。日は霊（ヒ）か。

⑤ 天之吹上男神　吹は息吹きか、風が吹く意か、屋根を葺く意か。前後の繋がりから、屋根葺きの神かとされる。

⑥ 大屋毗古神　家屋の神か。

⑦ 風木津別之忍男神　風に忍び耐える家屋の強さを表す神とする説がある。

　　この神の名に含まれる「木」に対する訓注である「訓木、以音」は奇妙な訓注である。訓注の形を採りながら音で訓めとは矛盾である。「訓木、云紀」とするか、音で読むのであれば音読注の「木字、以音」とするべきところ。両者で「木」の読みは異なるが、訓注であるのなら、本来は前者のように書くべきである。故に「かざきつわけの……」と読むことになる。

　　木の訓は、ふつうは乙類キであり、古事記における乙類キの主たる音仮名は紀である。従って「訓木、以音」というこの奇妙な訓注は、実は木イコール紀を示唆寓意する訓注であろうと推測される。

　　音仮名の紀は実は葛城〔加豆良紀〕皇子の符丁である。この奇妙な訓注は、紀〜葛城皇子＝天智帝こそ木〜根の国＝死の国への道であるとの寓意になっている。

　　古事記は「木國（きノくに）」と「紀國」を通用しており、ここにも木イコール紀が示されている。古事記に木國は６例（木國４例、木國造２例）、紀國は２

例見えるが、紀國の2例はすべて、神武天皇の兄、五瀬命（いつせノみこと）が、登美毗古（とみびこ）に手を射られた結果、紀國で崩じる場面に用いられた表記である。大海人皇子寓意を負う神武天皇の兄として、五瀬命には天智帝＝中大兄皇子＝葛城皇子が寓意されており、その葛城皇子の崩御場所として木國が特に紀國と記されたものと思われる。むしろ逆に実はこのことが、紀が葛城皇子の符丁であることの端的な証拠である。

　なお、天智帝を寓意する五瀬命が手を射られただけで崩じるのは、古事記の「手」が一貫して「帝」を寓意する寓意文字である故である（「手」はテ音の訓仮名でもあり、「帝」はテ音の音仮名でもある）。

　また登美毗古が五瀬命を殺し得たのは、「登美」が美に登ると解読できる名であるためである。美は既述の通り中大兄皇子を寓意する文字であり、「登美」とはその中大兄皇子を凌駕するという寓意を秘める字句である。この名を持つ故に登美毗古は中大兄皇子寓意を負う五瀬命を倒すという構造になっている。

⑧ 海神、名大綿津見神　海を掌る神。綿は海（わた）の借字。津は⑦の津と同様、「の」の意の助詞。見は霊（ミ）。

⑨ 水戸神、名速秋津日子神　戸は門（と）で、河が海に注ぐ河口。水戸神は河口を掌る神。大祓祝詞に速開都比咩あり、秋は開の意かという。

⑩ 妹速秋津比賣神　水戸の女神。

⑪ 沫那藝神　泡に生じた男神。水面の泡が凪ぐ意かともいう。

⑫ 沫那美神　泡に生じた女神。水面の泡が波立つ意かともいう。

⑬ 頰那藝神　水面に生じた男神。水面が凪ぐ意かともいう。

⑭ 頰那美神　水面に生じた女神。水面が波立つ意かともいう。

⑮ 天之水分神　水分神は水、特に農業用の水を分配する神。分水嶺の水源に祭られていた。

⑯ 國之水分神

⑰ 天之久比奢母智神　クヒザはクヒサで、くみひさごの縮約と解されている。ヒサゴで水を汲み施す神かという。

⑱ 國之久比奢母智神

⑲ 風神、名志那都比古神　シナのシは風、ナは長の意という。書紀に「級長（シナ）戸邊命、亦曰、級長津彦命、是、風神也」とある。級長戸（シナト）は、風の長いところの意。

⑳ 木神、名久ゝ能智神　ククは茎の意か。木々と見る説もあるが、倉野博士は木々説は疑問であるという。西郷信綱氏は毛ノモノをケダモノと云う如く、木ノモノがクダモノであるので、木はクであり、ククは木々であるとする。能は助詞「の」、チは霊威ある者、精霊の意。

㉑ 山神、名大山^上津見神　山を掌る神。

㉒ 野神、名鹿屋野比賣神・野椎神　野を掌る神。鹿屋（かや）は屋根を葺く草、萱。小計注に「野椎」と神を落として記すのは不審。

㉓ 天之狹土神　サは神聖さを表す接頭語という。神聖な土の神。

㉔ 國之狹土神　書紀神代第一段本文には国常立尊の次に国狹槌尊がある。

㉕ 天之狹霧神　神聖な霧の神。姓氏録・摂津神別、羽束条に「天佐鬼利命三世孫斯鬼乃命之後也」とある。

㉖ 國之狹霧神

㉗ 天之闇戸神　闇戸（クラト）は暗いところで、谷の意とされ、闇戸神は谷の神だという。

㉘ 國之闇戸神

㉙ 大戸或子神　記伝は、「トマトはトヲマリドにて、山のタワミて低き処（窪地）を云ふ……」というが、倉野博士は、この説には従いがたいとして、オホトマドヒとは文字通り、広いところで惑う意味で、これを男女の神に分けたと見る。

㉚ 大戸或女神
　倉野博士は、以上八神につき、山野の土から霧が立ち、そのために暗い谷から広い処に出て道に迷うというほどの意味が神名化されたのではないかと説く。

㉛ 鳥之石楠舩神／天鳥舩　鳥のように速く進み、石のように堅固な、楠で作った船の神。

㉜ 大宜都比賣神　宜（乙類ゲ）は食（乙類ケ）であり、大宜都比賣神は食物の神と解される。

㉝ 火之夜藝速男神／火之炫毗古神／火之迦具土神　火之夜藝速男神の夜藝（ヤギ）は焼きで、焼くことの速やかな火の男神。火之炫毗古神の炫（カガ）は、輝く意で、光輝く火の男神。火之迦具土神の迦具（カグ）は、香りがする意とも、ちらちらと揺れて燃える意とも解せられている。土（ツチ）のツは「の」、チは精霊。よって、火之迦具土神は、火が香る／ちらちら燃える精霊などと解せられる。

㉞ 金山毗古神　鉱山・鉱物の男神。反吐が鉱石を火に溶かした有りさまに似ているので、その連想によって、反吐する時に生まれたと解されている。

㉟ 金山毗賣神

㊱ 波迩夜須毗古神　記伝に、ハニヤスは、ハニネヤスだという。ハニは粘土、ネヤスは、粘土に水を加えて粘らせること。粘らせた粘土が屎に似ているところからの連想で、屎に成るとされたものと解されている。

㊲ 波迩夜須毗賣神

㊳ 弥都波能賣神　水の女神。書紀神代第五段第二「一書」などに「水神、罔象女（みつはノめ）。……罔象、此云美都波（みつは）」などとある。ミツハは水つ早で、灌漑用の水を早く走らせる女神かという。記伝は、上に水分神があって、重複しているのは不審であるとする。

㊴ 和久産巣日神　書紀神代第五段第二「一書」に、「稚産霊」。和久（ワク）は稚（若）であり、和久産巣日神は若々しい生産の神。

㊵ 豊宇氣毗賣神　トヨは美称、ウケは食物。豊宇氣毗賣神は、食物を掌る神であり、㉜大宜都比賣神と重複する。記伝は、この重複を、水分神と弥都波能賣神の重複同様、不審と見る。

終節　まとめ

　序節に述べた古事記の数合わせ、

　Ⅰ　「10引く1は9」という数合わせ

　Ⅱ　（5・9）の数（かず）セット

　Ⅲ　（2・5・9）の数セット

　Ⅳ　9の分割、2・1・2・1・3

　Ⅴ　（5・7）の数セット

　Ⅵ　5の3・2分割

　Ⅶ　7の2・5分割、2・1・4分割

は、いずれも古代冠位制度を寓意する数合わせである。古代冠位制度は推古天皇
朝の冠位12階制から始まって、次のように変遷した。

① 冠位12階制（推古12年紀に実施）

② 7色13階制（大化3年紀）

③ 7色19階制（大化5年紀）

④ 7色26階制（天智3年紀。いわゆる甲子の制）

⑤ 諸王5位・諸臣9位制（天智10年紀。諸臣位の3位以下に外位がある。近江令
　　冠位制度）

⑥ 諸王5位・諸臣7色26階制（諸臣紫冠位以下に外位がある。天武朝冠位制度）

⑦ 諸皇子・諸王の明・浄2色12階・諸臣の6色48階制（天武14年紀。浄御原令冠
　　位制度）

⑧ 親王4品・諸王5位・諸臣9位制（大宝元年。諸臣5位以下に外位がある。大
　　宝令冠位制度）

　このうちの①から⑥までの古代冠位制度史こそ、古事記の数合わせのⅠ～Ⅶが
それぞれの様式・内実を以って寓意しようとした対象であった。

　この冠位制度史において特に重要であるのは、近江令の冠位制度⑤の存在であ
る。この冠位制度は書紀が意図的に隠した冠位制度であり、押部佳周氏によって
発掘され明らかにされた冠位制度である。

　Ⅴ・Ⅶ以外の古事記の数合わせ、Ⅰ・Ⅱ・Ⅲ・Ⅳ・Ⅵが、それぞれ独特の寓意
を伴いつつ、この近江令冠位制度の存在を証明している（5は諸王5位冠位制度

の5であり、9は諸臣9位冠位制度の9である）。

　書紀は1年引き下げられた干支紀年法、つまり拙著にいうところの旧干支紀年法によって編年されていたであろう旧日本紀を、あたかもことの初めから新干支紀年法（現行干支紀年法であり、持統4年紀以降開始されて現代に至っている干支紀年法である）を用いていたかのように装いつつ、編年を捏造し、その捏造によって、大友皇子の太政大臣就任（旧丁卯年・天智7年紀・668年）のことも、立太子（旧庚午年・本来の天智10年・671年・天智9年紀）のことも、大友皇太子によって宣命され実施された近江令冠位制度（旧辛未年・本来の天智11年・672年・天智10年紀）のことも削り落としている。

　旧庚午年における大友皇子の立太子によって、既に東宮であった大海人皇子とともに、二人太子が生じた。これがⅢの（2・5・9）の2に反映されており、逆にこのⅢが二人太子制の存在を傍証する形になっている。

　Ⅵの5の3・2分割は、諸王位の階層分けに対応している。つまり諸王5位制の薨身分（死没を薨と称する階層）である上位3階と卒身分（死没を卒と称する階層）である下位2階の2層分割を寓意するものである。この諸王5位制は壬申乱後も天武朝に継承された。それがⅤの（5・7）の5である。

　Ⅳの9の分割、2・1・2・1・3は、近江令冠位制度の諸臣冠位1位〜9位の階層分けに対応している。この階層分化は大宝令官位制度の諸臣位の階層分化の祖形を示している。

　大宝令制における諸臣九位冠位制におけるクラス分けを俯瞰すると、一位・二位は大臣クラス、三位は大納言・大宰帥クラス、四位・五位以上が大夫クラス、六位以上が長官クラス、七位・八位・九位が下級官人クラスというクラス分けの存在することが知られる。

　このクラス分けはⅣの9の細分割、2・1・2・1・3に一致する。

　古事記は近江令制の諸臣9位冠位制によって数合わせを工夫しているので、9の細分割2・1・2・1・3もまた、近江令冠位・官職制度に基づいて勘案されたものである。

　近江令制当時、諸臣9位制は内位のみの一位・二位が別格（大臣クラス）で、三位以下に外位が備わるが、三位以上は「薨」身分であり（三位は御史大夫・大宰率クラス）、四位・五位以上は大夫クラスで四位・五位はともに「卒」身分、六位以上が長官クラス、七位・八位・九位が下級官人クラスというクラス分けであっ

たと思われる（六位以下庶民までは「死」身分）。

古事記のⅣが示す9の細分割2・1・2・1・3は、この近江令冠位・官職制度⑤のクラス分けを寓意するものとして勘案されたと考えられる。

古事記の数合わせのⅤ、（5・7）セットは、⑥、天武朝の冠位制度である諸王5位・諸臣7色冠位制度を寓意する数合わせである。天武朝が天武14年紀正月に⑦を施行する前まで、つまり天武朝14年間のほとんどの期間に亘り依拠していた冠位制度が、Ⅴによって寓意されている。

Ⅴの数合わせの代表は、古事記の冒頭を飾る別天神5柱と神世7代である。これは天武朝の冠位制度をまねて構成された体系である。

別天神5柱が、3柱、次いで2柱の順に列挙されるのは、5の3・2分割の代表であり、諸王5位制の階層分けを寓意する代表である。天武朝は近江令の諸王5位制をそのまま継承したのである。

神世7代は、独り神の2柱、次いで5対の対神、合わせて7代であり、これがⅦにいう7の2・5分割の代表であるが、これは天武朝の諸臣7色冠位制が内位のみの上位2色と内位・外位の対構造をもつ下位5色からなることを寓意するものである。天武朝のこの外位制は近江令冠位制のそれを継承するものと考えられ、すると近江令制においては諸臣3位以下のすべてに外位が装備されていたと推測できる。

天武朝冠位制度は④の復活であるとともに、⑤で新設された諸王5位冠位制度と諸臣の外位制度とを継承したものであり、その諸臣7色制の内位だけの上位2色と外位のある下位5色による7の2・5分割に、更に、薨去身分である上位3色と卒去身分以下である下位4色の階層区分を重ねたものが、Ⅶにいう7の2・1・4分割によって寓意されている。

古事記は別天神5柱・神世7代の後に、イザナギ・イザナミ二神による国生み神話を語る。この国生み神話は①から④に至る冠位制度史をなぞる形に成形された神話である。次のような対応がある。

(1) 水蛭子……………………①の冠位12階制。

(2) 淡嶋………………………②の大化3年紀制。

(3) 大八嶋國の生成……③の大化5年紀制。

(4) 六嶋の追加…………④の甲子の冠位制

特に(3)の大八嶋國の構成が③の大化5年紀制である（諸臣）7色19階制プラス皇太子の8色体制を寓意するところから、大化5年紀には既に、則闕の官である

太上大臣位の存在したことが推測され、また最下位である立身冠には相当官職が
まだ当てられていなかったらしいことが知られる。

　なお、国生み神話と冠位制度との対応関係やⅣの検討などを通じて、冠位制度
には、②あるいは③以降、つまり、大化以降、ことの初めから冠位相当官職制の
整っていたことが推定できる（前節補注３参照）。

　また、古代冠位官職制度史を俯瞰すると、大化以降壬申乱までは冠位の授位対
象に常に古い部民階級、つまりいわゆる諸百姓階層が含められていたことがわか
る。この施策は、班田収授制によって庶民に田を均分しつつ、広く庶民の声を聴
くため鐘匱の制を設け、また無産階級の僧侶・儒学者を国博士に当てて朝政の頭
脳の重要な一翼を担わせるなど、一連の施策を敷いた改新政治の方針と、全く同
じ思想性を持ち同じ軌道上に乗る施策であった。

　この施政方針は、壬申乱ののち崩壊する。天武朝において古い部民階層、庶百
姓階層は進仕の道から外されて単なる被搾取階級に落ち、頭別戸籍・班田収授制
の廃絶によって、もろともに借稲地獄・子売り地獄へと落ちていくことになった。

　さて、古事記は天武朝冠位制度を寓意する別天神５柱・神世７代を冒頭に掲げ、
大海人皇子（天武天皇）によって宣命された④の甲子の制に至る冠位制度史をな
ぞる国生み神話を語る「勅語の旧辞」である。古事記が天武朝に生きた人物の手
になる国史であることはこの事実が歴然と示す。而してその人物とは、古事記の
「寓意の構造」を調査することによって、稗田阿礼その人であろうと推断できる。

　稗田阿礼は壬申乱ののちほとんどときを措かずに国史撰修を命じられ、天武10
年紀より前までの長年月をかけて、『古事記』３巻を撰録作成したのである。

　Ⅰの「10引く１は９」の「引く１」は大友皇子を誤った１、余計な１として引
き去る寓意を宿す。古事記はその独特の寓意文字・寓意句を駆使しながら、壬申
乱前代を呪詛し天武朝を肯定する寓意に満ちた天下の奇書である。Ⅰ～Ⅶの数合
わせも、畢竟この「寓意の構造」の裡に構築された数合わせの一端である。

　後に元明天皇朝になって稗田阿礼「誦むところの」古事記の奏上が太安萬侶に
命じられたが、その太安萬侶の前に稗田阿礼が差し出した「勅語の旧辞」、つまり
原『古事記』は、上・中・下３巻構造も分注もすべてを既に備えた書き物であっ
たのであり、太安萬侶は、その用字法は無論のこと、実はその誤字・脱字・異体
字・分注などのすべてに亘って、阿礼の命じるまま「子細に採り摭」い清書して
元明天皇に献上したのである。

古事記は、分注まで含めて、手書き文字のまま、つまり手書き文字の原型を追求しながら研究しなければならない書物である。——たとえば「土」字はその傍点が長く伸びて、大と一を重ねた字形に見える。たとえば「片」字は「伊」に似た字体で書かれ、時に「伊」への意図的誤字と思われる個所すら認められる。たとえば「悪」字は西の心と解字できる字体を基本形としている。たとえば上菟上國造・下菟上國造の「菟」字や稲羽の素菟の「菟」字は草冠を二つ重ねた字形に見える。……などなど。

　古事記の寓意の構造研究は膨大な分野に亘り大部分は別稿に委ねるしか無い。今は取りあえずその胎内深くに隠されてきた数合わせの一部を掘り起しその謎解きを提示させて頂いたことで満足したい。

表一覧

表1　冠位制度の変遷

①推古11年紀制定 同12年紀施行 旧甲子年＝新乙丑年・605年	②大化3年 旧丁未年 648年	③大化5年 旧己酉年 650年	④天智3年紀 実は天智4年紀 旧甲子年 665年	⑤天智10年紀 本来の天智11年 旧辛未年672年 諸臣	⑤諸王	⑥天武朝 諸王	⑥天武朝 諸臣
	大／小 織	大／小 織	大／小 織	大／小 一位	一位	一位	大／小 織
	大／小 繍	大／小 繍	大／小 縫	大／小 二位	二位	二位	大／小 縫
	大／小 紫	大／小 紫	大／小 紫	内 大／小 三位　外 大／小 三位	三位	三位	内 大／小 紫
大／小 徳	大／小 錦	大／小 花 上／下	大／小 錦 上・中・下／上・下	内 大／小 四位　外 大／小 四位 内 大／小 五位　外 大／小 五位	四位 五位	四位 五位	内 大／小 錦 上・中・下／上・中・下
大／小 仁 大／小 礼	大／小 青	大／小 山 上／下 上／下	大／小 山 上・中・下 上・中・下	内 大／小 六位　外 大／小 六位 内 大／小 七位　外 大／小 七位			内 大／小 山 上・中・下 上・中・下
大／小 信 大／小 義	大／小 黒	大／小 乙 上／下 上／下	大／小 乙 上・中・下 上・中・下	内 大／小 八位　外 大／小 八位			内 大／小 乙 上・中・下 上・中・下
大／小 智 庶民	建武（初位又の名 立身）	立身	大／小 建	内 大／小 九位　外 大／小 九位			内 大／小 建

⑥天武朝	⑦天武14年紀 本来の天武13年 旧甲申年・685年		⑦'		⑧大宝令制　701年	
	諸皇子・諸王	諸臣	諸皇子・諸王	諸臣	親王	諸王・諸臣
外　大紫 外　小紫 外　大錦　上・中・下 外　小錦　上・中・下 外　大山　上・中・下 外　小山　上・中・下 外　大乙　上・中・下 外　小乙　上・中・下 外　大建 外　小建	明　大広壱 明　大広弐 浄　大広壱 浄　大広弐 浄　大広参 浄　大広肆	正　大広壱 正　大広弐 正　大広参 正　大広肆 直　大広壱 直　大広弐 直　大広参 直　大広肆 勤　大広壱 勤　大広弐 勤　大広参 勤　大広肆 務　大広壱 務　大広弐 務　大広参 務　大広肆 追　大広壱 追　大広弐 追　大広参 追　大広肆 進　大広壱 進　大広弐 進　大広参 進　大広肆	明　大広壱 明　大広弐 浄　大広弐 浄　大広参 浄　大広肆	正　大広壱 正　大広弐 正　大広参 正　大広肆 直　大広壱 直　大広弐 直　大広参 直　大広肆 勤　大広壱 勤　大広弐 勤　大広参 勤　大広肆 務　大広壱 務　大広弐 務　大広参 務　大広肆 追　大広壱 追　大広弐 追　大広参 追　大広肆 進　大広壱 進　大広弐 進　大広参 進　大広肆	一品 二品 三品 四品	正一位　従一位 正二位　従二位 正三位　従三位 正四位上・下　従四位上・下 正五位上・下　従五位上・下（外正五位上・下　外従五位上・下） 正六位上・下　従六位上・下（外正六位上・下　外従六位上・下） 正七位上・下　従七位上・下（外正七位上・下　外従七位上・下） 正八位上・下　従八位上・下（外正八位上・下　外従八位上・下） 大初位上・下　少初位上・下（外大初位上・下　外少初位上・下）

表2　冠位制度の変遷と服色の変遷

①推古11年紀制定 同12年紀施行 旧甲子年＝新乙丑年・605年	②大化3年 旧丁未年 648年	冠	服色	③大化5年 旧己酉年 650年	④天智3年紀 実は天智4年紀 旧甲子年 665年	⑤天智10年紀 本来の天智11年 旧辛未年672年 諸臣		諸王	諸王	
	大—織 小	織	深紫	大—織 小	大—織 小	大 小 一位		一位	一位	
	大—繡 小	繡	深紫	大—繡 小	大—縫 小	大 小 二位		二位	二位	
	大—紫 小	紫	浅紫	大—紫 小	大—紫 小	内 大 小 三位	外 大 小 三位	三位	三位	内
大—徳 小	大—錦 小	大伯仙錦 小伯仙錦	真緋	大—花—上 下 小—上 下	大—錦—上中下 小—上中下	内 大 小 四位 内 大 小 五位	外 大 小 四位 外 大 小 五位	四位 五位	四位 五位	内
大—仁 小 / 大—礼 小	大—青 小	青絹	紺	大—山—上 下 小—上 下	大—山—上中下 小—上中下	内 大 小 六位 内 大 小 七位	外 大 小 六位 外 大 小 七位			内
大—信 小 / 大—義 小	大—黒 小	黒絹？	緑	大—乙—上 下 小—上 下	大—乙—上中下 小—上中下	内 大 小 八位	外 大 小 八位			内
大—智 小 / 庶民	建武（初位 又の名 立身）	黒絹	？	立身	大—建 小	内 大 小 九位	外 大 小 九位			内

306

⑥天武朝 諸臣		⑦天武14年紀 本来の天武13年 旧甲申年・685年 諸皇子・諸王	⑦ 諸臣	天武14年紀7月制 朝服の色 諸皇子・諸王	天武14年紀7月制 諸臣	⑦'と持統4年紀4月改定 朝服の色・綾羅 諸皇子・諸王	朝服	諸臣	朝服
大小 織		明 大広 壱	正 大広 壱	明	正 深紫	明 大広 壱	黒紫	正 赤紫	
大小 縫		大広 弐	大広 弐			浄 大広 弐			
大小 紫	外 大小 紫	浄 大広 壱	大広 参	朱花		大広 参	赤紫		
		大広 弐	大広 肆	浄		大広 肆			
大小 錦 上中下	外 大小 錦 上中下	大広 参	直 大広 壱		直 浅紫			直 緋	
		大広 肆	大広 弐						
			大広 参						
			大広 肆						
大小 山 上中下	外 大小 山 上中下		勤 大広 壱		勤 深緑			勤 深緑	
			大広 弐						
			大広 参						
			大広 肆						
			務 大広 壱		務 浅緑			務 浅緑	
			大広 弐						
			大広 参						
			大広 肆						
大小 乙 上中下	外 大小 乙 上中下		追 大広 壱		追 深蒲萄			追 深縹	
			大広 弐						
			大広 参						
			大広 肆						
大小 建	外 大小 建		進 大広 壱		進 浅蒲萄			進 浅縹	
			大広 弐						
			大広 参						
			大広 肆						

次ページに続く

表2　冠位制度の変遷と服色の変遷（続き）

⑧大宝令制　701年		続紀大宝元年3月21日条 礼服・朝服の色 六位以下は朝服のみ		
親王	諸王・諸臣	親王	諸王	諸臣
一品	正一位／従一位	一品	一位 黒紫	一位 黒紫
二品	正二位／従二位	二品	二位	二位 赤紫
三品	正三位／従三位	三品 黒紫	三位	三位
四品	正四位上／下、従四位上／下	四品	四位 赤紫	四位 深緋
	正五位上／下、従五位上／下　外正五位上／下、外従五位上／下		五位	五位 浅緋
	正六位上／下、従六位上／下　外正六位上／下、外従六位上／下			六位 深緑
	正七位上／下、従七位上／下　外正七位上／下、外従七位上／下			七位 浅緑
	正八位上／下、従八位上／下　外正八位上／下、外従八位上／下			八位 深縹
	大初位上／下、小初位上／下　外大初位上／下、外小初位上／下			初位 浅縹

表3　冠位制度の変遷と服色の変遷および大化2年紀薄葬令

①推古11年紀制定 同12年紀施行 旧甲子年＝新乙丑年・605年	推古19年紀 605年5月5日条		大化2年紀旧丙午年・647年3月　薄葬令										②大化3年 旧丁未年 648年	冠	服色	③大化5年 旧己酉年 650年
				内長	内濶	内高	外域方	外域高	役	日数	帷帳	輴車				
			王以上				9尋	5尋	千人	7日		有	大織/小織　大繍/小繍	織　繍	深紫	大/小 織　大/小 繍
			大臣	5尺	5尺	5尺?	7尋	3尋	5百人	5日		擔而行	大紫/小紫	紫	浅紫	大/小 紫
大徳/小徳	金	大徳/小徳		9尺			5尋	2尋半	250人	3日			大錦/小錦	大伯仙錦/小伯仙錦	真緋	花　大（上/下）小（上/下）
大仁/小仁	豹尾	大仁/小仁							百人				大青/小青	青絹	紺	山　大（上/中/下）小（上/中/下）
大礼/小礼		大礼/小礼									白布		青	青絹	紺	
大信/小信	鳥尾	大信/小信		4尺	4尺	平			50人	1日			大黒/小黒	黒絹?	緑	乙　大（上/中/下）小（上/中/下）
大義/小義		大義/小義											黒		緑	
大智/小智		大智/小智											建武（初位又の名立身）	黒絹	?	立身
			庶民	収埋於地						即日	㡒布					

④天智3年紀 本来天智4年紀 旧甲子年 665年	⑤天智10年紀 本来の天智11年 旧辛未年672年 諸臣		諸王	諸王	⑥天武朝 諸臣	
大／小 織	大／小 一位		一位	一位	大／小 織	
大／小 縫	大／小 二位		二位	二位	大／小 縫	
大／小 紫	内 大／小 三位	外 大／小 三位	三位	三位	内 大／小 紫	外 大／小 紫
大 錦 上中下	内 大／小 四位	外 大／小 四位	四位	四位	内 大／小 錦 上中下上中下	外 大／小 錦 上中下上中下
小 錦 上中下	内 大／小 五位	外 大／小 五位	五位	五位		
大 山 上中下	内 大／小 六位	外 六位			内 大／小 山 上中下	外 大／小 山 上中下
小 山 上中下	内 大／小 七位	外 大／小 七位				
大 乙 上中下	内 大／小 八位	外 大／小 八位			内 大／小 乙 上中下	外 大／小 乙 上中下
小 乙 上中下						
大／小 建	内 大／小 九位	外 大／小 九位			内 大／小 建	外 大／小 建

次ページに続く

表3　冠位制度の変遷と服色の変遷および大化２年紀薄葬令（続き）

⑦天武14年紀　本来の天武13年　旧甲申年・685年／**天武14年紀7月制　朝服の色**／**⑦'と持統4年紀4月改定　朝服の色・綾羅**／**⑧大宝令制　701年**

諸皇子・諸王／親王

⑦ 諸皇子・諸王	7月制 諸皇子・諸王	⑦'持統 諸皇子・諸王	⑦' 朝服	⑧ 親王
明 大／広 壱	明 朱花	明 大／広 壱	黒紫	一品
明 大／広 弐		明 大／広 弐	黒紫	二品
浄 大／広 壱	浄 朱花	浄 大／広 参	赤紫	三品
浄 大／広 弐		浄 大／広 肆	赤紫	四品
浄 大／広 参				
浄 大／広 肆				

諸臣／諸王・諸臣

⑦ 諸臣	7月制 諸臣（色）	⑦' 諸臣	⑦' 朝服	⑧ 諸王・諸臣
正 大／広 壱・弐・参・肆	深紫	正	赤紫	正従一位、正従二位、正従三位、正従四位上下
直 大／広 壱・弐・参・肆	浅紫	直	緋	正従五位上下、外正従五位上下
勤 大／広 壱・弐・参・肆	深緑	勤	深緑	正従六位上下、外正従六位上下
務 大／広 壱・弐・参・肆	浅緑	務	浅緑	正従七位上下、外正従七位上下
追 大／広 壱・弐・参・肆	深蒲萄	追	深縹	正従八位上下、外正従八位上下
進 大／広 壱・弐・参・肆	浅蒲萄	進	浅縹	大小初位上下、外大小初位上下

親王		諸王		諸臣	
		続紀大宝元年3月21日条 礼服・朝服の色 六位以下は朝服のみ			
一品	黒紫	一位	黒紫	一位	黒紫
二品		二位	赤紫	二位	赤紫
三品		三位		三位	
四品		四位		四位	深緋
		五位		五位	浅緋
				六位	深緑
				七位	浅緑
				八位	深縹
				初位	浅縹

表4　天武朝以前の見在官職の冠位相当〇と見在冠位●の表

					正従1	正従2	正3	従3
					織	縫（繡）	大紫	小紫
				諸王	一位	二位	三位	三位
					正壹	弐	参	肆
					浄壹	浄弐	浄大参	浄広参
1	大化5年紀4月20日	左大臣	巨勢徳陀古臣	大紫		○	●	
2	同上	右大臣	大伴長徳連	大紫		○	●	
3	天智10年紀正月2日	左大臣	蘇我赤兄臣	大錦上		○		
4	同上	右大臣	中臣金連	大錦上		○		
5	同上	御史大夫	巨勢人臣	大錦下			○	
6	天武4年紀3月16日	兵政官長	栗隈王	諸王四位				
7	同上	兵政大輔	大伴連御行	小錦上				
8	天武5年紀9月12日	筑紫大宰	屋垣王	諸王三位			●	○
9	天武6年紀10月14日	民部卿	河辺臣百枝	内小錦上				
10	同上	摂津職大夫	丹比公麻呂	内大錦下				
11	天武9年紀7月25日	納言兼宮内卿	舎人王	諸王五位			○	
12	天武14年紀3月16日	京職大夫	許勢朝臣辛檀努	直大参				
13	朱鳥元年紀3月6日	大弁官	羽田真人八國	直大参				
14	飛鳥浄原大朝庭	大弁官	采女竹良卿	直大弐				
15	持統3年紀8月21日	伊予総領	田中朝臣法麻呂	直広肆か				
16	持統3年紀閏8月27日	筑紫大宰帥	河内王	浄広肆				○
17	住吉大社神代記	右大弁	津守連吉祥	大山下				
18	672年か673年	御史大夫	紀大人臣	小三位			○	●
19	673年	御史大夫	巨勢人臣	大三・四位			○●	
20	丁丑年12月上旬即葬	太政官兼刑部大卿	小野毛人朝臣	大錦上			○	
21	天武8年紀3月9日	吉備大宰	石川王	贈二位			●	○か
22	続紀和銅元年閏8月8日	刑部尚書	高向臣国忍	大花上				
23	続紀養老元年3月3日	衛部	物部宇麻乃	大華上				
24	続紀天平14年11月2日	糺職大夫	大野朝臣果安	直広肆				

					正8上	正8下	従8上	従8下
					大乙上	大乙下	小乙上	小乙下
25	斉明4年紀7月4日	渟代郡大領	沙尼具那	小乙下			○	●
26	同上	渟代郡少領	宇婆佐	建武				○
27	同上	津軽郡大領	馬武	大乙上	●		○	
28	同上	津軽郡少領	青蒜	小乙下				○●

正4上	正4下	従4上	従4下	正5上	正5下	従5上	従5下	正6上	正6下	従6上	従6下
大錦 上	中	下		小錦 上	中	下		大山 上	中	下	
四位		五位									
直大壹	直広壱	直大弐	直広弐	直大参	直広参	直大肆	直広肆	勤壹	勤弐	勤参	勤肆
浄大肆		浄広肆									
●											
●											
		●									
●	○										
				●	○						
	○			●							
		●		○							
		●									
				○●							
		○		●							
		○●				●か					
		○?					●か				
		●									
		○									●
又は●											
●											
●	○										
●											
		○			又は○		●				

大初上	大初下	少初上	少初下
立身（建武）			
	●		

表4′ 見在冠位順

					正従1	正従2	正3	従3
					織	縫（繡）	大紫	小紫
				諸王	一位	二位	三位	
					正壹	弐	参	肆
					浄壹	浄弐	浄大参	浄広参
1	大化5年紀4月20日	左大臣	巨勢徳陀古臣	大紫		○	●	
2	同上	右大臣	大伴長徳連	大紫		○	●	
8	天武5年紀9月12日	筑紫大宰	屋垣王	諸王三位			●	○
3	天智10年紀正月2日	左大臣	蘇我赤兄臣	大錦上		○		
4	同上	右大臣	中臣金連	大錦上		○		
6	天武4年紀3月16日	兵政官長	栗隈王	諸王四位				
11	天武9年紀7月25日	納言兼宮内卿	舎人王	諸王五位			○	
14	飛鳥浄原大朝庭	大弁官	采女竹良卿	直大弐				
5	天智10年紀正月2日	御史大夫	巨勢人臣	大錦下			○	
10	天武6年紀10月14日	摂津職大夫	丹比公麻呂	内大錦下				
16	持統3年紀閏8月27日	筑紫大宰帥	河内王	浄広肆				○
9	天武6年紀10月14日	民部卿	河辺臣百枝	内小錦上				
13	朱鳥元年紀3月6日	大弁官	羽田真人八國	直大参				
7	天武4年紀3月16日	兵政大輔	大伴連御行	小錦上				
12	天武14年紀3月16日	京職大夫	許勢朝臣辛檀努	直大参				
15	持統3年8月21日	伊予総領	田中朝臣法麻呂	直広肆か				
17	住吉大社神代記	右大弁	津守連吉祥	大山下				

正4上	正4下	従4上	従4下	正5上	正5下	従5上	従5下	正6上	正6下	従6上	従6下
大錦　上		中	下	小錦　上		中	下	大山　上		中	下
四位		五位									
直大壹	直広壱	直大弐	直広弐	直大参	直広参	直大肆	直広肆	勤壹	勤弐	勤参	勤肆
浄大肆	浄広肆										
●											
●											
	●	○									
			●								
		○●				●か					
			●								
			●	○							
			●								
	○			●							
		○		●							
				●	○						
				○●							
		○？					●か				
		○									●

表4″　見在冠位順

					正従1	正従2	正3	従3
					織	縫（繍）	大紫	小紫
				諸王	一位	二位	三位	
					正壹	弐	参	肆
					浄壹	浄弐	浄大参	浄広参
1	大化5年紀4月20日	左大臣	巨勢徳陀古臣	大紫		○	●	
2	同上	右大臣	大伴長徳連	大紫		○	●	
8	天武5年紀9月12日	筑紫大宰	屋垣王	諸王三位			●	○
3	天智10年紀正月2日	左大臣	蘇我赤兄臣	大錦上		○		
4	同上	右大臣	中臣金連	大錦上		○		
11	天武9年紀7月25日	納言兼宮内卿	舎人王	諸王五位			○	
14	飛鳥浄原大朝庭	大弁官	采女竹良卿	直大弐			○	
5	天智10年紀正月2日	御史大夫	巨勢人臣	大錦下			○	
16	持統3年紀閏8月27日	筑紫大宰帥	河内王	浄広肆				○
9	天武6年紀10月14日	民部卿	河辺臣百枝	内小錦上				
13	朱鳥元年3月6日	大弁官	羽田真人八國	直大参				
12	天武14年紀3月16日	京職大夫	許勢朝臣辛檀努	直大参				
15	持統3年紀8月21日	伊予総領	田中朝臣法麻呂	直広肆か				
17	住吉大社神代記	右大弁	津守連吉祥	大山下				

正4上	正4下	従4上	従4下	正5上	正5下	従5上	従5下	正6上	正6下	従6上	従6下
大錦　上	中		下	小錦　上		中	下	大山　上		中	下
四位		五位									
直大壹	直広壱	直大弐	直広弐	直大参	直広参	直大肆	直広肆	勤壹	勤弐	勤参	勤肆
浄大肆		浄広肆									
●											
●											
		●									
		○●				●か					
			●								
		●									
	○			●							
		○		●							
				○●							
		○？					●か				
		○									●

表5　天武朝以前の冠位相当制

					正従1	正従2	正3	従3
					織	縫（繡）	大紫	小紫
				諸王	一位	二位	三位	
					正壹	弐	参	肆
					浄壹	浄弐	浄大参	浄広参
1	大化5年4月20日	左大臣	巨勢徳陀古臣	大紫		○	●	
2	同上	右大臣	大伴長徳連	大紫		○	●	
3	天智10年紀正月2日	左大臣	蘇我赤兄臣	大錦上		○		
4	同上	右大臣	中臣金連	大錦上		○		
11	天武9年紀7月25日	納言兼宮内卿	舎人王	諸王五位			○	
5	天智10年紀正月2日	御史大夫	巨勢人臣	大錦下			○	
16	持統3年紀閏8月27日	筑紫大宰帥	河内王	浄広肆				○
9	天武6年10月14日	民部卿	河辺臣百枝	内小錦上				
13	朱鳥元年紀3月6日	大弁官	羽田真人八國	直大参				

正4上	正4下	従4上	従4下	正5上	正5下	従5上	従5下
大錦　上		中	下	小錦　上		中	下
四位		五位					
直大壹	直広壱	直大弐	直広弐	直大参	直広参	直大肆	直広肆
浄大肆		浄広肆					
●							
●							
		●					
			●				
		●					
	○			●			
		○		●			

表6　武光B説による冠位制度の変遷

①推古11年紀制定 同12年紀施行 旧甲子年＝新乙丑年・605年	②大化3年 旧丁未年 648年	③大化5年 旧己酉年 650年	④天智3年紀 本来天智4年紀 旧甲子年 665年	⑦天武14年紀 本来の天武13年 旧甲申年 685年（諸臣）	⑧大宝令制 701年（諸王・諸臣）
	大／小　織	大／小　織	大／小　織	正　大広 壱	正／従　一位
	大／小　繍	大／小　繍	大／小　縫	正　大広 弐	正／従　二位
	大／小　紫	大／小　紫	大／小　紫	正　大広 参	正／従　三位
大／小　徳	大／小　錦	大／小　花（上／下）	大／小　錦（上中下／上中下）	直　大広 壱・弐・参・肆	正／従　四位（上下）／五位（上下）
大／小　仁	大／小　青	大／小　山（上／下）	大／小　山（上中下／上中下）	勤　大広 壱・弐・参・肆／務　大広 壱・弐・参・肆	六位（正上下／従上下）／七位（正上下／従上下）
大／小　礼　大／小　信	大　黒	大／小　乙（上／下）	大／小　乙（上中下／上中下）	追　大広 壱・弐・参・肆	正／従　八位（上・下）
大／小　義　大／小　智	小　黒	小　乙　下	小　乙　下	進　大広 壱・弐・参・肆	大／小　初位（上・下）
	建武（初位　又の名　立身）	立身	大／小　建		

表6′ 武光B′説による冠位制度の変遷

①推古11年紀制定 同12年紀施行 旧甲子年＝新乙丑年・605年	②大化3年 旧丁未年 648年	③大化5年 旧己酉年 650年	④天智3年紀 本来天智4年紀 旧甲子年 665年	⑦天武14年紀 本来の天武13年 旧甲申年 685年（諸臣）	⑧大宝令制 701年（諸王・諸臣）
	大／小 織	大／小 織	大／小 織	大広 壱	正／従 一位
	大／小 繍	大／小 繍	大／小 縫	正　大広 弐／大広 参	正／従 二位
	大／小 紫	大／小 紫	大／小 紫	大広 肆	正／従 三位
大／小 徳	大／小 錦	大／小 花 上下	大／小 錦 上中下／上中下	直　大広 壱／弐／参／肆	正／従 四位 上下／正／従 五位 上下
大／小 仁	大／小 青	大／小 山 上下	大／小 山 上中下／上中下	勤　大広 壱／弐／参／肆　務　大広 壱／弐／参／肆	六位 正 上下 従 上下／七位 正 上下 従 上下
大／小 礼　大／小 信　大／小 義　大／小 智	大／小 黒　建武（初位 又の名 立身）	大／小 乙 上下　立身	大／小 乙 上中下／上中下　大／小 建	追　大広 壱／弐／参／肆　進　大広 壱／弐／参／肆	八位 正 上下 従 上下／初位 大 上下 少 上下

323

表7　黛氏旧説による冠位制度の変遷

①推古11年紀制定 同12年紀施行 旧甲子年＝新乙丑年・605年	②大化3年 旧丁未年 648年	③大化5年 旧己酉年 650年	④天智3年紀 本来天智4年紀 旧甲子年 665年	⑦天武14年紀 本来の天武13年 旧甲申年 685年 諸皇子・諸王	⑦ 諸臣	⑧大宝令制 701年 親王	⑧ 諸王・諸臣
	大／小 織	大／小 織	大／小 織	明	正 壱（大広）	一品	正／従 一位
	大／小 繡	大／小 繡	大／小 縫		正 弐（大広）	二品	正／従 二位
	大／小 紫	大／小 紫	大／小 紫		正 参（大広）／正 肆（大広）	三品	正／従 三位
大／小 徳　大／小 仁	大／小 錦	大／小 花 上・下	大／小 錦 上・中・下	浄	直 壱・弐・参・肆（大広）	四品	正／従 四位 上下／正／従 五位 上下
大／小 礼　大／小 信	大／小 青	大／小 山 上・下	大／小 山 上・中・下		勤 壱・弐・参・肆（大広）／務 壱・弐・参・肆（大広）		六位 正上下 従上下／七位 正上下 従上下
大／小 義　大／小 智	大／小 黒	大／小 乙 上・下	大／小 乙 上・中・下		追 壱・弐・参・肆（大広）		八位 正上下 従上下
	建武（初位又の名 立身）	立身	大／小 建		進 壱・弐・参・肆（大広）		大／小 初位 上下

324

表7′　黛氏新説による冠位制度の変遷

①推古11年紀制定 同12年紀施行 旧甲子年＝新乙丑年・605年	②大化3年 旧丁未年 648年	③大化5年 旧己酉年 650年	④天智3年紀 本来天智4年紀 旧甲子年 665年	⑦天武14年紀 本来の天武13年 旧甲申年 685年（諸臣）	⑧大宝令制 701年（諸王・諸臣）
	大織・小織	大織・小織	大織・小織	正　大広壱	正一位・従一位
	大繍・小繍	大繍・小繍	大縫・小縫	正　大広弐	正二位・従二位
	大紫・小紫	大紫・小紫	大紫・小紫	正　大広参／大広肆	正三位・従三位
大徳・小徳	大錦	大花上・下	大錦上・中・下	直　大広壱・大広弐	正四位上下・従四位上下
大仁・小仁	小錦	小花上・下	小錦上・中・下	直　大広参・大広肆	正五位上下・従五位上下
大礼・小礼	大青	大山上・下	大山上・中・下	勤　大広壱〜大広肆	正六位上下・従六位上下
大信・小信	小青	小山上・下	小山上・中・下	務　大広壱〜大広肆	正七位上下・従七位上下
大義・小義	大黒	大乙上・下	大乙上・中・下	追　大広壱〜大広肆	正八位上下・従八位上下
大智・小智	小黒	小乙上・下	小乙上・中・下	進　大広壱〜大広肆	大初位上下・少初位上下
	建武（初位又の名 立身）	立身	大建・小建		

表8　八省百官の官位相当表

	正従1	正従2	正3	従3	正4上	正4下	従4上	従4下	正5上	正5下
2 太政官	太政大臣	左右大臣	大納言4							
							左右大弁		左右中弁	左右少弁
69 大宰府				帥					大弐	
3 中務省					卿				大輔	
① 東宮輔導官					傅					
13 式部省						卿				大輔
16 治部省						卿				大輔
21 民部省						卿				大輔
24 兵部省						卿				大輔
30 刑部省						卿				大輔
33 大蔵省						卿				大輔
39 宮内省						卿				大輔
58 弾正台							尹			弼
1 神祇官								伯		
4 中宮職（中務）								大夫		
② 春宮坊（東宮）								大夫		
40 大膳職（宮内）									大夫	
66 左右京職									大夫	
68 摂津職									大夫	
59 衛門府									督	
61 左右衛士府									督	
5 左右大舎人寮（中務）										
6 図書寮（中務）										
14 大学寮（式部）										
17 雅楽寮（治部）										
18 玄番寮（治部）										
22 主計寮（民部）										
23 主税寮（民部）										
41 木工寮（宮内）										
62 左右兵衛府										
63 左右馬寮										
64 左右兵庫										
70 大国										
7 内蔵寮（中務）										
8 縫殿寮（中務）										
9 陰陽寮（中務）										
15 散位寮（式部）										
42 大炊寮（宮内）										
43 主殿寮（宮内）										
44 典薬寮（宮内）										
71 上国										

↓
次ページに続く

従5上	従5下	正6上	正6下	従6上	従6下	正7上	正7下	従7上	従7下	正8上	正8下	従8上	従8下	大初上	大初下	少初上	少初下
	少納言3					大外記2		少外記2									
		左右大史2				左右少史2											
	少弐2		大監2	少監2		大典2				少典2							
少輔			大丞	少丞2		大録				小録3							
	学士2																
	少輔		大丞	少丞2		大録				小録3							
	少輔		大丞	少丞2		大録				小録3							
	少輔		大丞	少丞2		大録				小録3							
	少輔		大丞	少丞2		大録				小録3							
	少輔		大丞2	少丞2		大録				小録2							
	少輔		大丞	少丞2		大録2				小録2							
	少輔	大忠	大丞	少丞2		大録				小録2							
		少副	少忠2			大疏				少疏							
	大副			大祐	少祐							大史	少史				
	亮			大進	少進2							大属	少属2				
	亮			大進	少進2							大属	少属2				
	亮					大進	少進					大属	少属				
	亮					大進	少進2					大属	少属2				
	亮					大進	少進2					大属	少属2				
	佐					大尉2	少尉2					大志2	少志2				
	佐					大尉2	少尉2					大志2	少志2				
頭			助				大允	少允				大属	少属				
頭			助				大允	少允				大属	少属				
頭			助				大允	少允				大属	少属				
頭			助				大允	少允				大属	少属				
頭			助				大允	少允				大属	少属				
頭			助				大允	少允				大属	少属				
頭			助				大允	少允				大属	少属				
頭			助				大允	少允2				大属	少属				
率→督		翼→佐				大直→大尉	少直→少尉					大志	少志				
頭			助				大允	少允				大属	少属				
頭			助				大允	少允				大属	少属				
守			介				大掾	少掾				大目	少目				
	頭			助				允				大属	少属				
	頭			助				允				大属	少属				
	頭			助				允				大属	少属				
	頭			助				允				大属	少属				
	頭			助				允				大属	少属				
	頭			助				允				大属	少属				
	頭			助				允				大属	少属				
	守			介				掾				目					

↓
次ページに続く

表8　八省百官の官位相当表（続き）

	正従1	正従2	正3	従3	正4上	正4下	従4上	従4下	正5上	正5下
25 兵馬司（兵部）										
26 造兵司（兵部）										
27 鼓吹司（兵部）										
31 贓贖司（刑部）										
32 囚獄司（刑部）										
34 典鋳司（大蔵）										
45 正親司（宮内）										
48 鍛冶司（宮内）										
10 画工司（中務）										
11 内薬司（中務）										
19 諸陵司（治部）										
35 掃部司（大蔵）										
46 内膳司（宮内）										
47 造酒司（宮内）										
49 官奴司（宮内）										
50 園池司（宮内）										
67 東西市司（京職）										
12 内礼司（中務）										
20 喪儀司（治部）										
28 主船司（兵部）										
36 漆部司（大蔵）										
37 縫部司（大蔵）										
38 織部司（大蔵）										
51 土工司（宮内）										
52 采女司（宮内）										
60 隼人司（衛門）										
65 内兵庫										
72 中国										
53 主水司（宮内）										
54 主油司（宮内）										
55 内掃部司（宮内）										
56 筥陶司（宮内）										
57 内染司（宮内）										
③舎人監（東宮）										
④主膳監（東宮）										
⑤主蔵監（東宮）										
73 下国										

↓
次ページに続く

従5上	従5下	正6上	正6下	従6上	従6下	正7上	正7下	従7上	従7下	正8上	正8下	従8上	従8下	大初上	大初下	少初上	少初下
	正								佑					大令史	少令史		
	正								佑					大令史	少令史		
	正								佑					大令史	少令史		
	正								佑					大令史	少令史		
	正								佑					大令史	少令史		
	正								佑					大令史	少令史		
	正								佑					大令史	少令史		
	正								佑					大令史	少令史		
	正								佑					令史			
	正								佑					令史			
	正								佑					令史			
	正								佑					令史			
	奉膳2								典膳6					令史			
	正								佑					令史			
	正								佑					令史			
	正								佑					令史			
			正							佑					令史		
			正							佑					令史		
			正							佑					令史		
			正							佑					令史		
			正							佑					令史		
			正							佑					令史		
			正							佑					令史		
			正							佑					令史		
			正							佑					令史		
			正							佑					令史		
			守							撰					目		
				正							佑					令史	
				正							佑					令史	
				正							佑					令史	
				正							佑					令史	
				正							佑					令史	
				正							佑					令史	
				正							佑					令史	
				正							佑					令史	
					守											目	

↓
次ページに続く

表8　八省百官の官位相当表（続き）

	正従1	正従2	正3	従3	正4上	正4下	従4上	従4下	正5上	正5下
29 主鷹司（兵部）										
⑥ 主殿署（東宮）										
⑦ 主書署（東宮）										
⑧ 主漿署（東宮）										
⑨ 主工署（東宮）										
⑩ 主兵署（東宮）										
⑪ 主馬署（東宮）										

従5上	従5下	正6上	正6下	従6上	従6下	正7上	正7下	従7上	従7下	正8上	正8下	従8上	従8下	大初上	大初下	少初上	少初下
					正												令史
					首												令史
					首												令史
					首												令史
					首												令史
					首												令史
					首												令史

あとがき

　拙稿では古事記が秘める数合わせに関して、古代冠位制度に関わる数合わせに絞って発掘し論説したが、古事記の胎深くには、ほかにも、序節に触れた25への数合わせなどと同類の独特の数合わせが各種仕組まれている。

　例えば古事記は乙類ヨ音の音仮名に余・与・豫の３文字を用いる。余42例、与８例、豫３例である。従って余が主たる音仮名であり、「世（よ）」を表す音仮名には余が用いられる。余にはまた、仮借用法ではあるが、自身を指す代名詞的用法も古くからある。余は我（あ）であり、我〜阿は大海人（意富阿麻）皇子の阿である。

　真福寺本や鈴鹿登本を含む古写本における余の字体は余ではなく、人の下に未を書く字体で一貫している。古事記の未は旧ひつじ年である旧辛未年を示唆する寓意文字である。古事記の寓意における旧辛未年とは旧壬申年・673年に生じた壬申乱の前年である672年、天智天皇の崩年のことであり、大海人皇子（後の天武天皇）が出家して吉野宮に遁世（とんせい）した年でもある。

　大海人皇子が旧とら年である旧庚寅年・631年の生まれであることは、古事記における文字素「虎＝甪」や「虫」の用法によって支持されることであるが（拙著『６〜７世紀の日本書紀編年の修正──大化元年は646年、壬申乱は673年である──』の補節「古事記の『甪』と『虫』の用法、および『川』の用法」参照）、すると大海人皇子は、出家遁世した（旧）未年・672年には42歳であった。

　乙類ヨ音の音仮名「余」は、他の与・豫との間で調節されつつこの未年42歳に因んで数を整えられた音仮名であったと考えられる。

　天孫降臨神話に登場する木花之佐久夜毗賣（このはなのさくやびめ）は、降臨初代であるニニギの命（みこと）の妻になる女性であるが、「天皇命等（すめらみことら）」の短命起源説話にも一役を担っている。ニニギの命は大山津見神から石長比賣（いはながひめ）と木花之佐久夜毗賣の二人を奉上されるものの、石長比賣は醜いからと返してしまう。大山津見神は恥じて、かくなる上は「天神御子の御壽は木花之阿摩比（このはなのアマヒ）のみに坐す」と宣言する。そのために今に至るまで「天皇命等の御命」は長くないのである、と語られる。

　この話について古来疑義が持たれているのは、まず「木花之阿摩比のみ」という言葉である。阿摩比（あまひ）は古来の難解語である。これを例えば雨間（あまあひ）の縮約と考えて、「木花之阿摩比」を、木の花が雨のあい間のはかない命であるようにはかないことをいう言葉であると解釈する説などがあるが、しっくりしない。

　のみならず、「天皇命等の御命」は長くない、とされる「天皇命」は、「天皇」だけで「すめらみこと」であるのに、これに更に「命（みこと）」がついて異例である。これでは素直に読めば「すめらみことのみこと」となり「みこと」が畳句になっている（出雲国造神賀詞が同じ「天皇命」を３か所に用いているのは、これを荘重な寿詞と見ての模倣であろう）。

　まず寓意論の上から「阿摩」は大海人（おほアマ）皇子のアマで、「阿摩比のみ」とは、大海人皇子に比べる程度の短命にすぎぬ謂いと考え得る。

　そして、花の草冠を十が二つ並ぶ正体字で４画であると見て「木花之阿摩比」の全画数を数えると、42画である。

　また他方で、「木花のアマヒ」を「木花のあまり」の転訛と考えれば、木花之佐久夜毗賣という名の「木花のアマヒ」〜「木花のあまり」は「佐久夜毗賣」である。而して「佐久夜毗賣」の総画数は、これまた42画である。
「木花之阿摩比のみ」とは、すると大海人皇子の42歳に比べる程度の寿命のみという意味になり、これは大海人皇子が42歳の年に崩御した天智天皇の寿命になろう。

　天智天皇の和諡号は天命開別（あめみことひらかすわけ）天皇とされている。諡号の中に「命」を含むことは前例がなく、その意味で特殊な個性的な諡号である。この諡号が「命（みこと）」を畳句とする「天皇命」によって示唆されていると考え得る。「天皇命」とはまさに天命開別〜天命を（皇で）開き別けている名である。故に「天皇命等の御命」は長くない、とは、「天命」を開き別けている「天皇命」に「等」しい天命開別天皇（天智天皇）の御命（享年46歳）が長くないことを寓意する文言であったと判明する。而してその享年はその年の大海人皇子の42歳に比べられるほどの短命であった。

　結局、天孫降臨段の「天皇命等の御命」の短命譚とは、実は天智天皇の短命を揶揄呪定する寓意物語であり、その短命が大海人皇子の42歳に比べられる程度の短命であったとの数合わせをも秘める手の込んだ物語であったことになる。

　631年生まれの大海人皇子の出家遁世の年でもあり、天智天皇の崩御の年でも

ある年における大海人皇子の年齢が42歳であったとは、書紀がこれを新辛未年・671年に編年しているのは誤りであり、実は旧辛未年・672年・新壬申年を1年繰り上げて編年していたことを示している。つまりこの数合わせは「余」の数合わせと同様に、書紀の編年の捏造を暴く証拠である。

　古事記はチ音の音仮名に知と智を用いる。真福寺本で数えると、知は124例、智は10例である。なぜ10例のみ智が用いられたのか。十例の智とは十智＝トヲチであるが、智は実はこの数合わせによって、大友皇子の嫡妻十市皇女（トヲチのひめみこ）を示唆する寓意文字である。

　八俣遠呂知（やまたのヲロチ）が八俣遠呂智とも書かれるところに知と智の通用が示唆されているが、他方で智と知の相違は曰（いふ）が有るか無いかの違いである。

　その八俣のヲロチ神話の段で、赤加賀智（あかかがち）を説明する分注に「赤加賀知というのは今の酸醤（ほほづき）である」とあって、地の文の「智」が分注で「知」に変化している。「赤加賀智」を説明する分注で、奇妙なことに「赤加賀知」を説明している。つまり分注では「曰」が失われている。

　古事記の分注は寓意の上では現在時制、つまり天武朝時制である。過去に「智」であったものが天武朝には「曰」を失って「知」となる寓意がここにある。十市皇女は壬申乱を境に言葉を失ったと推定される。昔の用語で「ヒステリー神経症」、現在の「転換性障害」の症状の一つである失声症状である。「転換性障害」とは、強いストレスが身体的症状となって現れる疾患である。失声は「転換性障害」では比較的よく現れる身体症状の一つである。

　また、「赤加賀知というのは今の酸醤（ほほづき）である」と説明する中の「酸醤」を、真福寺本は「酸将首」に誤る。将の下に首を書く字体を醤の異体字と見做せば、「将首」はこの異体字の二文字化であろうと解し得るが、将の首とは壬申乱で斬首された淡海朝の大将、大友皇子の首（こうべ）を暗示し、乱後その首は大海人皇子の前に運ばれて首実検されている。真夏のこととて、既に腐敗して酸臭を放っていたであろう生首である。「酸将首」とはまさにその大友皇子の酸臭を放つ生首の寓意であろうと思われる（つまり真福寺本の「酸将首」が、原型もしくは原型に近いものであった可能性が推測できる）。この大友皇子の斬首ののち、つまり壬申乱後、十市皇女は失声症状に陥ったと推測される。因みに「赤加

賀智・知」は、赤き賀を智・知に加ふと解読できる。賀は大友皇子＝伊賀皇子の賀である。これを智・知に加ふとは斬首された大友皇子の亡骸が、言葉を失う十市皇女に返される・返されたことの寓意ではなかったか。

葦原色許男命（あしはらしこをのみこと＝大穴牟遅神＝大國主神）は八十神（やそがみ）の迫害を逃れて根之堅州國（ねのかたすくに）に避難したとき、須佐之男命の試練を受ける。試練の一つに野火の試練があり、葦原色許男命は鼠の穴に落ち隠れて救われる。このときの鼠の言葉が奇妙である。「内は冨良ゝゝ（ほらほら）、外は須ゝ夫ゝ（すぶすぶ）」と言って葦原色許男命を穴に落として救ったという。この鼠の言葉は、内部はほら穴で広く、外はすぼまっていることを意味していると理解はできるのであるが、さて、「冨良ゝゝ」は「冨良冨良」で、発音通りの表記であるのに、「須ゝ夫ゝ」は「すぶすぶ」という発音通りではなく、書かれた文章として「すぶすぶ」を示す表記法である。なぜ表記法を統一しなかったのか。

古事記において鼠は、実は旧ねずみ年（旧壬子年・653年）生まれの十市皇女を寓意する動物である。その十市皇女が壬申乱後、家の内では声を発しており、ストレスの大きな外界では声を失っていたことの寓意がここに織り込まれていたと推測できる。転換性障害はストレスとなりがちな人目のあるところで症状が出やすく、同情を引くための演技であるかのように誤解されやすい病である。

なお、葦原色許男命＝大國主神には大友皇子が寓意されており、野火の試練で死んだと思われてしまう場面であるので、壬申乱後の時制がここに一旦想定されていると考えられる（古事記の「火」は一貫して大友皇子の斬首される頭部を寓意する寓意文字であり、故にまた「火」は大友皇子の斬首の宿命、あるいはその宿命を負った大友皇子自身をも示唆寓意する呪文字である）。

大國主神の子とされる大年神は、これまた壬申乱において年男として終命する大友皇子を寓意する神である。その妻の一人に「天知加流美豆比賣」があって十市皇女を寓意するが、その音読注に「知より下の六字、音を以ゐよ」とある。知から6字では「知加流美豆比」までしか音仮名を指定しておらず奇妙である。

この件に関してはすでに序節に触れた通りである。即ち、十市皇女は書紀の天武7年紀に急逝したことが記されているが、書紀編年の捏造を正せば天武3年紀がダミー年次であるので、天武7年紀とは実は本来の天武6年である。従って十市皇女は本来の天武6年に急逝したのである。

「天知加流美豆比賣」に付せられた奇妙な音読注は、このことを示唆する音読注であろうと推断できる。しかも音読注は「知」から6字目で途切れる。十市皇女は「日」を失った壬申乱から6年目の急逝であった。

　ともあれ、ここにも一種の数合わせが潜むのであり、これまた天武7年紀が実は天武6年であったことを明証し、書紀編年の捏造を暴く証拠となっている。

　古事記の宿す寓意の構造はある種の事理整列性を以って構築されている。この種の事理整列性の研究の重要性は今更述べるまでもないが、例えば次のようなところにある。すなわち、人工的整列性に関する、より正しい認識は、

　①　史実隠蔽の直接の証拠となり得るばかりではなく、

　②　その整列性の背後に、何が隠されたかを探るための基礎となり、

　③　なぜそのような整列形態が求められねばならなかったかを考察することで、逆に史実そのものを解く鍵となり、

　④　整列性の例外事項をも明らかにすることで、これまた史実を検証するヒントとなり、

　⑤　構成された伝説から史実を推定する際の危険を、予め撥除する助けとなる。

　古事記を歴史史料として用いる場合、その寓意の構造の詳細な探求は必須である。たとえば古事記系譜を史料として用いようとする場合、その系譜のどこにどのような虚構が仕組まれているかを明らかにするためにも寓意の構造論は必須である。その具体例のいくつかは拙稿本論に触れたところである。

　古事記が書かれて1300年以上を経過したが、序節に指摘した寓意文字の数々を含めて、古事記の胎深くに仕組まれた寓意の構造は、驚くほど巧妙な工夫の裡に身を隠して今なお眠ったままである。しかもこの仕かけを仕組んだ人物は太安萬侶の背後に身を隠して古事記の抱える数々の奇妙さや奇妙な「誤謬」（意図的誤謬）の責を免れることとなった。

　今日に至ってその背後の人物（稗田阿礼その人であろう）に口を割らせ、寓意の構造の詳細を掘り起こし解き明かす試みは、日本上代史を考究する上で、また、記紀という障壁を越えて視線を弥生時代以前へと正しく向けるためにも、避けては通れない課題の一つである。

　拙著でなし得たのはその試みの僅かな一部分でしかない。自余の作業はいまな

お満足な道すら無い荒野の開拓、あるいははるか彼方の茫漠たるまぼろしを眼前の表象へと紡ぎ出そうとする試みに似る。非力ながら別稿を以って果たしたい。

　拙著は前著『邪馬臺国と神武天皇』をサポートする書籍として上梓させていただいたものです。前著をサポートする書籍としては、先に『6〜7世紀の日本書紀編年の修正──大化元年は646年、壬申乱は673年である──』を上梓しておりましたが、今回の拙著はこれに続くものです。

　拙著は『邪馬臺国と神武天皇』で用いた古事記の寓意の構造論につき、古事記の秘める数合わせの寓意論によって、その一部分・一側面なりとも公表し、古事記独特の寓意の構造の一端をお示ししようと試みたものです。

　果たしてその目的がどの程度達成されたものか、浅学の者とて甚だ心もとない限りではありますが、行き届かぬ拙著となっておりますことは何卒ご寛恕いただきたくお願い申し上げますとともに、拙著につきましてご批判・ご意見など賜れますればこれに過ぎる喜びはありません。

　最後になりましたが、拙著の出版に尽力して下さいました幻冬舎に心より感謝申し上げます。

　2023年12月吉日

牧尾　一彦

〈著者紹介〉
牧尾一彦（まきお かずひこ）
1947年、岐阜県にて生を受ける。
2016年、総院長を務めていた精神科病院を退職後は妻の介護
をしながら家事と日本古代史研究に専念。
著書『古事記の解析』（栄光出版社）、『古事記考』（私家本）、
『国の初めの愁いの形——藤原・奈良朝派閥抗争史』（風濤社）、
『日本書紀編年批判試論』（東京図書出版）、『邪馬臺国と神武
天皇』（幻冬舎）、『6〜7世紀の日本書紀編年の修正——大
化元年は646年、壬申乱は673年である——』（幻冬舎）

古事記の秘める数合わせの謎と古代冠位制度史

2024年1月31日　第1刷発行

著　者　　牧尾一彦
発行人　　久保田貴幸

発行元　　株式会社 幻冬舎メディアコンサルティング
　　　　　〒151-0051　東京都渋谷区千駄ヶ谷4-9-7
　　　　　電話　03-5411-6440（編集）

発売元　　株式会社 幻冬舎
　　　　　〒151-0051　東京都渋谷区千駄ヶ谷4-9-7
　　　　　電話　03-5411-6222（営業）

印刷・製本　中央精版印刷株式会社
装　丁　　弓田和則

検印廃止
©KAZUHIKO MAKIO, GENTOSHA MEDIA CONSULTING 2024
Printed in Japan
ISBN 978-4-344-94667-5 C0021
幻冬舎メディアコンサルティングＨＰ
https://www.gentosha-mc.com/